Florian Koch

Die europäische Stadt in Transformation

Stadt, Raum und Gesellschaft

Herausgegeben von
Ingrid Breckner
Susanne Frank
Hartmut Häussermann
Detlev Ipsen
Martin Kronauer
Marianne Rodenstein
Uwe-Jens Walther

Florian Koch

Die europäische Stadt in Transformation

Stadtplanung und
Stadtentwicklungspolitik im
postsozialistischen Warschau

VS VERLAG FÜR SOZIALWISSENSCHAFTEN

Bibliografische Information der Deutschen Nationalbibliothek
Die Deutsche Nationalbibliothek verzeichnet diese Publikation in der
Deutschen Nationalbibliografie; detaillierte bibliografische Daten sind im Internet über
<http://dnb.d-nb.de> abrufbar.

Zugl. Dissertation an der Philosophischen Fakultät III
der Humboldt-Universität zu Berlin, 2009

1. Auflage 2010

Alle Rechte vorbehalten
© VS Verlag für Sozialwissenschaften | GWV Fachverlage GmbH, Wiesbaden 2010

Lektorat: Katrin Emmerich / Sabine Schöller

VS Verlag für Sozialwissenschaften ist Teil der Fachverlagsgruppe
Springer Science+Business Media.
www.vs-verlag.de

Umschlaggestaltung: KünkelLopka Medienentwicklung, Heidelberg
Druck und buchbinderische Verarbeitung: Rosch-Buch, Scheßlitzl
Gedruckt auf säurefreiem und chlorfrei gebleichtem Papier
Printed in Germany

ISBN 978-3-531-17090-9

Danksagung

Dankbar bin ich allen Menschen, die mir geholfen haben, dass dieses Buch nun als Ergebnis meiner Arbeit vorliegt und die dazu beigetragen haben, dass die Promotionsphase mir als eine glückliche und spannende Zeit in Erinnerung bleiben wird. Zunächst sei meinen Interviewpartnern gedankt, die bereitwillig auf meine Fragen Auskunft gaben und das Vorhaben so entscheidend unterstützten. Bei Prof. Dr. Hartmut Häußermann und Prof. Dr. Frank Eckardt möchte ich mich ganz herzlich für die Betreuung meiner Arbeit und die wichtigen Ratschläge bedanken.

Ich hatte das Glück, meine Promotion im Promotionskolleg „Zur Zukunft der europäischen Stadt - Formen und Folgen von New Urban Governance" am Georg-Simmel-Zentrum für Metropolenforschung der Humboldt-Universität in inspirierender und unterstützender Umgebung schreiben zu können.

Neben Herrn Häußermann ist den weiteren Betreuern des Kollegs Prof. Dr. Ilse Helbrecht und PD Dr. Christine Hannemann für die Diskussionen und Hinweise bei unseren Kollegtreffen zu danken. Gefördert und organisiert wurde das Kolleg von der Heinrich-Böll-Stiftung. Für die finanzielle und inhaltliche Unterstützung, die ich im Rahmen meines Promotionsstipendiums erhalten habe, danke ich der Heinrich-Böll-Stiftung, hier insbesondere Jutta Helm und Sabine Drewes.

Im IPP-Programm des Instituts für Europäische Urbanistik der Bauhaus-Universität Weimar konnte ich erste Ideen meines Promotionsvorhabens entwickeln und diskutieren. Stellvertretend möchte ich mich bei Jörn Weinhold bedanken. Hilfe und Unterstützung bei meinen Forschungsarbeiten in Polen habe ich durch ein Stipendium des Deutschen Akademischen Austauschdienstes DAAD erhalten. Dziękuję bardzo!

Sehr froh bin ich darüber, dass ich mit vielen Personen über meine Forschungen diskutieren konnte und immer wieder wichtige Anregungen bekommen habe. Hierfür vielen Dank an: Annette Vollmer, Gabriele Schmidt, Simone Buckel, Oliver Frey, Astrid Ouahyb Sundsboe, Christine Baur, Joanna Kusiak, Carsten Schaber, Olaf Ley, Agnieszka und Jan Ciesla, Sabine Knierbein, Merlin Schaeffer, Pawel Domagala und viele andere.

Besonderen Dank an meine Familie, auf deren Liebe ich mich jederzeit verlassen konnte und die mich in meinen vielfältigen Vorhaben immer aufs Beste unterstützt hat. Ein großes Dankeschön meiner Frau Lina Sanchez, die mit mir

jedes Auf und Ab einer Promotion teilte, immer Verständnis und Vertrauen ent-
gegenbrachte und mein Leben auch neben der Promotion bunter und reicher
macht.

Inhalt

Danksagung 5

English and Polish summary 11

1   Einführung: Postsozialistische Transformation, Stadtent-
    wicklungspolitik und die Europäische Stadt 13

2   Das Modell der Europäischen Stadt im Wandel 27
    2.1   Der Begriff der Europäischen Stadt 27
    2.1.1   Die Europäische Stadt nach Max Weber 28
    2.1.2   Neue Ansätze zur Analyse der Europäischen Stadt als
            kollektiver Akteur 31
    2.1.3   Konkretisierung des Untersuchungsobjekts „Europäische
            Stadt" 45
    2.2   Veränderte Rahmenbedingungen und neue städtische Heraus-
          forderungen 47
    2.2.1   Globalisierung 48
    2.2.2   Postfordismus 53
    2.2.3   Europäisierung 61
    2.3   Zwischenfazit: Die Europäische Stadt - Kontinuität und Ver-
          änderung 66

3   Governance und Stadtentwicklungspolitik 71
    3.1   Governance als Analyserahmen und neue Steuerungsform 71
    3.1.1   Begriffsdefinitionen 71
    3.1.2   Analysedimensionen von Governance: Polity, Politics und
            Policy 78
    3.1.3   Governance auf lokaler Ebene: Von Urban Government zu
            Urban Governance 81
    3.1.4   Urban Governance und die Europäische Stadt 85

3.2 Governance in der Europäischen Stadt am Beispiel von
Stadtentwicklungspolitik 88
3.2.1 Phasen europäischer Stadtentwicklungspolitik 90
3.2.2 Polity-Dimension: Städtische Handlungsspielräume 95
3.2.3 Politics-Dimension: Prozesse und Akteure 97
3.2.4 Policy-Dimension: Inhalte der Stadtentwicklungspolitik 99
3.3 Abgrenzung zu anderen Konzepten 101
3.3.1 Urban Regime Theory 102
3.3.2 Informelle Stadtentwicklung 105
3.4 Zwischenfazit: Neue Steuerungsformen in der Stadtent-
wicklungspolitik 109

4 Die sozialistische Stadt und ihre Transformation 113
4.1 Die sozialistische Stadt 113
4.1.1 Stadtpolitik in der sozialistischen Stadt 115
4.1.2 Planungsgrundsätze und Leitvorstellungen 118
4.1.3 Kennzeichen real-sozialistischer Stadtentwicklung 122
4.1.4 Unterschiede sozialistischer und kapitalistischer
Urbanisierung 127
4.2 Transformation und postsozialistische Stadtentwicklung in
Osteuropa 130
4.2.1 Transformationstheorien 130
4.2.2 Veränderungen der stadtpolitischen Rahmenbedingungen 136
4.2.3 Stadtstrukturelle Veränderungen 138
4.3 Zwischenfazit: Sonderfall osteuropäische Stadtentwicklung? 141

5 Stadtentwicklung und Transformation in Warschau 143
5.1 Aspekte der Staats- und Stadtentwicklung bis 1989 143
5.1.1 Stadtgründung, Aufstieg zur Hauptstadt und polnische
Teilung 144
5.1.2 Warschau in der Zwischenkriegszeit 147
5.1.3 Der Zweite Weltkrieg 150
5.1.4 Die sozialistische Stadt Warschau 152
5.2 Postsozialistische Transformation 161
5.2.1 Merkmale des polnischen Transformationsprozesses 161
5.2.2 Merkmale des Warschauer Transformationsprozesses 164

5.3   Sozio-ökonomischer und physischer Wandel der Stadt seit 1989 . 166
5.3.1   Ökonomische Veränderungen 167
5.3.2   Bevölkerungsentwicklung 170
5.3.3   Bauliche Entwicklungen 176
5.4   Zwischenfazit: Stadtentwicklung zwischen sozialistischem Erbe
       und neuen Herausforderungen 181

6   Stadtentwicklungspolitik in Warschau 183
6.1   Welchen Handlungsspielraum hat die Stadt? 183
6.1.1   Nationalstaatliche Regelungen und lokale Kompetenzen der
       Stadtentwicklungspolitik 183
6.1.2   Besonderheiten der Verwaltungsstruktur Warschaus 191
6.2   Wer steuert die Stadt? 194
6.2.1   Prozesse und Akteure der Stadtentwicklungspolitik bis 2002 .. 195
6.2.2   Prozesse und Akteure der Stadtentwicklungspolitik ab 2002 ... 200
6.3   Welche Inhalte verfolgt die Warschauer Stadtentwicklungs-
       politik? 206
6.3.1   Leitlinien der Stadtentwicklung 207
6.3.2   Probleme der Implementierung 213
6.4   Ergebnisse: Stadtentwicklungspolitik in Warschau 223
6.4.1   Stadtentwicklungspolitik als geschlossene Veranstaltung 223
6.4.2   Informalität als Prinzip - Verhandlungen statt Planinhalte 226
6.4.3   Formelle Government- und informelle Governance-
       Strukturen 228

**7   Postsozialistische Stadtentwicklungspolitik: Unvollständige
       Transformation oder eine eigene Form von Urban Governance? 233**
7.1   Warschau: Der stadtentwicklungspolitische Tunnel am Ende
       des Lichts 233
7.2   Stadtentwicklungspolitik anderer postsozialistischer Städte 242
7.3   Zur Zukunftsfähigkeit des Modells der Europäischen Stadt 252

Literatur 257

Abbildungs- und Tabellenverzeichnis

Abbildungen

Abbildung 1: Administrative Gliederung der Stadt Warschau...................... 166
Abbildung 2: Bevölkerungsentwicklung in der Region Warschau 171
Abbildung 3: Altersstruktur in Warschau und der Umlandregion 1995 und
2006 172
Abbildung 4: Karte der Bevölkerungsveränderung in der Metropolregion
Warschau 173
Abbildung 5: Karte der Wohnungsfertigstellungen pro 1000 Einwohner
1995-2006 177
Abbildung 6: Gated Communities in Warschau.. 178
Abbildung 7: Neue Skyline von Warschau 180
Abbildung 8: Ausschnitt aus dem Masterplan „Miasteczko Wilanow"......... 217
Abbildung 9: Zusammenhänge zwischen formeller und informeller
Warschauer Stadtentwicklungspolitik...................................... 231

Tabellen

Tabelle 1: Dimensionen des Politikbegriffs... 79
Tabelle 2: Ausprägungen von Government und Governance nach den
Kategorien des politologischen Dreiecks................................... 81
Tabelle 3: Phasen des Planungsverständnisses 91
Tabelle 4: Typologie informeller Institutionen 107
Tabelle 5: Sozio-ökonomische Daten polnischer Städte.......................... 167
Tabelle 6: Stadtentwicklungspläne in Warschau seit 1990 195
Tabelle 7: Wohnfertigstellungen in Warschau 1995-2007...................... 215
Tabelle 8: Government- und Governance-Aspekte der formellen
Warschauer Stadtentwicklungspolitik...................................... 225

English and Polish summary

The European City in Transformation: Urban politics and urban planning in a postsocialist city

This book analyses postsocialist urban policy. The focus lies on the question of how certain it is that postsocialist Eastern European Cities are approaching the Model of the classic "European City". The city of Warsaw was chosen as case study. Based on the *neo-weberian* approach developed by Le Galès, the author defines the characteristics of the European City in the field of urban planning and studies them in relation to the contemporary debate on Governance. The public institutions along with the formal urban policy goals in Warsaw show convergence to the Model of the European City. However in practice, informal processes and negotiations initiated by economically strong parties dominate the urban development in Warsaw. This duality of urban development stands against the Model of the European City.

The situation in Warsaw is compared with urban planning processes in Budapest, Prague, Wroclaw, Poznan and Gdansk. As a result, the specifics of postsocialist urban policy and the Varsovian urban development are shown. This demonstrates that there is no linear progression from the postsocialist city towards the European Model. Instead, a particular Eastern European type of urban development has evolved.

Europejskie miasto w procesie transformacji: Polityka i planowanie urbanistyczne w mieście postsocjalistycznym

Celem książki jest analiza postsocjalistycznej polityki miejskiej. Autor szczegółowo analizuje, czy i w jakim stopniu doświadczone socjalizmem miasta wschodnioeuropejskie zmierzają ku modelowi politycznemu "miasta europejskiego". Jako studium przypadku służy tutaj Warszawa. Bazując na podejściu neoweberowskim rozwiniętym przez Le Galèsa autor definiuje europejski model miasta w dziedzinie planowania urbanistycznego i analizuje go w kontekście współczesnej debaty o *governance*. Przykład Warszawy ukazuje, że zarówno instytucjonalne możliwości działania jak i formalne cele polityki miejskiej odpowiadają modelowi miasta europejskiego. Jednak niezależnie od nich praktykę planowania urbanistycznego określają nieformalne umowy i procesy, w których dominującą rolę odgrywają czynniki ekonomiczne.

Ta specyficzna „podwójność" polityki miejskiej stoi w opozycji do modelu miasta europejskiego. Sytuacja w Warszawie porównywana jest z procesami planowania urbanistycznego w Budapeszcie, Pradze, Wrocławiu, Poznaniu i Gdańsku. W rezultacie ukazana zostaje zarówno specyfika postsocjalistycznej polityki miejskiej, jak i lokalna specyfika Warszawy. Książka pokazuje, że nie ma linearnego przejścia od postsocjalizmu w kierunku miasta europejskiego. Można natomiast mówić o specyficznym, wschodnioeuropejskim typie rozwoju miejskiego.

1 Einführung: Postsozialistische Transformation, Stadtentwicklungspolitik und die Europäische Stadt

Mit den jüngsten Erweiterungen der Europäischen Union in den Jahren 2004 und 2007 gehört die jahrzehntelange politische Trennung zwischen ost- und westeuropäischen Ländern[1] der Vergangenheit an. Die Transformation der osteuropäischen Länder von einem real-sozialistischen zu einem kapitalistisch geprägten Gesellschaftssystem wurde von Offe (1994: 58) als „Revolution ohne historisches Vorbild und ohne revolutionäre Theorie" bezeichnet. Auffälligstes Merkmal dieser Transformation war das Fehlen vorab ausgearbeiteter theoretischer Annahmen und normativer Elemente zur Frage, wie die postrevolutionäre Ordnung beschaffen sein soll und wer welche Handlungen zur Erreichung welcher Ziele ausführt. Aufgrund der Gleichzeitigkeit politischer und wirtschaftlicher Transformation unterschied sich die osteuropäische, so genannte „vierte Welle der Demokratisierung" von den vorangegangenen Demokratisierungswellen - der ersten Welle des Übergangs von der Monarchie zur Republik in Deutschland, Österreich und Finnland nach dem ersten Weltkrieg, der zweiten Welle der Demokratisierung in Deutschland und Japan nach dem zweiten Weltkrieg sowie der dritten Welle in Südeuropa und Lateinamerika der 1970er und 1980er Jahre (von Beyme 1994: 11ff.).

Die Auswirkungen dieser vierten Welle der Demokratisierung sind dabei in besonderem Maße in den Städten zu finden. Hier bündeln sich die Prozesse und Auswirkungen des Systemwechsels. Das Ende der osteuropäischen Städte als rein staatliche Veranstaltung und die Wiedergeburt der Stadt der Bürgerschaft scheinen grundsätzlich erreicht (vgl. Schlögel 2002). So änderten sich mit dem Zusammenbruch des real existierenden Sozialismus Ende der 1980er/Anfang der 1990er Jahre auch die Rahmenbedingungen der Stadtentwicklung durch die Wiedereinführung von Lagerenten, Privatisierungsprozesse und die Dezentralisierung der Planungshoheit von der staatlichen auf die kommunale Ebene (vgl. Sailer-Fliege 2000: 11ff.). Aufgrund des offenen Endpunkts und der fehlenden

---

[1] Im Folgenden werden unter „Osteuropa" die Staaten der EU-Osterweiterung in den Jahren 2004 und 2007 verstanden. Die Schwierigkeiten, die Region „Osteuropa" zu definieren, werden in Kapitel 4 erläutert.

Vorbilder der postsozialistischen Transformation ist jedoch unklar, in welche Richtung diese Städte nun steuern.

Dabei stellt der Wechsel von einem sozialistischen zu einem kapitalistischen Gesellschafts- und Wirtschaftssystem nicht die einzige Herausforderung dar, vor der die postsozialistischen Städte stehen. Auch die Integration in ein weltweit verknüpftes Wirtschaftssystem, der Beitritt in die Europäische Union sowie die veränderten Produktionsweisen - in anderen Worten die Herausforderungen Globalisierung, Europäisierung und Postfordismus - müssen von den Städten bewältigt werden. Insofern befinden sich die osteuropäischen Städte in einem „doppelten Anpassungsprozess".

Stadtforschung mit dem Forschungsgegenstand der postsozialistischen Stadt muss diesen doppelten Anpassungsprozess sowie die sich gegenseitig beeinflussenden Auswirkungen der Transformation berücksichtigen. In den bisherigen Forschungen zu postsozialistischen Städten wurden unterschiedliche theoretische Erklärungsansätze zur Untersuchung des doppelten Transformationsprozesses gewählt, die je nach Fokus und Forschungsgegenstand variierten. Wie Petrovic (2005: 1ff.) und Szelenyi (1996: 288ff.) aufzeigen, hat sich bislang noch keiner der theoretischen Ansätze für die Analyse postsozialistischer Städte etablieren können. Die Ergebnisse der Forschungen variieren ebenfalls: Welchem Entwicklungspfad die postsozialistischen Städte folgen werden, ob die Entwicklungen der westlichen Städte wiederholt werden oder ob ein neuer, „postsozialistischer" Stadttyp entsteht, auch darüber herrscht in der Literatur weitgehend Unklarheit (vgl. Kovacs 1999: 5, Petrovic 2005: 15; Stanilov 2007a: 11ff.).

Ein Schwerpunkt postsozialistischer Stadtforschung stellte die Analyse der Auswirkungen des doppelten Transformationsprozesses auf die Stadtstruktur dar. Bauliche und sozialräumliche Veränderungen standen im Vordergrund vieler Untersuchungen (z.B. Stanilov 2007a, Hamilton et al. 2005a, Borén/Gentile 2007). Hingegen wurde die postsozialistische Stadtpolitik bislang nur in geringem Maß untersucht. Nur wenige Veröffentlichungen (unter anderem Swianiewicz 2005a und 2005b sowie Majer 2008) thematisierten die politische Steuerung osteuropäischer Städte und die Rolle, die die doppelte Transformation dabei spielt. Die vorliegende Arbeit will einen Beitrag zu diesem bislang noch wenig untersuchten Forschungsfeld leisten.

Ziel der Arbeit ist es demnach, eine Analyse postsozialistischer Stadtpolitik durchzuführen. Dabei soll insbesondere die Frage, in welche Richtung sich die Städte Osteuropas entwickeln, untersucht werden. Aufgrund des Beitritts osteuropäischer Staaten in die Europäische Union 2004 und 2007 sowie der historischen Zugehörigkeit zum europäischen Siedlungsraum und zur Kultur Europas liegt die Vermutung nahe, dass sich die Stadtpolitik an die Formen westeuropäischer Stadtpolitik annähert. Der Begriff „westeuropäische Stadtpolitik" ist dabei

14

nicht als eine in allen Städten Westeuropas erkennbare Form der Stadtpolitik zu sehen, sondern als ein Modell, das die Eigenschaften der Europäischen Stadt idealtypisch zusammenfasst. Untersucht wird daher nicht, ob in osteuropäischen Städten eine ähnliche Stadtpolitik wie beispielsweise in Köln, Kopenhagen oder Mailand erfolgt, sondern die Konvergenz bzw. Divergenz zum idealtypischen Modell der Europäischen Stadt. Hinweise zu den Eigenschaften dieses Modells liefern Bagnasco/Le Galès (2000) bzw. Le Galès (2002). Die beiden Autoren sehen als wesentliche Eigenschaften einer idealtypischen Europäischen Stadt eine stark von öffentlichen Akteuren geprägte Steuerungsform, eine insbesondere im Vergleich zu den Städten der USA geringere soziale Polarisierung sowie die Formierung der Stadtgesellschaft zu einem kollektiven Akteur, der sich neben den gewählten politischen Vertretern auch aus anderen Akteuren und Institutionen zusammensetzt und der über ein kollektives System zum Treffen von Entscheidungen verfügt. Das Modell beschreibt demnach eine bestimmte Form der Stadtsteuerung und ist nicht als geographische Kategorie zu sehen. Die Frage, wie *europäisch* die Stadtsteuerung ist, ist auch in west-europäischen Städten von Relevanz und wurde bereits von unterschiedlichen Autoren analysiert (z.B. Le Galès 2002, Häußermann/Haila 2005). Hingegen existieren keine empirischen Forschungen diesbezüglich in osteuropäischen Städten.

Forschungsinteresse

Die Arbeit untersucht daher, inwieweit die Elemente des Modells auch in der Stadtpolitik postsozialistischer Städte zu finden sind. Hierfür wurde als Fallstudie die polnische Hauptstadt Warschau gewählt. Angesichts der Komplexität stadtpolitischer Prozesse wurde kein komparativer Ansatz gewählt, der mehrere Städte analysiert, sondern mit der Beschränkung auf einen Fall die Möglichkeit gegeben, einen tieferen Einblick in die Stadtpolitik einer Stadt zu erlangen. Ein Vergleich der Ergebnisse der Warschauer Fallstudie mit den Entwicklungen in anderen osteuropäischen Städten erfolgt jedoch im abschließenden Teil dieser Arbeit. Nicht alle Politikfelder der Warschauer Stadtpolitik wurden untersucht, sondern mit „Stadtentwicklungspolitik" ein Feld lokaler Politik ausgewählt, in dem die Eigenschaften des Modells der Europäischen Stadt besonders deutlich werden und das dazu geeignet ist, die Konvergenz oder Divergenz der osteuropäischen Städte zu diesem Modell deutlich zu machen. Insofern bildet das idealtypische Modell den Referenzrahmen für die Untersuchung der Warschauer Stadtentwicklungspolitik. Folgendes Forschungsinteresse liegt der Arbeit demnach zu Grunde: *Inwieweit nähert sich die postsozialistische Stadtentwicklungspolitik in Warschau an das Modell der Europäischen Stadt an?*

Der Begriff Politik wird dabei aufgeteilt in die Dimensionen Polity, Politics und Policy, also in institutionelle Bedingungen (Polity), politische Prozesse und Akteure (Politics) und Politikinhalte (Policy). Konkret geht es demnach darum, zu untersuchen, ob sich die Warschauer Stadtentwicklungspolitik bezüglich des institutionellen Handlungsspielraums, der handelnden Akteure und Prozesse sowie der stadtentwicklungspolitischen Inhalte am Modell der Europäischen Stadt orientiert oder ob andere Entwicklungen erkennbar sind.

Zur Beantwortung dieser Frage ist ein mehrstufiges Vorgehen notwendig, bei dem theoretische und empirische Aspekte der Fragestellung untersucht werden. Auf theoretischer Ebene werden zunächst das Modell der Europäischen Stadt, sowie die Begriffe „Stadtentwicklungspolitik", „Governance" und „postsozialistische Stadt" erläutet, bevor dann empirisch die Stadtentwicklungspolitik in Warschau analysiert wird.

Aufbau der Arbeit

Die Arbeit ist in sechs Kapitel aufgeteilt, die die oben beschriebenen Themenbereiche behandeln.

Nach diesem Einführungskapitel folgt in *Kapitel 2* eine Beschreibung des Modells der Europäischen Stadt. Es wird argumentiert, dass die Europäische Stadt nicht nur als geographischer Ort oder als bestimmte bauliche Struktur gesehen werden kann, sondern in der Tradition von Max Weber sich insbesondere durch eine spezifische soziale und politische Struktur von Städten anderer Kontinente unterscheidet. Dabei handelt es sich um die Konstruktion eines idealtypischen Modells und nicht um den kleinsten gemeinsamen Nenner, der die Städte in Europa charakterisiert. Bezugnehmend auf den neo-weberianischen Ansatz von Bagnasco/Le Galès (2000) und Le Galès (2002) lässt sich das Modell der Europäischen Stadt kennzeichnen durch die Konstituierung der Stadt als kollektiver Akteur, durch eine stark von öffentlichen Akteuren geprägte Steuerungsform, die ein Gegengewicht zu den Marktmechanismen darstellt, sowie durch den umfassenden städtischen Handlungsspielraum, der auch ein Resultat der Einbettung der Städte in nationale Wohlfahrtsstaaten ist. Scheinbar besteht ein Widerspruch zwischen einem starken nationalen Wohlfahrtsstaat und dem lokalen Handlungsspielraum, jedoch führt der große Einfluss des Wohlfahrtsstaates dazu, dass die Städte von privaten Wirtschaftsinteressen in geringerem Maße abhängig sind als beispielsweise Städte in den USA und somit mehr Handlungsoptionen für die lokale Ebene durch geringere ökonomische Zwänge möglich sind. Bagnasco/Le Galès (2000) bzw. Le Galès (2002) haben allerdings nur westeuropäische Städte untersucht, weshalb das Modell durchaus als Modell mit westeuropäischen „Bias" bezeichnet werden kann.

Darüber hinaus haben die veränderten Rahmenbedingungen wie Globalisierung, Europäisierung und Postfordismus Auswirkungen auf das Modell. Es wird argumentiert, dass diese auf supranationaler Ebene ablaufenden Prozesse dazu führen, dass die städtische Ebene an Bedeutung gewinnt. So wird der städtische Handlungsspielraum durch den gestiegenen Einfluss der europäischen Ebene größer, da die Städte zusätzlich Förderprogramme in Anspruch nehmen können und nicht nur auf nationaler, sondern auch auf europäischer Ebene politische Entscheidungsprozesse beeinflussen können. Gleichzeitig gewinnen durch die ökonomische Globalisierung und die Dezentralisierung von Produktionsweisen lokale Eigenheiten an Bedeutung.

Eine andere Konsequenz der veränderten Rahmenbedingungen ist die Notwendigkeit neuer Steuerungsformen. So hat sich die Zahl der stadtpolitischen Akteure vergrößert und viele stadtpolitische Maßnahmen sind aufgrund fehlender kommunaler Mittel nicht mehr alleine durch die öffentlichen Akteure umsetzbar. Gleichzeitig werden Kooperationen zur Voraussetzung für die Vergabe von Fördermitteln z.B. bei den Strukturförderungsprogrammen der EU. Aufgrund dieser Aspekte sind neue Steuerungsformen notwendig, die auf die veränderten Rahmenbedingungen reagieren.

Kapitel 3 beschäftigt sich mit diesen neuen Steuerungsformen, die in der Literatur als „Governance" beschrieben werden. Es wird aufgezeigt, dass der weit verbreitete Begriff ganz unterschiedlich interpretiert werden kann und sowohl normativ, als Theorie oder als empirisches Untersuchungsobjekt benutzt wird. In dieser Arbeit wird Governance als Gegensatz von Government verstanden und beschreibt netzwerkartige Strukturen des Zusammenwirkens staatlicher und privater Akteure, während Government die autonome Tätigkeit einer Regierung bezeichnet (Benz 2005: 18). Bei Governance wird demnach davon ausgegangen, dass Stadtpolitik in zunehmendem Maße durch zivilgesellschaftliche und privatwirtschaftliche Akteure beeinflusst wird, während der Government-Ansatz die Annahme vertritt, dass städtische Politik in erster Linie durch die gewählten politischen Vertreter und die Verwaltung bestimmt wird. Insofern hat Governance Auswirkungen auf die Analyse-Perspektive: Da politische Entscheidungen nicht nur innerhalb des politischen Systems getroffen werden, sondern auch von privaten Akteuren beeinflusst werden, muss Politik-Analyse auch nichtstaatliche Akteure berücksichtigen. Elemente von Governance finden sich dabei in den drei Politikdimensionen Polity, Politics und Policy: Die institutionellen Bedingungen, die als Polity-Dimension bezeichnet werden, verändern sich. Nicht mehr durch klassische hierarchische Verwaltungsstrukturen mit einer geringen Anzahl von Institutionen, sondern durch viele Institutionen und fragmentierte

Verwaltungsstrukturen wird die institutionelle Struktur bestimmt. In der Politics-Dimension, die die politischen Prozesse und Akteure umfasst, beschreibt Governance den Einfluss privater Akteure und die durch Netzwerke beeinflussten Entscheidungsfindungsprozesse. Auch die Inhalte von Politik - die Policy-Dimension - verändert sich durch Governance. Regulierung und Normen haben zugunsten von Kompromissen und Absprachen an Bedeutung verloren.

Im Bereich der Stadtentwicklungspolitik ist in den westeuropäischen Ländern der Trend von Government zu Governance empirisch aufgezeigt worden (z.b. John 2001, Healey et al. 1997). Governance und das Modell der Europäischen Stadt haben im Bereich Stadtentwicklungspolitik teilweise ähnliche Eigenschaften (z.b. die Formierung einer Stadtgesellschaft, die nicht nur aus den öffentlichen Akteuren besteht) aber auch gegensätzliche Elemente (z.b. den Trend zur Planung durch Projekte oder der steuernde Einfluss von Unternehmen auf die Stadtentwicklungspläne). Vor diesem Hintergrund stellt sich deshalb die Frage, ob und wenn ja, in welchen Politikdimensionen, das Modell in der heutigen Stadtentwicklungspolitik europäischer Städte noch erkennbar ist oder ob durch Governance diese Eigenschaften verdrängt werden. Grundsätzlich wird davon ausgegangen, dass die Antworten der lokalen Ebene auf die veränderten Rahmenbedingungen variieren können und Stadtpolitik sich demnach nicht aus supralokalen Prozessen deterministisch ableitet (vgl. Häußermann et al. 2008: 339ff.). Städte haben die Möglichkeit in gewissen Grenzen eine eigene Politik umzusetzen und verfügen insofern über Handlungsspielraum. Aus diesem Grund ist in Fallstudien - wie in dieser Arbeit am Beispiel Warschau - zu prüfen, wie die Stadtentwicklungspolitik einzelner Städte erfolgt. Dabei ist zunächst auf die Besonderheiten postsozialistischer Städte einzugehen.

Kapitel 4 behandelt den spezifischen Kontext postsozialistischer, osteuropäischer Städte. Es wird dargestellt, dass sich die sozialistischen Städte von den kapitalistischen Städten und auch vom Modell der Europäischen Stadt unterschieden. In sozialistischen Städten existierte kein Handlungsspielraum für lokale Politik, eine Beteiligung nicht-staatlicher Akteure fand nicht statt und gleichzeitig erfolgte die Flächennutzung aufgrund fehlender Bodenrenten nach vollständig anderen Mechanismen. Die sozialistische Stadt war auch durch eine Diskrepanz zwischen den offiziellen Stadtentwicklungsplänen bzw. den politischen Leitlinien und der tatsächlichen sozialistischen Stadtentwicklung gekennzeichnet. Ein politisches Ziel war die Vermeidung sozialer Ungleichheit und stadträumlicher Polarisierung. Tatsächlich war jedoch auch in den sozialistischen Städten soziale Segregation zu erkennen. Die postsozialistische Transformation führte dazu, dass sich die gesellschaftlichen und politischen Rahmenbedingungen vollständig veränderten und eine andere, marktwirtschaftliche und demokratische Form der Stadtentwicklung möglich wurde. Neben den stadtpolitischen

Rahmenbedingungen transformierten sich auch die Stadtstrukturen: Neue Büro-hochhäuser, Shopping Malls und der Wohnungsbau veränderten die Struktur der Stadt. Gleichzeitig entstanden neue Muster sozialer Segregation z.B. durch Sub-urbanisierung und Gentrifizierung. Da in den postsozialistischen Städten weiter-hin mit dem Erbe der sozialistischen Stadt und dem Übergang von Sozialismus zum Kapitalismus sowie gleichzeitig mit deutlich dynamischeren stadtstrukturel-len Veränderungen als in westeuropäischen Städten umgegangen werden muss, kann die osteuropäische Stadtentwicklung als eigenständiges Modell bzw. als „Sonderfall der Urbanisierung" bezeichnet werden. Wie Governance und das Modell der Europäischen Stadt in diesen Städten die Stadtentwicklungspolitik prägt, wird in der Fallstudie Warschau untersucht.

Kapitel 5 stellt die Fallstudienstadt Warschau vor. Die wechselhafte Ge-schichte Warschaus verdeutlicht den engen Bezug zwischen europäischer Histo-rie und Stadtentwicklung. Dies wird unter anderem durch die drei polnischen Teilungen, den zweiten Weltkrieg und den Sozialismus der „Warschauer Pakt"-Staaten deutlich. Die sozialistische Zeit hat die Warschauer Stadtstruktur beson-ders beeinflusst, da der Wiederaufbau der vollkommen zerstörten Stadt weitge-hend nach den Prinzipien des sozialistischen Städtebaus erfolgte. Die Besonder-heiten des polnischen und des Warschauer Transformationsprozesses sowie der sozio-ökonomische und physische Wandel der Stadt seit 1989 werden darges-tellt. Dabei wird deutlich, dass das sozialistische Erbe die Stadtstruktur weiterhin prägt, neuere Entwicklungen wie Suburbanisierung, Gated Communities, das Auftauchen von Shopping Malls und die Tertiärisierung der Wirtschaftsstruktur allerdings zunehmend an Bedeutung gewinnen.

Kapitel 6 bringt die Inhalte der vorherigen Kapitel zusammen. Untersucht wird die Stadtentwicklungspolitik Warschaus in den drei Politik-Dimensionen Polity, Politics und Policy. Inwieweit folgt die Stadtentwicklungspolitik im post-sozialistischen Warschau dem Modell der Europäischen Stadt? Über welchen politischen Handlungsspielraum verfügt die Stadt, inwieweit kann von einer über die öffentlichen Akteure hinaus gehenden Formierung einer Stadtgesellschaft gesprochen werden und zielt die Steuerungsform auf einen Ausgleich der Markt-kräfte?

Es wird gezeigt, dass die Warschauer Stadtentwicklungspolitik aus formel-len und informellen Prozessen besteht und auf diesen beiden Ebenen jeweils unterschiedliche Politikformen existieren. So ist auf der formellen Ebene eine Annäherung an das Modell der Europäischen Stadt erkennbar, während im in-formellen Bereich diese Konvergenz nicht festzustellen ist. Hier beeinflussen private Akteure die Entscheidungsfindungsprozesse der Stadtentwicklung auf intransparente Art und Weise und informelle Absprachen anstelle von öffentli-chen Beschlüssen haben eine große Bedeutung. Als Ursachen für diese Entwicklung werden einerseits die Probleme bei der Transformation des stadtentwicklungspolitischen Instrumentariums andererseits aber auch die spezifische Akteursstruktur und die politischen Prozesse in Warschau selbst gesehen.

Kapitel 7 fasst die Ergebnisse zusammen und zieht Rückschlüsse auf die theoretischen Konzepte Europäische Stadt, Governance und postsozialistische Stadt. Zunächst werden die wesentlichen Kennzeichen der Stadtentwicklungspolitik in Warschau aufgezeigt. Diese werden dann mit den Eigenschaften der Stadtentwicklungspolitik anderer osteuropäischer Städte verglichen: Welche Unterschiede existieren und welche Ergebnisse der Analyse finden sich ebenfalls in anderen postsozialistischen Städten? Auch die Frage, ob sich osteuropäische Städte nun an das Modell der Europäischen Stadt annähern oder einen spezifischen Stadttyp bilden, wird in diesem Kapitel untersucht. Abschließend steht das Modell der Europäischen Stadt im Vordergrund. Aus der Analyse der Warschauer Stadtentwicklungspolitik sowie der weiterer osteuropäischer Städte werden die Bedingungen dargestellt, unter denen das Modell mit der Steuerungsform Governance kompatibel ist.

Fallstudien

Wie bereits beschrieben, untersucht diese Arbeit postsozialistische Stadtpolitik am Beispiel einer Fallstudie - der Stadt Warschau. Grundsätzlich nutzen zahlreiche sozialwissenschaftliche empirische Untersuchungen einen Fallstudienansatz. Fallstudien stellen neben der „Komparativen Methode", der „Experimentellen Methode" und der „Statistischen Methode" eine der Methoden des Vergleichs dar (vgl. Nohlen 1994: 509; Lijphart 1971). Während die komparative Methode eine kleine Anzahl von Fällen untersucht, die experimentelle Methode einen quasi naturwissenschaftlichen Aufbau mit der Kontrolle aller Variablen wählt und die statistische Methode eine größere Anzahl von Fällen analysiert, bestehen Fallstudien aus wenigen ausgewählten Fällen oder aus Einzelfallanalysen.

Die grundsätzlichen Herausforderungen bei Einzelfallanalysen treten bei der Generalisierung und beim Vergleich auf. So schreibt Hartmann (1995: 35) „der Fall an sich besagt nichts" und ihm komme keine Relevanz zu, „es sei denn in der vergleichenden Zusammenschau mit anderen Fällen". Da dies bei nur einem Fall nicht möglich ist, wird die Relevanz der Ergebnisse von Einzelfallstudien bestritten. Zum Vergleich sind demnach mindestens zwei Fälle notwendig, die dann auf Gemeinsamkeiten und Unterschiede hin untersucht werden können. Im Gegensatz zu diesem engen Verständnis von Vergleich existiert die Auffassung, dass auch die Analyse von Einzelfällen vergleichend sein kann, da die Beobachtungen an einem impliziten Referenzrahmen gemessen werden (vgl.

Nissen 2002: 37). „Even an analysis of a single case involves comparison since one compares the observed situation with an imagined situation in which the suspected factor(s) are absent" (Pickvance 1986: 164). So gesehen ist auch ein einziger Fall mit den Methoden der vergleichenden Politikforschung prinzipiell vereinbar.

Durch Fallstudien können neue Hypothesen generiert bzw. bestehende Hypothesen geprüft werden. Ziel von Fallstudien-Untersuchungen ist es, komplexe Erklärungsmuster und kausale Zusammenhänge innerhalb des jeweiligen Falls zu analysieren. Auch ist es bei Einzelfallstudien möglich, mehrere unterschiedliche Untersuchungsmethoden einzusetzen. Bei höheren Fallzahlen hingegen muss die Methode konstant sein, damit die Ergebnisse der einzelnen Fälle vergleichbar sind. Allerdings existieren Grenzen für Fallstudien-Untersuchungen: Lauth (2004) sieht diese in der Gefahr von Ad-hoc-Erklärungen, der begrenzten Übertragbarkeit der Ergebnisse, der eingeschränkten theoretischen Reichweite sowie dem Forschungsaufwand.

In der vorliegenden Arbeit wird die Stadtpolitik in Warschau untersucht und demnach eine Einzelfallanalyse durchgeführt. Das Forschungsinteresse besteht dabei nicht nur im Verstehen von Handlungsspielraum, Akteuren, Prozessen und Inhalten der Stadtentwicklungspolitik, sondern in der Prüfung eines theoretischen Modells - dem Modell der Europäischen Stadt. Die Kritik an Einzelfallstudien, das Fehlen von Vergleichsfällen, ist also nicht relevant. Als Referenzrahmen der Untersuchung und damit als Vergleichsfolie wird das Modell der Europäischen Stadt hinzugezogen. Die in diesem Modell beschriebenen Thesen werden empirisch am Beispiel Warschau überprüft und die Ergebnisse können zur Modifikation des Modells führen bzw. neue Hypothesen generieren. Die Untersuchung ist zwar als Einzelfallanalyse ausgelegt, jedoch wird in geringem Umfang am Ende der Arbeit auch die Stadtpolitik anderer osteuropäischer Städte untersucht. Dies ist nicht als komparatives Vorgehen zu verstehen, da die komplexen Untersuchungen in Warschau nur bei hohem Aufwand auf andere Städte übertragbar und ein solches Vorgehen im Rahmen dieser Arbeit nicht zu leisten gewesen wäre. Stattdessen wurden die Ergebnisse der Fallstudie mit bereits durchgeführten Forschungen zur postsozialistischen Stadtentwicklung verglichen und Unterschiede und Gemeinsamkeiten aufgezeigt.

Der Auswahl des Falls kommt bei Einzelfalluntersuchungen eine große Bedeutung zu. Aus den verschiedenen osteuropäischen Städten wurde Warschau als Fallstadt gewählt, da die Stadt mit Prag, Bukarest und Budapest zu den größten Städten in den neuen EU-Ländern gehört und Hauptstadt des einwohnerstärksten Beitrittslandes ist. Das führte unter anderem zu einer hohen Investitionstätigkeit ausländischer Unternehmen in Warschau, da diese erhofften, durch die Standortwahl Zugang zum großen polnischen Markt zu bekommen. Die Auswirkungen des bereits beschriebenen doppelten Anpassungsprozesses sind aus diesen Gründen in Warschau in besonderem Maße zu spüren. Die Stadt kann demnach aufgrund ihrer Größe, Entwicklungsgeschwindigkeit und der Hauptstadtfunktion nicht als typisch für osteuropäische Städte bzw. Stadtpolitik bezeichnet werden, auch der Transformationsprozess verlief unter anderem aufgrund einiger gesetzlicher Regelungen, die ausschließlich für die Hauptstadt erlassen wurden, unterschiedlich im Vergleich zu anderen polnischen Städten. Allerdings besteht die Wahrscheinlichkeit, dass Entwicklungen, die momentan in den Großstädten Osteuropas zu finden sind, später auch in anderen Städten auftreten werden (Weclawowicz 2002: 195). Die Literatur zu Fallstudien führt an, dass gerade „abweichende" Fälle wegen der Möglichkeit, Theorien zu überprüfen und zu verfeinern, für die vergleichende Politikwissenschaft sehr wertvoll sind (Nohlen 1994: 129). Ein weiteres Kriterium der Auswahl, die Zugänglichkeit zum Fall (Merkens 2004: 288), war durch Kontakte des Verfassers dieser Arbeit in die polnische Hauptstadt ebenfalls gegeben.

Forschungsstand

Bisherige Untersuchungen zur Stadt Warschau in postsozialistischer Zeit behandelten unterschiedliche Aspekte der Stadtentwicklung. Ähnlich wie sich für die postsozialistische Stadtforschung generell konstatieren lässt, wurden bislang auch für Warschau überwiegend Untersuchungen zu den stadtstrukturellen Veränderungen durchgeführt (z.B. Weclawowicz 2002, 2005, RESTATE 2003, Gzell 2001, Gutry-Korycka 2005, Tasan-Kok 2004). Weiterhin existieren verschiedene Arbeiten, die die Wirtschaftsstruktur Warschaus, insbesondere im Vergleich zu anderen osteuropäischen Städten untersuchten, wie beispielsweise Korcelli-Olejniczak (2007), Smetkowski (2005) oder Lisowski/Wilk (2002). All diese Arbeiten zeigen die großen Veränderungen auf, die in Warschau seit Begin der 1990er Jahre stattfanden. Die Frage der den Veränderungen zu Grunde liegenden politischen Handlungsspielräume, Prozesse, Akteure und politische Inhalte wurde bislang jedoch nur in geringem Maße untersucht. Die Literatur hierzu ist überschaubar, zu den wenigen Arbeiten in diesem Bereich zählen die Untersuchungen von Czarniawska (2000) und Djordjevic (2006a, 2006b). Czarniawska (2000) stellte das Management öffentlicher Infrastruktur in Warschau Mitte der 1990er Jahre dar und zeigte die Steuerungsprobleme, die durch den Systemwechsel für die öffentlichen Akteure entstanden. Das Politikfeld der Stadtentwicklungspolitik wurde von Czarniawska jedoch nicht betrachtet. Djordjevic (2006a und 2006b) zeigt in ihren Arbeiten chronologisch die Prozesse der Stadtentwicklungsplanung von Warschau seit 1990 auf. Sie untersucht, ob durch

Ansätze strategischer Stadtplanung Veränderungen des Verwaltungsaufbaus erreicht werden konnten. Die Frage, inwieweit sich die Stadtentwicklungspolitik von Warschau an das Modell der Europäischen Stadt annähert, die Ursachen hierfür und die Unterschiede zwischen formeller und informeller Stadtentwicklung werden jedoch nicht analysiert. Die hier vorgelegte Untersuchung will diese Lücke füllen und dazu beitragen, nicht nur die ablaufenden Veränderungen im postsozialistischen Warschau zu beschreiben, sondern die Ursachen dieser Veränderungen aufzuzeigen und mit dem idealtypischen Modell der Europäischen Stadt zu vergleichen.

Methodik

Im Rahmen der Arbeit wurde auf verschiedene, sich ergänzende Methoden empirischer Sozialforschung zurückgegriffen. Ein wichtiges Element dieses *Methodenmixes* waren leitfadengestützte Experteninterviews. Die Auswahl der Methode „Leitfadengestütztes Experteninterview" ergab sich aus dem Untersuchungsziel: Einerseits sollten durch die Interviews Informationen gewonnen werden, die auf anderem Weg nicht zu bekommen gewesen wären, andererseits sollten zusätzlich zu diesen Informationen auch Erklärungs- und Argumentationsansätze, jenseits offizieller Verordnungen befindliche handlungsleitende Regeln sowie das Verhältnis von formellen und informellen Praktiken thematisiert werden. Insofern waren die Interviews für diese Forschungsarbeit sowohl „systematisierende" Experteninterviews, d.h. sie zielten auf das anderweitig nicht verfügbare Wissen der Experten, auf Informationsgewinnung und auf „objektive" Tatbestände als auch „theoriegenerierende" Interviews mit dem Ziel, aus den subjektiven Handlungsorientierungen verallgemeinerbare Typologien und Theorien zu formen (Bogner/Menz 2005a: 38).

Bei qualitativen Methoden der Sozialforschung wie den leitfadengestützten Experteninterviews sind methodische Aspekte in besonderem Maß zu reflektieren. Gerade Experteninterviews sind weit verbreitet, ihr Kennzeichen ist jedoch ihre methodologische Heterogenität - ein allgemein anerkanntes Vorgehen bei Experteninterviews gibt es nicht (Bogner/Menz 2005b: 20). Bei der Durchführung von Experteninterviews ist zunächst Klarheit darüber notwendig, wer zu der Gruppe der „Experten" zählt. Unterschieden werden kann zwischen dem voluntaristischen, konstruktivistischen und wissenssoziologischen Expertenbegriff (Bogner/Menz 2005a: 39ff.). Unter dem voluntaristischen Expertenbegriff wird verstanden, dass jeder Mensch mit besonderen Informationen und Fähigkeiten ausgestattet ist, was ihn zum Experten (z.B. zum Experten seines eigenen Lebens) macht. Die konstruktivistische Definition sieht den Experten im Kontext des spezifischen Forschungsinteresses und seiner sozialen Repräsentativität. Die wissenssoziologische Fokussierung definiert Experten im Gegensatz zum Laien als Wissenschaftler mit sicherem, eindeutigem Wissen, das ihnen jederzeit kommunikativ und reflexiv verfügbar ist. Diese kurze Auflistung verdeutlicht die Schwierigkeiten der Definition von „Experte", ähnliche Probleme treten bei der Definition von „Expertenwissen" auf. Grundsätzlich sind Experten Personen, die über spezielles Wissen über den Forschungsgegenstand verfügen.

Zu den im Rahmen der Arbeit interviewten Experten zählten Personen, die Verantwortung/Entscheidungsgewalt über bestimmte Aspekte der Warschauer Stadtentwicklungspolitik hatten bzw. über einen privilegierten Zugang zu Informationen über Personengruppen oder Entscheidungsprozesse in diesem Themenkomplex verfügen (vgl. Meuser/Nagel 1991: 443). Aufgrund dieser konstruktivistischen und wissenssoziologischen Expertendefinition ergab sich eine hohe Heterogenität der Arbeitsbereiche der Befragten, unter denen unterschiedliche Akteursgruppen vertreten waren:

- Verwaltung
- Private Unternehmen (Immobilienconsulting, Planungsbüros)
- Fach-Journalisten
- Wissenschaftler und Wissenschaftlerinnen an Forschungseinrichtungen
- Verbände

Problematisch erwies sich der Kontakt zu den Developern und Bauträgern. Aufgrund der Konkurrenzsituation, die auf dem Warschauer Immobilienmarkt herrscht und der damit verbundenen Scheu, in Interviews Geschäftsgeheimnisse offen zu legen, wurden leitfadengestützte Experteninterviews von dieser Akteursgruppe abgelehnt. Um dennoch Erkenntnisse über geplante und entwickelte Immobilienprojekte zu gewinnen, wurden Gespräche mit Developern auf verschiedenen Immobilienmessen geführt.

Für die Durchführung der Interviews wurde ein offener Leitfaden entwickelt. Hierdurch konnte sichergestellt werden, dass die für die Forschungsfragen wichtigen Themen angesprochen werden und gleichzeitig die Interviewten die Möglichkeit haben, aus dem starren Konzept eines Fragebogens auszubrechen und neue Themen anzusprechen. Ausgangspunkt der leitfadengestützten Experteninterviews, aber auch anderer Formen der Leitfaden-Interviews ist es, „dass restriktive Vorgaben, wann, in welcher Reihenfolge und wie Themen zu behandeln sind, in standardisierten Interviews oder Fragebögen den Weg zur Sicht des Subjekts eher verstellen als öffnen" (Flick 1995: 112). Für den Interviewer bedeutet dies, dass auch vorher noch nicht bedachte neue Aspekte des Themas vom Interviewpartner angesprochen werden können, aber auch, dass eine permanente Vermittlung zwischen dem Interviewverlauf und dem Leitfaden notwendig ist.

Die insgesamt rund 20 leitfadengestützten Experteninterviews dieser Forschungsarbeit wurden überwiegend auf Englisch oder Deutsch geführt. Auch wenn diese Sprachen in den meisten Fällen nicht die Muttersprache der Befragten waren, ergaben sich aufgrund der guten Sprachkenntnisse der Interviewten keine größeren Probleme bei der Durchführung der Interviews. Allerdings war bei den Interviews zu berücksichtigen, dass polnische Fachbegriffe nur bedingt ins englische oder deutsche übersetzt werden können bzw. teilweise unterschiedliche Bedeutungen haben.

Die Interviews mit den Experten wurden aufgezeichnet und transkribiert. Die Transkription erfolgte vollständig, auf Notationssysteme, wie sie bei narrativen Interviews angewendet werden, wurde jedoch verzichtet. Pausen, Stimmlagen und sonstige nonverbale Elemente sind nicht Teil der Interpretation, da der Erkenntnisgewinn bei Experteninterviews in dem Experten als Funktionsträger innerhalb eines organisatorischen oder institutionellen Kontextes und nicht in der Gesamtperson des Interviewten liegt (Meuser/Nagel 1991: 442ff.). Die Auswertung der Interviews erfolgte nach Meuser/Nagel (1991) in mehreren Schritten: Transkription, Paraphrase, Überschriften, Thematischer Vergleich, Soziologische Konzeptualisierung und theoretische Generalisierung. Ziel war es, das Repräsentative im Expertenwissen zu entdecken und die Gewinnung von Aussagen darüber für andere kontrollierbar zu halten, d.h. bei der Auswertung der Interviews den wissenschaftlichen Ansprüchen zu genügen.

Ein zweiter wichtiger Methodikbaustein, der insbesondere für Erkenntnisse in den Dimensionen Polity (institutionelle Struktur) und Policy (inhaltliche Ausgestaltung der Politik) eine Rolle spielte, war die Analyse von Planwerken und Richtlinien zur Stadtentwicklung, die auf lokaler, nationaler und europäischer Ebene erstellt wurden. Ergänzend hierzu wurden auch Zeitungsartikel über Aspekte der Warschauer Stadtentwicklung untersucht. Darüber hinaus wurden bereits existierende Forschungen zur Warschauer bzw. polnischen Stadtentwicklungspolitik analysiert und auf Aussagen bezüglich der in dieser Arbeit im Vordergrund stehenden Fragestellungen überprüft. Die so generierten Informationen bildeten eine Ergänzung zu den im Rahmen der Experteninterviews gewonnenen Erkenntnissen. Kernpunkt bei solchen Inhaltsanalysen stellt die Bildung von Auswertungskategorien dar (Atteslander 2000: 211). Gleichzeitig war es für diese Arbeit wichtig, dass die Ergebnisse der Experteninterviews sowie die der Dokumentenanalyse miteinander kompatibel sind. Aus diesem Grund wurden für beide Methoden die gleichen Auswertungskategorien gewählt. Diese ergaben sich durch die theoretisch entwickelten Merkmale der Europäischen Stadt und der möglichen Annäherung der Warschauer Stadtpolitik an dieses Modell.

2 Das Modell der Europäischen Stadt im Wandel

Im folgenden Kapitel werden das Modell der Europäischen Stadt und die Herausforderungen, vor denen es steht, beschrieben. Der Fokus liegt dabei auf zwei wesentlichen Fragestellungen: Im ersten Teil des Kapitels wird analysiert, ob die heutigen europäischen Städte über idealtypische Eigenschaften, wie sie bereits Max Weber für die mittelalterlichen Städte beschrieb, verfügen und wenn ja, welche dies sind. Bezug genommen wird dabei auf den so genannten „neo-weberianischen Ansatz". Im zweiten Teil steht der Wandel der europäischen Städte im Vordergrund. Es wird dargestellt, welche Auswirkungen Globalisierung, Europäisierung und postfordistischer Wandel auf die Stadt bzw. Stadtpolitik haben und welche Konsequenzen sich für das Konzept der Europäischen Stadt ergeben.

2.1 Der Begriff der Europäischen Stadt

Die Europäische Stadt stellt nicht nur eine geographische Bezeichnung dar (Städte, die sich in Europa befinden), sondern hat darüber hinaus auch eine weitergehende Bedeutung. Vielfach wird die bauliche Gestalt als ein Unterscheidungsmerkmal zwischen europäischen Städten und Städten anderer Kulturkreise bezeichnet. Als typische bauliche Merkmale der Europäischen Stadt werden Aspekte wie Zentralität, also das Gefälle zwischen hochgetürmter Stadt im Gegensatz zum Stadtrand, der Unterschied zwischen ummauerter Stadt und flachem Land sowie die Mischung von Arbeiten, Wohnen, Erholung und Verkehr genannt (Siebel 2000: 28). Diese Kennzeichen, die sich unter den Schlagworten Dichte, Kompaktheit und Nutzungsmischung zusammenfassen lassen, sind nicht die einzigen Besonderheiten europäischer Städte. Im Folgenden wird argumentiert, dass sich die Eigenschaften der Europäischen Stadt nicht nur auf städtebaulich-architektonische Merkmale beschränken, sondern auch die Organisation und die soziale Struktur Merkmale sind, die europäische Städte von anderen Städten unterscheiden.

2.1.1 Die Europäische Stadt nach Max Weber

Die Betrachtung der Stadt nicht als physische Struktur, sondern als politische Vereinigung steht in der Tradition von Webers Untersuchungen zur mittelalterlichen europäischen Stadt (Weber 2000). Weber war nicht an der Stadt im räumlichen Sinn interessiert, sondern an der Frage, welche Konsequenzen aus der spezifischen sozialen und politischen Institution der Europäischen Stadt resultierten (Häußermann/Haila 2006: 51). Das eigentlich Neue seines Ansatzes lag darin, Städte als lokale Gesellschaft und als komplexe kollektive Akteure zu sehen.

Weber setzte sich im Text „Die Stadt" damit auseinander, welche Unterschiede zwischen den europäischen Städten und den Städten des Orients existieren und warum die europäischen Städte des Mittelalters die Geburtsstätte des Kapitalismus wurden. Bei der Analyse des Textes ist allerdings zu berücksichtigen, dass „Die Stadt" ein unvollständiges Fragment geblieben ist und erst nach Webers Tod veröffentlicht wurde. Der Text sollte vermutlich in Webers Hauptwerk „Wirtschaft und Gesellschaft" eingefügt werden und stellt insofern kein abgeschlossenes Werk dar, so ist z.B. ungeklärt, ob die Gliederung des Textes auf Weber oder die Herausgeber zurückgeht (Nippel 2000).

Zentrale Leitfrage des Textes ist, warum in den europäischen Städten des Mittelalters ein sich selbstverwaltendes Bürgertum entstand und nicht in den Städten anderer Epochen bzw. Kulturkreise. In seinem Text vergleicht Weber die Europäische Stadt des Mittelalters mit der antiken (europäischen) Stadt und hier vor allem mit den Stadtstaaten Athen, Sparta und Rom. Darüber hinaus analysiert er die Städte des ägyptischen und vorderasiatischen Altertums sowie die chinesischen, indischen und japanischen Städte in ihrer gesamten historischen Entwicklung. Mit diesem Vergleich zwischen den Städten des Okzidents und des Orients versucht Weber zu beschreiben, was die europäische Stadt ausmacht. Hierzu verwendete er das Instrument der „idealtypischen Konstruktion". Der Idealtypus der Europäischen Stadt nach Weber kann nicht gleichgesetzt werden mit der Gesamtheit der im Mittelalter real existierenden europäischen Städte, sondern besteht aus der Abstraktion der in der Realität vorgefundenen Merkmale unterschiedlicher europäischer Städte. Dieser Idealtypus der Europäischen Stadt wurde dann mit anderen Idealtypen verglichen, z.B. dem Idealtyp der antiken Stadt, der asiatischen oder der orientalischen Stadt.

Weber unterscheidet zunächst zwischen einer ökonomischen und politisch-administrativen Definition von Stadt. „Versucht man Stadt rein ökonomisch zu definieren, so wäre sie eine Ansiedlung, deren Insassen zum überwiegenden Teil von dem Ertrag nicht landwirtschaftlichen, sondern gewerblichen oder händlerischen Erwerbs leben" (Weber 2000: 1). Als Gegensatz dazu wird die Stadt politisch-administrativ durch ein abgegrenztes Stadtgebiet definiert, das historisch auf die Festungsstadt zurückzuführen ist. Diese Verbindung von ökonomischem Marktfrieden und militärischem Burgfrieden ist für Weber ein universales Phänomen und tauchte in unterschiedlichen Epochen und Kulturkreisen auf. Die Besonderheit der europäischen Städte des Mittelalters liegt in der Formierung einer „Stadtgemeinde". „Eine Stadtgemeinde im vollen Sinne des Worts hat als Massenerscheinung nur der Okzident gekannt" (Weber 2000: 11). Weber argumentiert, dass das Vorhandensein der Stadtgemeinde in den mittelalterlichen Städten letztlich zur Herausbildung des Kapitalismus geführt habe. Ein wichtiger - wenn auch nicht der einzige - Grund hierfür war nach Webers Analyse die politische Autonomie der Europäischen Stadt und ihr Stadtbürgertum. Da das Bürgertum und die Zusammenschlüsse von Bürgern nicht vollständig von nationalstaatlichen oder anderen Kräften unterdrückt und ausgebeutet wurden, konnten Innovationen und revolutionäre Kräfte gegenüber Klerus und Aristokratie entstehen, die letztlich zu modernen Stadtgesellschaften führten.

Weber nennt fünf Merkmale, die in ihrer Gesamtheit eine Stadtgemeinde ausmachen und damit auch die spezifischen Merkmale der mittelalterlichen Europäischen Stadt kennzeichnen (Weber 2000: 11):

1. Die Befestigung der gesamten Stadt (und nicht nur der Burg des Stadtherren) durch Mauern.
2. Der Markt als tauschwirtschaftliches Gegenbild zu den geschlossenen Kreisläufen der ruralen Selbstversorgungswirtschaft.
3. Ein eigenes Gericht und eine eigene Rechtssprechung der Stadt.
4. Der Verbandscharakter und die soziale Organisation der Stadt, die sich durch den freiwilligen Zusammenschluss Einzelner ergibt und im Gegensatz zu erblichen Zugehörigkeiten wie Familie, Kirche usw. steht.
5. Die politische Autonomie und die Selbstverwaltung der Stadt, an der die Bürger beteiligt sind.

Zentraler Punkt stellt die Funktion des Bürgers dar. Im Gegensatz zu anderen Gesellschaften wie den asiatischen, in denen der Stadtbewohner in starkem Maße in seinem Familienverbund oder seine Kaste eingebunden war, stellte die Vereinigung der Bürger in Zünften oder Gilden einen freiwilligen Zusammenschluss dar. Weber benutzt in diesem Zusammenhang den Begriff der *Verbrüderung*. Mit der Erwähnung des Wortes *Verbrüderung* bezieht sich Weber auf die von Petrus geschilderten christlichen Tischgemeinschaften (Abendmahl), die eine Institutionalisierung von Kontakten zwischen nicht-sippengebundenen Menschen ermöglicht (Eckardt 2004: 12). Die Verbrüderung stellt den Gegensatz zu natürlichen Abstammungsgemeinschaften dar und ermöglicht die Auflösung von Geburtsschranken, ohne die ein sich selbst organisierendes Bürgertum nicht vorstellbar wäre. „Die persönliche Zugehörigkeit zum örtlichen Verband der

Stadt und nicht die Sippe oder der Stamm garantierte ihm seine persönliche Rechtsstellung als Bürger" (Weber 2000: 24). Andererseits zeigt sich die gesamte Stadtbürgerschaft aus kollektivem Interesse mit dem Einzelnen solidarisch, da so die Absatz- und Erwerbschancen der gesamten Stadtbürgerschaft gesteigert werden konnten, was auf die Unabhängigkeit der Stadtbürgerschaft von Lehnsherrn zurückzuführen war.

Dieser Zusammenhang prägte die mittelalterlichen Städte. Grundeigentum war eng mit dem Status des Bürgers verknüpft und spezielle Gesetze regelten Grundeigentumsfragen - ein Gegensatz zu den außerhalb der Stadt vorherrschenden Regeln des Feudalismus. Des Weiteren wurde eine unabhängige Verwaltung der Stadt von der Bürgerschaft finanziert und Stadtverfassungen entstanden. Dabei umfasste die Autonomie der mittelalterlichen Stadt und ihrer Bewohner von übergeordneten Strukturen mehrere Dimensionen (Weber 2000: 72ff.), die von Stadt zu Stadt und Land zu Land allerdings variieren konnten:

- Poltische Selbstständigkeit, die unter anderem dazu führte, dass die Städte ein eigenes Militär besaßen und Außenpolitik betrieben.
- Eine autonome Rechtssatzung der Stadt, die Aspekte wie städtischen Grundbesitz, Marktverkehr und Handel regelte.
- Autokephalie, also ausschließlich eigene Gerichts- und Verwaltungsbehörden, die über weitgehende Verwaltungsbefugnisse verfügten.
- Steuergewalt über die Bürger, die wiederum Zins- und Steuerfreiheit nach außen besaßen.
- Marktrecht und autonome Handels- und Gewerbepolizei, die z.B. Qualitätskontrollen durchführten.
- Der Umgang der Städte mit nicht stadtbürgerlichen Schichten, insbesondere der Feudalgesellschaft.

Die europäische Stadt des Mittelalters stellte für Weber demnach keine physische Struktur dar, sondern wurde als sozialer und politischer Akteur gesehen, der sich aus dem sich selbstverwaltenden Stadtbürgertum zusammensetzt und weitgehend autonom agieren konnte.

Aus heutiger Sicht lässt sich Webers Untersuchung in manchen Aspekten kritisieren. So scheinen Unterschiede zwischen der antiken und der mittelalterlichen Stadt weitaus geringer als von Weber angenommen, der spätmittelalterliche gesellschaftliche Gesinnungswandel wird überbetont und die Rolle der mittelalterlichen Kriege unterschätzt (Eckardt 2004: 13ff.). Darüber hinaus war die europäische Stadt des Mittelalters eine hoch polarisierte Stadt, in der nur bestimmte Bevölkerungsgruppen über Beteiligungsmöglichkeiten verfügte, während andere außen vor blieben. So waren z.B. in Deutschland noch zur Zeit der Steinschen Städteordnung von 1808 lediglich sechs bis 20 Prozent der städtischen Einwohner vollberechtigte Bürger! Die Bürgerrechte waren an städtischen Besitz gebunden und standen Frauen grundsätzlich nicht zu (Wehling 2006: 10).

Der Ansatz Webers, Städte als kollektive Akteure und als lokale Gesellschaften zu analysieren, stellte jedoch grundsätzlich eine neue Herangehensweise in der sozialwissenschaftlichen Analyse von Städten dar und war gleichzeitig der erste Versuch, die Besonderheiten der Europäischen Stadt aufzuzeigen. Allerdings wurden Webers Forschungen in der deutschsprachigen Stadtforschung zunächst nur in geringem Maße berücksichtigt. Die Autonomie der mittelalterlichen Städte existierte in der Industrialisierungsphase des 20. Jahrhunderts nicht mehr, gleichzeitig wurden die zunehmend Bedeutung erlangenden Nationalstaaten als entscheidende politische Rahmenakteure des modernen Kapitalismus angesehen. „The modern city is loosing its external and formal structure. Internally it is in a state of decay while the new community represented by the nation everywhere grows at its expense. The age of the city seems to be at an end." (Martindale 1958, zitiert nach Bruhns 2000: 41). Erst vor kurzem ist der Ansatz von Max Weber zur Analyse europäischer Städte im Rahmen der so genannten neo-weberianischen Ansätze stärker in den Fokus der Stadtforschung gelangt.

2.1.2 Neue Ansätze zur Analyse der Europäischen Stadt als kollektiver Akteur

Webers Kategorien der Europäischen Stadt bezogen sich auf mittelalterliche Städte und sind auf die jetzige Situation nicht anwendbar. Die Autonomie der als Stadtstaaten organisierten Städte der Mittelalters existiert in dieser Form nicht mehr, vielmehr sind die europäischen Städte mit der regionalen, nationalen und europäischen Ebene und auch mit der globalen Ebene stark verflochten. Die Städte haben kein eigenes Militär mehr, die Rechtssatzung der Städte ist in supralokale Zusammenhänge eingebunden und die krassen Gegensätze des Mittelalters zwischen Stadt und Land existieren nicht mehr. Die physische Befestigung der Stadt durch Stadtmauern ist ebenfalls kein Kennzeichen einer heutigen europäischen Stadt mehr. Insofern stellt sich die Frage, ob die Europäische Stadt als Begriff sozialwissenschaftlicher Stadtforschung noch hilfreich ist, oder ob mit dem Ende der Stadtstaaten und dem Beginn der Industrialisierung das Konzept der Europäischen Stadt überholt ist und z.B. Einflüsse der jeweiligen nationalen Ebenen die Entwicklung der Städte bestimmen. In vielen Stadtmodellen des 20. Jahrhunderts dominierte die Sicht einer universalistischen Stadtentwicklung, der auch die europäischen Städte folgten. Der sozialökologische Ansatz der Chicago School oder auch die neo-marxistischen Ansätze der New Urban Sociology gingen von einer Konvergenz der Strukturen und Entwicklungen von Städten aus, die sich - im Fall der Chicago School durch „natürliche" Kräfte, im Fall der Neo-

Marxisten durch die Logik der Kapitalverwertung - unabhängig von kulturellen oder anderen ortsgebundenen Faktoren ergab (Häußermann 2001: 241ff.). Auch die Global-Cities-Forschung (Sassen 1991) sowie Castells Untersuchungen zur Stadt im Informationszeitalter (Castells 2000) setzen eine Annäherung der Entwicklung unterschiedlicher Städte voraus. Beide Autoren beschreiben, dass Phänomene wie die ökonomische Globalisierung (Sassen) bzw. der Bedeutungszuwachs neuer Informationstechnologien (Castells) in unterschiedlichen Städten jeweils ähnliche Auswirkungen haben.

Allerdings lässt sich auch eine gegenläufige Tendenz in der Stadtforschung feststellen: Die Europäische Stadt ist als Untersuchungskategorie und -objekt in den Sozialwissenschaften nicht komplett verschwunden, sondern hat in den letzten Jahren an Bedeutung gewonnen (vgl. Kazepov 2005, Lenger/Schott 2007, Siebel 2004). Dabei ist zunächst die Abgrenzung von einer rein baulichen Definition der Europäischen Stadt vorzunehmen. Neue Siedlungsprojekte, die unter dem Namen des New Urbanisms vermarktet werden, berufen sich z.B. auf typische bauliche Elemente der Europäischen Stadt wie Dichte und Nutzungsmischung ohne jedoch die - letztlich entscheidenden - Besonderheiten in der politischen und sozialen Struktur europäischer Städte zu berücksichtigen. Zwar wird die Gestalt auch in den Sozialwissenschaften als ein wichtiges Merkmal genannt, durch das sich europäische Städte von nicht-europäischen Städten abgrenzen (z.B. von Kaelble 2001: 264, Siebel 2000: 28), aber diese Gestalt ist das Ergebnis der besonderen europäischen Geschichte. Andere Aspekte, die als Eigenschaften zeitgenössischer europäischer Städte gesehen werden, sind die scharfe Abgrenzung zwischen Stadt und Land, der öffentliche Raum, aber auch die innere soziale Ungleichheit der europäischen Städte (Kaelble 2001). Siebel (2004) nennt unter anderem das Versprechen, sich als Städter aus beengten politischen, ökonomischen und sozialen Verhältnissen befreien zu können sowie die sozialstaatliche Regulation der Stadt als typisch für europäische Städte. In den neuen Ansätzen zur Analyse europäischer Städte steht in der Regel nicht mehr wie bei Weber die Abgrenzung von der orientalischen Stadt, sondern die Unterschiede zwischen europäischen und nordamerikanischen Städten im Vordergrund.

Dabei umfassen die Unterschiede verschiedene Politikfelder z.B. kommunale Infrastruktur, Wohnungswesen oder Armutsbekämpfungsprogramme. Als beispielhaft für die Besonderheiten der Europäischen Stadt kann die Rolle der Stadtplanung gelten, die im Folgenden kurz dargestellt und in Kapitel 3.2.1 ausführlicher beschrieben wird. Aufgrund der starken Rolle der Stadtverwaltungen war es möglich, eine öffentliche Planung für die Entwicklung der Stadt zu realisieren. Nachdem Stadtplanung zunächst die Sicherstellung hygienischer und feuerpolizeilicher Mindeststandards zum Ziel hatte, entwickelte sich im 20. Jahrhundert ein umfassenderes Verständnis von Planung als räumliche Umsetzung gesellschaftlicher Leitvorstellungen. Beispiele hierfür finden sich z.B. in der Charta von Athen oder im Leitbild der autogerechten Stadt. Die radikale Umsetzung der modernen Stadt, die z.B. im Abriss von Altbauquartieren und dem Bau von Neubauvierteln deutlich wird, war nur durch die starke Rolle der Stadtverwaltung möglich. „Der starke zentrale Akteur, den die Stadtverwaltung darstellte, diente *auch* den destruktiven Energien der Modernisierung" (Häußermann 2001: 252, Hervorhebung im Original), also im Prinzip der Zerstörung dessen, was als mittelalterliche europäische Stadtstruktur beschrieben werden kann. Dies verdeutlicht nochmals, dass eine Beschränkung auf die bauliche Dimension der Europäischen Stadt nicht sinnvoll erscheint: Gerade aufgrund der besonderen europäischen Funktionsweise der Stadtverwaltung konnte die physische Tradition der Europäischen Stadt z.B. im Rahmen von Flächensanierungen zerstört werden. Der starke Einfluss der öffentlichen Verwaltung auf die Stadtentwicklung in der Europäischen Stadt des 19. und 20. Jahrhunderts wird durch vier Merkmale deutlich (vgl. Häußermann 2005):

- Öffentliches Grundeigentum ermöglichte den Städten, Einfluss auf die Flächennutzung zu nehmen und eine auf Langfristigkeit angelegte Stadtentwicklung zu betreiben.

- Die öffentliche Infrastruktur (Wasser- und Energieversorgung sowie Transportwesen) wurde als öffentliche Aufgabe gesehen und ermöglichte neben der Bereitstellung einer effizienten Infrastruktur für die Bewohner der Stadt auch öffentliche Einnahmen.

- Gleichzeitig entwickelte sich ein umfassendes Planungsinstrumentarium, durch das die Stadtverwaltungen die Möglichkeit hatten, die Flächennutzung und die bauliche Entwicklung beeinflussen und steuern zu können.

- Durch die Entwicklung wohlfahrtsstaatlicher Prinzipien auf nationalstaatlicher Ebene standen den Städten Instrumente zur Armutsbekämpfung zur Verfügung. Unter anderem führten Instrumente wie der soziale Wohnungsbau und Stadterneuerungsprogramme letztlich dazu, dass die Ausbildung von Slums im Vergleich zu den Städten anderer Kontinente geringer gehalten werden konnte.

Im Gegensatz zur nordamerikanischen Stadt, die oftmals als Symbol der reinen Moderne gesehen wird, steht die Europäische Stadt als Symbol für die moderate, begrenzte Moderne (Kaelble 2001: 257). Kaelble (2001: 273) betont aber auch, dass die Europäische Stadt am Ende des 20. Jahrhunderts in eine „eigentümliche Grauzone" geraten ist, in der über die spezifischen Eigenschaften der Europäischen Stadt weniger diskutiert wird und in Folge dessen Unklarheit darüber herrscht, was als Normalität der Europäischen Stadt gegenüber außereuropäischen Städten angesehen werden kann.

Einer der bedeutendsten theoretischen Beiträge, der diese Fragen aufnimmt, stellt der neo-weberianische Ansatz von Bagnasco/Le Galès (2000) bzw. Le Galès (2002) dar. Der Ansatz enthält nicht nur eine Auflistung von möglichen Eigenschaften der heutigen europäischen Städte. Er betont die Möglichkeiten der Betrachtung der Stadt im Sinne von Weber als Akteur und berücksichtigt gleichzeitig supralokale Faktoren wie Globalisierung und Europäisierung. Im Folgenden werden die wesentlichen Annahmen des Neo-Weberianismus dargestellt und daran anschließend Vorschläge für konkrete Forschungsdimensionen gemacht.

Neo-Weberianischer Ansatz

In der Einführung des Buches „Cities in Contemporary Europe" (2000) entwickelten die beiden Herausgeber Arnaldo Bagnasco und Patrick Le Galès eine Herangehensweise zur Analyse europäischer Städte, die sie als „neoweberianisch" bezeichnen (Bagnasco/Le Galès 2000: 30). Grundsätzlich gehen die Autoren davon aus, dass die europäischen Städte über Eigenschaften verfügen, die sie von Städten anderer Kontinente unterscheiden. Auf dieser Annahme basiert auch das zwei Jahre später von Le Galès verfasste Buch „European Cities. Social conflicts and Governance" (Le Galès 2002), in dem einige von Bagnasco/Le Galès nur theoretisch beschriebene Aspekte empirisch vertieft bzw. in einen breiteren theoretischen Kontext eingeordnet werden. Der neoweberianische Ansatz beruht insofern im Wesentlichen auf diesen beiden Beiträgen; weiterführende Aspekte und Interpretationsansätze finden sich z.B. in Häußermann/Haila 2004, Giersig 2008, Le Galès 2005. Im Gegensatz zu den ursprünglichen Forschungen Max Webers zeigt der neo-weberianische Ansatz die Besonderheiten der Europäischen Stadt nicht in Bezug zur orientalischen Stadt, sondern zur US-amerikanischen Stadt auf. Der Fokus auf die US-amerikanischen Städte ergibt sich aus der gestiegenen Bedeutung der Städte in den USA und den Veränderungen der „westlichen Welt". Diese hat sich weiter differenziert und demnach können die US-amerikanische und die Europäische Stadt als zwei unterschiedliche Typen der westlichen Stadt angesehen werden (Giersig 2005: 12). Ebenso wie Weber analysieren Bagnasco und Le Galès europäische Städte als politische und soziale Akteure und als lokale Gesellschaften. Dieser Zusammenhang macht deutlich, warum die Autoren ihre Herangehensweise als neoweberianisch verstehen. Die Grundaussagen, die spezielle Forschungsperspektive sowie Kritik an diesem Ansatz werden im Folgenden dargestellt.

Eigenschaften der Europäischen Stadt

Ausgangspunkt sind die Eigenschaften der Europäischen Stadt. Le Galès (2002: 31ff.) beschreibt, dass durch die besondere Rolle, die Städte in der europäischen Geschichte gespielt haben, spezifisch europäische Stadtmerkmale entstanden. Die Merkmale sind in dieser Form nicht in den Städten der USA zu finden und umfassen bauliche, siedlungsstrukturelle, politische sowie soziale Aspekte (Bagnasco/Le Galès 2000: 8ff.):

- Morphologisch unterscheidet sich die europäische Stadt durch die Ausrichtung an einem zentralen Punkt (z.B. Verwaltungsgebäude, Kirchen, Plätze) während für die US-amerikanische Stadt ein gitterförmiger Grundriss („grid") charakteristisch ist. Die bauliche sowie die Bevölkerungs-Dichte sind im Vergleich zum horizontalen Modell der US-amerikanischen Stadt deutlich höher. Diese besondere Baustruktur europäischer Städte beruht auf den mittelalterlichen Strukturen und ist heute noch - teilweise - erkennbar. Ein Großteil der Städte in Europa wurde in der ersten Phase der europäischen Verstädterungswelle zwischen dem 10. und 14. Jahrhundert gegründet, während die Städte in den USA wesentlich jünger sind.

- Das europäische Städtesystem wird durch die hohe Anzahl der Städte und ihre räumliche Nähe zueinander charakterisiert. So verfügt Europa bei einer städtischen Einwohnerzahl, die 30% über der der USA liegt, über dreimal so viele städtische Gebiete mit mehr als 10.000 Einwohnern. Das bedeutet, dass im Vergleich zu den USA die städtischen Gebiete in Europa deutlich geringere Einwohnerzahlen haben. Abgesehen von einigen Ausnahmen wie Paris, London, Randstad oder dem Ruhrgebiet besteht der überwiegende Teil des europäischen Städtesystems aus im globalen Vergleich eher mittelgroßen Städten mit 200.000 bis 2 Mio. Einwohnern; so genannte „Megacities" bilden die Ausnahme in Europa. Die wesentlichen Aspekte des europäischen Städtesystems entstanden bereits zur Zeit der ersten europäischen Verstädterungswelle. Die meisten der damals gegründeten Städte existieren immer noch und sind Teil des europäischen Städtesystems. Auch die Industrialisierung führte nicht zu wesentlichen Veränderungen dieses Systems: „... this industrial interlude did not destroy the existing European urban system. It added a new layer of cities but its impact was massive only in England" (Le Galès 2002: 53). Insofern kann die Langlebigkeit des Städtesystems als ein Merkmal europäischer Städte genannt werden.

- Die politischen und sozialen Strukturen europäischer Städte unterscheiden sich von denen US-amerikanischer Städte in vielerlei Hinsicht. So ist die Wohnmobilität geringer, was ein potenzieller Faktor für die Stabilität und Kontinuität europäischer Städte ist. Migration spielt eine wesentlich größere

Rolle in der Gesellschaft und den Städten der Vereinigten Staaten. Ein weiterer Unterschied besteht im deutlich größeren Einfluss der nationalstaatlichen Ebene auf die Städte in Europa als in den USA. Dies drückt sich auf kommunaler Ebene z.b. in dem hohen Anteil der Beschäftigten im öffentlichen Dienst aus, was gleichzeitig zu einem höheren Mittelschichtanteil in europäischen Städten führt. Darüber hinaus ist die soziale Segregation in europäischen Städten weniger ausgeprägt als in den USA. Dies ist einerseits zurückzuführen darauf, dass Segregation in größeren Städten grundsätzlich stärker erkennbar ist als in kleinen und die Zahl der größeren Städte in Europa kleiner ist als in den USA. Darüber hinaus betonen Bagnasco/Le Galès (2000: 14) aber auch, dass es in Europa keine generelle Flucht der Mittel- und Oberschicht aus den Stadtkernen in die suburbanen Räume gab, was zu einer geringeren sozialräumlichen Segregation führte.

- Der große Einfluss der öffentlichen Hand in europäischen Städten ist erkennbar an konkreten Eingriffen, die die Marktkräfte regulieren sollen. Neben physischen Investitionen wie Infrastruktur, Wasser- und Energieversorgung zählt hierzu auch die Stadtplanung. Es ist zu berücksichtigen, dass europäische Städte in der Regel über eigenes Grundeigentum verfügen (Le Galès 2000: 193, Häußermann/Haila 2004: 54ff.). Diese in kommunalem Besitz befindlichen Flächen stellen eine Ressource für die Stadtentwicklung dar und ermöglichen den Städten in gewissem Maß eine autonome Steuerung der Flächennutzung bzw. anderer territorialer Eingriffe wie Stadterweiterungen oder die Umwidmung bestehender Nutzungen. Zwar gibt es große Unterschiede in den Stadtplanungstraditionen der einzelnen europäischen Länder, allerdings existieren mit Stadterneuerungsprozessen, kommunalem Wohnungsbau oder der Entwicklung des öffentlichen Raums auch gemeinsame Elemente, die in US-amerikanischen Städten seltener anzutreffen sind. Öffentliche Interventionen, die ein Gegengewicht zu den Marktkräften darstellen, können als charakteristisch für europäische Städte gelten.

Bagnasco und Le Galès argumentieren, dass sich diese Elemente zu einem „robusten Bild der Europäischen Stadt" (2000: 15) zusammenfügen und mit dem Begriff „Europäische Stadt" nicht nur mittelalterliche Städte kategorisiert werden können, sondern auch heutige Städte - wenngleich sich die Merkmale natürlich gewandelt haben. Ähnlich wie Weber versucht der neo-weberianische Ansatz nicht, unterschiedliche Kategorien europäischer Städte zu bilden, sondern beschreibt die spezifischen Eigenschaften, die den Idealtyp „Europäische Stadt" im Kern repräsentieren: „(...) I am interested in picking out what represents the core of the European urban structure nowadays, and differentiating it from the biggest metropolises". (Le Galès 2002: 25). Als „core of the European urban structure" werden mittelgroße Städte mit Einwohnerzahlen von 200.000 - 2 Mio. Einwohner bezeichnet, diese Stadtgröße wird als charakteristisch für (West-) Europa gesehen.

Ein wesentlicher Aspekt, der die oben beschriebenen Merkmale der Europäischen Stadt erst möglich machte, ist die Einbettung der lokalen Ebene in einen nationalen Wohlfahrtsstaat. Wie Le Galès (2002: 75ff.), aber auch andere Autoren (z.B. Jessop 1992a: 32ff., Brenner 2004: 464ff.) überzeugend darlegten, befindet sich die spezielle Form des europäischen Wohlfahrtsstaats in einer Phase der Umstrukturierung; eine Situation, die auch Auswirkungen auf die lokale Ebene hat.

Seit dem späten 19. Jahrhundert ist in Europa der Einfluss des Staates auf die Gesellschaft angestiegen, insbesondere durch eine wohlfahrtsstaatliche Orientierung. In den meisten europäischen Ländern sind seit dieser Zeit die Staatsausgaben insgesamt angestiegen und gleichzeitig ist auch der Anteil der Staatsausgaben am Bruttoinlandsprodukt kontinuierlich gewachsen. Die Zeit nach dem Zweiten Weltkrieg wird als „golden age of the modernizing state" (Le Galès 2002: 79) bezeichnet: Es herrschte Wirtschaftswachstum und in diesem Zusammenhang wuchsen und differenzierten sich die staatlichen Interventionen. „For a long time, public policy in European countries enabled institutional arrangements to be structured as a successful public policy/market mix so as to allow economic development, the growth of state public policies, and a fairly high degree of social cohesion (...)" (Le Galès 2002: 79). Diese Konstellation wird auch als 'keynesianischer Kompromiss' bezeichnet. Die lokale Ebene war in diesen Kompromiss eingebettet, die staatliche Ebene bildete unbestritten die wichtigste politische Institution. Eine top-down-orientierte, auf Bürokratie und Planungsgläubigkeit beruhende Politik wurde betrieben. Der lokalen Ebene kam vor allem eine ausführende Rolle zu. Die auf nationaler Ebene getroffenen Entscheidungen beispielsweise über wohlfahrtsstaatliche Programme wurden auf der lokalen Ebene umgesetzt (Brenner 2004: 458ff.). Dabei verfügten die europäischen Städte über eine - je nach Land variierende - Form von Autonomie. Der scheinbare Widerspruch zwischen einer starken Einbettung der Städte in einen nationalen wohlfahrtsstaatlichen Kontext einerseits und der lokalen Autonomie andererseits, bestand in der Realität nicht: Die wichtige Rolle der Wohlfahrtsstaaten führt zu einer geringeren Abhängigkeit der Städte von den Interessen privater Wirtschaftsunternehmen, da in Europa im Vergleich zu den USA der Anteil der öffentlich Beschäftigten höher ist und die städtischen Einnahmen zu einem großen Teil durch nationalstaatliche Transfers sichergestellt sind (Kazepov 2005: 13). Die Städte sind weniger stark auf selbst erwirtschaftete Einkommen durch Gewerbesteuern oder aus anderen Quellen angewiesen und konnten folglich die noch reichlich fließenden nationalen Gelder weitgehend unabhängig innerhalb ihrer Stadtgrenzen verteilen.

Diese gesellschaftliche Formation und das Verhältnis zwischen nationaler und lokaler Ebene unterliegen einem starken Wandel, was aus Perspektive des neo-weberianischen Ansatzes zu besonderen Auswirkungen in den europäischen Städten führt. Eine Grundannahme des Ansatzes ist, dass sich die europäischen Nationalstaaten in einer Phase der Umstrukturierung befinden. So führen unter anderem Aspekte wie die Einführung des Euros, die wachsende Bedeutung supranationaler Sicherheitspolitik, die veränderte Rolle innereuropäischer Grenzen, der Bedeutungszuwachs der europäischen Gesetzgebung oder auch die geringen Eingriffsmöglichkeiten nationaler Gesetzgebungen für den Prozess der ökonomischen Globalisierung (ausführlich in Le Galès 2002: 88ff. beschrieben) zu einer Situation, in der sich die Rolle der nationalen Ebene ändert. Die Nationalstaaten verlieren nicht zwangsläufig an Macht, es wird allerdings argumentiert, dass sich die europäische Gesellschaft in einem historischen „Intermezzo" befindet, während dem die Macht des Nationalstaats neu organisiert und verteilt wird. Diese Veränderung führt dazu, dass die „Haftung" („grip") zwischen Nationalstaat und Städten nachlässt und sich somit auch die Rolle der europäischen Städte ändert (Le Galès 2002: 87)

Die Veränderung der Rolle und Funktion europäischer Städte wurden nicht nur im Rahmen des neo-weberianischen Ansatzes beschrieben; die so genannten „neo-strukturalistischen" Analysen liefern ähnliche Befunde (z.B. Peck/Tickell 1994, Brenner 2004, zum Vergleich Neo-Weberianismus - Neo-Strukturalismus: Giersig 2008). Der neo-strukturalistische Ansatz betont die Bedeutung gesamtgesellschaftlicher sozialer und ökonomischer Bedingungen für die politischen Prozesse und Politikinhalte auf der lokalen Ebene (DiGaetano/Strom 2003: 357). Jessop, ein Vertreter dieses Ansatzes charakterisiert den oben beschriebenen Wandel des Staates als Transformation von einem „Keynesian national welfare state" zu einem „post-national Schumpeterian workfare state" (Jessop 1992b). Die Schlussfolgerungen von Neo-Weberianismus und Neo-Strukturalismus unterscheiden sich jedoch: Die Dominanz von Entwicklungen wie ökonomischer Globalisierung, die wachsende Bedeutung supranationaler Institutionen und die Veränderungen kapitalistischer Produktionsweisen führen - nach der neo-strukturalistischen Theorie - letztlich in der Konsequenz zur Konvergenz von Städten bzw. Stadtpolitik und würden eine Kategorie „Europäische Stadt" überflüssig machen. Die Möglichkeiten europäischer Städte und Regionen, sich dem Wettbewerbsdruck zu entziehen und einen alternativen Politikansatz zu etablieren, sind nach neo-strukturalistischer Ansicht eher gering.

Das Fazit des neo-weberianischen Ansatzes aus der sich wandelnden Rolle des Staates ist anders: Globalisierung und Europäisierung führen zwar zu einer geringeren Haftung zwischen lokaler und nationaler Ebene, durch diese geringere Haftung entsteht jedoch eine Art Machtvakuum, die Städte erlangen eine größere Unabhängigkeit von nationalstaatlichen Regelungen. Durch den Bedeutungszuwachs der europäischen Ebene entstehen neue Handlungsmöglichkeiten.

> „Local authorities and pressure groups that are marginal in the national political system have found that the European political space in the making offers them the possibility of organizing trans-nationally and at the European level. The field is open, therefore, and actors have more autonomy and more opportunities." (Le Galès 2002: 95).

Eine andere Konsequenz der veränderten Rolle des Staates ist die wachsende Bedeutung nicht-staatlicher Akteure. So erlangen Wirtschaftsakteure und zivilgesellschaftliche Organisationen Einfluss auf die Steuerung der lokalen Ebene, unter anderem aufgrund fehlender staatlicher Mittel, die durch solche neuen Koalitionen kompensiert werden sollen. Diese „Governance"-Arrangements werden in Kapitel 3 ausführlicher beschrieben. Es lässt sich feststellen, dass der neo-weberianische Ansatz die veränderten Rahmenbedingungen berücksichtigt, allerdings im Gegensatz z.B. zur neo-strukturalistischen Perspektive eine Forschungsperspektive einnimmt, die einen starken Schwerpunkt auf Akteure und Akteursbeziehungen legt (Context *and* agency matters!).

Forschungsperspektive: Kollektiver Akteur und (unvollständige) lokale Gesellschaft

Die beiden Grundannahmen - die Europäische Stadt unterscheidet sich von anderen z.B. US-amerikanischen Städten und der Handlungsspielraum der Europäischen Stadt wird durch eine veränderte Rolle des Nationalstaats gestärkt - bestimmen die Forschungsperspektive des neo-weberianischen Ansatzes.

Ausgangspunkt ist, dass die Europäische Stadt als (unvollständige) lokale Gesellschaft (im Original: „incomplete local society" Le Galès 2002: 12) gesehen wird. Unvollständig deshalb, da die lokale Ebene in einen breiteren gesellschaftlichen, politischen und ökonomischen Kontext eingebettet ist und deshalb nur eine der Ebenen darstellt, auf denen die Akteure handeln. Die zahlreichen Organisationen, Institutionen, Gruppen und Akteure in einer Stadt stehen in vielfältigen Beziehungen zueinander. Sie kooperieren, setzen gemeinsam Politik um, formieren sich zu Institutionen, stehen in Konflikt zueinander oder vertreten ihre Interessen gemeinsam. Die Stadt besteht demnach nicht nur aus den gewählten Vertretern oder andern öffentlichen Akteuren, sondern aus einer Vielzahl unterschiedlichster Gruppen und Mikro-Projekten, von denen nur wenige über eine institutionelle Form verfügen (Le Galès 2002: 262). Insofern wird die Stadt nicht als unterste (ausführende) Ebene des Nationalstaats gesehen, sondern als gesellschaftliche Formation, die sich durch das Zusammenspiel unterschiedlicher sozialer Gruppen und Organisationen ergibt. Auseinandersetzungen bzw. Aushandlungsprozesse zwischen den verschiedenen Akteuren prägen letztlich die Stadtentwicklung und stehen in engem Zusammenhang mit dem Begriff „Urban Governance" (vgl. Kapitel 3). Das besondere Verhältnis zwischen Stadtpolitik im „klassischen Sinn" und diesen neuen Aushandlungsprozessen zwischen unterschiedlichen privaten und öffentlichen Akteuren beschreibt Le Galès (2002: 264) folgendermaßen:

> "Politics remains very important and visible in these processes; but its close links with social and market forms of regulation must be made apparent if we are to understand how a particular combination is formed and expresses itself through a mode of governance"

Le Galès argumentiert weiter, dass Stadtentwicklung nicht nur durch das Zusammenspiel individueller Akteure bestimmt wird, sondern die Stadt selbst eine soziale Struktur und Institution ist, die wiederum Einfluss auf die städtischen Akteure hat (Le Galès 2002: 10) und insofern auch als Akteur gesehen werden kann. Dabei ist wie bereits erwähnt zu berücksichtigen, dass die „unvollständige lokale Gesellschaft" Stadt eben nicht nur aus den gewählten politischen Vertretern, sondern auch aus anderen Akteuren, Organisationen und Institutionen besteht, also kein „single actor", sondern ein „collective actor" ist (Le Galès 2002: 9). Die Eigenschaft „Kollektiver Akteur" bzw. „organisierte Gruppe" - der Begriff, den Boudon/Bourricaud (1992: 256) hierfür benutzen - kennzeichnet die europäischen Städte. Dies bedeutet jedoch nicht, dass das städtische Handeln grundsätzlich einstimmig und ohne Konflikte erfolgt; im Gegenteil Aushandlungsprozesse, Konflikte und Kompromisse sind Kern des kollektiven Akteurs „Stadt". Fünf Merkmale kennzeichnen einen kollektiven Akteur (Le Galès 2002: 10):

- ein kollektives System zum Treffen von Entscheidungen
- gemeinsame Interessen (oder als gemeinsam wahrgenommene Interessen)
- Integrationsmechanismen
- interne und externe Repräsentation des kollektiven Akteurs
- die Kapazität zur Innovation

Zentrales Element stellt dabei der Mechanismus der kollektiven Entscheidungsfindung dar. Anhand verschiedener empirischer Beispiele zeigt Le Galès (2002: 264) auf, dass sich diese Merkmale in gewissem Maß in (west-)europäischen Städten finden und eine Analyse der Stadt als kollektiven Akteur erlauben. Dabei ist zu berücksichtigen, dass nicht alle europäischen Städte per se kollektive Akteure sind, sondern dies im Einzelfall geprüft werden muss; europäische Städte haben das Potenzial, kollektive Akteure zu sein. Allerdings zeigen Aspekte wie soziale, kulturelle oder politische Konflikte, Exklusionsmechanismen, fehlendes Interesse einiger sozialer Gruppen oder der Weggang von Unternehmen, dass die Formation einer Stadt als kollektiver Akteur grundsätzlich instabil ist und sich schnell verändern kann.

Aufgrund der Eigenschaften der Europäischen Stadt, die aus den historischen Entwicklungen, der sozialen Struktur, der wohlfahrtsstaatlichen Einbindung sowie der starken öffentlichen Interventionen entstanden, verfügt die Europäische Stadt über Möglichkeiten, neo-liberalen Tendenzen entgegenzutreten und Steuerungsformen jenseits des Wettbewerbs-Paradigmas zu etablieren. Eine Vielzahl an empirischen Beispielen aus (west-) europäischen Städten z.B. im Rahmen von Armutsbekämpfungsstrategien, bei der Steuerung des Grundstücksmarktes, in Bezug auf die Rolle von Kultur und Identität in der Stadtentwicklung bzw. bei strategischer Stadtentwicklungsplanung lassen diese neoweberianische Schlussfolgerung plausibel erscheinen. Dabei ist aufgrund der oben genannten Aspekte eine Forschungsperspektive einzunehmen, in der die Stadt als kollektiver Akteur und als unvollständige lokale Gesellschaft verstanden wird. Konkret bedeutet das, Entscheidungsfindungsprozesse und die daran beteiligten Gruppen als eine wichtige Analysedimension zu berücksichtigen.

Steuerung als Kerneigenschaft

Aufgrund der Komplexität des neo-weberianischen Ansatzes ist es schwierig, eine Kernthese aus den unterschiedlichen Themenkomplexen herauszuschälen. Im Folgenden wird analog zu Giersig (2008: 87) argumentiert, dass die Steuerungsform, also die „modes of governance" als entscheidendes Merkmal der Europäischen Stadt und somit als „Quintessenz" der Europäischen Stadt-Hypothese angesehen werden kann. Die Eigenschaften der Europäischen Stadt wie die Formierung der Stadt als kollektiver Akteur, die wohlfahrtsstaatliche Einbettung sowie die besondere politische Kultur führen letztlich zu einem spezifischen Kontext, in dem eine besondere Form von Steuerung möglich ist. Die Steuerung bzw. Governance folgt nicht ausschließlich einer neo-liberalen Agenda. Zwar gibt es auch in den europäischen Städten einen verstärkten Anpassungsdruck der Stadtentwicklung an die internationale Wettbewerbsfähigkeit, aber ein Anspruch der öffentlichen Hand auf Regulierung ist in den europäischen Städten weiterhin zu erkennen. Die europäischen Städte stehen für einen Kompromiss zwischen sozialer Integration, Kultur und Wirtschaftsentwicklung (Le Galès 2002: 6). Armutsbekämpfungsstrategien oder Revitalisierungsprojekte stehen nicht unter dem Diktat der Wettbewerbsfähigkeit, sondern sind als eigenständige politische Ziele in europäischen Städten zu finden. Die Akteure, die die politischen Ziele konkret umsetzen, sind weit gestreut und finden sich in der Stadtverwaltung und Lokalpolitik, aber auch bei Vereinen, Unternehmen und anderen Interessensgemeinschaften. Allerdings geht der neo-weberianische Ansatz davon aus, dass öffentliche Akteure in diesem Zusammenhang die Möglichkeit haben, eine dominierende Stellung einzunehmen: „(...) mayors and city councils in European cities do have the resources to play a major role in the making of urban governance." (Le Galès 2002: 259). Das bedeutet, dass die Akteure der Stadt sich zu einem kollektiven Akteur formieren, die Stadtverwaltung/Lokalpolitik jedoch in dieser Formation über eine hervorgehobene Position verfügt und dadurch entscheidenden Einfluss auf die Steuerung der Stadt hat.

Eine Besonderheit, die wiederum mit der Steuerungsform sowie der Formierung der Stadt als kollektivem Akteur zusammenhängt, ist, dass die zahlreichen zivilgesellschaftlichen und ökonomischen Akteure nicht nur Indikator einer zunehmend fragmentierten Stadtgesellschaft sind. Sie verstehen sich selbst - und werden auch von Stadtrat und -verwaltung so wahrgenommen- als wichtige Akteure in der Stadt, die Einfluss auf die öffentliche Politik haben (Le Galès 2002: 191). So gehen beispielsweise Bürgervereinigungen davon aus, dass sie einen Einfluss auf die Gestaltung öffentlicher Lokalpolitik haben und auch zu gewissem Grad im Entscheidungsfindungsprozess berücksichtigt werden.

Zusammenfassend offenbart das Modell der Europäischen Stadt Steuerungsmöglichkeiten für heterogen strukturierte Stadtgesellschaften und ermöglicht die Umsetzung einer öffentlichen Politik, die z.B. die Probleme sozialer Exklusion thematisiert sowie in gleichem Maß Kultur und Identität sowie die Wirtschaftsentwicklung behandelt (Le Galès 2002: 275). Diese Kernidee des neo-weberianischen Ansatzes wurde von Giersig (2008: 87) folgendermaßen zusammengefasst:

> "A unique historical heritage has decisively shaped the political status, socio-spatial composition and political culture of contemporary European cities. In the complex web of multi-level governance, they have the capacity to take action as incomplete local societies and as politically relevant actors. They are able to pursue policy goals that counterbalance the rationale of competitiveness and growth - and allow to successfully defend and promote social inclusion and local welfare as policy goals in their own right."

Kritik am neo-weberianischen Modell

Die „Übersetzung" des Weberschen Stadtmodells in das 21. Jahrhundert birgt eine Vielzahl an Kritikpunkten bzw. Gegenargumenten. Grundsätzlich steht der Idee der Europäischen Stadt mit dem Neo-Strukturalismus ein einflussreicher stadttheoretischer Ansatz entgegen. Die neo-strukturalistische, marxistisch beeinflusste Kritik verweist auf die Macht des globalen Kapitalismus, und geht davon aus, dass dieser die Handlungsmöglichkeiten von Städten stark einschränkt (vgl. z.B. Harvey 1989: 59ff.). Als eine Folge ist die Analyse von stadtpolitischen Prozessen aus Sicht der Neo-Strukturalisten ohne Erkenntnisgewinn, da die Ursachen dieser Prozesse auf übergeordneten Strukturen beruhen. Diese Aspekte stehen im Gegensatz zum Konzept der Europäischen Stadt. Grundsätzlich ist aber zu beachten, dass die strukturalistischen Ansätze nicht die unterschiedlichen Formen lokaler Politik untersuchen, sondern versuchen, Zusammenhänge zwischen lokalen und den übergeordneten Ebenen zu finden. Die Ausprägungen von lokaler Steuerung, wie sie bei der Europäischen Stadt im Vordergrund stehen, werden nicht analysiert. Im Fokus sind vor allem die systemische Reorganisation von Nationalstaatlichkeit und deren generelle Auswirkung auf die subnationale Ebene (z.B. Brenner 2004) und weniger die Analyse kommunaler Politik. Allerdings ist die Erkenntnis des neo-strukturalistischen Ansatzes, dass supralokale Prozesse wie beispielsweise Globalisierung, Postfordismus und Europäisierung städtische Politik beeinflussen, prinzipiell auch mit dem Neo-Weberianismus kompatibel. Bei neo-weberianischen Ansätzen kommt es dann allerdings darauf an, zu untersuchen inwieweit sich der Handlungsspielraum lokaler Politik unter den gegebenen Rahmenbedingungen verändert.

Neben den auf theoretischer Ebene gelagerten Gegenargumenten, die auch den unterschiedlichen Erkenntnisinteressen geschuldet sind, gibt es allerdings auch Kritikpunkte, die konkret die neo-weberianische Herangehensweise betreffen und bestimmte stadtforschungsspezifische Implikationen haben:

- Der neo-weberianische Ansatz geht davon aus, dass die europäischen Städte über eine spezifische Steuerungsform verfügen, die sie von anderen Städten unterscheidet. Ein Merkmal dieser Steuerungsform ist eine ausgewogene Politik, in der Kompromisse zwischen ökonomischen und sozialen Zielen gefunden werden. Dieser Punkt erfordert eine weitere Untersuchung: Es ist zu fragen, inwieweit diese Steuerungsform die Summe lokaler Politik ausmacht oder ob der Kompromiss auch innerhalb eines Politikfeldes zu finden ist. So ist es beispielsweise wenig verwunderlich, wenn die lokale Wirtschaftsförderung überwiegend eine neo-liberale, wirtschaftsfreundliche Politik verfolgt, während im Bereich Sozialwesen eher auf sozialen Ausgleich gezielt wird. Es ist demnach schwierig, die Europäische Stadt nur auf eine Steuerungsform zu reduzieren; in der Summe besteht die Stadtpolitik meistens aus einem ausgewogenen Ansatz, in dem ökonomische und soziale Ziele berücksichtigt werden. Auch die Konstituierung als kollektiver Akteur kann zwischen den einzelnen Politikfeldern variieren. So erscheint es offensichtlich, dass Wirtschaftsunternehmen stärker im Bereich der lokalen Wirtschaftspolitik als in Politikfeldern wie Bildungs- oder Kulturpolitik einbezogen werden bzw. sich beteiligen. Neben der Existenz unterschiedlicher Steuerungsformen ist demnach davon auszugehen, dass in den einzelnen Politikfeldern auch verschiedene Akteurskonstellationen bestehen. Aus diesem Grund erscheint das neo-weberianische Modell der Europäischen Stadt weniger geeignet zur Analyse aller politischen Prozesse, die innerhalb einer Stadt existieren, als vielmehr für die Betrachtung eines Politikfeldes: Findet sich innerhalb eines Politikfeldes der Kompromiss zwischen ökonomischen und sozialen Zielen wieder? Welche Rolle spielen dabei die öffentlichen Akteure und wie erfolgt die Beteiligung unterschiedlicher Gruppen, Institutionen und Interessensvertreter? Für eine solche Herangehensweise bieten sich Querschnitts-Politikfelder wie Stadtentwicklung oder Finanzpolitik an, in denen unterschiedliche politische Inhalte verfolgt werden können.

- Ein weiterer Kritikpunkt ist die unklare geographische Bedeutung des Modells der Europäischen Stadt. Einerseits wird argumentiert, dass nicht alle europäischen Städte nur aufgrund ihrer Lage in Europa dem neo-weberianischen Ansatz a priori entsprechen, sondern im Einzelfall zu untersuchen ist, ob beispielsweise eine Stadt als kollektiver Akteur bezeichnet werden kann (Le Galès 2002: 266) und somit eine Eigenschaft des idealtypischen Modells erfüllt. Andererseits ist auch zu fragen, ob die Eigenschaften der Europäischen Stadt grundsätzlich nicht auch auf weitere Städte zutreffen und demnach Städte anderer Kontinente als 'Europäische Städte' beschrieben werden könnten, solange sie die notwendigen charakteristischen Merkmale besitzen. Weitere Unsicherheit wird durch die Rolle der Europäischen Union verursacht. So ist die Erweiterung des lokalen Handlungsspielraums durch die EU eine zentrale Eigenschaft des neo-weberianischen Modells. Ob damit aber beispielsweise schweizerische oder norwegische Städte diesem Modell aufgrund fehlender EU-Zugehörigkeit automatisch nicht entsprechen können oder ob auch durch andere supranationale Institutionen eine Erweiterung des kommunalen Handlungsspielraums und damit der gleiche Effekt erreicht werden kann, bleibt offen. Es ist demnach grundsätzlich zu fragen, ob der neo-weberianische Ansatz eine empirisch begründete Zustandsbeschreibung real existierender europäischer Städte ist, oder eine analytische Perspektive, die unabhängig vom geographischen Ort angewandt werden kann oder ein normatives Modell zur zukunftsfähigen Stadtsteuerung in Zeiten der Globalisierung (vgl. Häußermann/Haila 2004).

- Der neo-weberianische Ansatz bezieht sich ausschließlich auf westeuropäische Städte (Bagnasco/Le Galès 2000: 30; Le Galès 2002: 20). Dies steht im Gegensatz zur aktuellen politischen Situation in Europa. Mit dem Beitritt von insgesamt zehn osteuropäischen Staaten in die EU 2004 und 2007 vergrößerte sich das Gebiet der europäischen Union und es scheint insofern fragwürdig, ein Modell der Europäischen Stadt zu entwickeln, das nur auf empirischem Material aus westeuropäischen Städten beruht. Gerade durch die Berücksichtigung osteuropäischer Städte könnte der neo-weberianische Ansatz getestet werden: Gibt es Gemeinsamkeiten in der politischen Steuerung heutiger west- und osteuropäischen Städte, aus denen ein Modell der Europäischen Stadt entwickelt werden kann? Oder folgen die osteuropäischen Städte einem anderen Entwicklungspfad, beispielsweise mit einer stärker neo-liberalen Ausrichtung?

Grundsätzlich bietet der neo-weberianische Ansatz eine Forschungsperspektive, mit der sich soziale und politische Prozesse auf lokaler Ebene analysieren lassen. Das Modell scheint als sozialwissenschaftliche Kategorie weiterhin nützlich und bietet einen Rahmen für Forschungen, die sich mit Akteuren, Akteurskonstellationen und Steuerungsaspekten befassen. Die Ausgangsthese - europäische Städte haben das Potenzial, sich als kollektive Akteure zu konstituieren und marktausgleichende Politiken umzusetzen - ist jedoch im Einzelfall zu prüfen. Darüber hinaus sind die normative Dimension des Konzepts, die Rolle osteuropäischer Städte sowie die konkreten Implikationen des Ansatzes für die städtische Politikforschung zum Untersuchungsobjekt Europäische Stadt zu klären.

2.1.3 Konkretisierung des Untersuchungsobjekts „Europäische Stadt"

Die Eigenschaften der mittelalterlichen europäischen Stadt, wie sie von Weber beschrieben wurden, treffen auf die heutigen europäischen Städte nicht mehr zu. So ist die lokale Ebene aufgrund der nationalstaatlichen Einbettung weitaus weniger autonom als im Mittelalter und auch die anderen von Weber genannten Merkmale treffen in der Regel nicht zu. Um den heutigen Idealtyp „Europäische Stadt" abzugrenzen, sind andere bzw. modifizierte Aspekte von Bedeutung. Grundsätzlich kann dem neo-weberianischen Ansatz gefolgt werden, der davon ausgeht, dass der Idealtyp der Europäischen Stadt einen besonderen Handlungsspielraum hat und die Stadt sich aus einer Vielzahl an Organisationen zusammensetzt. Als idealtypische Merkmale der zeitgenössischen europäischen Stadt können genannt werden:

- die Konstituierung der Stadt als kollektiver Akteur
- ein umfassender kommunaler Handlungsspielraum innerhalb eines nationalen Wohlfahrtsstaats
- eine spezifische, stark von öffentlichen Akteuren geprägte Steuerungsform, die ein Gegengewicht zu Marktmechanismen darstellt.

Im Rahmen dieser Arbeit wird das Modell der Europäischen Stadt vor allem als sozialwissenschaftliche Analysekategorie und als Idealtyp gesehen. Dabei wird eine Forschungsperspektive eingenommen, die die Städte anhand der oben genannten idealtypischen Merkmale untersucht. Bauliche Aspekte, über die man die Europäische Stadt definieren könnte, wie Dichte oder Nutzungsmischung werden hingegen vernachlässigt. Folgende Implikationen ergeben sich aus der Analysekategorie Europäische Stadt: Es wird davon ausgegangen, dass sich die Stadt nicht nur durch öffentliche und gewählte politische Akteure, sondern durch ein breites Spektrum an zivilgesellschaftlichen Akteuren, Unternehmen und Interessensvertretungen zusammensetzt. Dies bedeutet, dass bei der Analyse der Akteure auch ein Blick außerhalb der politischen Sphäre erfolgen muss, um in Stadtpolitik und -entwicklung tätige zivilgesellschaftliche Akteure identifizieren zu können. Gleichzeitig ist zu berücksichtigen, dass die Rahmenbedingungen z.B. der Wandel der europäischen Nationalstaaten Auswirkungen auf die lokale Ebene haben. Kontext-Sensitivität stellt insofern eine zweite forschungspraktische Folge des Neo-Weberianismus dar. Darüber hinaus werden die Steuerungsform und die inhaltlichen Aspekte lokaler Politik als wesentliche Kennzeichen eines idealtypischen Modells der Europäischen Stadt gesehen. Diese Aspekte stehen im Vordergrund der empirischen Analyse in dieser Arbeit. Zusammenfassend wird davon ausgegangen, dass der neo-weberianische Ansatz einen bestimmten forschungspraktischen Blick erfordert und gleichzeitig auch als Modell dient, anhand dessen empirisch geprüft werden kann, inwieweit Städte in der Realität vom Idealtyp „Europäische Stadt" abweichen bzw. sich annähern.

Allerdings ist zu beachten, dass der neo-weberianische Ansatz nicht nur als analytische Herangehensweise interpretiert werden kann. Die normative Dimension wird von Bagnasco/Le Galès bzw. Le Galès zwar nicht explizit erwähnt, aber von Häußermann/Haila (2005) und Giersig (2008) als Teil des idealtypischen Modells „Europäische Stadt" gesehen. Die Beschreibung einer auf Ausgleich zielenden, die Marktkräfte steuernden lokalen Politikform kann ohne Zweifel als erstrebenswerte städtische Steuerungsform verstanden werden. Gerade vor dem Hintergrund sich ändernder Rahmenbedingungen und dem damit verbundenen stärkeren Druck auf die Städte, wettbewerbskonforme Strategien zu entwickeln, kann der neo-weberianische Ansatz auch als „alarm call" für europäische Städte verstanden werden, der im Gegensatz zu einer reinen Steuerung durch den Markt steht.

Mit der Funktion als normatives Modell hängt auch ein anderer zu klärender Aspekt der Europäischen Stadt zusammen: Die räumliche Reichweite des neo-weberianischen Ansatzes. Der Neo-Weberianismus versteht das Modell nicht als kleinsten gemeinsamen Nenner, der die Stadtpolitik aller europäischen Städte zusammenfasst. Als Idealtyp werden bestimmte Eigenschaften der Stadtpolitik genannt, die sich aus der Geschichte, aus der wohlfahrtsstaatlichen Einbindung und dem europäischen Städtesystem ergeben. Diese Eigenschaften sind nicht unbedingt von der geographischen Lage abhängig, europäische Städte werden daher nicht als „Städte auf dem europäischen Kontinent" definiert, sondern als Städte, die über spezifische Merkmale verfügen. Konsequenterweise bedeutet dies, dass nicht automatisch alle Städte in Europa „Europäische Städte" bezüglich ihrer sozialen Konstitution und ihrer politischen Rolle genannt werden können. Aspekte wie die Konstituierung der Stadtgesellschaft können, müssen aber nicht unbedingt in den europäischen Städten auftauchen. Im Umkehrschluss können prinzipiell auch Städte anderer Kontinente über die Merkmale der Europäischen Stadt verfügen. Das Modell der Europäischen Stadt ist insofern als eine spezifische Steuerungsform - durchaus auch normativ - zu sehen, und dient als Abgrenzung zu anderen idealtypischen Steuerungsformen wie der US-amerikanischen, lateinamerikanischen oder asiatischen Stadt und ist kein Abbild tatsächlich stattfindender Stadtentwicklungsprozesse!

In den folgenden Kapiteln wird das idealtypische Modell der Europäischen Stadt als Ausgangspunkt für die Analyse von Stadtpolitik genutzt. Die im Rahmen des neo-weberianischen Ansatzes beschriebenen Eigenschaften dienen als Vergleichsfolie für die empirische Untersuchung. Die in den späteren Kapiteln weiter zu konkretisierende Fragestellung lautet: Inwieweit lässt sich die politische Steuerung einer Stadt in der Praxis mit den idealtypischen Eigenschaften der Europäischen Stadt vergleichen? Gibt es Annäherungen an dieses Modell und wo sind Abweichungen zu erkennen? Bevor die Analyse von lokaler politischer Steuerung und Governance erfolgt, werden zunächst die wesentlichen supralokalen Herausforderungen detailliert untersucht. Hierzu zählen Globalisierung, Postfordismus und Europäisierung. Allen drei Prozessen ist gemeinsam, dass sie ihre Ursachen auf überörtlicher Ebene haben, jedoch auch lokale Auswirkungen haben. Dabei soll detailliert untersucht werden, inwieweit sich auch die Handlungsmöglichkeiten lokaler Politik unter den sich wandelnden Rahmenbedingungen verändern und vor welchen Herausforderungen die Städte stehen.

2.2 Veränderte Rahmenbedingungen und neue städtische Herausforderungen

Im Folgenden werden die Makro-Trends Globalisierung, Europäisierung und Postfordismus erläutert und die Auswirkungen auf die lokale Ebene beschrieben.

2.2.1 Globalisierung

Entstehungsgeschichte und Definition

Der Begriff „Globalisierung" tauchte Anfang der 1960er Jahren in den Sozial-wissenschaften auf und hat in den letzten Jahrzehnten an Bedeutung gewonnnen. Die Aspekte, die unter dem Begriff der Globalisierung zusammengefasst werden, sind sehr heterogen, Globalisierung dient oftmals als „catch-all-term" mit dem umfassend gesellschaftliche Prozesse beschrieben werden. Eine eindeutige Defi-nition des Begriffs existiert nicht. Da Globalisierung höchst unterschiedliche Phänomene wie weltweit ausgerichtete Unternehmensstrategien, die Entstehung supranationaler politischer Räume oder internationale Kapitalflüsse beinhaltet, ist es auch wenig verwunderlich, dass der Begriff einerseits als Schreckgespenst eines weltweit wirksamen Neo-Liberalismus gesehen wird, andererseits als Heilsbringer, der Prozesse wie Demokratisierung und die Entwicklung von Sozi-alstandards bewirkt. Die kontroversen Auseinandersetzungen in Wissenschaft und Medien verdeutlichen die Schwierigkeit, einen Begriff zu fassen, der als Chiffre für ganz unterschiedliche Sachverhalte dient. Im Wesentlichen lässt sich zwischen drei Ansätzen zur Erläuterung des Globalisierungsbegriffs unterschei-den (vgl. Herzberg/Koch 2007).

- Ein erster Ansatz sieht Globalisierung als Verflechtung verschiedener Be-reiche, die globale Dynamiken entwickeln. Diese Verflechtung führt dazu, dass z.B. wirtschaftliche, kulturelle und soziale Dimensionen der Globali-sierung miteinander verwoben sind und sich gegenseitig beeinflussen. Glo-balisierung in diesem Sinne wird definiert als eine „Intensivierung weltwei-ter sozialer Beziehungen, durch die entfernte Orte in solcher Weise mitei-nander verbunden werden, dass Ereignisse an einem Ort durch Vorgänge geprägt werden, die sich an einem viele Kilometer entfernten Ort abspielen, und umgekehrt" (Giddens 1995: 64). In diesem Ansatz scheint alles mit al-lem verknüpft zu sein; Globalisierung „bedeutet Nichts geringeres als die Umwälzung unserer Lebensverhältnisse" (Giddens 2001: 32).
- Eine andere Interpretation stellt die ökonomische Dimension der Globalisie-rung in den Vordergrund. Durch die globalen Finanz- und Wirtschaftssys-teme werden alle anderen Bereiche beeinflusst (Altvater/Mahnkopf 1999, Weizsäcker 1997). Die Auswirkungen der wirtschaftlichen Globalisierung werden differenziert gesehen: Einerseits können hierdurch Prozesse der Demokratisierung und die Entwicklung von Sozialstandards realisiert wer-den, andererseits wird die ökonomische Dominanz auch als Bedrohung ver-standen, die zu Polarisierung und Entdemokratisierung führen kann.

- Ein dritter Ansatz zieht deutliche Grenzen zwischen den Dimensionen. So wird unter anderem von „kultureller Globalisierung", „Globalisierung der Umweltzerstörung" oder „neo-liberaler Globalisierung" gesprochen. Wagner (2002) beschreibt z.B. dass die kulturelle Globalisierung als Folge der Globalisierung der Finanz- und Warenmärkte, der weltweiten Migrationsprozesse und des zunehmenden Zugangs großer Teile der Bevölkerung zu Massenmedien zu sehen ist. Die kulturelle Globalisierung verfügt allerdings dabei über Eigenschaften, die sich aus einem spezifischen Verständnis von Kultur ableiten lassen und eben nicht dazu führen, dass sich eine weltweite Vereinheitlichung in Richtung der westlichen (US-amerikanischen) Kultur durchsetzt - die es aber erforderlich machen, die kulturelle Globalisierung von anderen Dimensionen klar zu trennen.

Deutlich wird bei allen diesen Ansätzen, wie schwierig es ist, den diffusen Begriff Globalisierung zu beschreiben und den Zusammenhang zwischen den unterschiedlichen Dimensionen zu erläutern. Die ökonomische Globalisierung spielt dabei eine Sonderrolle: In jeder der oben dargestellten Definitionen existiert eine wirtschaftliche Dimension, ob sie nun wie bei Giddens als ein Teil einer umfassenden Entwicklung verstanden wird, als ein Themenbereich, der über spezifische Eigenschaften verfügt und sich von anderen Themen deutlich abgrenzt oder als treibende Kraft des Globalisierungsprozesses gesehen wird. Die ökonomische Globalisierung zeigt sich im Wesentlichen an zwei Prozessen: Am steigenden Umfang ausländischer Direktinvestitionen sowie an der wachsenden Bedeutung transnationaler Unternehmen.

Ausländische Direktinvestitionen werden definiert als diejenigen Investitionen, mit denen ein inländischer Investor direkt oder indirekt einen dauerhaften Einfluss auf ein ausländisches Unternehmen gewinnt, was im Fall von Kapitalbeteiligungen bei einem Anteilsbesitz von 10% der Fall ist (Sachverständigenrat 2005: 365). Diese Investitionen werden als ein Indikator wirtschaftlicher Globalisierung gesehen. Weltweit nahmen sie in den letzten 35 Jahren merklich schneller zu als die globale Produktion und auch schneller als die globalen Exporte (Sachverständigenrat 2005: 365). Für Unternehmen gibt es zwei Motive im Ausland zu investieren: Einerseits kann die Entscheidung aufgrund von Marterschließungspotenzialen heraus erfolgen (horizontale Direktinvestitionen), andererseits können auch Kostenvorteile der entscheidende Faktor sein (vertikale Direktinvestitionen), wobei dominierendes Motiv die horizontalen Direktinvestitionen sind (Sachverständigenrat 2005: 367). Als Gründe für die weltweite Zunahme der ausländischen Direktinvestitionen nennt Sassen (1996: 33): Einige Industrieländer wurden zu wichtigen Kapitalexporteuren, die Zahl der grenzüberschreitenden Unternehmensfusionen und -käufe stieg, transnationale Dienstleistungsunternehmen entwickelten sich zu einem Hauptbestandteil der Weltwirtschaft und das wirtschaftliche Gewicht der transnationalen Konzerne nahm zu.

Die transnationalen Konzerne werden als wesentliche Antriebsfeder ökonomischer Globalisierung gesehen, da ein Großteil der ausländischen Direktinvestitionen von diesen Konzernen realisiert wird. Dabei ist eine Unterscheidung zwischen transnationalen Konzernen und internationalen Konzernen vorzunehmen. Internationale Konzerne sind einem nationalen Kontext eng verbunden, verfügen aber über Standorte im Ausland. Im Gegensatz dazu existieren die transnationalen Konzerne, die in einem von Nationalstaaten bestimmten Kontext agieren, aber von diesen weder ökonomisch, noch politisch oder kulturell dominiert werden (Sklair 2001: 48). Der überwiegende Teil der 500 größten Unternehmen weltweit sieht sich auf dem Weg zu einem transnationalen Konzern (Sklair 2001: 73). Die transnationalen Unternehmen sind nicht mehr hierarchisch strukturiert, sondern bestehen aus einer Vielzahl an Netzwerken, unterschiedlichen Teams und Tochterfirmen, die sich weltweit verteilen. Der eigentliche Konzern ist demnach standortlos und befindet sich als Teil verschiedener Netzwerke in einem „space of flows", also in einer Sphäre, in der die unterschiedlichen Ströme von Kapital, Informationen und Technologien zusammenkommen (Castells 2000: 344).

Die Veränderungen des Verhältnisses von Raum und Zeit werden als wesentliches Merkmal der Globalisierung gesehen. Als Auswirkungen dieser Veränderungen können genannt werden (Waters 1995, Beynon 2000: 5f.):

- Die Zunahme an Mobilität und Geschwindigkeit z.B. beim Warenaustausch, bei Informationen oder bei kulturellen Symbolen.
- Schrumpfende Räume: Die Entfernung von einem Ort zu einem anderen wird zunehmend in der zeitlichen Erreichbarkeit ausgedrückt. Da durch neue Fortbewegungsmittel und/oder Informationstechnologien diese Zeit sinkt, kann von einer Schrumpfung des Raumes gesprochen werden.
- Durchlässigere Grenzen: Die Vernetzung zwischen den einzelnen Nationalstaaten und der übrigen Welt ist größer geworden, gleichzeitig können viele Probleme nicht mehr auf nationalstaatlicher Ebene gelöst werden, wie am Beispiel des Klimawandels deutlich wird.
- Reflexivität: Globalisierung beeinflusst das Alltagsleben und ermöglicht neue Handlungsperspektiven und -erfordernisse für den Einzelnen. So können lokale Unternehmen in globalen Märkten tätig werden, gleichzeitig wird auch die Arbeitsteilung zunehmend auf transnationaler Ebene organisiert.
- Risiko und Vertrauen: Globalisierung führt dazu, dass Risiken, die sich außerhalb der eigenen Kontrollmöglichkeiten befinden, steigen. Deshalb

wird es zunehmend notwendig, in den verschiedensten Themenbereichen Experten zu vertrauen. Zu nennen sind hier Aspekte wie größere Epidemien oder Terrorismus-Bekämpfung.

Auswirkungen auf Städte

Im folgenden Abschnitt soll dargestellt werden, welcher Zusammenhang zwischen Globalisierung und Stadt besteht und welche Effekte Globalisierung auf lokaler Ebene hat. Dabei sind Städte im globalen Kontext kein neues Thema, sondern werden in der Stadtforschung seit langem untersucht (Davis 2005). Die Arbeiten von Sassen, die die Rolle von Metropolen im globalen Kapitalismus untersuchte und den Begriff der „globalen Stadt" prägte, gehören zu den bekanntesten Forschungen in diesem Bereich. In ihrem Buch „The global city" (1991) beschreibt Sassen, welche Folgen die ökonomische Globalisierung für die Städte New York, London und Tokio hat. Ein Ergebnis war, dass diese Städte als Knotenpunkte eines globalen Wirtschaftssystems bezeichnet werden können und in diesen Städten Dienstleistungen und Telekommunikationseinrichtungen konzentriert sind, die für Management und die Durchführung globaler Wirtschaftsaktivitäten notwendig sind (siehe auch Sassen 1996: 39). Eine Folge dieser Entwicklung ist die soziale und räumliche Polarisierung innerhalb der Stadt. Dieser Zusammenhang wurde jedoch von anderen Forschern kritisiert. So stellten Preteceille (2000) und Hamnett (2003) für Paris bzw. London dar, dass die Einkommenspolarisierung in der von Sassen beschriebenen Art und Weise dort nicht erfolgte, sondern alle Gruppen einen Einkommensanstieg zu verzeichnen haben. Diese Auseinandersetzungen zeigen die Schwierigkeit, einen allgemeingültigen Typ einer „global city" zu beschreiben. Kulturelle sowie nationale und lokale Besonderheiten führen offensichtlich zu unterschiedlichen Ausprägungen von „Global Cities" (Häußermann/Haila 2005: 50). Darüber hinaus beinhaltet der Begriff der „global city" nur einen besonderen Typ an Städten. Zu fragen ist, wie Globalisierung in anderen Städten wirkt.

Ein Zusammenhang zwischen Globalisierung und Stadt wird mit dem Standortparadox (Porter 1998, Häußermann/Läpple/Siebel 2008: 169f.) beschrieben. So ist die Lokalisierung eines Unternehmens gerade dann von entscheidender Bedeutung, wenn Produktionsgüter ubiquitär beschafft werden können. Durch die Einbindung in einen bestimmten lokalen/regionalen Kontext ist es Unternehmen möglich, einen Wettbewerbsvorteil gegenüber anderen Unternehmen zu erlangen. Die Konzentration hoch spezialisierter Fähigkeiten und Kenntnisse, Institutionen, Konkurrenten und verwandten Unternehmen und Kunden führt zu privilegiertem Zugang, engeren Beziehungen, kräftigeren Anreizen und weiteren Produktivitäts- und Innovationsvorteilen, die sich aus der Ferne nicht nutzen lassen. Dieser Zusammenhang führt zu einem Wiedererwachen des Lokalen im Zeitalter des Hyperspaces: "That is that the declining importance of space, or rather the homogenization of space in the face of the capital, is accompanied by a growing importance of place" (Swyngedouw 1989: 41). Insofern führt die ökonomische Globalisierung eben nicht dazu, dass die lokale Ebene überflüssig wird, sondern im Gegenteil eine größere Bedeutung erlangt.

Eine weitere Auswirkung der Globalisierung auf die Städte findet sich im Bereich des Immobilienmarkts. In der Vergangenheit waren die Immobilienmärkte europäischer Städte in der Regel lokal verwurzelt: Bürogebäude wurden überwiegend von lokalen Developern errichtet, die durch ortsansässige Banken finanziert wurden. Die Ursache dieses lokalen Fokus lag in der fehlenden Transparenz sowie weit reichender lokaler und nationaler Regelwerke. Für ausländische Investoren war es aus diesem Grund sehr risikoreich, außerhalb ihrer Heimatmärkte zu investieren. Aufgrund von veränderten nationalen Rahmenbedingungen und dem Wunsch von Investoren, ihr Anlagerisiko durch weitgestreute Investments zu verringern, wandelten sich die Immobilienmärkte hin zu einem globalen Markt. Dies führte zu „delokalisiertem Grundeigentum" (Beauregard/Haila 2000: 30) und in der Folge dazu, dass ausländische Immobilienfonds wichtige Grundeigentümer werden. Für die Städte hat dieser Zusammenhang verschiedene Konsequenzen: Aufgrund der Kontakte, Finanzierungsmöglichkeiten und des Know-hows der internationalen Developer und Investoren können Großprojekte wie das Docklandprojekt in London, Battery Park City in New York oder auch der Potsdamer Platz in Berlin leichter realisiert werden (Beauregard/Haila 2000: 32ff.). Auch die Eigentümerstruktur wandelt sich: Städtisches Grundeigentum wird von global agierenden Investmentfonds als Teil einer Portfoliostrategie erworben. Ein Beispiel hierfür ist z.B. der Verkauf des kommunalen Wohnungsbestands der Stadt Dresden an einen ausländischen Finanzinvestor. Durch die geringere lokale Bindung solcher Finanzinvestoren und die meist komplexen Eigentümerstrukturen ist es für die Städte schwieriger, die Grundeigentümer als Vorort-Partner in Stadtentwicklungsprozesse einzubinden (Lizeri et al. 2006: 25). Gleichzeitig führt die Abhängigkeit der Finanzinvestoren von globalen Trends der Wirtschaft dazu, dass lokale Immobilienmärkte zunehmend durch die Entwicklung von anderen Märkten der Weltwirtschaft beeinflusst werden.

Die beiden Beispiele des Standortparadoxon und des Immobilienmarkts zeigen nur einen kleinen Ausschnitt der städtischen Effekte der Globalisierung. Da es, wie bereits beschrieben, keine einheitliche Definition des diffusen Begriffs Globalisierung gibt, fällt es grundsätzlich schwer, die konkreten Auswirkungen von Globalisierung auf die Stadt umfassend zu beschreiben. Die verschiedenen Dimensionen der Globalisierung z.B. die kulturelle, die ökonomische oder die ökologische Dimension führen zu unterschiedlichen Effekten auf lokaler Ebene. Darüber hinaus ist auch die Verbindung mit anderen Faktoren problematisch: Globalisierung existiert nicht allein, sondern ist verbunden mit anderen gesellschaftlichen Veränderungen wie dem Wandel vom Fordismus zum Postfordismus und - für europäische Städte - auch dem Europäisierungsprozess. Insofern kann nur schwer bestimmt werden, welche Effekte auf die Globalisierung und welche auf andere Prozesse zurückzuführen sind.

Als ein theoretischer Rahmen, der das Verhältnis zwischen globaler und lokaler Ebene thematisiert, kann die „Glokalisierung" dienen. Mit Glokalisierung wird die Anpassung der globalen Perspektive an lokale Umstände bezeichnet (Robertson 1998: 197). Der Gegensatz von global und lokal wird dabei aufgehoben. Robertson (1998: 200) vertritt die Position, dass Globalisierung die Wiederherstellung bzw. die Produktion von Lokalität mit sich gebracht hat. Deutlich wird das am Beispiel des Mikro-Marketings, das die Angleichung von Gütern und Dienstleistungen der globalen Ebene auf zunehmend differenzierte lokale Märkte beschreibt. Angewandt auf Städte bedeutet das zunächst, dass Globalisierung ein wichtiger Prozess ist, der bei der Analyse von Städten[2] berücksichtigt werden sollte:

> „Thus whoever studies cities today, in any part of the world, is aware that what happens in a local neighborhood is likely to be influenced by factors - such as world money and commodity markets - operation at an indefinite distance away from that neighborhood itself. The outcome is not necessarily, or even usually, a generalized set of changes acting in a uniform direction, but consists in mutually opposed tendencies. The increasing prosperity of an urban area in Singapore might be causally related, via a complicated network of global economic ties, to the impoverishment of a neighborhood in Pittsburg, whose local products are uncompetitive in world markets." (Giddens 1995: 64f.).

2.2.2 Postfordismus

Wandel von Fordismus zum Postfordismus

Mit dem Wandel vom Fordismus zum Postfordismus wird eine Veränderung der kapitalistischen Produktionsweise beschrieben. Der Begriff des Fordismus geht dabei auf die Form der industriellen Produktion zurück, die Henry Ford in den 1920er und 1930er Jahren in der Automobilindustrie anwandte. Der Begriff

---

[2] Darüber hinaus ist auch zu beachten, dass die Globalisierung keine außerhalb der Städte wirkende Kraft ist, sondern die Städte z.B. als Standorte, aber auch als politische Organisationen Prozesse der Globalisierung mitgestalten.

beschreibt aber nicht nur eine bestimmte Produktionsweise, sondern umfasst auch weitere soziale und ökonomische Aspekte. Jessop (1991: 136f.) stellt vier unterschiedliche Dimensionen des Fordismus dar:

- Fordismus kann als Arbeitsprozess bzw. Produktionsweise verstanden werden und beinhaltet als typisches Element eine auf „economies of scale" basierende Massenproduktion. In einem fordistischen Wirtschaftssystem werden nicht alle Güter in Massenproduktion hergestellt, jedoch ist der Großteil des ökonomischen Wachstums auf die Massenproduktion zurückzuführen.
- Fordismus beschreibt auch eine stabile Form makroökonomischen Wachstums, die auf dem Zusammenspiel von steigender Produktivität und steigendem Einkommen beruht.
- Darüber hinaus besteht Fordismus aus einer speziellen Form sozialer und ökonomischer Regulierung. Kennzeichen der fordistischen sozialen und ökonomischen Regulierung ist die Beteiligung der Arbeiterschaft an den Unternehmensgewinnen.
- Generell kann Fordismus auch als ein Muster sozialer Organisation gesehen werden. Hier beschreibt Fordismus den Massenkonsum und die Bereitstellung von öffentlichen Gütern und Dienstleistungen durch einen bürokratisch organisierten Staat. Enge Zusammenhänge bestehen mit den Begriffen des Taylorismus[3] oder des Keynesianismus[4].

Die These ist nun, dass diese Produktionsweise und deren gesellschaftliche Organisation nicht mehr wirksam sind und eine neue Produktionsform entsteht, die als Postfordismus bezeichnet wird. Als Zeitpunkt des Übergangs vom Fordismus zum Postfordismus wird für die westlichen Industriestaaten meist die Mitte der 1970er Jahre angegeben (vgl. Amin 1994: 1). Die Ursachen für diesen Wandel werden allerdings je nach theoretischen Bezugsrahmen unterschiedlich dargestellt. Regulationstheorie, der neo-schumpeterianische Ansatz und die Theorie der flexiblen Akkumulation beantworten die Frage nach den Gründen des Wandels unterschiedlich (vgl. Amin 1994: 6ff.):

- Der regulationstheoretische Ansatz wurde während der 1970er und 1980er Jahre in Frankreich entwickelt und versucht zu erklären, wie eine Gesellschaft zusammengehalten wird, „die aufgrund ihres *ökonomischen* Repro-

---

[3] Als Taylorismus wird die Arbeitsorganisation nach einer wissenschaftlichen Herangehensweise bezeichnet, in der jeder Betriebsablauf nach rein rationalen Gesichtspunkten analysiert und ggf. optimiert wurde. Den Arbeitern wurden bei tayloristischer Produktionsweise Eigenverantwortung weitgehend abgesprochen, Folge war eine zunehmende Entfremdung der Arbeiter von der Produktion.

[4] Unter Keynesianismus wird eine Wirtschaftstheorie verstanden, in der der Staat eine wichtige Steuerungsfunktion einnimmt. Staatliche Interventionen sollen die Auswirkungen von Rezession und Boom ausgleichen. Damit grenzt sich der Keynesianismus z.B. von neo-klassischen Theorien ab.

duktionsmechanismus strukturell von bestandsbedrohten Krisen und sozialen Desintegrationsprozessen bedroht ist" (Hirsch 1990: 18, Hervorhebung im Original); Die Regulationstheorie untersucht also, wie sich trotz der im Kapitalismus inhärenten Instabilität über einen langen Zeitraum stabile Strukturen herausbilden konnten. Ziel war es, die Strukturen, Prinzipien und Mechanismen ebenso wie die Spannungen und Möglichkeiten der Stabilisierung zu erkennen. Als entscheidend hierfür sah der regulationstheoretische Ansatz das „Akkumulationsregime" und den „Regulationsmodus" (Aglietta 2000) an. Als Akkumulationsregime wird das makroökonomische Prinzip bezeichnet, das über einen längeren Zeitraum dafür sorgt, dass die herrschenden Kräfte einen bestimmten gesellschaftlichen Zustand erhalten. So kann das Akkumulationsregime zu Beginn des 19. Jahrhunderts als Regime extensiver Akkumulation basierend auf Handwerk, Manufaktur und Handel bezeichnet werden, das Akkumulationsregime bis in die 1970er Jahre als Regime intensiver Akkumulation mit Massenproduktion und -konsum. Der gesellschaftliche Zustand wird allerdings nicht nur über die ökonomische Produktionsweise, sondern auch durch eine stabile Organisation erreicht, die sich aus der Gesamtheit der institutionellen und kulturellen Gewohnheiten und Strukturen zusammensetzt. Diese Organisationsformen werden als Regulationsweise bezeichnet. Die spezifische gesellschaftliche Ordnung, die sich aus Akkumulationsregime und Regulationsmodus ergibt, wird als hegemoniale Struktur definiert. Das fordistische Akkumulationsregime (gekennzeichnet z.B. durch Massenproduktion und die anteilsmäßige Verteilung der Wertschöpfung) und die fordistische Regulationsweise (gekennzeichnet durch umfassende, auf Verteilung beruhende Sozialgesetzgebung, den Ausbau des Wohlfahrtsstaats und eines stabilen Verhandlungsdreiecks von Großunternehmen, Staat und Gewerkschaften) gerieten in die Krise. Der Regulationsansatz sieht die Ursachen für die Krise auf der internen und der externen Ebene (vgl. Lipietz 1995: 96ff.): Zunächst werden als interne Gründe das verlangsamte Produktivitätswachstum und der gleichzeitige weitere Anstieg der Reallöhne genannt. Außerdem wird eine Schwäche der Arbeitsorganisation konstatiert: Die Zunahme des Bildungsniveaus, des sozialen Bewusstseins und des Bedürfnisses nach Selbstverwirklichung verursachten eine sinkende Akzeptanz der fordistischen Produktionsweise. Steigende Arbeitslosigkeit führte dazu, dass die Transferzahlungen des Staates an die Arbeitslosen stiegen und somit letztlich „der fordistische Kompromiss wirtschaftlich nicht mehr aufrecht zu erhalten war" (Liepitz 1995: 97). Als externer Grund der Krise wird die ökonomische Globalisierung (vgl. voriges Kapitel) genannt, die dazu führte, dass Produktionen in Regionen mit niedrigeren Löhnen realisiert wurde. Der fordistische Kompromiss hatte allerdings einen nationalen Charakter: Regulationsweise und das Verhandlungssystem zwischen Unternehmen, Staat und Gewerkschaften bestanden innerhalb des Nationalstaats und verfügten in der Regel über keine internationale Dimension. Dies alles - so argumentieren die Vertreter der Regulationsschule - führte dazu, dass mit dem Postfordismus ein neues Akkumulationsregime und eine neue Regulationsweise entstanden. Als Kritik der Regulationsschule kann unter anderem das Fehlen einer Akteursperspektive bezeichnet werden. Die Produktionsstrukturen werden als gegeben vorausgesetzt, das Handeln von Akteuren innerhalb dieser Strukturen wird nicht berücksichtigt (Bremm/Danielzyk 1991)

■ Der neo-schumpeterianische Ansatz (vgl. Freeman/Perez 1988) geht von Kondratievs langen Wellen der Wirtschaftsentwicklung aus. Im Zeitraum von 50 Jahren findet in kapitalistischen Gesellschaften eine vollständige Welle statt, die sich aus einer Boom- und Rezessionsphase zusammensetzt. Schumpeter erklärte das Entstehen von neuen Wellen durch Innovationen, die zu neuen technologischen Paradigmen führten. Die technischen Innovationen werden ergänzt durch Neuerungen des sozio-institutionellen Kontextes. Der neo-schumpeterianische Ansatz sieht als technische Innovationen der fordistischen Phase elektrisch-mechanische Technologien, die Produkte der Massenkonsum-Industrien sowie Öl und Petrochemikalien als Lieferant billiger Energie. Die fordistischen Techniken bezogen sich auf Massenproduktion und eine oligopolistische Organisation der Produktion. Der sozio-institutionelle Kontext unterstützte diese Produktionsweise, staatliche Politik und staatliches Handeln z.B. bei der Bildung, beim Wohnen, den Wohlfahrtsleistungen und auch im Bereich der Makroökonomie charakterisierten diese Phase. Die Krise des Fordismus und den Übergang vom Fordismus zum Postfordismus erklärt der neo-schumpeterianische Ansatz durch einen Konflikt zwischen neu entstehenden technologisch-ökonomischen Paradigmen und den weiterhin bestehenden sozio-institutionellen fordistischen Strukturen. Im Gegensatz zum regulationstheoretischen Ansatz, der gesellschaftliche Faktoren als Ursache des Übergangs zum Postfordismus sieht, stellt der neo-schumpeterianische Ansatz den technologischen Wandel z.B. durch neue Produkte, Prozesse und Kommunikationsprozesse als entscheidenden Faktor dar. Die Gemeinsamkeit mit der Regulationstheorie besteht in der Annahme, dass die Wirtschaftsentwicklung in langfristigen Perioden oder Wellen erfolgt und durch stabile sozio-institutionelle Strukturen ergänzt wird. Am neo-schumpeterianischen Ansatz werden der technologische Determinismus und die Dominanz des technisch-ökonomischen Wandels über Veränderungen sozio-institutioneller Art (Amin 1994: 13) kritisiert.

- Die Theorie der flexiblen Spezialisierung sieht die Arbeitsorganisation als entscheidenden Faktor für den postfordistischen Wandel an. Dabei wird unterschieden zwischen der Massenproduktion, in der gering ausgebildete Arbeiter standardisierte Güter produzieren und der Produktion der flexiblen Spezialisierung, in der gut ausgebildete Arbeiter eine Vielzahl unterschiedlicher, nicht-standardisierter Güter schaffen. Diese zwei Systeme können auch nebeneinander existieren. In bestimmten historischen Momenten kann die Wahl zwischen diesen beiden Produktionsweisen möglich sein und zu einem vorherrschenden internationalen Standard werden. Die fordistische Massenproduktion gelangte in den 1970er Jahren in eine Krise, die sich z.B. in sinkenden Profiten und einer geringeren Nachfrage nach standardisierten Produkten ausdrückte. Infolgedessen erlangte die Produktion der flexiblen Spezialisierung an Bedeutung: kleinere Unternehmen, die in geringeren Auflagen produzieren, wurden wichtiger, während die Großunternehmen an Bedeutung verloren. Kritisch an der Theorie der flexiblen Spezialisierung kann die dualistische Logik gesehen werden, in der zwischen einer fordistischen Vergangenheit und einer postfordistischen Zukunft unterschieden wird und in der z.B. die Möglichkeiten der fordistischen Protagonisten, weiterhin Märkte zu dominieren, unterschätzt wird (Amin 1994: 15f.).

Trotz der unterschiedlichen theoretischen Herangehensweisen existiert in allen drei Ansätzen eine Vielzahl von sich teilweise ähnelnden Merkmalen des Fordismus und der Ursachen des Wandels. Die Eigenschaften des Postfordismus sind hingegen deutlich weniger klar. Postfordismus wird in geringerem Maß als eine Form der Überwindung der Krise gesehen, sondern beschreibt vielmehr die Herausbildung verschiedener Formen der Anpassung an die Krise des Fordismus. Insofern kann Postfordismus als „prinzipiell offene Inkubationsphase eines neuen Entwicklungsmodells" (Läpple 2006: 24) verstanden werden.

Als ein wichtiges Kennzeichen dieser postfordistischen „Inkubationsphase" wird aus Sicht des neo-schumpeterianischen Ansatzes die Informationstechnologie gesehen, mit der Innovation und Wissen an Bedeutung gewinnt. Ähnlich argumentieren auch die Regulationstheoretiker, die den Prinzipien Flexibilität und Innovation im Postfordismus eine wesentliche Rolle zugestehen. Jessop (1992a: 31f.) nennt verschiedene Merkmale als charakteristisch für die postfordistische Regulationsweise: Es findet eine Resegmentierung auf dem Arbeitsmarkt statt, eine Polarisierung der Fähigkeiten und eine Dezentralisierung der Lohnverhandlungen mit einer schwächeren Rolle der Gewerkschaften. Gleichzeitig ändert sich auch die Unternehmensstruktur: Postfordistische Unternehmen sind flacher und flexibler organisiert. Das Contracting-Out von Funktionen wird wichtiger, Ziel ist eine economies of scope, also eine auf Diversifikationsvorteile und nicht eine auf Preiswettbewerb zielende Unternehmensstrategie. Im Vergleich zu den umfangreichen Staatsausgaben des Fordismus wird das Geldsystem im Postfordismus durch private Bankkredite bestimmt, die sich durch Flexibilität und Internationalität auszeichnen. Im Bereich des Konsums wird Differenzierung und Nischen-Marketing wichtiger, gleichzeitig gibt es eine Globalisierung des Angebots an differenzierten Waren. Als letztes Merkmal postfordistischer Regulationsweise nennt Jessop die Staatsform. Der keynesianische Wohlfahrtsstaat des Fordismus hat sich zu einem schumpeterianischen Leistungsstaat gewandelt. Charakteristisch für diesen ist die Betonung von Wettbewerbselementen sowie die Förderung von Flexibilität und Diversifikationsvorteilen auf der Angebotsseite, also generell eine stärkere Akzentsetzung auf Interventionen, die die Angebotsseite betreffen und Innovationen fördern sollen. Wohlfahrtsstaatliche Leistungen – und hierzu zählen auch die Finanzzuweisungen an die kommunale Ebene – gehen hingegen zurück.

In der Literatur wird der Übergang vom Fordismus zum Postfordismus überwiegend mit westeuropäischen und US-amerikanischen Städten in Verbindung gebracht (vgl. Amin 1994: 1; Mayer 1994: 316). Die Konzentration auf diese Staaten liegt nahe, da dort das Produktions- und Gesellschaftssystem des Fordismus in besonderem Maße ausgeprägt war. In Bezug auf die sozialistischen, osteuropäischen Staaten wird hingegen von einem „halbierten Fordismus" ausgegangen (Altvater/Mahnkopf 2002). Es existierten fordistische Produktionsmuster, allerdings fehlte ein auf Massenkonsum beruhender gesellschaftlicher Konsens. Nach dem Zusammenbruch des sozialistischen Systems Ende der 1980er/Anfang der 1990er Jahre stehen die osteuropäischen Staaten jedoch nicht nur vor der Herausforderung des Transformationsprozesses, sondern gleichzeitig findet auch ein gesellschaftlicher und ökonomischer postfordistischer Formationswandel statt (Krätke 1996: 156; vgl. Kapitel 4). Postfordismus beschränkt sich demnach nicht nur auf die westlichen Staaten, sondern ist ebenso in den osteuropäischen Staaten zu finden! Hier existiert jedoch eine Sonderform des Übergangs vom „halbierten Fordismus" zu sozialistischen Zeiten zum Postfordismus postsozialistischer Provenienz.

Auswirkungen auf Städte

Ähnlich wie die Gesellschaftsstrukturen des Fordismus und des Postfordismus stellen die fordistischen und die postfordistischen Städte einen Idealtyp dar, der in der Realität so nicht anzutreffen ist. Die Auswirkungen des Postfordismus auf die Städte werden besonders deutlich in Abgrenzung zu denen des Fordismus: Die durch Massenproduktion und -konsum gekennzeichnete fordistische Produktionsweise wirkte sich in den Städten in großem Maße aus (vgl. Krätke 1991). Die Zonierung des Stadtraums mit einer klaren Trennung der einzelnen Funktionen kann als Folge der diese Zeit prägenden industriellen Produktionen gesehen werden. Auf regionaler Ebene verursachte die Massenproduktion einen starken Gegensatz zwischen den Agglomerationen und den peripheren Gebieten, da die Produktionsstandorte und die zugehörigen Zulieferer und Dienstleistungen sich in den Städten konzentrierten (aufgrund des großen Potenzials an Arbeitern). Ein anderes Merkmal der fordistischen Stadt ist der standardisierte Massenwohnungsbau, der oftmals im suburbanen Raum realisiert wurde. Einhergehend mit dem Wohnungsbau fand auch die Standardisierung von Lebenssphären und die Angleichung von Lebensstilen statt, wie sie z.b. im Leitbild der autogerechten Stadt deutlich wird. Wie bereits beschrieben, waren die staatlichen Eingriffe im Fordismus umfassend. So wurden die räumlichen Entwicklungen der fordistischen Stadt von öffentlicher Hand unterstützt, z.B. über die Verkehrsplanung, die Wohnungspolitik und über öffentliche Subventionen. Als weitere Charakteristika der fordistischen Stadt, die mit den oben genannten Kennzeichen verbunden sind, nennt Lever (2001: 275) die Errichtung von Satellitenstädten, den Einwohnerschwund der Innenstädte, den Verlust kleinerer Produktions- und Dienstleistungsunternehmen sowie die steigende Zahl an „Hypermarkets" und Handelsimmobilien.

Die Hauptmerkmale der postfordistischen Stadt ergeben sich aus dem Wandel der wirtschaftlichen Produktionsweise. So haben die geringer werdende Bedeutung der economies of scale und dem damit verbundenen sinkenden Bedarf an großen Fabriken zu Veränderungen in den Städten geführt. Offensichtlich wird dies z.B. an brachliegenden alt-industriellen Flächen, den früheren Kennzeichen des Fordismus (vgl. Eckardt/Hartz 2007). Lever unterscheidet die Merkmale der postfordistischen Stadt anhand der Dimensionen der postfordistischen Ökonomie und der städtischen Hierarchie, postfordistischer Stadtpolitik sowie Stadtkultur und nennt für jede Dimension unterschiedliche Merkmale (Lever 2001: 276ff.):

- Die postfordistische Ökonomie und die Städtehierarchie führten zu einer größeren Bedeutung kleinerer Wirtschaftsstrukturen, die auch außerhalb der großen Metropolen existieren können. Das bekannteste Beispiel dieser kleinen Strukturen stellt das „Dritte Italien" dar, ein polyzentrales Städtenetzwerk, das auf Diversifikation und Qualität der Produktion setzt und sich insofern von den alten monofunktionalen Wirtschaftszentren des Fordismus unterscheidet. Des Weiteren ist die postfordistische Wirtschaft mit einer steigenden Polarisierung der Beschäftigten verbunden, die sich durch prekäre Arbeitsverhältnisse der gering ausgebildeten Arbeitskräfte auf der einen Seite und steigenden Löhnen der höher qualifizierten Beschäftigten auf der anderen Seite ausdrückt. Neben dem Trend der Produktionsverlagerung von den Groß- in die Klein- und Mittelstädte zeigt sich in kleinräumigem Maßstab aber auch eine stärkere Fokussierung auf die Innenstadt. Hier konzentrieren sich die höher bezahlten, im Bereich der Freizeit-, Konsum- und Kulturindustrie beschäftigten Arbeitskräfte, also die Arbeitskräfte in den postfordistischen Beschäftigungsverhältnissen.

- Die im Fordismus vorherrschenden großen Produktionseinheiten waren durch städtische Regulierung nur in geringem Maß zu beeinflussen. Die Regulierung dieser großen Unternehmen verlief über makroökonomische Maßnahmen z.b. die Zinshöhe oder Wechselkurse ausländischer Währungen. Aufgrund der geringer werdenden Bedeutung dieser großen Produktionseinheiten scheint nun die postfordistische Stadtpolitik über größere Handlungsmöglichkeiten zu verfügen. Ergänzend kommt hinzu, dass die nationalstaatlichen Zuschüsse an die lokalen Ebenen gesunken sind und in Folge dessen Städte selber aktiv Wirtschaftspolitik betreiben. Neue Ansätze der Stadtpolitik wie Stadtmarketing oder die Veranstaltung von Großereignissen zeigen, wie eine „unternehmerische Stadt" handeln kann. Harvey (1990) nennt verschiedene räumliche Auswirkungen postfordistischer unternehmerischer Stadtpolitik: Als *Produktion von symbolischem Kapital*, wird die Schaffung und das Anbieten von höherwertigen Luxusgütern für einkommensstärkere Bevölkerungsgruppen bezeichnet. Beispiele hierfür sind Gentrifizierungsprozesse und Loftwohnungen. Die *Mobilisierung des Spektakels* z.B. durch die Schaffung neuer Shopping- und Freizeitwelten verändert die Städte und führt zu einem Umschwung hin zu postmoderner Kultur, in der der Kaufakt mit der Freude am Spektakel verbunden ist. Gleichzeitig findet ein Prozess der *Verarmung und Informalisierung* statt, der die Bevölkerungsteile betrifft, die durch Deindustrialisierungsprozesse auf die Straße gesetzt wurden. Eine weitere Spaltung der Stadtgesellschaft und das Entstehen von unregulierten urbanen Räumen sind die Folge.

- Postfordistische städtische Kultur kann als Ablehnung des fordistischen Massenkonsums bezeichnet werden und lässt sich durch die stärkere Nachfrage nach selektiven und anspruchsvolleren Konsumgütern kennzeichnen. Dieses ausdifferenzierte Konsummuster trifft auch im Bereich des Wohnens zu. Der standardisierte Wohnungsbau des Fordismus wird als wenig attraktiv empfunden, die Wohnformen werden in Folge dessen heterogener.

Mit dem Übergang zum Postfordismus und der damit verbundenen Veränderungen der Wirtschafts- und Gesellschaftsstruktur wandelt sich das Verständnis von Stadtpolitik. Städte können sich „nicht mehr länger als Verwalter und soziale Treuhänder des ökonomischen Wachstums, als Organisatoren einer immer perfekteren Dienstleistungsmaschine für die Bewohner (...) definieren (...)" Häußermann 2006: 124). Aufgrund der geringen nationalen Zuweisungen werden die finanziellen Mittel der Kommunen knapper, die städtischen Aufgaben z.B. im Bereich soziale Inklusion nehmen hingegen zu. Das Dilemma zwischen fehlenden Finanzmitteln und hohem kommunalen Handlungsdruck erfordert eine neue städtische Steuerung. Die Städte sind auf die Akquirierung neuer Finanzquellen (z.B. europäische Fördermittel oder private Mittel) angewiesen. Hierfür ist ein anderes, pro-aktives Vorgehen notwendig, als bei der fordistischen Stadtpolitik, in der lokale Regulationsformen nur eine untergeordnete Rolle spielten (Mayer 1994: 317).

Festzuhalten ist, dass die postfordistische Stadt schwieriger zu beschreiben ist als die fordistische Stadt. Das ergibt sich auch aus der Logik des Postfordismus: Heterogenität anstatt Homogenität und der kleinere Maßstab machen es komplizierter, eindeutige Muster postfordistischer Stadtentwicklung zu finden. Deutlich wird auch, dass postfordistische Produktionsweise und Aspekte der Globalisierung miteinander verwoben sind. Ebenso wie bei der Globalisierung ist deshalb zu berücksichtigen, dass die Städte nicht nur auf den auf der Makroebene stattfindenden Wandel von Fordismus zum Postfordismus reagieren können. Der von einigen Autoren beschriebene Determinismus, der den Städten nur wenige Handlungsmöglichkeiten zugesteht, ist in Frage zu stellen. Stadtpolitik und Stadtentwicklung haben auch im Postfordismus Handlungsspielraum. Stadtpolitik bzw. -entwicklung unterscheiden sich von Stadt zu Stadt z.B. besteht kein genereller kausaler Zusammenhang zwischen unternehmerischer Stadtpolitik und postfordistischen Veränderungen.

2.2.3 Europäisierung

Der Prozess der Europäisierung

Mit Europäisierung werden in der Literatur im Allgemeinen zwei große Forschungsstränge bezeichnet, die beide eng mit der Europäischen Union verbunden sind (Alemann/Münch: 2006 482). Eine erste Definition beschreibt mit Europäisierung die Entstehung eines supranationalen Systems, also den Prozess der Überführung souveräner Nationalstaaten in eine spezifisch neue Form politischer Organisation wie die Europäische Union (vgl. Kohler-Koch 2000: 15). Dabei entsteht eine deutliche Ähnlichkeit zum Begriff der Europäischen Integration, die eine Unterscheidung beider Begriffe schwer macht.

Eine weitere Definition beschreibt mit Europäisierung den Anpassungsprozess von Organisationen an veränderte Rahmenbedingungen. Damit wird der
Begriff nur auf die Auswirkungen von EU-Politiken auf die Mitgliedsstaaten
bezogen und hebt sich so von der ersten Definition ab.

Olsen (2002) nennt weitere mögliche Bedeutungen von Europäisierung. So
kann Europäisierung auch als Veränderung von Grenzen verstanden werden:
Europäisierung findet dann statt, wenn die Europäische Union ihre Außengren-
zen erweitert und neue Nationalstaaten in die Europäische Union eintreten. Ein
weiterer Ansatz bezeichnet Europäisierung als den Transfer bestimmter Formen
der politischen Organisation in Räume außerhalb der EU. Die Europäisierung
kann auch normativ als Politikziel verstanden werden. In diesem Zusammenhang
beschreibt sie ein vereinigtes und politisch mächtigeres Europa.

Diese Ansätze verdeutlichen die Schwierigkeit, eine einheitliche Definition
von Europäisierung zu finden. Im Rahmen dieser Arbeit scheint die Sichtweise
von Europäisierung als Prozess, der bestimmte Auswirkungen auf die nationale
und lokale Ebene hat, dienlich. Diese Definition geht von einem europäischen
Mehr-Ebenen-System aus, in dem Europäisierung nicht nur Einfluss auf die
nationalstaatliche Ebene, sondern auch auf andere Ebenen hat. Europaforschung
mit dieser Sichtweise untersucht demnach nicht nur die supranationalen, sondern
auch die nationalen und subnationalen Institutionen und ihre Beziehungen zueinander. Die Beziehungen innerhalb des Mehr-Ebenen-Systems der Europäischen
Union sind nicht ausschließlich top-down. Deutlich wird dies z.B. an der Tatsache, dass der Prozess der Europäisierung erst dadurch in Gang gebracht wurde,
dass Nationalstaaten auf Macht verzichteten. Ein weiteres Kennzeichen des
Mehr-Ebenen-Systems EU ist ein dynamischer, prozesshafter Charakter (Ale-
mann/Münch 2006: 480). Die europäische Union wird als Verflechtungs- und
Verhandlungssystem definiert, in dem Handlungs- und Entscheidungsebenen
nicht hierarchisch angeordnet sind. Die Verflechtungen zwischen den Akteuren
sind aufgrund der fehlenden klaren hierarchischen Verhältnisse vielschichtiger
als in einem nationalen System (Tömmel 2003: 10). Zu fragen ist zunächst, inwieweit die Europäisierung Politik in Europa im Allgemeinen beeinflusst, um
dann anschließend die Auswirkungen auf die Städte und Stadtpolitik zu betrachten. Alemann und Münch (2006: 481) nennen vier allgemeine Aspekte der Europäisierung:

- Der Koordinationsbedarf ist aufgrund der Fülle an Handlungsebenen, Poli-
  tikarenen und Akteuren sehr hoch und führt zu einer Vielzahl an Schnittstellen z.B. zwischen europäischen, nationalen und nicht-staatlichen Institutionen.
- Neue Typen politischer Akteure entstehen, die als Informationslieferanten
  und als Repräsentanten verschiedener Organisationen an den Schnittstellen

zwischen den Ebenen angesiedelt sind. Da die Verwaltung von Informationen an Bedeutung gewonnen hat, ist auch die Macht dieser Akteure größer, als ihre eher periphere Position innerhalb der Organisation vermuten lassen würde.

- Aufgrund der Vielzahl an Schnittstellen haben die Akteure zusätzliche Beteiligungsmöglichkeiten, z.B. über Interessengruppen in Dachverbänden. Diese Form der Beteiligung erfordert allerdings auch neue Anforderungen und Kompetenzen für die Akteure.
- Die Kooperationsformen im Mehrebenensystem begünstigen den Transfer von Politik in die verschiedenen Ebenen. Policy learning, d.h. der Austausch von politischen Praktiken, erscheint einfacher, da die Akteure verstärkt in Kommunikation und Interaktion treten.

Auswirkungen auf die Städte

Der formelle Einfluss Europas auf die europäischen Städte sowie der Begriff der europäischen Stadtpolitik sind umstritten (Frank 2005: 307): Europäische Zuständigkeiten sind nur dort gegeben, wo die Probleme ihrem Umfang nach und von ihrer räumlichen Bezugsebene europäische Dimensionen aufweisen. Es wird deshalb bezweifelt, ob sich Interventionen der EU auf Ebene der Stadt verfassungsrechtlich überhaupt begründen lassen (Sinz 2004: 346). Zwar stehen viele europäische Städte vor ähnlichen Problemen und Herausforderungen, es ist jedoch unklar, inwieweit die Lösung dieser Probleme auf EU-Ebene und nicht eher lokal oder national erfolgen sollte (Sinz 2004); die „EU kann und soll ihre Mitgliedsstaaten nicht von ihrer Verantwortung für die Städte erlassen (...)" (Kunzmann 2004: 195). Ungeachtet dieser theoretischen Auseinandersetzung hat sich seit Mitte der 1980er Jahre in der politischen Praxis eine europäische Stadtpolitik etabliert. In ihrer Ausrichtung und ihren Instrumenten ist sie höchst heterogen, so dass eine Unterscheidung zwischen „direkten" und „indirekten" Formen europäischer Stadtpolitik sinnvoll erscheint. Die direkte Stadtpolitik zielt auf konkrete Stadtentwicklungsprozesse, während die indirekte Form andere Zielvorstellungen wie sozialer Zusammenhalt oder die Wettbewerbsfähigkeit hat, die aber großen Einfluss auf Stadtentwicklung haben. Hierzu zählt neben der Förderpolitik auch die EU-Gesetzgebung.

- Direkte europäische Stadtpolitik: Direkte Formen europäischer Stadtpolitik, also konkrete Eingriffe in die Stadtentwicklung existieren nur in geringem Maß. Speziell auf städtischer Ebene sind die Gemeinschaftsinitiativen URBAN I (1994-1999) und URBAN II (2000-2006) zu nennen, die die Entwicklung einzelner benachteiligter Stadtteile in Europa direkt fördern. Aufgrund des Umfangs dieser Förderprogramme und der vergleichsweise geringen Zahl der Fördergebiete wurde durch die URBAN-Initiative keine umfassende Stadtentwicklungssteuerung auf europäischer Ebene betrieben. Vielmehr testete der URBAN-Ansatz eine innovative Form der Stadtpolitik in unterschiedlichen europäischen Städten. Darüber hinaus gibt es keine europäische Politik, die sich direkt mit Aspekten von Stadt und Wohnungsmarkt befasst. Stadt- und wohnungspolitische Aspekte gelten als Angelegenheiten der Mitgliedsstaaten und unterscheiden sich aufgrund der unterschiedlichen wohlfahrtsstaatlichen und politischen Tradition in den einzelnen europäischen Ländern stark. Es bleibt abzuwarten, inwieweit mit der neuen Förderpraxis der Europäischen Union direkte europäische Stadtpolitik eine größere Rolle spielen wird. Hinweise, dass die Bedeutung europäischer Stadtpolitik in Zukunft an Bedeutung zunehmen wird finden sich in der im Mai 2007 von den für Stadtentwicklung zuständigen Ministern der Mitgliedsstaaten beschlossen Leipzig-Charta zur nachhaltigen Europäischen Stadt (EU 2007) sowie dem Förderprogramm JESSICA[5], der Initiative European Charter for Housing[6] und den Veränderungen des EFRE-Fonds[7].

- Indirekte europäische Stadtpolitik: Eine wichtige Form der indirekten europäischen Stadtpolitik sind die Förderprogramme der EU, die im Rahmen der Strukturfonds bzw. der vorbereitenden Beitrittsstrategie finanziert wurden. Eines der wichtigsten Programme stellt die Gemeinschaftsinitiative INTERREG dar. Ziel der aus mehreren Unterprogrammen bestehenden INTERREG-Initiative ist die Stärkung des wirtschaftlichen und sozialen Zusammenhalts der europäischen Union anhand der Förderung grenzübergreifender, transnationaler und interregionaler Zusammenarbeit und ausge-

---

[5] Die Kohäsionsinitiative JESSICA (Joint European Support for Sustainable Investment in City Areas) sieht eine Verknüpfung der Kreditvergaben der Europäischen Investitionsbank und der Entwicklungsbank des Europarates mit Programmen für Stadtentwicklung und -erneuerung bzw. des sozialen Wohnungsbaus vor. Im Rahmen von Public Private Partnerships und anderen städtischen Projekten sollen nachhaltige Stadtentwicklungsprojekte gefördert und die Kreditvergaben erleichtert werden (EU 2006c).

[6] Der Entwurf einer „European Charter for Housing" entstand auf Initiative der Urban and Housing Intergroup des Europaparlaments und enthält Ansätze einer wohnungspolitischen Ausrichtung der EU. Es kann allerdings bezweifelt werden, ob die sehr umfassenden Aussagen im Entwurf der European Charter for Housing wirklich realisiert werden, oder ob die unterschiedlichen nationalen Wohnungspolitiken der Umsetzung einer European Charter for Housing entgegenstehen (Urban Logement 2006).

[7] Künftig sind in den neuen Beitrittsländern Maßnahmen des Wohnungsbaus im Rahmen des EFRE-Fonds förderfähig. Wenn bestimmte Voraussetzungen, wie das Vorhandensein eines integrierten Stadtentwicklungsprogramms oder die Verwendung des Wohnraums für Einkommensschwache erfüllt sind, kann ein Teil der EFRE-Mittel im Bereich des Wohnungswesens investiert werden (EU Amtsblatt 2006).

wogener räumlicher Entwicklung (EU 2006a). Hinter diesen umfassenden Zielen steht eine Vielzahl von konkreten Programmen, die teilweise auch speziell städtische Fragen beinhalten. Zu den weiteren Förderinstrumenten der EU zählt auch die Strukturförderung, die Regionen mit Entwicklungsrückstand (so genannte Ziel 1- bzw. Ziel 2-Gebiete) fördert. Die Ziele der Strukturförderung liegen in den Bereichen Infrastruktur, Humanressourcen und Investitionen und sind nicht speziell auf Stadtentwicklung zugeschnitten. Ein anderer Aspekt ist die EU-Gesetzgebung, die Mitgliedsstaaten und subnationale Ebenen wie die Städte beeinflussen. Zu den Politikfeldern, die von der EU-Gesetzgebung tangiert werden, zählen so unterschiedliche Bereiche wie Umweltschutz, Verbraucherschutz, Gesundheit, Sicherheit, Ausschreibungswesen oder Arbeitsschutz. Die Umsetzung der EU-Vorgaben erfolgt in den Mitgliedsstaaten auf unterschiedliche Art und Weise, was auch in den Schwierigkeiten der Europäischen Kommission in der Kontrolle ihrer eigenen Bestimmungen deutlich wird (Goldsmith 2005: 240).

- Upload-Europäisierung: Aufgrund des beschriebenen Mehrebenencharakters der Europäischen Union existiert neben diesen top-down-Ansätzen der Stadtpolitik auch ein als „upload-Prozess" bezeichneter bottom-up-Ansatz. Wie Le Galès (2002: 96ff.) zeigt, ermöglicht die Europäische Union Städten und Regionen in gewissem Grad als eigenständige, von der nationalen Ebene unabhängige politische Akteure zu agieren, die sich um Fördergelder bewerben, eigene Lobbyarbeit in Brüssel betreiben und gegen nationale Entscheidungen am Europäischen Gerichtshof klagen können. Insofern gibt es neben den oben beschriebenen Formen europäischer Stadtpolitik, die zu Veränderungen auf kommunaler Ebene durch europäische Regelungen führen („Download"-Europäisierung) auch eine „Upload"-Europäisierung (Frank et al. 2006: 148). Unter der „Upload"-Europäisierung wird der Transfer innovativer lokaler Ansätze auf eine supranationale Ebene verstanden. Auch Zusammenschlüsse von Städten z.B. die Organisation Eurocities oder der Council of European Municipalities and Regions CEMR können als Elemente einer „Upload"-Europäisierung verstanden werden, die über verschiedene Schnittstellen des Mehr-Ebenen-Systems der europäischen Union Einfluss ausüben können (Heinelt/Niederhafner 2005). Durch diese Interessensvertretungen ist es den Städten möglich, den Politikprozess der europäischen Ebene teilweise mitzugestalten und so ihre Interessen - quasi unter Umgehung der nationalstaatlichen Ebene - auf die politische Agenda zu setzen. Studien wie Wolfhardt et al. (2005: 99) zeigen, dass einige Städte wie Wien oder Manchester sich als „Euro-Player" verstehen und auf der europäischen Bühne aktiv sind z.B. durch eigene Büros oder die Arbeit in Städtenetzwerken. Andere Städte hingegen sind auf der europäischen Ebene nur in geringem Maß präsent. Balme/LeGalès unterscheiden in diesem Zusammenhang zwischen „bright stars" und „black holes" (1997).

Der Einfluss der Europäisierung auf die Städte lässt sich in zwei wesentliche Punkte gliedern (vgl. Goldsmith 2005: 241): Zum einen verändert Europäisierung das Verhältnis zwischen den einzelnen Mitgliedsstaaten und auch innerhalb der Nationalstaaten finden Veränderungen statt (Vertikale Veränderungen). Von einer Auflösung der nationalstaatlichen Ebene und der nationalen-lokalen Beziehungen lässt sich nicht sprechen, die Mitgliedsstaaten bleiben die wichtigsten Akteure, sowohl für die EU als auch für die lokale Ebene. „The EU changes, but does not radically transform, central-local relationships, moreover, sub-national Europeanization, mobilisation and influence are uneven." (John 2000: 892). Das Mehrebenensystem der europäischen Union ermöglicht den Städten neue Handlungsmöglichkeiten z.B. durch die Ergänzung nationalstaatlicher Mittelzuweisungen durch EU-Fördermittel. Die klassische hierarchische Politikform wandelt sich zu einer eher verhandlungsbasierten und unabhängigen Struktur, die den Einfluss von nationalem Regierungshandeln trübt und eine Vielzahl unterschiedlicher Interessengruppen beteiligt (John 2001: 71).

Zum anderen transformiert die EU-Politik auch das Verhältnis der Städte untereinander (horizontale Veränderungen). Um Fördermittel der EU zu erlangen, sind die Städte oftmals verpflichtet, zusammenzuarbeiten. Die Kooperation kann dabei z.B. im Rahmen der Gemeinschaftsinitiative INTERREG auch grenzüberschreitend erfolgen und soll zu einem Policy learning, zu Good-Practice-Beispielen und zur Verbesserung der Fähigkeiten aller Akteure, die zur Stadtentwicklung beitragen (private Akteure, zivilgesellschaftliche Akteure, Politiker und Verwaltung), führen (Parkinson 2005: 20).

2.3 Zwischenfazit: Die Europäische Stadt - Kontinuität und Veränderung

Das Modell der Europäischen Stadt beschreibt Eigenschaften, die die Europäische Stadt von anderen Städten unterscheidet. Aspekte, wie der besondere Handlungsspielraum der Stadt, die Formierung von Stadtgesellschaft durch ihre Bürger sowie der Anspruch einer Marktmechanismen ausgleichenden öffentlichen Steuerung sind in der Tradition der Europäischen Stadt verwurzelt und als idealtypische normative Merkmale immer noch aktuell. Allerdings zeigt sich auch, dass sich die Rahmenbedingungen für die Entwicklung der Europäischen Stadt in den letzten Jahrzehnten stark gewandelt haben. Wie beschrieben, haben die Globalisierung, der Übergang vom Fordismus zum Postfordismus und die Europäisierung große Auswirkungen auf die lokale Ebene. Obwohl diese hochkomplexen Prozesse auf den ersten Blick unabhängig von einander sind, zeigen sich doch Interpendenzen zwischen den Entwicklungen. So verstärkte z.B. die im Rahmen der Europäisierung erfolgte Vereinheitlichung des Währungssystems die ökonomische Globalisierung durch grenzüberschreitende ausländische Direktinvestitionen zwischen den unterschiedlichen europäischen Mitgliedsstaaten. Gleichzeitig ermöglichte das Ende der fordistischen Produktionsweise eine stärkere Dezentralisierung von Produktionsstandorten mit einer Ausweitung auch auf internationale Standorte. Globalisierung, Europäisierung und der postfordistische Wandel führen zu ähnlichen Prozessen in den Städten. Die gewandelten Rahmenbedingungen sind dabei nicht als „top-down-Einbahnstraße" zu sehen, sondern werden ebenfalls von den Städten beeinflusst, haben also auch einen bottom-up-Charakter. Zur Analyse europäischer Städte ist neben der Betrachtung der Rahmenbedingungen auch die Analyse der neuen horizontalen und vertikalen Steuerungsformen zu berücksichtigen.

Es sind zwei wesentliche Folgen der veränderten Rahmenbedingungen für die lokale Ebene erkennbar: Die Städte haben grundsätzlich an Bedeutung gewonnen und neue städtische Steuerungsformen sind notwendig, um den Herausforderungen gerecht zu werden.

Gestiegene Bedeutung der lokalen Ebene

Die gestiegene Bedeutung der lokalen Ebene ergibt sich aus dem Zusammenspiel der oben beschriebenen Prozesse:

▪ Die ökonomische Globalisierung führt dazu, dass private Akteure Produktions- und Investitionsstandorte unabhängig von nationalen Grenzen suchen. Bei der internationalen Standortsuche gewinnen lokale Besonderheiten an Bedeutung: Wenn Produktionsgüter und -bedingungen überall verfügbar sind, spielen spezifische lokale Aspekte eine prominente Rolle bei der Standortwahl von Unternehmen. Für die Städte bedeutet die Internationalisierung von Unternehmen nicht, dass im Zuge der Globalisierung lokale Eigenheiten verschwinden, sondern im Gegenteil: lokale Kontexte haben eine steigende Bedeutung und für die Städte resultiert daraus eine Erweiterung des Handlungsspielraums. Investoren finden sich nicht nur im regionalen/ nationalen Kontext, sondern auch im Ausland. Dies ermöglicht den Städten beispielsweise, sich international als Investitionsstandort zu vermarkten.
▪ Die postfordistische Regulationsweise ging einher mit Flexibilisierung, Dezentralisierung und Differenzierung von Produktionsweisen. Diese Entwicklungen können jedoch nur in geringem Maß nationalstaatlich gesteuert werden und ermöglichen Städten, hier stärker aktiv zu werden. Gleichzeitig

haben auch die fordistischen Planungsparadigmen an Bedeutung verloren. Stadtpolitik hat, anders als im Fordismus keinen rein distributiven Charakter, sondern einen stärkeren Management- und Empowerment-Charakter, der zu einer bedeutenden Rolle der lokalen Ebene führt.

▪ Der durch Europäisierung erweiterte Handlungsspielraum betrifft das Mehr-Ebenen-System der EU. Städte stehen nicht mehr nur in einem hierarchischen Nationalstaat - Lokale Ebene-Verhältnis, sondern verfügen mit der europäischen Ebene einerseits über erweiterte Fördermöglichkeiten andererseits über zusätzliche Optionen der Interessensvertretung. Die lokale Ebene hat für die EU eine wichtige Bedeutung, wie sich z.B. an der Strukturfonds-Förderung zeigt (Le Galès 2002: 98ff.).

Die durch Globalisierung, Europäisierung und postfordistischem Wandel gestiegene Bedeutung der Städte führt auch zu einer Verstärkung des interkommunalen Wettbewerbs. So konkurrieren Städte um ausländische Investoren, um hoch qualifizierte Arbeitskräfte und um EU-Fördergelder. Wie in jedem Wettbewerb gibt es auch hier Gewinner und Verlierer. Florida unterscheidet Städte nach „winners", „losers" und „also-rans" der kreativen Ökonomie (Florida 2004: 235ff.), Sassen sieht die Herausbildung einer internationalen Städtehierarchie an deren Spitze die Finanzmetropolen New York, Tokio und London stehen während andere Städte, die einst wichtige Industriestandorte waren, sich weitgehend im Niedergang befinden (Sassen 1996: 162). Balme/Le Galès differenzieren Städte und Regionen bezüglich der Europäisierung nach „leuchtenden Sternen" und „schwarzen Löchern" (1997). Die zunehmende Konkurrenz der Städte untereinander verdeutlicht, dass der lokale bzw. regionale Kontext weiterhin eine wichtige Rolle spielt und als Wettbewerbsvorteil bzw. -nachteil für die Positionierung und Entwicklung einer Stadt entscheidend sein kann.

Zusammenfassend lässt sich feststellen, dass die Veränderungen der Rahmenbedingungen nicht dazu führen, dass Städte an Bedeutung verlieren, sondern im Gegenteil an Bedeutung gewinnen. Zu konstatieren ist demnach, dass durch die gewandelten Rahmenbedingungen ein auf die lokalen Aspekte zielender Analyserahmen wie das Konzept der Europäischen Stadt hochaktuell ist und Hinweise auf spezifische Besonderheiten heutiger europäischer Städte angesichts der Herausforderungen Globalisierung, Europäisierung und postfordistischem Wandel geben kann.

Notwendigkeit neuer Steuerungsformen

Als zweite wesentliche Folge der Prozesse der Globalisierung, des postfordistischen Wandels und der Europäisierung ergibt sich für die Städte die Notwendigkeit neuer Steuerungsformen.

- So hat sich im Postfordismus im Gegensatz zum Fordismus die Zahl der Akteure vergrößert. Stadtpolitik kann nicht mehr nur einige wenige Großunternehmen berücksichtigen, sondern muss auch kleinere, flexibler agierende Unternehmen beachten. Dies führt dazu, dass die Ansprüche an Stadtpolitik aufgrund der heterogenen Anforderungen vielfältiger und neue Formen von Beteiligung notwendig werden.

- Durch die Globalisierung ist es möglich, auch ausländische Investoren und ausländisches Kapital für Stadtentwicklungsprojekte zu nutzen und so fehlende öffentliche Finanzmittel zu kompensieren. Die Steuerungsformen solcher Projekte unterscheiden sich von denen klassischer Stadtentwicklungsprojekte und aufgrund der Komplexität auch von Public Private Partnerships zwischen lokalen Akteuren.

- Die Vergabe von EU-Fördermitteln ist an bestimmte Voraussetzungen geknüpft, wie interkommunale Kooperation. Zur Erfüllung dieser Aufgaben sind neue Formen der Steuerung und Koordinierung notwendig, die bislang in den Städten nur eine nachrangige Bedeutung gespielt haben. Ebenso erfordert die Erweiterung der institutionellen Ebenen durch eine supranationale Dimension und der Zahl der Akteure neue Steuerungsformen auf der kommunalen Ebene.

Zusätzlich ist aufgrund der Finanzknappheit der Kommunen und der zunehmenden kommunalen Aufgaben ein neuer Steuerungsansatz, der neben öffentlichen Geldern auch nicht-öffentliche Gelder zur Lösung der Aufgaben akquirieren will, notwendig. Wie in Kapitel 2.1.3 beschrieben, ist die politische Steuerung eine Kerneigenschaft des neo-weberianischen Modells der Europäischen Stadt. Durch die Analyse der übergeordneten gesellschaftlichen Veränderungen Globalisierung, Postfordismus und Europäisierung kann eine Konkretisierung dieser Kerneigenschaft vorgenommen werden. Wie gezeigt, gewinnt das Handeln auf lokaler Ebene an Bedeutung, allerdings wird aufgrund der veränderten Rahmenbedingungen deutlich, dass sich die Formen des Handelns im Wandel befinden. Inwieweit beeinflussen die veränderten Rahmenbedingungen das Modell der Europäischen Stadt? Bislang wurde davon ausgegangen, dass in der idealtypischen Europäischen Stadt eine besondere Steuerungsform existiert, in deren Rahmen sich ein aus unterschiedlichen Einzelakteuren bestehender *kollektiver Akteur* formiert und eine auf Ausgleich zielende Politik umgesetzt wird. Geprüft werden muss, ob und wie sich die Formierung eines kollektiven Akteurs auf lokaler Ebene angesichts von Globalisierung, Europäisierung und Postfordismus, dem damit verbundenen Auftauchen supralokaler Akteure sowie der geringen kommunalen Mittel vollzieht. Eine weitere Eigenschaft der idealtypischen Europäischen Stadt ist die spezifische, stark von öffentlichen Akteuren geprägte Steuerungsform. Zu fragen ist, ob sich auch die Inhalte der Steuerungsform durch die veränderten Rahmenbedingungen wandeln. Die Analyse der Steuerungsform ist demnach entscheidender Faktor für die forschungspraktische Anwendung des Konzepts der Europäischen Stadt. Allerdings lassen sich mit der Betrachtung des klassischen Verwaltungs- und Politikhandelns neue Steuerungsformen nur bedingt analysieren. Zu komplex, einerseits aufgrund der vielen involvierten Ebenen, andererseits aufgrund der Heterogenisierung der Akteursstrukturen sind die neuen Steuerungsformen. Aus diesen Gründen wird das bereits erwähnte *Governance*-Konzept untersucht. Governance kann als neuer politischer Steuerungsansatz verstanden werden, der auf die veränderten gesellschaftlichen Rahmenbedingungen eingeht und als Bezugspunkt für die weitere Analyse und Konkretisierung dieser Arbeit dient.

3 Governance und Stadtentwicklungspolitik

Im vorigen Kapitel wurde die Aktualität des Konzepts der Europäischen Stadt bei veränderten Rahmenbedingungen (Globalisierung, der Übergang vom Fordismus zum Postfordismus und Europäisierung) dargestellt. Im Mittelpunkt dieses Kapitels stehen nun die veränderten Steuerungsformen insbesondere im Politikfeld Stadtentwicklungspolitik. Das Governance-Konzept thematisiert diesen Wandel und bietet sich demnach als analytischer Rahmen für die in dieser Arbeit angestrebte Verbindung des Modells der Europäischen Stadt mit neuen Steuerungsformen an.

3.1 Governance als Analyserahmen und neue Steuerungsform

Die Verwendung des Begriffs Governance zur Beschreibung von Steuerungs- und Organisationsprozessen und -strukturen hat in den letzten Jahren stark zugenommen und ist mittlerweile ein zentrales Thema sozialwissenschaftlicher Forschung. Allerdings existiert bislang keine einheitliche Definition von Governance. Auch die Frage, wie Governance im wissenschaftlichen Kontext genutzt wird – ob als Theorie, normatives Konzept oder empirisches Untersuchungsobjekt – ist nicht geklärt (Pierre 2005: 452ff.). Insofern empfiehlt sich zunächst ein Blick auf die unterschiedlichen Definitionen des Begriffs und den jeweiligen Entstehungskontext.

3.1.1 Begriffsdefinitionen

Entstanden ist der Begriff Governance in der Wirtschaftswissenschaft. Mit dem Ausdruck wurden institutionelle Regelungen in Unternehmen sowie deren vertikale und horizontale Verflechtungen, die zur Verringerung der Transaktionskosten dienen, beschrieben (Benz 2004: 15). Grundgedanke war, dass neben dem Markt auch die (Firmen)-Hierarchie zur Koordination wirtschaftlichen Handelns beitragen kann. Dieser Zusammenhang wird in der Wirtschaftswissenschaft mit „Corporate Governance" beschrieben. „Corporate Governance" umfasst die Organisations- und Leitungsstrukturen sowie die Beziehungen zwischen Eigentümern und Management eines Unternehmens. Neben der Unternehmensorganisation werden auch die institutionellen Konfigurationen (z.B. nationale politische Regelungen) untersucht.

Governance als analytisches Konzept

In der Politikwissenschaft wurde der Begriff „Governance" zunächst im Bereich der Internationalen Beziehungen verwendet (Benz 2004: 16). Hier beschreibt er Herrschaftsstrukturen, die ohne souveräne, d.h. mit der Kompetenz zur verbindlichen Entscheidung und Durchsetzung kollektiver Entscheidung ausgestattete Instanzen auskommen müssen, in anderen Worten das Regieren in Räumen begrenzter Staatlichkeit, z.B. in Transformationsstaaten oder in zerfallenden Staaten. Governance im Bereich Internationale Beziehungen untersucht demnach vorrangig neue Formen des Regierens, die ohne die Verfahren demokratischer und rechtsstaatlich organisierter Wohlfahrtsstaaten entstehen (Risse/Lehmkuhl 2006: 3).

Governance wurde als analytisches Konzept dann auch in anderen Feldern der Politik- und Sozialwissenschaften übernommen. Den Anstoß hierfür gab die Programmentwicklungs- und Implementationsforschung (Mayntz/Scharpf 1995). Diese analysierte, wie komplexe gesellschaftliche Aufgaben erfüllt werden können und welche Rolle der Staat bzw. staatliche Akteure in diesem Zusammenhang spielen. Es wurde festgestellt, dass der Staat über schwindende Durchsetzungskraft verfügt und zahlreiche Aufgaben nur in Kooperation mit anderen z.B. privaten Akteuren durchführen kann. Vor diesem Hintergrund wurde Governance vor allem als eine Weiterentwicklung von „klassischer" politischer Steuerung, wie sie im Rahmen der Steuerungstheorie beschrieben wurde, gesehen (Mayntz 2004). Die Steuerungstheorie beruhte auf der Idee eines aktiven Staates und nahm eine klare Trennung zwischen Steuerungssubjekt und Steuerungsobjekt vor. Als Steuerungsobjekte werden existente soziale (Teil-) Systeme gesehen, deren autonome Dynamik durch ein Steuerungssubjekt (aktiver Staat) in eine bestimmte Richtung gelenkt werden soll (vgl. Mayntz 2004).

Die Erkenntnisse der Programmentwicklungs- und Implementationsforschung führten zu einer stärkeren Konzentration auf die Eigendynamik und Steuerbarkeit des Steuerungsobjekts und in einem zweiten Schritt auch auf die Mitwirkung weiterer gesellschaftlicher Akteure an der Entwicklung und Implementation von Politik. Grundlegend hierfür war der Wandel des Staatsverständnisses: Vom aktiven Staat zum kooperativen Staat, in dem die klaren Grenzen von Steuerungsobjekt und Steuerungssubjekt zunehmend verschwimmen. Der bisherige Steuerungsbegriff ging davon aus, dass ein Subjekt auf ein Objekt einwirkt, um es auf ein bestimmtes Ziel hin zu bewegen. Dieser Zusammenhang ist bei Governance nicht gegeben (Nuissl/Heinrichs 2006: 51). Im Gegensatz zur Steuerungstheorie ist nun nicht mehr zwischen Steuerungssubjekt und -objekt zu unterscheiden. Die Regelungsadressaten (Steuerungsobjekte) wie zivilgesell-schaftliche Akteure oder Unternehmen wirken selber am Entwerfen der Regeln und ihrer Durchsetzung mit (Mayntz 2004). In diesem Zusammenhang wird Governance definiert als

> „Gesamt aller nebeneinander bestehenden Formen der kollektiven Regelung gesellschaftli-cher Sachverhalte. Von der institutionalisierten zivilgesellschaftlichen Selbstregelung über ver-schiedene Formen des Zusammenwirkens staatlicher und privater Akteure bis hin zu hoheitli-chem Handeln staatlicher Akteure." (Mayntz 2004).

Governance bezieht sich sowohl auf eine das Handeln regelnde Struktur als auch auf den Prozess der Regelung. Im Gegensatz zur Steuerungstheorie, bei der das handelnde Subjekt im Vordergrund steht, liegt der Schwerpunkt bei Governance auf der Regelungsstruktur. Die Akteurszentriertheit als Schlüssel zum Verständ-nis der Probleme der Handlungskoordination weicht den Strukturen und Institu-tionen, die in den Mittelpunkt der Analyse rücken (Schuppert 2006a: 381). Al-lerdings verzichtet Governance nicht vollständig auf die Akteursperspektive: Akteure agieren innerhalb gegebener Institutionen bzw. konstituieren durch ihr Handeln eine bestimmte Form der Regelung. „Gegenstand der Governance-Forschung ist daher die Koordination des Handelns von Akteuren in und durch Regelungsstrukturen" (Schuppert 2006b: 60).

Neben der weiten Governance-Definition von Renate Mayntz, in der Go-vernance als Sammelbezeichnung für alle Formen sozialer Handlungskoordinati-on dient, existiert auch eine enge Definition, in der Governance als Gegensatz von Government gesehen wird. Unter Government wird die autonome Tätigkeit einer Regierung verstanden, während Governance durch netzwerkartige Struktu-ren des Zusammenwirkens staatlicher und privater Akteure charakterisiert wird. Insofern bezieht sich die enge Definition von Governance ausdrücklich nur auf eine spezielle Form der Steuerung, die durch das Zusammenwirken öffentlicher und privater Akteure entsteht (Benz 2004: 17f.). In diesem Zusammenhang wird von einem *shift* von der klassischen Verteilungs- und Interventionspolitik des Governments hin zu Governance gesprochen. Da in dieser Arbeit gerade die Neuartigkeit der Steuerungsform im Vordergrund steht, wird die enge Definition, in der Governance durch die Unterschiede zu Government beschrieben wird, genutzt. Zu beachten ist, dass es sich bei Government und Governance jeweils um einen Idealtypus des Regierens handelt, der mit der Wirklichkeit niemals völlig deckungsgleich ist (Heinelt/Haus 2006: 77). Darüber hinaus existieren auch Verbindungen zwischen Government und Governance. Die Ausprägungen der beiden Steuerungsformen auf lokaler Ebene werden ausführlich in Kapitel 3.1.3 aufgezeigt.

Die Rolle des Staates

Pierre und Peters (2000) thematisieren die Rolle des Staates in Governance-Prozessen. Grundsätzlich existieren diesbezüglich zwei Sichtweisen: Eine erste Interpretation sieht einen Rückgang bzw. einen nachlassenden Einfluss des Staats zugunsten von anderen Akteuren und Formen der Entscheidungsfindung außerhalb des öffentlichen Sektors. Private Akteure übernehmen öffentliche Funktionen und verursachen so einen Bedeutungsverlust des Staats. Eine zweite Sichtweise konstatiert eine Umstrukturierung der staatlichen Funktionen. Diese Umstrukturierung wird als notwendig angesehen, um in Zeiten ökonomischer Globalisierung und steigender subnationaler Dynamiken handlungsfähig zu bleiben, führt aber nicht zwangsläufig zu einem staatlichen Machtverlust, sondern zu einer anderen Form von Macht: Von „power over" zu „power to", d.h. einen Wandel von einer hierarchischen Machtdefinition zu einer „ermöglichenden" Machtdefinition (vgl. Pierre/Peters 2000: 196, Stone 1989: 229). In diesen Prozessen wird der Staat als entscheidender Akteur gesehen, der sich selber wandelt, um handlungsfähig zu bleiben. Dies führt dazu, dass Governance eng mit Government verbunden ist. Deutlich wird die enge Verbindung bei der Unterscheidung zwischen „starken" und „schwachen" Staaten. Traditionell werden Staaten als stark bezeichnet, die z.B. über autonome Institutionen und ein starkes politisches Zentrum verfügen, also über Eigenschaften der klassischen Government-Strukturen. Im Gegensatz dazu werden „schwache" Staaten durch institutionelle Fragmentierung und dezentralisierte institutionelle Strukturen charakterisiert. Vor diesem Hintergrund scheint es, dass „schwache" Staaten aufgrund ihrer breiteren Kontakte zu externen Akteuren besser dafür geeignet sind, Governance zu koordinieren als „starke Staaten". Dieses Paradoxon beruht auf einem gewandelten Verständnis von der Stärke des Staats: Während die traditionelle Sichtweise die Bedeutung und Stärke von Staaten an dem verfügbaren (rechtlichen) Handlungsrahmen misst, mit denen politische Entscheidungen und Programme umgesetzt werden konnten, bringt die Governance-Debatte eine neue Sichtweise der Stärke des Staats: „Starke" Staaten sind hier die Staaten, die fähig sind zu koordinieren und die Schwerpunkte innerhalb öffentlich-privater Kooperationen festzulegen. Insofern wird die legale und verfassungsrechtlich legitimierte Macht teilweise ersetzt durch Faktoren wie unternehmerische Fähigkeiten, Politikgespür und Vermittlungsfähigkeiten. Die zunehmende Bedeutung von Governance ist also nicht mit einem grundsätzlich schwächer werdenden Staat verbunden, sondern mit einem gewandelten Verständnis von staatlicher Macht, das sich aus veränderten Rahmenbedingungen ergibt.

Definitorische Schwierigkeiten

Wie aufgezeigt, versteht sich Governance als neuer Ansatz staatlicher Steuerung. Allerdings stellt die Definition des Begriffs eine Schwierigkeit dar, Governance wird als „notorious slippery" (Pierre/Peters 2000: 7) beschrieben und als Konzept, das mehr Fragen aufwirft, als es beantwortet. Vor dem Hintergrund der unklaren Definition stellt sich die Frage, welchen Mehrwert die Einführung des neuen Begriffs Governance bringt oder ob mit Governance nicht nur altbekannte Zusammenhänge unter einem neuen Schlagwort beschrieben werden („Alter Wein in neuen Schläuchen"). Nuissl und Heinrichs (2006: 58) sehen als wesentlichen Kritikpunkt an Governance genau diesen Aspekt: Die Überlagerung zwischen Staat, Wirtschaft und Zivilgesellschaft existiere schon immer und sei insofern weder konzeptuell noch empirisch etwas Neues. Auch Benz (2004: 12f.) thematisiert diesen Aspekt und merkt an, dass das Entstehen eines neuen Begriffs wie in diesem Fall Governance grundsätzlich auf zwei Ursachen zurückzuführen sei. Zum einen kann eine neue Sicht der unveränderten Realität beschrieben werden, oder aber die Realität hat sich so gewandelt, dass die alten Begriffe hierfür nicht mehr anwendbar sind. Für den Begriff Governance postuliert Benz einen doppelten Prozess der Veränderung und ebenfalls der Wahrnehmung der Realität. Kooiman (2006: 150) sieht die Grundlage der wachsenden Bedeutung von Governance in den gesellschaftlichen Entwicklungen, insbesondere in den wachsenden und sich verändernden gesellschaftlichen Interdependenzen. Diese erfordern eine breitere Auswahl an Steuerungsansätzen, wie sie mit dem Begriff Governance beschrieben werden. Eine ähnliche Schlussfolgerung ergibt sich aus den in Kapitel 2.2 dargestellten veränderten Rahmenbedingungen. Globalisierung, Europäisierung und Postfordismus machen neue Steuerungsformen auf städtischer Ebene notwendig. Insofern ist Governance eben nicht nur als Modebegriff bereits seit langem existierender Steuerungsformen zu bezeichnen, sondern kann als eine neue Bezeichnung für bereits stattgefundene oder momentan ablaufende Prozesse gesehen werden, die im Zuge der Veränderungen an Bedeutung gewonnen haben (Benz 2004: 13). Anders formuliert: Governance existierte schon früher, durch Prozesse wie Globalisierung, Europäisierung und Postfordismus gewann der Begriff jedoch an Bedeutung. Es wird in Anlehnung an Scharpf (1991) davon ausgegangen, dass aufgrund veränderter Rahmenbedingungen andere Politikformen notwendig sind, um die staatliche Steuerungsfähigkeit sicherzustellen.

Die hier vorgestellten Ansätze verstehen Governance als eine Analyseperspektive, die neben den formellen klassischen hierarchischen Formen von staatlicher Politik auch die Funktionsweisen der Selbststeuerung berücksichtigt. Mit einer derartigen Sichtweise ist zunächst keine normative, sondern eine analytische Position verbunden.

Governance aus normativer Perspektive

Es finden sich jedoch auch zahlreiche Untersuchungen, die Governance normativ betrachten und insbesondere der Frage nachgehen, welche demokratietheoretischen und partizipatorischen Implikationen Governance mit sich führt. Allerdings sind hier wiederum unterschiedliche Definitionen zu beachten. Rhodes (1996) erläutert, dass Governance als „Minimal-Staat-Strategie", als Corporate Governance, als neues Steuerungsmodell, als „Good Governance", als soziokybernetisches System oder als sich selbst organisierende Netzwerke verstanden werden kann. Offensichtlich ist die normative Bewertung in starkem Maße abhängig davon, welche der sechs Bedeutungen von Governance genutzt wird. So kann Governance aus der Perspektive des Minimalstaats „as the acceptable face of spending cuts" verstanden werden, als sozio-kybernetisches System steht eher die Frage nach der Funktionsweise dieser neuen Multiakteurs-Steuerung und weniger der Aspekt des Rückzug des Staates im Vordergrund (Rhodes 1996).

Swyngedouw (2005) beschreibt die Chancen und Risiken von Governance in Bezug auf bürgerschaftliches Engagement und Demokratie zwiespältig. Governance lässt sich als neue Form der Steuerung definieren, in der Empowerment, Demokratiestärkung und eine effektivere Form des Regierens leichter umgesetzt werden können als in den erstarrten, hierarchischen und bürokratischen „klassischen" Staatsformen (Swyngedouw 2005: 1992). Somit ist es für soziale Bewegungen, Grassroots-Initiativen und andere NGOs leichter möglich, ihre Interessen zu artikulieren und Politik mitzugestalten. Allerdings ist zu berücksichtigen, dass diese Arrangements sich in einer „institutionellen Lücke" vollziehen. „There are no clear rules and norms according to which politics is to be conducted and policy measures are to be agreed on." (Hajer 2003: 175). Die fehlenden institutionellen Regelungen führen dazu, dass Governance auch aus nicht-authorisierten Akteuren besteht, was zu demokratischen Defiziten führen kann. Swyngedouw (2005: 1999ff.) nennt als demokratische Defizite von Governance unter anderem die Frage der Verantwortung, der Legitimität und des Zugangs. Verhandlungen als eine Form von Governance sind nur für Gruppen, die auch über verhandelbare Ressourcen verfügen, zugänglich. Anderen Gruppen fehlt hingegen dieser Zugang. Gleichzeitig ist die Frage der Verantwortung sehr viel unklarer als bei einer repräsentativen Demokratie. Aufgrund der Vielzahl an Akteuren sind die Zuständigkeiten diffus und die Übernahme von finanzieller bzw. politischer Rechenschaft nicht eindeutig geregelt, sondern intransparent. Dies hängt auch mit dem Aspekt der Legitimität zusammen. Die Akteure der Governance-Arrangements sind nicht demokratisch legitimiert, sondern finden sich aufgrund der ihnen zugänglichen Ressourcen in den Verhandlungen, was den demokratischen Prinzipien der Repräsentativität entgegensteht. Swyngedouw bezeichnet deshalb Governance als „janusköpfig": Den Chancen zur stärkeren Einbeziehung neuer sozialer Akteure in den politischen Prozess stehen die demokratischen Defizite von Governance entgegen:

> „The socially innovative figures of horizontally organised stakeholder arrangements of governance that appear to empower civil society in the face of an apparently overcrowded and „excessive" state, may, in the end, prove to be the Trojan Horse that diffuses and consolidates the „market" as the principal institutional form" (Swyngedouw 2005: 2003).

Festzuhalten ist, dass der Governance-Begriff auf eine bewegte Entstehungsgeschichte zurückblicken kann. Dabei ist Governance keiner bestimmten Denkrichtung oder theoretischen Schule zugeordnet, sondern als interdisziplinärer Begriff in vielen Fachdisziplinen gebräuchlich. Mit der zunehmenden Verbreitung des Begriffs ging allerdings keine Präzisierung einher. Im Gegenteil, es scheint, dass Governance je nach Perspektive und fachlichem Kontext ganz unterschiedliche Bedeutungen angenommen hat. Auch die normative Bewertung variiert - je nach Begriffsverständnis und Kontext wird Governance als neo-liberale Politikform, als effektive Verwaltungsorganisation oder als Möglichkeit zur Förderung bürgerschaftlichen Engagements gesehen.

Im Rahmen dieser Arbeit werden die normativen Auseinandersetzungen nicht vertieft, sondern Governance als neue Steuerungsform, in der sich die Rolle der staatlichen und nicht-staatlichen Akteure gewandelt hat, gesehen. Bei der Nutzung des Begriffs Governance sind für diese Arbeit zwei Aspekte zu beachten:

- Einerseits hat Governance analytische Implikationen: Während klassische politikwissenschaftliche Ansätze vor allem politische Machtverhältnisse und -konflikte analysieren, die innerhalb der politischen Strukturen existieren, steht Governance für eine andere Herangehensweise: Da angenommen wird, dass politische Entscheidungen nicht mehr nur innerhalb des politischen Systems entstehen und nicht nur durch Akteure des politischen Systems getroffen werden, sondern auch durch die privaten Akteure, muss die Analyse nicht-öffentliche Akteure berücksichtigen. Die Untersuchung der Prozesse der Selbstkoordination muss gleichberechtigt neben dem bisher dominanten Interesse an der öffentlichen Willensbildung und der hierarchischen Willensdurchsetzung treten (Scharpf 1991: 628). Durch die Verwendung des Begriffs wird demnach die komplexer gewordene politische Wirklichkeit in einer bestimmten Art und Weise betrachtet.

- Andererseits ist Governance nicht nur ein bestimmter analytischer Blickwinkel, sondern hat auch eine inhaltliche Bedeutung. Wer den Begriff Governance verwendet, geht grundsätzlich davon aus, dass Politik durch Interaktionen zwischen Akteuren möglich ist (Benz 2005: 21) und sich dadurch eine neue Steuerungsform ergibt, die im Gegensatz zu Government steht. Die Merkmale von Governance finden sich sowohl im politischen Prozess, in den politischen Inhalten sowie im Bereich der formalen institutionellen Politikstruktur. In allen drei Dimensionen, die als "politologisches Dreieck" bezeichnet werden, lassen sich die Eigenschaften von Governance beschreiben.

3.1.2 *Analysedimensionen von Governance: Polity, Politics und Policy*

Der Politikbegriff wird im politikwissenschaftlichen Gebrauch in drei aus dem Englischsprachigen übernommen Unterdimensionen untergliedert: Politics, Policy und Polity. Das *politologische Dreieck* dient dazu, die vielschichtigen Dimensionen des Politischen zu analysieren. Die Unterteilung in eine Polity-, Politics- und Policy-Dimension empfiehlt sich auch für die Analyse von Governance-Prozessen, um Klarheit in die weit gefächerte Diskussion um Governance zu bringen (vgl. Treib/Bähr/Falkner 2007). Mit den Begriffen Polity, Policy und Politics werden die Strukturen, Inhalte und die Prozesse von Politik bezeichnet. *Tabelle 1* zeigt eine Übersicht der Dimensionen und die dazugehörigen Aspekte.

Polity beschreibt die institutionellen Bedingungen, in deren Rahmen Politik gemacht wird. Dabei beinhaltet Polity die normativen, strukturellen und verfassungsmäßigen Aspekte von Politik. Auch der Aufbau der rechtlichen Strukturen und der staatlichen Einrichtungen zählen hierzu. Die Handlungsmöglichkeiten der Akteure werden durch diese als Polity bezeichneten Rahmenbedingungen bestimmt. Je nach Ausgestaltung des Polity-Rahmens und den damit verbundenen Aspekten wie Kompetenzen, Kontrollmöglichkeiten und hierarchische Gliederung ergeben sich für die einzelnen politischen Ebenen unterschiedliche Eingriffs- und Handlungsmöglichkeiten. Eine Polity-Analyse beschreibt demnach die Rahmenbedingungen von Politik und die potenziellen Möglichkeiten, die politische Akteure innerhalb dieses Rahmens haben.

Bei Governance wird mit der Polity-Dimension das Spannungsfeld zwischen Markt und Staat, aber auch zwischen den unterschiedlichen staatlichen Ebenen bezeichnet. *Polity-Governance* beschreibt den Rahmen, innerhalb dessen private Akteure Einfluss auf öffentliche Politik nehmen können und die Aufga-

ben, die weiterhin ausschließlich vom Staat erfüllt werden. Es wird davon ausgegangen, dass immer mehr Aufgaben mit Hilfe von privaten Akteuren realisiert
werden und dass die vertikale Trennung zwischen den einzelnen staatlichen
Ebenen (z.B. nationaler und kommunaler Ebene) an Bedeutung verliert.

Tabelle 1: Dimensionen des Politikbegriffs

Dimension	Polity	Politics	Policy
Erkenntnis-interesse	Rahmenbedingungen von Politik	Ausgestaltung politi-scher Prozesse	Inhalte von Politik
Ausrichtung	Institutionenorientiert	Inputorientiert	Outputorientiert
Erscheinungs-formen	Verfassungen Gesetze Normen formale und informelle „Spielregeln"	Einstellungen Interessen Verhalten Konflikte Entscheidungsfindung und -durchsetzung Handlungspotenziale	Ziele Aufgaben Einflussfaktoren auf Politikfelder Tun und lassen von Regierungen und anderen Akteuren politische Steuerung Ergebnisse
Untersuchungs-gegenstände	Verfassungsrecht Staats- und Herr-schaftsformen Regierungssysteme Regimetypen Formelle und informel-le Institutionen	Parteien Interessengruppen Wahlen politische Kultur politische Prozesse	Politikfelder (z.B. Wirtschafts-, Bildungs-und Umweltpolitik) Staatstätigkeit

(Quelle: Eigene Darstellung nach Lauth/ Wagner 2006: 21)

Politics bezeichnet die Ausgestaltung politischer Prozesse. Im Gegensatz zu der
die institutionelle Struktur beschreibenden Polity-Dimension zielt Politics auf die
Aspekte der Politikgestaltung. Hierzu zählen Akteurskonstellationen, die Konflikte zwischen einzelnen Akteuren sowie Aushandlungs- und Entscheidungsfindungsprozesse. Politics-Analysen sind akteurs- und prozessorientiert.

Grundannahme ist, dass die Zahl der Akteure bei Governance im Vergleich
zu Government höher ist und dadurch auch Aushandlungsprozesse zwischen den
Akteuren in ihrer Bedeutung gestiegen sind. Politische Prozesse werden nicht

mehr nur von öffentlichen Akteuren gesteuert, sondern auch durch andere Akteure z.B. Zivilgesellschaft, Privatunternehmen oder Verbänden. Der jeweilige Einfluss dieser Akteure wird dabei durch die spezifischen Akteurskonstellationen und die Machtverhältnisse zwischen den einzelnen Akteuren bestimmt.

Die dritte Dimension von Politik wird als *Policy* bezeichnet. Mit dem Begriff werden die Politikinhalte beschrieben. Während Politics den politischen Aushandlungsprozess zum Thema hat, bezeichnet Policy die politischen Ziele. Es geht hier um eine greifbare Dimension von Politik, in der aus politischen Ideen und Entscheidungen konkrete Gesetze, Programme oder Maßnahmen werden. Policy-Analyse ist outputorientiert und untersucht Sachprobleme und die darauf bezogenen Lösungsansätze. Policy setzt sich dabei aus der Gesamtheit der materiellen Politiken und der Verwirklichung immaterieller Werte und Ziele zusammen. Unterschieden werden kann zwischen einzelnen Politikfeldern, für die jeweils Inhalte, Voraussetzungen und Instrumente staatlicher Politik analysiert werden. Die Steuerungsinstrumente definieren, wie bestimmte Politikziele erreicht werden sollen und welche Instrumente hierfür angewandt werden (Windhoff-Héritier 1987: 27).

Governance in der Policy-Dimension beschreibt das Steuerungsinstrumentarium sowie die politischen Ziele. Nicht mehr Regeln und Normen wie bei Government, sondern Kompromisse und Absprachen sind die wesentlichen Steuerungsinstrumente. In diesem Zusammenhang ändern sich auch die Politikinhalte, Lernfähigkeit und innovative Politikinhalte gewinnen gegenüber routinisierten politischen Zielen an Bedeutung.

Ein großer Teil der bisherigen Governance-Diskussion bezieht sich auf die Politics-Dimension. Im Rahmen dieser Arbeit wird jedoch argumentiert, dass neben der Politics-Dimension auch in den Bereichen Polity und Policy ein Wandel von Government zu Governance zu erkennen ist und die ausschließliche Betrachtung der politischen Prozesse und Akteure das Phänomen Governance nicht vollständig erfasst. Aus diesem Grund ist Governance in allen drei Politik-Dimensionen zu untersuchen.

Zusammenfassend können die Ausprägungen von Government und Governance nach den Begriffen des politologischen Dreiecks Polity, Policy und Politics wie in *Tabelle 2* dargestellt kategorisiert werden.

Tabelle 2: Ausprägungen von Government und Governance nach den Kategorien des politologischen Dreiecks

	Government	Governance
Polity		
Anzahl der Institutionen	Wenige	Viele
Verwaltungsstruktur	Hierarchisch, konsolidiert	Dezentriert, fragmentiert
Staat	Direkte Kontrolle	Dezentralisierung und Mikro-Interventionen
Demokratische Legitimation	Repräsentativ	Repräsentativ und neue Experimente
Politics		
Horizontale Netzwerke	Geschlossen	Extensiv
Internationale Netzwerke	Minimal	Extensiv
Politische Führung (Leadership)	Kollegial/klientelistisch	Bürgermeisterzentriert/ charismatisch
Policy		
Materiale Politiken	Routinisiert	Innovatives Lernen
Steuerungsform	Regulierung und Normen	Kompromisse, Absprachen

(Quelle: Eigene Darstellung, basierend auf John 2001: 17)

Dabei ist zu berücksichtigen, dass die einzelnen Dimensionen nicht unabhängig von einander betrachtet werden können. In der politischen Praxis vermischen sich die Dimensionen. Polity, Politics und Policy beeinflussen sich gegenseitig. Die Polity-Dimension, die die „rules of the game" festlegt, führt zu bestimmten politischen Prozessen und Akteurskonstellationen. Diese wiederum beeinflussen die Inhalte der Politik. Für die Untersuchung von Governance ist die Unterteilung in diese drei Dimensionen besonders interessant, da sich die institutionellen Rahmenbedingungen, die bei der Steuerungsform Government als stabil angesehen wurden, ebenfalls verändern. Insofern ist zu fragen, inwieweit sich die in einem institutionellen Umbruch stattfindenden Governance-Prozesse auf Politik-Inhalt und strukturelle Rahmenbedingungen auswirken.

3.1.3 Governance auf lokaler Ebene: Von Urban Government zu Urban Governance

Den bisher recht abstrakten Ausführungen zu Governance und den Analysedimensionen Polity, Policy und Politics folgt nun eine Beschreibung von Governance auf städtischer Ebene. Auch in Bezug auf Urban Governance existieren unterschiedliche Definitionen: So wurde von den Vereinten Nationen der Begriff

„Good Urban Governance" eingeführt, der die „desired standards of practices of urban governance" beschreibt (UN 2002: 13). Dabei wird davon ausgegangen, dass Macht innerhalb und außerhalb öffentlicher Institutionen zu finden ist. Good Governance auf lokaler Ebene wird bezeichnet als „the difference between a well-managed and inclusive city and one that is poorly managed and exclusive." (UN 2002: 13). Good Urban Governance ist als ein normativer Ansatz einzuschätzen, der auf Elementen wie Nachhaltigkeit, Transparenz, Effizienz und Chancengleichheit beruht und von der UN als wünschenswerte Regierungsform auf lokaler Ebene angesehen wird. Zur Erreichung des Ziels einer „well-managed and inclusive city" sind nicht nur öffentliche Akteure, sondern auch der private Sektor und die Zivilgesellschaft notwendig.

Eine andere Herangehensweise sieht Urban Governance nicht als normatives Konstrukt, sondern als deskriptives und analytisches Instrument. Grundsätzlich wird davon ausgegangen, dass ebenso wie der Oberbegriff „Governance" auch „Urban Governance" dadurch entsteht, dass sich die Rahmenbedingungen verändern und die hergebrachten Handlungsroutinen zur Steuerung nicht mehr ausreichen (Häußermann/Läpple/Siebel 2007: 349f.). Demnach ist es nicht verwunderlich, dass die in der Literatur genutzten Definitionen von Urban Governance kaum von den allgemeinen Governance-Definitionen abweichen. Urban Governance wird von zahlreichen Autoren (z.B. Heinelt/Haus 2006, Denters/Rose 2005, John 2001) gegen Urban Government abgegrenzt, um so die Eigenschaften des Begriffs deutlicher zu machen.

John (2001: 6ff.) sieht Urban Government als die formalen Prozeduren und Institutionen, die Gesellschaften entwickelt haben, um Interessen zu vertreten, Konflikte zu lösen und öffentliches Gemeinwohl umzusetzen. Im Gegensatz dazu werden bei Urban Governance öffentliche Entscheidungen weniger innerhalb hierarchisch organisierter Bürokratien getroffen, sondern in Kooperationen zwischen in Schlüsselpositionen befindlichen Individuen unterschiedlicher Organisationen auf verschiedenen Ebenen. Dabei wandelt sich, wie von Mayntz (2004) beschrieben, auch auf städtischer Ebene das Verhältnis von Steuerungssubjekt und -objekt. Angesichts eines komplexer gewordenen Kontextes können die Stadtverwaltung und die gewählten politischen Vertreter nicht alleine die Umsetzung bestimmter Politiken erreichen. Deshalb gewinnen die netzwerkbasierten Organisationen verschiedener Akteure an Bedeutung. Insofern wird mit Governance die Abkehr von einer klassischen lokalen Verteilungspolitik bezeichnet, die ihren Schwerpunkt auf der Implementation bestimmter Lösungsansätze hatte. Bei Urban Governance werden diese Lösungsansätze erst hervorgebracht, und zwar durch die gezielte Aktivierung und Nutzung von Handlungsressourcen unterschiedlicher Akteure (Heinelt/Haus 2006: 76). Urban Governance beschreibt aber nicht nur den Wandel zu einer stärker netzwerkorientierten Politikform, sondern umfasst nach John (2001: 15ff.) die Elemente *Institutionelle Reformen, neue Netzwerke, neue politische Initiativen* und *Reaktionen auf die Krisen im Bereich Kontrolle und politische Verantwortung.* Diese Elemente bezeichnet John als Idealtypen, die ihm als Raster zur Untersuchung des Wandels von Urban Government zu Urban Governance in westeuropäischen Städten dienten.

Element A: Institutionelle Reformen

1. Auf subnationaler Ebene werden neue Institutionen geschaffen z.B. im Bereich der Regionalentwicklung, die neue Herausforderungen und Problemlagen besser bewältigen können. Governance führt insofern einerseits zu einer Multiplikation der institutionellen Ebenen, andererseits wird auch die Unterscheidung zwischen öffentlichen und privaten Akteuren schwieriger, da auf allen Ebenen (national, regional und lokal) die Entscheidungsträger versuchen, unter Mithilfe privater Akteure öffentliche Probleme effektiver zu lösen.

2. Gleichzeitig finden interne institutionelle Restrukturierungen statt z.B. durch die Einführung von New Public Management Modellen und/oder durch die Dezentralisierung von Kompetenzen von der zentralstaatlichen auf die lokale Ebene. Beispiele für die institutionellen Restrukturierungen sind Prozesse wie Privatisierung, Contracting-Out- und Outsourcing-Verfahren sowie veränderte Finanzplanungen.

Element B: Neue Netzwerke

1. Durch die größere institutionelle Komplexität und aufgrund der stärkeren Präsenz des privaten Sektors entstehen neue Politiknetzwerke, die zu einer Erhöhung der Steuerungskapazität auf der lokalen Ebene führen. Governance bedingt eine Stärkung der horizontalen Netzwerke zwischen Akteuren der Privatwirtschaft, zivilgesellschaftlichen Organisationen und öffentlichen Akteuren.

2. Neben den stärkeren horizontalen Netzwerken werden auch die vertikalen Netzwerke durch Governance gestärkt. Nationalstaatliche Reformen und der steigende Einfluss der EU ermöglichen den Lokalverwaltungen stärkere transnationale Vernetzungsmöglichkeiten, die den Zugang zu (neuen) Ressourcen ermöglichen und Politik beeinflussen können.

Element C: Neue politische Initiativen

1. Neue Akteure werden in Entscheidungsprozesse einbezogen, während rein bürokratische Entscheidungsprozesse an Bedeutung verlieren und die öffentliche Hand sich aus bestimmten Sektoren zurückzieht. Hierdurch besteht die Möglichkeit zur Findung von neuen innovativen Lösungen.

2. Der Rückzug des Staates aus einigen Politikfeldern führt nicht dazu, dass die Bedeutung der nationalen Ebene auf die Städte generell abnimmt. Vielmehr werden die nationalstaatlichen Zielvorstellungen über andere Strategien verfolgt als noch in den 1950er bis 1970er Jahren. So werden spezielle staatliche Förderprogramme für die lokale Ebene entwickelt, in denen die zentralstaatliche Ebene ein wichtiger Akteur ist.

Element D: Reaktionen auf die Krisen im Bereich Kontrolle und politischer Verantwortung
1. Aufgrund der gestiegen Komplexität der lokalen Politik wird es für die öffentlichen Akteure schwieriger, öffentliche Entscheidungen zu kontrollieren. Eine Vielzahl an privaten und öffentlichen Interessengruppen ist beteiligt und macht die Kontrolle politischer Ziele schwieriger. Gleichzeitig wird es für Interessengruppen und die Öffentlichkeit zunehmend problematischer, die gewählten Politiker zur Rechenschaft zu ziehen, da diese aufgrund der Vielzahl der beteiligten Akteure nur noch bedingt für politische Prozesse verantwortlich sind. Die Ausweitung der Netzwerke führt dazu, dass sich Befehls- und Kontrollmechanismen verändern und der eigentliche Entscheidungsfindungsprozess schwerer zu durchschauen ist. In diesem Zusammenhang werden neue Partizipations- und Legitimationsformen gesucht.
2. Governance führt zu einer Komplexität öffentlicher Politik, zu institutioneller Fragmentierung und zu einem Anstieg von Entscheidungsfindungs-Netzwerken. Der Verlust der institutionellen Mechanismen der Entscheidungsfindung resultiert paradoxerweise nicht in einem Bedeutungsverlust politischer Führung, sondern führt im Gegenteil zu einer gestiegenen Bedeutung von „Leadership". Nur eine stärkere, aktive politische Führung kann den komplexen Handlungsrahmen, in denen in Governance-Prozessen Politik gemacht wird, zusammenhalten.

Diese von John (2001: 15ff.) benannten vier Elemente von Governance stehen dabei „nicht in einem einfachen und eindeutigen Beziehungsverhältnis zueinander, sondern verstärken sich wechselseitig und werden von einem vielschichtigen Problemhintergrund gemeinsam vorangetrieben" (Heinelt/Haus 2006: 76).

Wie bereits erwähnt, kennzeichnen Government und Governance in dieser Definition idealtypische Steuerungsformen. Durch die Unterscheidung ist es möglich, Steuerungsformen, die abseits institutioneller, öffentlicher Politik existieren, aufzuzeigen und zu analysieren. In der Praxis entsteht Governance hingegen als Ergänzung zu Government bzw. ist in Government-Strukturen eingebettet. Scharpf (1991: 629) beschreibt diese Einbettung als „Schatten der Hierarchie" und vertritt die These, dass dieser Schatten für die Governance-Aushandlungsprozesse überaus wichtig ist. „Die Option, dass die öffentlichen Kooperationspartner den zu verhandelnden Sachverhalt notfalls auch mit hierarchischer Intervention allein lösen können, ist häufig 'Faustpfand', der in Verhandlung mit Privaten eingebracht wird" (Einig et al. 2005: II).

Neben einer funktionalistischen Perspektive, in der unter Governance eine Verfahrensverbesserung und eine effektivere Nutzung von Ressourcen verstanden wird, existieren auch problematische Aspekte dieser Steuerungsform (vgl. Denters/Rose 2005: 251ff.). So ändern sich die Formen der lokalen Demokratie. Während traditionell direkt gewählte Politiker die Entscheidungsträger lokaler Politik waren und somit repräsentative Demokratieformen auf lokaler Ebene vorherrschten, wandelt sich diese Situation in Governance-Arrangements. Durch die gestiegene Bedeutungseesw von Netzwerken mit privaten, nicht-gewählten Beteiligten entsteht eine Krise des traditionellen Modells der lokalen Demokratie (Denters 2006). Weitere Unsicherheiten ergeben sich aus eventuellen Abhängigkeiten der lokalen Verwaltungen von anderen Organisationen, möglichen Schwierigkeiten bei der Bereitstellung öffentlicher Güter und allgemein aus einer einseitigen Ausrichtung lokaler Politik auf Marktmechanismen. Insofern ist auch auf städtischer Ebene eine Janusköpfigkeit (vgl. Kapitel 3.1.1) von Governance festzustellen.

Urban Governance wird ebenso wie Governance generell in der Forschungsliteratur nicht durchgängig systematisch verwendet. Es existiert keine einheitliche Begriffsdefinition und keine allgemein akzeptierte Herangehensweise. Die Grenzen, welche Aspekte zu Urban Governance zählen und welche nicht, variieren stark. Als Ausgangspunkt zur Systematisierung des Begriffs für diese Arbeit können die von Peter John (2001) identifizierten vier idealtypischen Elemente, die den Wandel von Urban Government zu Urban Governance beschreiben (Institutionelle Reformen, neue Netzwerke, neue politische Initiativen und Reaktionen auf die Krisen im Bereich Kontrolle und politische Verantwortung), dienen. Diese werden im Folgenden den Politikdimensionen des politologischen Dreiecks zugeordnet.

3.1.4 Urban Governance und die Europäische Stadt

In Kapitel 2 wurde das Modell der Europäischen Stadt und die Notwendigkeit eines neuen Steuerungsansatzes aufgrund der veränderten Rahmenbedingungen beschrieben. Urban Governance stellt solch einen neuen Steuerungsansatz dar. Offen und im Folgenden zu untersuchen ist jedoch, ob die idealtypischen Eigenschaften der Europäischen Stadt und die von Urban Governance in Einklang zu bringen sind oder ob sie sich prinzipiell ausschließen. Untersucht werden soll, ob das normative Modell der Europäischen Stadt in der heutigen, durch Governance geprägten Stadtpolitik europäischer Städte letztlich bedeutungslos geworden ist. Dabei werden die idealtypischen Merkmale der Ansätze „Europäische Stadt" und „Urban Governance" gegenübergestellt und auf Widersprüche und Gemeinsamkeiten hin untersucht.

Die Untersuchung folgt dabei den Politikdimensionen des politologischen Dreiecks. Die Merkmale der Europäischen Stadt (die Konstituierung der Stadt als kollektiver Akteur, der umfassende Handlungsspielraum innerhalb eines nationalen Wohlfahrtsstaats, sowie eine auf Ausgleich der Marktkräfte zielende öffentliche Steuerungsform) können ebenso wie die Eigenschaften von Governance den Begriffen *Polity, Politics* und *Policy* zugeordnet werden.

Polity

Im Modell der Europäischen Stadt wird der institutionelle Rahmen, also der Polity-Aspekt der Europäischen Stadt durch den umfassenden Handlungsspielraum bestimmt. Europäische Städte unterscheiden sich idealtypisch von anderen Städten durch ihren großen Handlungsspielraum, der durch die Einbindung in ein wohlfahrtsstaatliches System ermöglicht wird. Die Städte verfügen über Autonomie und können ihre Entwicklung (zu weiten Teilen) selbst bestimmen.

Der shift von Government zu Governance verändert die institutionelle Einbindung der Städte in der Form, dass die Städte nicht mehr nur in einen nationalstaatlichen Kontext eingebunden sind, sondern mit der europäischen Ebene und - abhängig vom lokalen Kontext - auch mit der Stadtregion weitere institutionelle Ebene mit Einfluss auf die Städte Ebene entstanden sind. Die institutionellen Strukturen haben sich verändert und sind stärker fragmentiert. Für die Städte bedeutet dies, dass multi-level Governance, d.h. das Verhandeln mit Akteuren auf unterschiedlichen Ebenen an Bedeutung gewinnt. Dadurch können zwar Veränderungen in Bezug auf die Einbindung der Städte in den nationalen wohlfahrtsstaatlichen Kontext entstehen, aber der Handlungsspielraum ist durch die Möglichkeit der Städte z.B. auf europäischer Ebene zu agieren, generell nicht kleiner, sondern größer geworden.

Als idealtypisches Merkmal für die Polity-Dimension der Europäischen Stadt kann der städtische Handlungsspielraum bzw. die politische Autonomie der Stadt insofern auch bei einem Governance-förmigen Steuerungsansatz dienen.

Politics

In der Politics-Dimension ist als idealtypische Eigenschaft der Europäischen Stadt die Konstituierung als kollektiver Akteur zu nennen. Ein kollektiver Akteur setzt sich aus einem kollektiven Entscheidungsfindungssystem, gemeinsamen oder als gemeinsam wahrgenommenen Interessen, Integrationsmechanismen, interne und externe Repräsentation des kollektiven Akteurs sowie der Fähigkeit, Innovationen zu generieren, zusammen (vgl. Kapitel 2.1.2 sowie Le Galès 2002: 264ff.). Die Konstituierung der Stadt als kollektiver Akteur ist als ein Merkmal zu sehen, wie stadtpolitische Prozesse im Modell der Europäischen Stadt ablaufen. Die Stadt setzt sich aus ihren Bürgern zusammen und die Bürger wirken an der Entwicklung ihrer Stadt mit. Dies steht im Gegensatz zu US-amerikanischen Städten, in denen das Privateigentum und kein imaginiertes kollektives Subjekt als zentrale Kategorie der gesellschaftlichen und räumlichen Ordnung gesehen wird (Häußermann 2001: 248).

Im Rahmen von Governance wird betont, dass sich die Anzahl der Akteure und Netzwerke vergrößert hat. Öffentliche Verwaltung und Politik sind nur noch eine Akteursgruppe unter vielen, die stadtpolitische Prozesse mitbestimmen. Die Multiplikation der beteiligten Akteure hat Auswirkungen auf die Ausgestaltung der politischen Prozesse. Entscheidungsfindungsprozesse und Abstimmungen zwischen mehreren Interessengruppen sind bei einer Vielzahl an Akteuren deutlich aufwendiger und bedeutsamer als bei einer geringen Anzahl an Akteuren.

Grundsätzlich ist diese Entwicklung aber durchaus vereinbar mit den Eigenschaften der idealtypischen Europäischen Stadt. Die Konstituierung als kollektiver Akteur, in der unterschiedliche private und öffentliche Interessengruppen gemeinsam stadtpolitische Entscheidungen treffen, ist demnach auch als Governance-Prozess zu sehen. Das Modell der Europäischen Stadt und die Steuerungsform Governance widersprechen sich nicht.

Policy

Die unter Policy zusammengefassten Inhalte der Politik zielen in der idealtypischen Europäischen Stadt auf den Ausgleich der Marktkräfte. Durch öffentliche Interventionen z.B. in der Verkehrs- und Versorgungsinfrastruktur soll ein Gegengewicht zu den ökonomischen Mechanismen geschaffen werden und gesamtstädtische bzw. das Allgemeinwohl betreffende Politikziele realisiert werden.

Die neue Steuerungsform Governance hat auch Einfluss auf den Inhalt von Politik. Klassische Steuerungsinstrumente wie Normen und Regeln haben zugunsten von Kompromissen und Absprachen an Bedeutung verloren. Governance kann als eine Minimal-Staat-Strategie definiert werden, in der markt-liberale Praktiken umgesetzt werden und deshalb ein Ausgleich der Marktkräfte prinzipiell nicht erreichbar ist (vgl. Rhodes 2005). In dieser Arbeit wird Governance jedoch in erster Linie als Steuerungsform verstanden; politische Inhalte werden durch diese Interpretation des Begriffs nicht deterministisch vorgegeben.

Der Anspruch des Modells der Europäischen Stadt, die Marktkräfte auszugleichen ist deshalb von Governance nicht betroffen und kann somit prinzipiell auch bei einer Governance-orientierten Stadtpolitik realisiert werden.

Grundsätzlich ist das Modell der Europäischen Stadt auch im Rahmen der Steuerungsform Governance umsetzbar, d.h. Governance und Europäische Stadt sind prinzipiell kompatibel. Die Frage, ob in der Stadtpolitik heutiger europäischer Städte Merkmale des idealtypischen Modells der Europäischen Stadt erkennbar sind, ist insofern aktuell und hat sich durch das Auftreten von Governance nicht schon von selbst beantwortet! Städtische Steuerung umfasst jedoch verschiedene Politikfelder. Unterschiedliche Aufgabenbereiche wie die Wasser/Abwasserversorgung, Grünflächen, Wohnungsbau und -verwaltung, öffentlicher Personennahverkehr oder soziale Dienste sind z.B. in Deutschland prinzipiell als Themenfelder städtischer Steuerung anzusehen[8]. Es ist zu bezweifeln, dass es in allen diesen Bereichen eine einheitliche Form städtischer Steuerung gibt. Vielmehr ist davon auszugehen, dass in unterschiedlichen Politikfeldern auch unterschiedliche Steuerungsformen existieren (vgl. Nicholls 2006; Häußermann/Läzer/Wurtzbacher 2005). Für die Entwicklung eines Untersuchungsrahmens zur politischen Steuerung europäischer Städte ist es aufgrund der möglichen inhaltlichen Unterschiede innerhalb der einzelnen Politikfelder zu empfehlen, nur ein bestimmtes Feld auszuwählen und Polity, Politics und Policy innerhalb dieses abgegrenzten Bereichs zu untersuchen.

3.2 Governance in der Europäischen Stadt am Beispiel von Stadtentwicklungspolitik

Als Analyserahmen für diese Arbeit wurde das Politikfeld Stadtentwicklungspolitik gewählt. Der Begriff Stadtentwicklung bezeichnet neben „Städtebau" und „Stadtplanung" die politisch gelenkte räumliche Entwicklung der Stadt. Im Gegensatz zu der vor allem auf die Veränderung der baulichen Struktur zielenden Stadtplanung und dem Städtebau ist Stadtentwicklung umfassender zu verstehen.

---

[8] In der Praxis werden diese Aufgabenbereich allerdings nicht alle von den Städten übernommen, so gibt es je nach Aufgabenbereich starke Tendenzen zur Ausgliederung aus dem Kernbereich der Verwaltung in private oder andere Rechtsformen (vgl. Killian/Richter/Trapp 2006).

Stadtentwicklung ist nicht nur das materielle Resultat eines baulichen oder ökonomischen Prozesses, sondern auch ein sozialer Kommunikationsprozess, in dem vielfältige Variablen aus der gesellschaftlichen Sphäre zusammenwirken (Basten 1998: 8). Stadtentwicklung ist somit eine Querschnittsaufgabe, die sich überwiegend mit der Verteilung der Querschnittsressource „Raum" beschäftigt (vgl. Albers 1999: 572f.). Ebenso wie die Kämmerei für alle kommunalen Bedarfsträger das Geld als Querschnittsaufgabe verwalten muss, so beschäftigt sich Stadtentwicklungspolitik mit dem Raum; allerdings mit dem Unterschied, dass der Raum auf viele Eigentümer aufgeteilt ist. Die Ziele der Stadtentwicklungspolitik umfassen räumliche, soziale, ökologische und ökonomische Aspekte und sind weit reichender als die nur auf die räumliche Ordnung zielende Stadtplanung bzw. der Städtebau. Zu den Feldern von Stadtentwicklungspolitik zählen auch Stadtmarketing, soziale Stadtentwicklung bzw. städtische Leitbilder - also Aufgaben, die nicht direkt, sondern nur indirekt die räumliche Ebene betreffen.

In der Literatur finden sich unterschiedlicher Begriffe, die teilweise synonym zu Stadtentwicklungspolitik, teilweise mit geringfügig anderer Bedeutung benutzt werden: Strategische Stadtentwicklung, Stadtmanagement, Stadtentwicklungsplanung oder strategieorientierte Planung (vgl. z.B. Sinning 2007, Hamedinger et al. 2007). Ohne hier auf die genaue Abgrenzung zwischen den Begriffen einzugehen, kann festgestellt werden, dass alle Begriffe eine einseitige Begrenzung der Stadtentwicklung auf die räumliche Entwicklung ablehnen und die umfassenderen Aufgaben z.B. Wirtschaftsförderung oder Soziales betonen. Aufgrund der bereits vorhanden Begriffsvielfalt und der nur marginalen Unterschiede wird in dieser Arbeit darauf verzichtet, einen neuen Begriff einzuführen. Stadtentwicklungspolitik wird umfassend als aktives städtisches Handeln, das direkt oder indirekt die Querschnittsaufgabe Raum betrifft, verstanden. Stadtentwicklungspolitik beinhaltet demnach nicht nur die räumliche Planung (Stadtplanung und Städtebau), sondern weitere Dimensionen der Stadtentwicklung wie Standortpolitik, Quartiersmanagement sowie die Abstimmung verschiedener Fachplanungen. Die oben genannten neuen Begriffe wie Stadtmanagement oder strategieorientierte Planung können als eine Unterform von Stadtentwicklungspolitik verstanden werden. Grundsätzlich ist Stadtentwicklungspolitik ein Bereich städtischer Steuerung, der als exemplarisch für den Zusammenhang von Urban Governance und Europäischer Stadt gelten kann und sich als zu untersuchendes Politikfeld für diese Arbeit aus folgenden Gründen anbietet:

- Zunächst ist Stadtentwicklungspolitik eng verbunden mit dem idealtypischen Konzept der Europäischen Stadt. In Kapitel 2.1.2 wurde aufgezeigt, dass öffentliche Interventionen im Bereich der Stadtentwicklung einen wesentlichen Unterschied zwischen europäischen Städten und den Städten anderer Kontinente darstellen. Öffentliche Interventionen sollen die Marktkräfte regulieren. Die Steuerung der Stadtentwicklung wird als kommunale Aufgabe gesehen, die ein Gegengewicht zu den Mechanismen des Marktes darstellt. Hierfür wurde in den europäischen Städten ein umfangreiches Instrumentarium entwickelt, das solche Interventionen möglich macht.

- Darüber hinaus lässt sich der Wandel von Government zu Governance am Beispiel von Stadtentwicklung deutlich aufzeigen. Stadtentwicklungspolitik wird durch institutionelle, den Prozess sowie den Inhalt betreffende Aspekte bestimmt und bietet sich deshalb für eine Analyse von Governance-Prozessen in allen drei Aspekten des politologischen Dreiecks an.
- Stadtentwicklungspolitik steht im Spannungsverhältnis zwischen privaten und öffentlichen Akteuren. Private sind nicht nur von der Stadtentwicklung als Bürger einer Stadt betroffen, sondern bestimmen auch selber die Stadtentwicklung durch ihre Investitionen z.B. durch den Erwerb oder den Bau von Wohnungen. Die öffentlichen Akteure sind auf diese Investitionen angewiesen, gleichzeitig besteht ihre Aufgabe auch in der Steuerung und Reglementierung der Investitionen nach gesamtstädtischen Vorgaben. Dieses Spannungsverhältnis wird durch Governance thematisiert, zählt aber auch zu den idealtypischen Eigenschaften der Europäischen Stadt: Im Rahmen von Verhandlungen, Konflikten und Kooperationen z.B. von privaten und öffentlichen Akteuren formiert sich die Stadt zu einem kollektiven Akteur.

Zu fragen ist, ob die Stadtentwicklungspolitik aktueller heutiger Städte - untersucht in den Bereichen Polity, Politics und Policy - Merkmale der Europäischen Stadt aufweisen, oder ob diese keine Bedeutung haben. Zunächst werden die Phasen der europäischen Stadtentwicklungspolitik dargestellt.

3.2.1 Phasen europäischer Stadtentwicklungspolitik

Die Phasen der europäischen Stadtentwicklungspolitik verdeutlichen die Paradigmenwechsel, die im Bereich der räumlich orientierten Planung und Politik des 20. und 21. Jahrhunderts stattgefunden haben. Ebenso wie beim generellen Begriff „Stadtentwicklung" variiert die Bezeichnung der einzelnen stadtentwicklungspolitischen Phasen von Autor zu Autor, der Inhalt der jeweiligen Phasen ähnelt sich jedoch in der Regel. Im Folgenden werden in Anlehnung an Albers[9] (1993) vier Phasen der modernen europäischen Stadtentwicklungspolitik unterschieden (vgl. *Tabelle 3*).

---

[9] Die von Albers identifizierten Phasen behandeln das Planungsverständnis, beziehen sich also auf das enge Gebiet der Stadtplanung. Es wird aber davon ausgegangen, dass sich diese Phasen auch auf das weitere Feld der Stadtentwicklungspolitik übertragen lassen.

Tabelle 3: Phasen des Planungsverständnisses

	Anpassungsplanung	Auffangplanung	Entwicklungsplanung	„Perspektivenplanung"
Zeitliche Einordnung	1860 bis 1900	1900-1960	1960-1980	Ab 1980
Sicht der sozioök. Entwicklung	Weder prognostizierbar noch steuerbar	Prognostizierbar, aber nicht steuerbar	Steuerbar, deshalb nur bedingt prognostizierbar	Bedingt steuerbar, deshalb Szenario statt Prognose
Aufgabe der Planung	Marktkorrektur in Teilbereichen, Behebung von Missständen	Setzung eines Rahmens für Koordinationen der Entwicklungskräfte	Präzises Zielsystem, Auswahl aus Handlungsalternativen	Aufgreifen von Chancen unter Wahrung allgemeiner Ziele
Rolle der Verwaltung und Hauptziel	Eingriffsverwaltung: Gefahrenabwehr	Leistungsverwaltung: Daseinsvorsorge	Planende Verwaltung, Gesellschaftspolitik	„Urban Management" mit tagespolitischem Einschlag
Umgriff und Werkzeuge	- öffentlich-rechtliche Fluchtlinienpläne	„Angebots"-pläne - räuml. Gesamtplanung, Bodenund Nutzungsordnung	In Politik integrierte Entwicklungsplanung; öffentlichrechtliches Durchsetzungsmittel	Schwerpunktsetzung; informelle Planung, public private partnership
Wesen der Planung aus der Sicht des Planers	Technik und Kunst, jeweils aufgabenbezogen	Schöpferische Leistung aus der Gesamtschau des Planungsraums	Ergebnis rationaler Denk- und Abwägungsprozesse	Rationalität überlagert durch politische und wirtschaftliche Opportunität
Selbstverständnis des Planers	Experte für technische Verbesserung und für Verschönerung der Stadt	„Arzt" der kranken Stadt, missionarischer Anwalt des Allgemeinwohls	Fachlich kompetenter und sozial engagierter Politikberater, zunehmend mit Parteibindung, um im politischen Entscheidungsprozess mehr Gewicht zu gewinnen	
Beziehung zur Politik	Rudimentär	Politik bestätigt den „richtigen" Plan	Entscheidungsfunktion	Entscheidungsfunktion
Beziehung zur Wissenschaft	Einzelkontakte (z.B. Hygiene)	Erkenntnishilfe	Entscheidungshilfe	Entscheidungshilfe
Schlüsselbegriff der Zeit	fortschrittlich	Gesund, organisch, „Ordnung"	Urban, dynamisch, „Zukunft im Griff"	Human, sanft, ökologisch, „sustainable"

(Quelle: Albers 1993: 100)

Stadtentwicklungspolitik in europäischen Städten entstand als kommunale Aufgabe Mitte des 19. Jahrhunderts und verknüpfte Städtebau mit Sozialpolitik (Albers 2006: 44). Ziel war es zunächst, die Lebensverhältnisse der Bevölkerung in den durch die Industrialisierung stark wachsenden Städten durch die Einführung von Mindeststandards zu verbessern und stadthygienische Missstände z.b. im Bereich der Abwasserversorgung, Straßenbefestigung und Trinkwasserversorgung zu beseitigen. Stadtentwicklungspolitik wurde als *Anpassungsplanung* verstanden, deren oberstes Ziel die Gefahrenabwehr war. Charakteristisch für diese Phase waren Fluchtlinienpläne, die öffentliches und privates Land trennten und z.b. die Breite der Straßen und die Bebauungsstruktur nach feuerpolizeilichen Erfordernissen festlegte. „Was hinter den Linien geschah, wurde weitgehend dem Eigentümer und damit dem Markt überlassen." (Wagener 1997 : 91)

Zu Beginn des 20. Jahrhunderts fand eine Weiterentwicklung des Planungsverständnisses statt. Künstlerische Gesichtspunkte und vor allem das Selbstverständnis der Planer, als „Vorreiter der Ordnung in einer Welt widerstrebender Tendenzen (...) durch die Gestaltung der Umwelt positiv auf die Gesellschaft einwirken zu können" (Albers 2006: 46) entwickelten sich in dieser Zeit. Ziel der *Auffangplanung* war der „Entwurf eines - in gewissen Grenzen flexiblen - räumlichen Rahmens für die Entwicklung von Wirtschaft und Gesellschaft, die als autonomer, dem Einfluss des Planers nicht zugänglicher Prozess angesehen wurde." (Albers 1997: 10). Stadtentwicklungspolitik bedeutete die Bereitstellung eines elastischen Rahmens, innerhalb dessen sich Wirtschaft und Gesellschaft möglichst ungestört entwickeln können. Die Entwicklungen ähnelten sich in den europäischen Städten. Wie in Kapitel 5.1.2 gezeigt wird, existierten diese Planungsansätze nicht nur in Westeuropa, sondern waren auch in den osteuropäischen Städten z.b. im Warschau der Vorkriegszeit erkennbar.

In der daran anschließenden Zeit des Nationalsozialismus spielte in der Stadtentwicklungspolitik die Darstellung von Macht durch monumentale Achsen und maßstabsprengende Gebäude eine wichtige Rolle. Neben deutschen Städten sollten auch Pläne in anderen west- und osteuropäischen Städten nach diesen Aspekten realisiert werden (bzw. wurden realisiert z.b. das EUR-Viertel in Rom). Glücklicherweise fand eine Umsetzung dieser Pläne jedoch nur in geringem Maß statt. Nach dem zweiten Weltkrieg ergaben sich in Ost- und Westeuropa aufgrund der unterschiedlichen politischen Systeme grundsätzlich andere Formen der Stadtentwicklungspolitik.

Zunächst werden die Phasen west-europäischer Stadtentwicklungspolitik und die Bezüge zu Governance und dem Idealtypus der Europäischen Stadt aufgezeigt. Dies ist notwendig, da die Erkenntnisse über die westeuropäische Stadtentwicklungspolitik und die Bezüge zu Governance und dem Idealtypus der

Europäischen Stadt dann als Grundlage für die Untersuchung der osteuropäischen Stadt dienen, die ausführlich in den Kapiteln 0, 5 und 6 dargestellt wird.

In den Ländern Westeuropas gab es in der Zeit nach dem zweiten Weltkrieg eine Annäherung der Stadtentwicklungspolitik auf der Grundlage ähnlicher ökonomischer (fordistische Produktionsbedingungen) und sozialer (sozialer Konsens, Ausbau des Wohlfahrtsstaates) Konstellationen (Motte 1997: 233). Die Nachkriegsstadtentwicklungspolitik, die Albers *Entwicklungsplanung* nennt, basierte auf der Annahme, dass auch komplexe Aufgaben durch rationalisierte Entscheidungsfindungsprozesse gelöst werden können. Aus diesem Grund wurde Stadtentwicklungspolitik als umfassender Steuerungsanspruch der öffentlichen Hand gesehen, es ging darum, das tatsächliche Handeln von privaten und öffentlichen Akteuren zu kontrollieren und zu steuern. Neue Technologien, Vertrauen auf den Fortschritt und ein rationales Ziel-Mittel-Denken führten zu einem positivistischen Planungsansatz, mit dem durch Planung eine umfassende Steuerung des politischen Handelns erreicht werden sollte (vgl. Ritter 2006: 130). Während die Auffangplanung davon ausging, dass sich Wirtschaft und Gesellschaft alleine entwickeln, beruhte der neue Ansatz der *Entwicklungsplanung* auf der Annahme, dass für die gesellschaftliche und ökonomische Entwicklung in allen Politikbereichen umfassende staatliche Eingriffe notwendig sind. Als handelnder Akteur war nur der öffentliche Sektor legitimiert, dessen Akteure durch technokratisches Vorgehen die gesellschaftlichen Probleme zu lösen versuchten (vgl. Healey 1997: 10ff.).

Grundlage der Entwicklungsplanung war die „präzise Feststellung der Wirklichkeit und die sichere Erfassung der für die Zukunft maßgeblichen Entwicklungslinien" (Wagener 1997: 93). Als Hilfsmittel wurden die in dieser Zeit neu entstanden technischen und methodischen Instrumente wie Systemanalyse, lineares Programmieren, Datenverarbeitung, mathematische Modelle gesehen (Albers 1997: 90). Im Gegensatz zu den vorangegangen Phasen der Planung wurde bei diesem Ansatz die Nähe zur Politik deutlich. Entwicklungsplanung war in die Politik integriert und nicht mehr, wie bei der Auffang- oder der Anpassungsplanung deutlich getrennt. In diesem Zusammenhang ist von einem Paradigmenwechsel zu sprechen, da Stadtentwicklungspolitik sich nicht mehr nur darauf beschränkte, Missstände zu beseitigen oder einen Rahmen für die gesellschaftliche Entwicklung anzubieten, sondern der Umsetzung bestimmter politischer Ziele dienen sollte.

Die Entwicklungsplanung als vorherrschendes Planungsverständnis kam jedoch schon bald in die Krise. Die Erkenntnis, dass zukünftige Entwicklungen nur zu einem gewissen Grad durch öffentliche Steuerung beeinflusst werden können, ergab sich ab den 1970er Jahren einerseits aufgrund des nicht-praktikablen Planungsansatzes (zu zeitaufwändig, zu hohe Komplexität, mangelhafte Präzision, fehlende öffentliche Resonanz, schwerfällige Korrigierbarkeit), andererseits aufgrund externer Gründe wie die mangelhafte Prognosefähigkeit komplexer Systeme oder der Feststellung der Grenzen des Wachstums (Ganser/Siebel/Sieverts 1993: 113f.).

Infolgedessen entstanden in Westeuropa neue Planungsansätze, die auf Komplexität, Nichtlinearität, Unsicherheit, Instabilität und Selbstorganisation beruhen (Ritter 2006: 130). Zu diesen „post-positivistischen" Planungsansätzen zählen unter anderem der *disjointed incrementalism* (Braybrooke/Lindblom 1997), *collaborative planning* (Healey 1997b) und der *perspektivische Inkrementalismus* (Ganser/Siebel/Sieverts 1993). Stadtentwicklungspolitik ist in dieser Phase, die von Albers als *Perspektivenplanung* bezeichnet wird, keine einseitige Beeinflussung des Handelns anderer, sondern ein Interaktionsprozess, in dessen Verlauf die klare Trennung von Steuerungsobjekt und -subjekt aufgehoben ist. Das traditionelle Selbstverständnis des Planers, als Experte für räumliche Fragen Lösungen zu finden, die dann von der Politik umgesetzt werden, wandelte sich in dieser Phase. Planung verliert zunehmend den Status einer Fachdisziplin, da die in den vorherigen Phasen entwickelten Fähigkeiten wie die Erstellung von komplexen Planwerken, die die gesellschaftliche Entwicklung prognostizieren und steuern sollten, für die jetzige Stadtentwicklung nur noch von geringer Bedeutung sind. Gleichzeitig kann die Planung an Einfluss gewinnen, in dem sie politische Prozesse, die Vermittlung zwischen unterschiedlichen Interessen sowie Partizipation als Aufgaben der Stadtentwicklung begreift und insofern sich nicht nur an der Planaufstellung, sondern auch an der -umsetzung beteiligt.

Der im vorigen Kapitel beschriebene Wandel des Staatsverständnisses findet sich damit auch im Bereich der Stadtentwicklung wieder. Während sich bei der Entwicklungsplanung das Machtverständnis des Staates (bzw. der Stadt) als „power over" kennzeichnen lässt, spielt bei der Perspektivenplanung die ermöglichende Macht, also „power to" eine entscheidende Bedeutung (Stone 1989).

Der Wandel von Entwicklungsplanung zu Perspektivenplanung ist als Übergang von Government zu Governance zu interpretieren. So geht die Perspektivenplanung nicht mehr davon aus, dass die sozio-ökonomische Entwicklung in großem Maße steuerbar ist, was letztlich auch zu dem von Mayntz (2004) beschriebenen Wandel des Verhältnisses von Steuerungssubjekt und -objekt führt. Deutlich wird Governance in der Stadtentwicklungspolitik an der gewachsenen Bedeutung der privaten Akteure in der Stadtentwicklung z.B. bei Public Private Partnerships. Dass wesentliche Eigenschaften von Governance auch in den Diskursen zur Stadtentwicklungspolitik zu finden sind, ist nicht so selbstverständlich wie es zunächst den Anschein erweckt (vgl. Nuissl/Heinrichs 2006: 61): Stadtentwicklungspolitik und insbesondere Stadtplanung entwickelten sich im Wesentlichen in den ersten Nachkriegsjahrzehnten, demnach im Kontext fordistischer Wohlfahrtsstaaten. Vor allem der der Stadtplanung inhärente Steuerungsanspruch zeigt diesen Zusammenhang auf und verdeutlicht, dass Planung traditionell eher im Gegensatz zu Governance stand und Governance „gerade als Antwort auf die Krise desjenigen Politik- und Steuerungsmodells charakterisiert worden [ist], dem Planung ursprünglich verpflichtet ist" (Nuissl/Heinrichs 2006: 61). Die unter dem Stichwort Perspektivenplanung diskutierten Planungsansätze und auch die Titel neuer Veröffentlichungen der Planungswissenschaften wie Selles „Planung neu denken" (2006) zeigen, dass sich Planung und Stadtentwicklungspolitik generell stark von ihren Ursprüngen entfernt und in Richtung Urban Governance verändert haben.

Dass Urban Governance und das Modell der Europäischen Stadt sich nicht grundsätzlich ausschließen, wurde bereits aufgezeigt. Offen ist jedoch, ob das auch auf das Politikfeld Stadtentwicklungspolitik zutrifft. Wie aufgezeigt wurde, ist dieses traditionell eng mit dem Steuerungsanspruch der idealtypischen Europäischen Stadt verbunden und historisch eher im Gegensatz zu Governance zu sehen. Zu fragen ist deshalb, vor welchen Herausforderungen die idealtypische europäische Stadtentwicklungspolitik steht und inwieweit sie durch den neuen Steuerungsansatz Governance beeinflusst wird. Um die Fragen systematisch beantworten zu können, werden die Dimensionen des politologischen Dreiecks benutzt. Die in Kapitel 2.1.3 beschriebenen Merkmale der Europäischen Stadt und von Urban Governance werden auf den Bereich Stadtentwicklungspolitik herunter gebrochen und für die Dimensionen Polity, Policy und Politics erläutert.

3.2.2 Polity-Dimension: Städtische Handlungsspielräume

Wie bereits beschrieben stellt der Handlungsspielraum von Städten einen wesentlichen Aspekt des Konzepts der Europäischen Stadt dar. Der Handlungsspielraum oder auch die „capacity to act" ermöglicht den Städten, ihre Entwicklung selbst zu steuern. Dabei sind bestimmte institutionelle Rahmenbedingungen z.B. die nationalstaatliche Gesetzgebung zu berücksichtigen. Grundsätzlich geht es darum, welche Interventionsfähigkeit der institutionelle Rahmen den europäischen Städten ermöglicht. Neben der Bedeutung der städtischen Handlungskapazität wird auch die Einbettung in einen wohlfahrtsstaatlichen Kontext als eine idealtypische Eigenschaft der Europäischen Stadt betont. Die nationalstaatliche Ebene stellt z.B. über kommunale Finanzzuweisungen sicher, dass die Städte Handlungsspielräume haben. Ohne diese Einbettung und Unterstützung in ein nationalstaatliches System wäre die Stadt stärker auf die Akquirierung eigener Mittel angewiesen und die Möglichkeit selber zu handeln, wäre angesichts ökonomischer Zwänge geringer.

Für den Bereich der Stadtentwicklungspolitik bedeutet Handlungsspielraum, dass die Kommunen ihre Entwicklung selber steuern können, also über „kommunale Planungshoheit" verfügen. Die institutionell verankerte Planungshoheit stellt sicher, dass die Gemeinden über die räumliche Entwicklung innerhalb ihrer Gemeindegrenzen bestimmen können. Hierfür steht ein breites Instrumentarium zur Verfügung. Die genaue Ausgestaltung der kommunalen Planungshoheit variiert in den unterschiedlichen europäischen Ländern. So ist beispielsweise in England der nationalstaatliche Einfluss auf die Stadtentwicklung größer als in Deutschland mit einer starken kommunalen Selbstverwaltung (vgl. Wollmann 2008: 173ff.).

Die „klassischen" Instrumente der Stadtentwicklungspolitik sind gesetzlich geregelt und sehen die Möglichkeit zur Steuerung der Flächennutzung durch die Kommunen vor. Aber auch neuere Ansätze der Stadtentwicklung, die von einem umfassenderen Verständnis von Stadtentwicklungspolitik ausgehen und neben der baulichen Entwicklung auch soziale bzw. wirtschaftliche Aspekte berücksichtigen z.B. Quartiersmanagement oder Stadtmarketing werden in der Regel von den Kommunen gesteuert und stehen im kommunalen Verantwortungsbereich. Städtische Autonomie bzw. städtischer Handlungsspielraum ist demnach im Bereich der Stadtentwicklungspolitik gegeben. Die Interventionsfähigkeit der Kommune ist institutionell sichergestellt; Stadtentwicklungspolitik wird somit durch die lokale Ebene bestimmt. Dies klingt zunächst nicht sehr erstaunlich, zieht man aber z.B. die sozialistischen Städte (vgl. Kapitel 4.1) zum Vergleich heran, wird deutlich, dass kommunaler Handlungsspielraum keine Selbstverständlichkeit ist, sondern ein spezifisches Element von Stadtentwicklungspolitik in der Europäischen Stadt.

Angesichts verschiedener Entwicklungen ist der kommunale Handlungsspielraum, über den die Städte im Bereich der Stadtentwicklungspolitik verfügen, allerdings unter Druck geraten:

- So nimmt der Einfluss der europäischen auf die lokale Ebene zu. Durch Förderprogramme, Richtlinien und Gesetze auf europäischer Ebene, verändern sich die Formen der Stadtentwicklungspolitik. Frank et al. (2006: 179) zeigen am Beispiel der europäischen Gemeinschaftsinitiative URBAN, dass (insbesondere in Ländern mit einer hierarchischen und zentralistischen Planungstradition) durch URBAN ein bedeutsamer institutioneller Wandel in den Städten stattfand. Die EU-Gemeinschaftsinitiative veränderte vor allem die „weak factors" der Stadtentwicklungspolitik z.B. die städtischen Governance-Strukturen, die Erweiterung von Partizipation sowie die Fähigkeit zu Policy learning und transnationalem Erfahrungsaustausch. Grundsätzlich bekommen die Kommunen Fördergelder aus EU-Programmen nur dann, wenn auch ein bestimmter Politikansatz realisiert wird. Hierdurch verändert die europäische Ebene Kommunalpolitik und den kommunalen Handlungs-spielraum.

▪ Gleichzeitig entstehen auf stadtregionaler Ebene neue institutionelle Struk-turen, die die Bereiche der Stadtentwicklungspolitik betreffen. Neu formier-te regionale Planungsgemeinschaften, Metropolregionen oder interkommu-nale Bündnisse haben z.B. zur Aufgabe, die regionale Flächenentwicklung zu steuern bzw. regionale Wirtschaftsförderung zu betreiben. Aufgaben der kommunalen Stadtentwicklungspolitik werden durch diese neuen regionalen Institutionen übernommen. Das kann dazu führen, dass diese Formen von „Metropolitan Governance" (Heinelt/Kübler 2005) den institutionell veran-kerten Handlungsspielraum der Kommunen in Frage stellen und Kompeten-zen auf die regionale Ebene übertragen werden.

Vor diesem Hintergrund ist zu fragen, wie die institutionelle Einbindung von Stadtentwicklungspolitik und der Handlungsspielraum einer Stadt konkret aus-gestaltet sind.

3.2.3 Politics-Dimension: Prozesse und Akteure

Ein weiteres wesentliches Merkmal des Konzepts der Europäischen Stadt ist die Formierung eines kollektiven Akteurs: Unterschiedliche Interessengruppen agie-ren gemeinsam. Dabei findet die Konstituierung der Stadtgesellschaft durch den Einbezug unterschiedlicher privater und öffentlicher Akteure statt. Dieses ideal-typische Merkmal hat eine enge Verbindung zur Governance-Debatte. Gover-nance betont die Beteiligung nicht-staatlicher Akteure in politischen Steuerungs-prozessen.

Es gibt viele Beispiele für die Beteiligung der „Stadtgesellschaft" in Prozes-sen der Stadtentwicklungspolitik. Durch Partizipationsverfahren wie Zukunfts-werkstätten, Runde Tische oder Planungszellen (vgl. Bischoff/Selle/Sinning 1996, Dienel 2002) besteht die Möglichkeit, die Bürgerschaft an Planungsabläu-fen zu beteiligen und ein kollektives System der Entscheidungsfindung über Planinhalte zu etablieren. Innovative Instrumente der Stadtentwicklungspolitik z.B. Stadtteilfonds befähigen die Bewohner über Stadtentwicklungsprojekte selbst zu entscheiden und somit als kollektive Akteure Stadtentwicklungspolitik zu steuern. Auch Wirtschaftsakteure wie Unternehmen oder Industrie- und Han-delskammern sind an der Stadtentwicklungspolitik beteiligt, z.B. im Rahmen von Stadtmarketingverfahren. Der durch Governance diskutierte Wandel führt dazu, dass Stadtentwicklungspolitik nicht mehr nur als einseitige Beeinflussung des Handelns anderer gesehen wird, sondern als Interaktionsprozess, in dessen Verlauf die klare Trennung von Steuerungsobjekt und -subjekt aufgehoben ist (vgl. Frey et al. 2007). Für Stadtentwicklungspolitik bedeutet dies, dass die klare Unterscheidung der öffentlichen Verwaltung, die Pläne aufstellt und den privaten Akteuren, die durch die Pläne „gesteuert" werden, verschwimmt, d.h. dass verschiedene Akteure an der Stadtentwicklungspolitik beteiligt sind und inhaltlichen Einfluss haben.

Für den Bereich der Politics-Dimension kann festgestellt werden, dass Verfahren zur Konstituierung der Stadt als kollektiver Akteur im Bereich der Stadtentwicklungspolitik zugenommen haben. Die Stadt besteht aus ihren Bürgerinnen und Bürgern. Durch Partizipationsverfahren und Stadtmarketingprozesse existiert eine Vielzahl an direkten Beteiligungsmöglichkeiten. Allerdings ist zu fragen, ob die Eigenschaften, die einen kollektiven Akteur ausmachen (nach Le Galès 2002: 10: Kollektives System der Entscheidungsfindung, gemeinsame Interessen, Integrationsmechanismen, interne und externe Repräsentation des kollektiven Akteurs, die Kapazität zur Innovation), in der Praxis der Stadtentwicklungspolitik auch wirklich erfüllt sind oder ob die Beteiligungsprozesse nicht als exklusive Koalition einer weniger finanzstarker Akteure organisiert sind, wie Heeg (2001) annimmt.

• Der Einfluss von Akteuren aus der Wirtschaft auf die Machtkonstellation in Städten stellt seit den Untersuchungen von Floyd Hunter (1953) und Robert Dahl (1961) ein wichtiges Thema der Stadtforschung dar. Die Gemeindemachtforschung[10], untersuchte die Frage, ob es exklusive, außerhalb demokratischer Strukturen stehende Kooperationen zwischen finanzstarken (privaten) und öffentlichen Akteuren gibt, die die Stadtentwicklungspolitik beeinflussen. Dieser Zusammenhang wurde in jüngster Zeit auch mit dem Ansatz der Urban Regime Theory (vgl. Kapitel 3.3.1) untersucht. Eindeutige Ergebnisse z.B. dass solche informellen Zusammenschlüsse generell ein wesentliches Charaktermerkmal heutiger Stadtentwicklung sind, existieren bisher zwar nicht, jedoch finden sich zahlreiche empirische Beispiele hierfür - gerade im Bereich der Stadtentwicklungspolitik.

---

[10] Die Gemeindemachtforschung spaltet sich in Elitisten und Pluralisten auf. Floyd Hunter (1953) untersuchte die Machtstrukturen in Atlanta und fand dort eine business-dominierte, nicht demokratisch legitimierte Elite, die im Konsens alle wichtigen Entscheidungen innerhalb der Stadt trafen. Dieser Zusammenhang fand als Elitentheorie Eingang in die Stadtforschung, wurde jedoch durch Dahl (1961) stark kritisiert. Seine empirischen Forschungen ergaben das Bild einer pluralistischen Stadtgesellschaft, in der die für die Entscheidungen verantwortlichen Personen je nach Politikfeld variierten. Die Auseinandersetzungen zwischen Elitisten und Pluralisten prägten die Gemeindemachtforschung, letztlich konnte jedoch weder die eine, noch die andere Seite überzeugen. Ursache für den ungelösten Konflikt waren auch methodische Schwierigkeiten bei der Untersuchung lokaler Machtstrukturen.

- So wurden viele strategische Stadtentwicklungspläne entscheidend von privaten Akteuren beeinflusst bzw. vollständig von Privaten erstellt. In Hamburg entstand das politische Leitbild nicht auf der Grundlage zivilgesellschaftlicher oder parteipolitischer Diskussionsprozesse, sondern basiert auf einem (nicht beauftragten) Gutachten der Beratungsfirma McKinsey (Schubert 2006). Auch die neue Stadtstrategie von Wolfsburg wurde auf Initiative der Volkswagen AG entwickelt und von der Stadtverwaltung übernommen. Der Oberbürgermeister übertreibt nicht, wenn er Wolfsburg als von Volkswagen und Stadtpolitik/Stadtverwaltung „symbiotisch geführte Stadt" beschreibt (Tessin 2003).

Zwischen diesen beiden Polen - kollektiver Akteur gegenüber exklusiver Koalition von Wirtschaft und Politik/Verwaltung - bewegt sich die Ausgestaltung stadtentwicklungspolitischer Prozesse. Partizipation kann als exklusiver Prozess gesehen werden, in dem nur Akteure an der Stadtentwicklung beteiligt werden, die über bestimmte Ressourcen verfügen (z.B. die Business-Elite), oder aber als Verfahren nach den Grundsätzen eines kollektiven Akteurs. Kennzeichen dieses Verfahrens sind Integrationsmechanismen, ein Verständnis von Stadtgesellschaft als Ganzes sowie eine umfassende Bürgerbeteiligung. Zu fragen ist demnach, wie sich die Stadtentwicklungspolitik formiert und welche Gruppen z.B. an der Aufstellung von Stadtentwicklungsplänen beteiligt sind. Sind es die Bürger der Stadt oder ist es ein exklusiver Zirkel von Wirtschaftsakteuren?

3.2.4 Policy-Dimension: Inhalte der Stadtentwicklungspolitik

Idealtypisches Merkmal für die Europäische Stadt im Policy-Bereich ist eine stark von öffentlichen Akteuren geprägte Steuerungsform, die als Gegengewicht zu Marktmechanismen fungieren soll. Dieses Merkmal ist auch im Bereich der Stadtentwicklungspolitik erkennbar. So entstand die moderne Stadtplanung als Reaktion auf ungesteuerte Stadtentwicklung, in deren Rahmen der städtische Boden möglichst wirtschaftlich genutzt wurde. Durch öffentliche Eingriffe wurde das Privateigentum reguliert und die Handlungsmöglichkeiten privater Akteure eingeschränkt, z.B. Baudichte und Grundstücksnutzung konnten nicht mehr ausschließlich nach ökonomischen Gesichtspunkten erfolgen, sondern nach öffentlichen Vorgaben. Stadtentwicklungspolitik steht im Spannungsfeld zwischen öffentlichen und privaten Interessen und soll letztlich Marktkräfte steuern und sich am Gemeinwohl orientieren. Als Ziele der Stadtentwicklungspolitik ergeben sich hieraus z.B. die Vermeidung von sozialräumlicher Polarisierung, eine die ganze Stadt umfassende gerechte Verteilung von Infrastruktureinrichtungen und der schonende Umgang mit Ressourcen zum Vorteil für die gesamte Stadtbevölkerung. Hierfür verfügt die Stadtentwicklungspolitik über ein umfangreiches rechtliches Instrumentarium, wie in Deutschland Flächennutzungspläne oder Bebauungspläne.

Die Herangehensweise einer umfassenden Stadtentwicklungspolitik, in deren Rahmen die öffentliche Hand einen weitgehenden Steuerungsanspruch hat und die Entwicklung der gesamten Stadt vorgibt, ist jedoch in die Krise geraten.

- Die Inhalte von Stadtentwicklungspolitik und der Charakter von Stadtentwicklungsplänen veränderten sich in Zeiten von Urban Governance: Der Plan wird nicht mehr als Endzustandsbeschreibung gesehen, sondern ist Teil des Planungsprozesses (Frey et al. 2007). Stadtentwicklungspolitik gibt deshalb in geringerem Maße konkrete Entwicklungsziele vor, sondern arbeitet mit Leitbildern und Szenarien möglicher Entwicklungen. Durch Leitbilder wird eine grobe Entwicklungsrichtung vorgegeben, die jedoch bei unvorhergesehenen Ereignissen in gewissem Maß auch verändert werden kann. Diese Herangehensweise ist stärker projektorientiert und wird als „Planung durch Projekte" (Krüger 2007) bezeichnet: Die konkrete Planung, verstanden als gewünschte räumliche Anordnung von Funktionen innerhalb des Stadtraums, verliert an Bedeutung, im Gegenzug werden eher allgemeine strategische Ziele oder Leitbilder verfasst, die die Grundrichtung der Stadtentwicklung bestimmen. Einige Projekte werden als Leuchtturmprojekte in Gang gebracht und sollen den Weg in eine bestimmte Richtung der Stadtentwicklung aufzeigen.

- Ein anderer Faktor, der eine Herausforderung für den öffentlichen Steuerungsanspruch der Stadtentwicklungspolitik und für das Ziel der Bändigung der Marktkräfte darstellt, ist die Ausrichtung der Stadtentwicklung an wirtschaftlichen Vorgaben als Folge fehlender kommunaler Mittel. Die Finanzkrise der Kommunen führte dazu, dass Städte versuchen, die fehlenden Mittel durch deutliche Investitionskürzungen zu kompensieren (Sack/Gissendanner 2007: 29). Zu berücksichtigen ist, dass zwar weniger Mittel zur Verfügung stehen, die Aufgaben der Kommunen tendenziell aber eher zu- als abnehmen, z.B. durch die Herausforderungen des demographischen Wandels. Das Fehlen öffentlicher Gelder führt dazu, dass viele Aufgaben der Stadtentwicklungspolitik in Kooperation mit privaten Akteuren in Public Private Partnerships durchgeführt werden (müssen). Im Bereich der Stadtentwicklungspolitik sind in diesem Zusammenhang vor allem Großprojekte (z.B. Stadionbauten oder Einkaufszentren) zu nennen, in deren Rahmen die privaten Akteure Möglichkeiten zur Gewinnmaximierung sehen und die öffentlichen Akteure die Chance zur aktiven Stadtentwicklung in Zeiten leerer Kassen. Dass solche Projekte nicht als ausgleichendes Gewicht von Marktkräften konzipiert sein können, ist offensichtlich.

Aus diesen Gründen ist zu untersuchen, ob eine auf Ausgleich der Marktkräfte orientierte Stadtentwicklungspolitik noch als Polity-Merkmal der Europäischen Stadt gelten kann oder ob die Gemeinwohlorientierung nicht mehr prägender Inhalt europäischer Stadtentwicklungspolitik ist.

Abschließend stellt sich das Verhältnis von Urban Governance und dem Modell der Europäischen Stadt im Politikfeld Stadtentwicklungspolitik als angespannt dar. Wie aufgezeigt wurde, befindet sich die im Modell der Europäischen Stadt idealtypisch beschriebene Stadtentwicklungspolitik in allen drei Politik-Dimensionen Polity, Politics und Policy unter Druck. Neue Steuerungsformen, die sich unter dem Oberbegriff Governance zusammenfassen lassen, gewinnen an Bedeutung und stehen teilweise im Gegensatz zu den Eigenschaften der Europäischen Stadt. In der Dimension Polity sind dies neue institutionelle Arrangements z.B. regionale Zusammenschlüsse. Im Politics-Bereich zählen hierzu exklusive Koalitionen finanzstarker Akteure. Die projektorientierte „Planung durch Projekte" steht im Gegensatz zur Europäischen Stadt in der Policy-Dimension. Diese Entwicklungen, die zwar nicht nur, aber eben auch in europäischen Städten erkennbar sind, werfen deshalb die Frage auf, wie das Verhältnis zwischen Governance und der Europäischen Stadt sich in der realen Stadtentwicklungspolitik heutiger Städte denn nun darstellt. Bevor dies detailliert in einer osteuropäischen Fallstadt empirisch untersucht wird, ist zur weiteren Schärfung des Begriffs Governance eine Abgrenzung gegenüber anderen Steuerungsformen notwendig.

3.3 Abgrenzung zu anderen Konzepten

Urban Governance beschreibt eine neue Form der Steuerung auf lokaler Ebene, die von der klassischen, staatszentrierten Steuerung abweicht. Neben Governance existieren weitere Ansätze, die diese neue Form der Steuerung thematisieren. Zu den Wichtigsten und am weitest Verbreiteten zählen die „Urban Regime Theory" sowie das Konzept der „Informellen Stadtentwicklung". Im Folgenden sollen die Unterschiede zwischen Urban Governance und diesen beiden Konzepten aufgezeigt werden.

3.3.1 Urban Regime Theory

Clarence Stone entwickelte den Ansatz der urbanen Regimes auf Grundlage seiner Forschungen zu Atlanta und analysierte den Einfluss privater Interessen auf lokale politische Prozesse (Stone 1989). Er zeigte auf, dass die lokale Wirtschaftselite in Atlanta kein passiver Partner der Lokalpolitik ist, sondern eigene Ziele verfolgt und diese durch „Koalitions-Bildung" umsetzt. Diese Bündnisse werden als „Urban Regimes" bezeichnet. Ein Regime wird von Stone (1989: 4) als „informal yet relatively stable group with access to institutional resources that enable it to have a sustained role in making governing decisions" definiert. Ein wesentlicher Punkt bei der Etablierung von Regimes bzw. bei der Regime Theory allgemein ist die Frage nach Macht. Macht wird nicht als Herrschaft über bestimmte Ressourcen oder Personengruppen verstanden, sondern als Fähigkeit zu handeln. Ziel der involvierten Akteure ist es, durch Bündelung sich ergänzender Ressourcen (z.B. finanzielle Mittel, politische Macht) lokale Entscheidungsfindungsprozesse zu initiieren und zu steuern. Die Stadtverwaltung kann durch Koalitionen mit anderen Akteuren zusätzliche Macht erlangen. Die „power to govern" wird infolge dessen nicht durch Wahlen erreicht, sondern durch das Zusammenbringen von kooperativen Akteuren (Stoker 1995: 59f.).

Neben diesem Machtverständnis ist ein weiterer Aspekt der Urban Regime Theory die Stabilität und die langfristige Zusammenarbeit der unterschiedlichen Akteure, durch die ein Regime letztlich erst Bedeutung erlangt. Kurzfristige auf Projektebene stattfindende öffentlich-private Kooperationen werden deshalb nicht als urbane Regimes bezeichnet. Bislang konnten mehrere Typen von Regimes wie Erhaltungsregimes, Entwicklungsregimes und progressive Mittelklasseregimes in US-Städten identifiziert werden, die sich jeweils in der Zielstellung unterscheiden. In den meisten Regimes finden sich aufgrund der von ihnen kontrollierten Ressourcen Mitglieder der lokalen Business Elite und der gewählten politischen Vertreter (Stoker 1995: 60f.).

Der US-amerikanische Entstehungskontext der Urban Regime Theory provoziert die Frage, ob eine Übertragbarkeit auf Städte anderer Kontinente sinnvoll ist. Für europäische Städte kann mittlerweile auf eine große Zahl an Forschungen, in denen eine Urban Regime-Perspektive benutzt wurde, zurückgegriffen werden. Es scheint allerdings, dass gerade der spezifisch europäische Kontext den Transfer des Konzepts erschwert und es nur unter bestimmten Bedingungen bzw. mit bestimmten Annahmen auf europäische Städte anwendbar macht (vgl. Koch 2008a, Gissendanner 2002). Die Regime Theory beruht sehr stark auf der asymmetrischen Beziehung zwischen lokaler Politik und privaten Interessen in den USA. Die Abhängigkeit der Städte von Unternehmen wird als starker Mechanismus für die Etablierung öffentlich-privater Regime gesehen (Le Galès

1998: 25). Die öffentlichen Akteure in europäischen Städten haben jedoch eine stärkere Position als in den USA und auch die Verbindung zwischen zentralstaatlicher und lokaler Ebene ist enger (Rudolph/Potz/Bahn 2005: 24).

Die Probleme, die mit dem Transfer der urbanen Regimes von US-amerikanischen auf europäische Städte verbunden sind, verdeutlichen auch einen wesentlichen Kritikpunkt der Theorie: Regime Theory vernachlässigt den institutionellen Kontext und konzentriert sich auf die Entstehung und Aufrechterhaltung lokaler Regimes: "Viewing local elites as quasi-independent from the wider political system and its key players is a common mistake made when analyzing western city regimes." (Sagan 2008: 8). Neue Ansätze versuchen aus diesem Grund, im Rahmen eines integrierten Ansatzes Regime Theory mit dem strukturellen Kontext, der politischen Kultur und den institutionellen Milieu zu verbinden (z.B. DiGaetano/Strom 2003). Weitere Kritikpunkte an der Regime Theory wie die normativen Elemente, die fehlende Fähigkeit, Regime-Wechsel zu beschreiben sowie die Rolle als „second-level-theory" werden von Davies (2002), Bahn/Potz/Rudolph (2003) und Giersig (2008) beschrieben.

Unabhängig von den Problemen bei der Anwendung von Urban Regime Theory in europäischen Städten stellt sich grundsätzlich die Frage, welche Unterschiede zwischen Urban Governance und Urban Regimes existieren. Die Idee, die beiden Konzepten zu Grunde liegt, ist die, dass Stadtpolitik nicht nur durch gewählte politische Vertreter und öffentliche Verwaltung bestimmt wird, sondern dass auch externe Akteure Stadtpolitik mitbestimmen. Dies führt in beiden Ansätzen zu einer analytischen Perspektive, in der über das eigentliche politische System hinaus geblickt wird und andere Einflussfaktoren auf Stadtpolitik gesucht werden (z.B. zivilgesellschaftliche Akteure oder Privatunternehmen). In beiden Ansätzen wird Macht ähnlich definiert. Urban Regime Theory geht davon aus, dass Macht sozial produziert wird. Macht besteht nicht durch Herrschaft und Unterwerfung, sondern wird als Handlungsfähigkeit verstanden (Stoker 1995: 59). Das Urban Governance Konzept sieht diesen Zusammenhang ähnlich: „Macht ist nicht mehr einfach vorhanden, und es kommt nicht mehr lediglich darauf an, wer sie ergreift und in wessen Interesse ausübt - Macht im Sinne von Handlungsfähigkeit muss hergestellt werden." (Häußermann/Läpple/Siebel 2008: 349). Grundsätzlich können Urban Governance und Urban Regime als eine Erweiterung der vor allem in Europa stark auf das politisch-administrative System fixierten Stadtpolitik- und Verwaltungsforschung gesehen werden.

Die Gemeinsamkeiten sind groß und die theoretischen Grundannahmen ähnlich. Allerdings bestehen auch Unterschiede zwischen den beiden Konzepten: Einer der Kritikpunkte an der Urban Regime Theory macht deutlich, dass urbane Regimes als eine spezielle Form von Governance gesehen werden können. Urban Regime Theory nimmt Institutionen als gegeben an und beschreibt die Handlungen unterschiedlicher Akteure innerhalb eines festen Kontextes. Die Nichtbeachtung des Kontextes führt dazu, dass urbane Regimes sinnvollerweise nur innerhalb eines gemeinsamen Kontextes (wie den USA) untersucht werden können. Differiert der Kontext, wird die Anwendung schwierig; eine Ursache dafür, dass die Nutzung der Theorie in europäischen Städten problematisch erscheint. Hingegen ist ein wesentlicher Bestandteil des Governance-Konzepts die Betrachtung des Kontextes. Benz (2005: 21) argumentiert, dass Voraussetzung für die Nutzung des Governance-Begriffs die Anerkennung der Wirksamkeit institutioneller Regelsysteme sei, die entgegen einer unkontrollierten Machtausübung von Eliten steht. Governance bezieht sich auf das „dynamische Zusammenwirken zwischen Strukturen und Prozessen, zwischen Institutionen und Akteuren, zwischen Regeln und Regelanwendung etc." (Benz 2005: 21). Die Veränderungen der institutionellen (Polity-) Ebene und die Beziehungen zur Politics- und Policy-Ebene werden auch durch den Wandel von Government zu Governance erläutert, während Regime Theory von einen festen Kontext ausgeht und daran scheitert, Kontextveränderungen zu erläutern. „Regime theory to some extent misses the general point in urban governance: the close linkages among norms and values, institutions, political objectives, and polity outcomes" (Pierre 2005: 449).

Auf die Unterscheidung Polity, Politics und Policy zurückgreifend (vgl. Kapitel 3.1.2) wird deutlich, dass Urban Regime Theory ausschließlich den Politics-Bereich behandelt. Regimes können als Aushandlungs- und Kooperationsprozesse zwischen öffentlichen und privaten Akteuren verstanden werden. Im Gegensatz dazu werden bei Governance zwar auch die politischen Prozesse analysiert, aber zusätzlich noch der Wandel der institutionellen Struktur und der politischen Inhalte.

Ein weiterer Unterschied zwischen Urban Regime Theory und Urban Governance ist die Betonung von Stabilität und Langfristigkeit der öffentlich-privaten Kooperationen. Diese zeitliche Dimension ist ein wesentlicher Aspekt, der letztlich die Stärke von Regimes ausmacht. Das Urban Governance-Konzept beschreibt hingegen alle Formen der privat-öffentlichen Konstellationen und nicht nur langfristige Arrangements. Die Berücksichtigung der zeitlichen Dimension und der Aspekt, dass es grundsätzliche Unterschiede zwischen langfristigen öffentlich-privaten Kooperationen (also Regimes) und kurzfristigen Partnerschaften (z.B. auf Projektebene) gibt, stellt eine wichtige Erkenntnis dar, die auch für die zentrale Untersuchungsfrage dieser Arbeit von Bedeutung ist. Im Rahmen dieser Arbeit wird zwar das im Gegensatz zur Urban Regime Theory allgemeinere und umfassendere Konzept Urban Governance angewandt, allerdings wird als Element der Urban Regime Theory die Frage nach der Dauer von Governance-Arrangements übernommen.

3.3.2 Informelle Stadtentwicklung

Einig et al. (2005: II) sehen die Informalisierung als ein wesentliches Kennzeichen von Urban Governance und beschreiben Praktiken wie Handschlagvereinbarungen, informelle Absprachen, Verhandlungen am runden Tisch und persönliche Vertrauensverhältnisse als charakteristische Governance-Elemente. Es existiert hierfür der Begriff der *informellen Stadtentwicklung* und insofern ist zu fragen, welche Unterschiede zwischen den beiden Begriffen existieren bzw. inwieweit sie sich ergänzen.

Informelle Stadtentwicklung kann als Instrument der Bürgerbeteiligung, als Form dezentraler Selbstorganisation oder aber als nicht-transparenter Entscheidungsfindungsprozess zwischen einflussreichen Interessensvertretern verstanden werden:

- Im Bereich der Bürgerbeteiligung beschreibt informelle Stadtentwicklung vor allem einen Gegensatz zu den formell definierten Beteiligungsinstrumenten (vgl. Bischoff/Selle/Sinning 1996 oder Selle 1991: 89ff.). Formell definierte Beteiligungsinstrumente sind gesetzlich definiert und administrativ verankert. Diese Instrumente variieren in europäischen Städten je nach nationaler Gesetzgebung. In der Regel gehört hierzu die öffentliche Auslegung von Plänen oder die Anhörung Betroffener. Als informelle Formen und Verfahren werden nicht gesetzlich definierte, d.h. nicht zwingend im Stadtplanungsprozess vorgeschriebene Beteiligungsformen genannt. Die Liste an informellen Instrumenten der Bürgerbeteiligung ist lang: Zukunftswerkstätten, Planungszellen, Runde Tische etc. gehören dazu. Im Gegensatz zu den gesetzlich verankerten Instrumenten sind diese Formen informeller Partizipation freiwillig, d.h. sie können von der Verwaltung bei bestimmten Planungen eingesetzt werden, ihre Rechtswirksamkeit und der Verfahrensablauf sind jedoch nicht genau vorgegeben und können variieren.

- Die dezentrale Selbstorganisation von Interessen spielt im Bereich der Stadtentwicklung eine wichtige Rolle. „Neben den institutionell garantierten Formen der politischen Beteiligung kommt stärker informellen Akteuren, wie Bürgerinitiativen und Selbsthilfegruppen, städtischen Protesten und Bürgerbewegungen in der Demokratisierung lokaler Politik eine Schlüsselrolle zu." (Roth 1999: 2). Im Bereich Stadtentwicklungspolitik spielt lokaler Protest z.B. in Form von Hausbesetzungen, Widerstand gegenüber Sanierungsvorhaben oder Stadtteilinitiativen eine wichtige Rolle. Grundsätzlich verstehen sich diese Initiativen als Gegensatz zur öffentlichen Steuerung und versuchen, städtisches Handeln in eine von ihnen gewollte Richtung zu beeinflussen.

- Eine andere Form informeller Stadtentwicklung sind nicht-formelle Entscheidungsfindungsprozesse, in denen öffentliche und nicht-öffentliche Akteure involviert sind. Neo-korporatistische Arrangements, d.h. der Einfluss von organisierten Interessen z.B. von Verbänden auf lokale Politik oder Partnerschaften zwischen öffentlichen und privaten Akteuren bergen grundsätzlich die Gefahr, dass Entscheidungsprozesse der öffentlichen Kontrolle und der Sphäre der durch Wahlen beeinflussbaren Politik entzogen werden und Entscheidungen in informellen Gremien getroffen werden (Heinze/Voelzkow 1999, Häußermann/Simmons 2000 und Heinz 2006).

Ähnlichkeiten zu Governance sind in allen drei Fällen erkennbar: Informelle Stadtentwicklung und Urban Governance gehen von einer Veränderung staatlicher Steuerung aus. Da der Staat aufgrund von Finanzknappheit und veränderten Aufgaben nicht als alleiniges Steuerungssubjekt agieren kann, sind neue Formen der Steuerung notwendig. Dies wird durch informelle Stadtentwicklung und Urban Governance berücksichtigt. Beide Konzepte haben als Grundannahme, dass Stadtentwicklung nicht nur durch öffentliche Akteure wie den politischen Vertretern oder der Stadtverwaltung, sondern auch von externen, oftmals im Verborgenen agierenden Akteuren bestimmt wird.

Als Kontext werden bei der informellen Stadtentwicklung die formellen Regeln gesehen und diese werden als gegeben hingenommen. Veränderungen des Kontextes spielen bei der informellen Planung keine Rolle. Im Gegensatz dazu ist Governance kontextorientiert und thematisiert auch institutionelle Veränderungen. Die informelle Stadtentwicklung berücksichtigt demnach ebenso wie die Urban Regime Theory überwiegend Prozesse und Akteure (Politics-Dimension).

Grundsätzlich können die oben genannten Formen informeller Praktiken deshalb als Elemente von Governance im Bereich Politics verstanden werden. Um allerdings die Begriffe „informell" und „formell" für die Analyse von Urban Governance-Prozessen nutzen zu können, ist eine genauere Definition notwendig. Der Begriff der Informalität wird in der Planungswissenschaft zwar häufig, jedoch in ganz unterschiedlichen Kontexten verwendet. Eine genaue Abgrenzung und Systematisierung des Begriffs wird in der Regel nicht vorgenommen. Ein umfassendes stadtplanerisches Konzept informeller Stadtentwicklung, das alle der drei oben genannten Aspekte „unter einen Hut bringt" existiert nicht.

Hilfreich für eine Systematisierung und damit auch für die Verwendung des Begriffs *Informalität* im Bereich von Urban Governance sind demnach weniger stadtplanerische als vielmehr politikwissenschaftliche Ansätze wie die von Helmke/Levitsky (2004) oder Lauth (2004b) zu "informellen Institutionen". Helmke/Levitsky (2004: 727) definieren *informelle Institutionen* als „socially shared rules, usually unwritten, that are created, communicated and enforced outside of officially sanctioned channels". Als Institution wird dabei eine Regel oder ein Regelsystem, das signifikanten Einfluss auf das Verhalten von Individuen hat, verstanden (Lauth 2004b: 68). Entscheidend für die Untersuchung von informellen Institutionen ist eine Typisierung. Helmke und Levitsky schlagen hierfür eine Unterscheidung anhand zweier Dimensionen vor: Die erste Dimension ist der Übereinstimmungsgrad zwischen den durch formelle und informelle Institutionen erreichten Ergebnissen. Zu untersuchen ist, ob informelle Institutionen grundsätzlich andere Ergebnisse produzieren als formelle Institutionen. Als zweite Dimension der Typisierung wird die Effektivität der formellen Institutionen genannt. Inwieweit werden die Regeln und Abläufe, die auf dem Papier existieren, in der Praxis durchgesetzt und erfüllt? Diese zwei Dimensionen ergeben eine Typologie informeller Institutionen (vgl. *Tabelle 4*).

Tabelle 4: Typologie informeller Institutionen

Ergebnisse	Effektive formelle Institutionen	Ineffektive formelle Institutionen
Konvergenz	Komplementär	Ersetzend
Divergenz	Ermöglichend	Konkurrierend

(Quelle: Helmke/Levitsky 2004: 728, eigene Übersetzung)

Komplementäre informelle Institutionen sind bei einer Kombination aus effektiven formellen Institutionen und Ergebnisübereinstimmung zwischen formellen und informellen Regeln gegeben. Beispiele hierfür sind informelle Normen, Routinen und Praktiken, die die Effizienz formeller Regeln erhöhen. Im Bereich Stadtentwicklungspolitik können dies etwa Verfahren sein, die den Verwaltungsablauf der Bauleitplanung erhöhen.

Die *ermöglichenden* informellen Regeln werden von Akteuren erzeugt, die in Opposition zu effektiven formellen Regeln stehen, aber nicht den Einfluss haben, diese zu ändern. Hierzu zählen im Bereich Stadtentwicklung die Bürgerinitiativen und Gegenbewegungen auf lokaler Ebene. Eine Veränderung auf formeller Ebene ist aufgrund der geringen Macht dieser Gruppen z.B. auf öffentliche Gesetzgebung nicht möglich, deshalb werden informelle Wege der Beteiligung beschritten, um den formellen Zielen entgegenstehende Ergebnisse zu erreichen.

Konkurrierende informelle Institutionen treten bei schwachen formellen Institutionen auf. Die formellen Regeln werden nicht systematisch umgesetzt, was Akteure dazu befähigt, diese zu ignorieren bzw. zu verletzen. Es entsteht ein den offiziellen Regeln entgegenstehendes System an informellen Normen. Beispiele hierfür sind Korruption, Klientelismus oder Elitismus. In der Stadtentwicklungspolitik z.b. im Rahmen von Public Private Partnerships wird oftmals nicht zu unrecht die Gefahr gesehen, dass solche konkurrierenden informellen Institutionen auftreten und somit Entscheidungsfindungsprozesse durch Korruption oder Klientelismus bestimmt werden.

Als letzten Typ informeller Institutionen nennen Helmke/Levitsky die *ersetzenden* informellen Institutionen. Diese werden von Akteuren kreiert, die mit den formellen Regelungen übereinstimmende Ergebnisse erreichen wollen. Aufgrund nicht ausreichender formeller Instrumente wird dann versucht, diese Ziele durch informelle Methoden zu erreichen. Die neuen Formen der Bürgerbeteiligung und neue Formen von Stadtentwicklungsplänen können als ersetzende informelle Institutionen gelten. Aufgrund veränderter Rahmenbedingungen reichen die bisherigen formellen Institutionen nicht aus, weshalb andere Wege zur Erreichung der Ziele eingeschlagen werden.

Helmke und Levitsky (2004: 730) nennen drei mögliche Ursachen, warum Akteure informelle Regeln/Institutionen kreieren. Die erste Ursache sind defizitäre formelle Regeln. Zwar geben die formellen Regeln generelle Handlungsanweisungen, aber es werden nicht alle Eventualitäten abgedeckt und aus diesem Grund werden informelle Praktiken zum Umgang mit diesen Eventualitäten angewandt. Als zweite Ursache wird angegeben, dass informelle Regeln als „second-best"-Strategie von Akteuren eingeführt werden, die formelle Regeln bevorzugen würden, diese jedoch nicht erreichen können. Der Grund hierfür kann das Fehlen von Macht zur Änderung der Regeln sein. Beispiele hierfür sind in sozialistischen Gesellschaften zu finden, wo viele informelle Praktiken existierten, da die offiziellen Regeln nur schwer zu verändern waren. Eine Modifikation dieser Motivation entsteht dann, wenn es zu aufwändig erscheint, formelle Regeln zu ändern und aus diesem Grund dann informelle Praktiken zur Anwendung kommen. Helmke und Levitsky nennen als dritte Ursache für die Aufstellung von informellen Regeln das Streben nach Zielen, die öffentlich als nicht akzeptabel angesehen werden. Da die informellen Praktiken relativ unauffällig sind, können hierdurch Aktivitäten realisiert werden, die auf formellem Weg nicht umsetzbar erscheinen, aber geduldet werden. Beispiele hierfür finden sich in so unterschiedlichen und je nach kulturellem Kontext variierenden Bereichen wie Prostitution, Drogenkonsum oder Euthanasie.

Es kann abschließend festgestellt werden, dass für die Analyse von Stadtentwicklungspolitik die Betrachtung informeller Prozesse eine wichtige Bedeutung hat, da lokale Politik und Urban Governance prinzipiell formelle und informelle Elemente enthält. Allerdings sind informelle Praktiken nicht unabhängig von den existierenden formellen Praktiken und dem Kontext zu sehen. Für das Ziel dieser Arbeit, die Untersuchung von Stadtentwicklungspolitik in einer Europäischen Stadt müssen demnach formelle und informelle Prozesse und insbesondere das Verhältnis zwischen beiden Aspekten untersucht werden. Die Typisierung von Helmke/Levitsky anhand der Dimensionen Effektivität formeller Institutionen und Differenzen zwischen formellen und informellen Zielen stellt eine sinnvolle Grundlage hierfür dar.

3.4 Zwischenfazit: Neue Steuerungsformen in der Stadtentwicklungspolitik

Das in Kapitel 2 beschriebene Konzept der Europäischen Stadt geht davon aus, dass sich die idealtypische Europäische Stadt von den Städten anderer Kontinente unterscheidet und dass die Steuerungsform einen wichtigen Teil dieses Unterschiedes ausmacht. Allerdings beschreibt das Konzept der europäischen Städte nicht explizit, wie die idealtypische Form der Steuerung für europäische Städte aussieht. Veränderte Rahmenbedingungen führen zur Notwendigkeit neuer Formen der Steuerung, die als Governance bezeichnet werden können. Mit dem Übergang von Urban Government zu Urban Governance wird eine Veränderung der lokalen Steuerung beschrieben. Wesentliches Kennzeichen ist die Vermischung von Steuerungsobjekt und -subjekt, in Folge dessen private Akteure verstärkt Einfluss auf öffentliches Steuerungshandeln nehmen. Für die Analyse dieser Prozesse ist die Betrachtung von Polity-, Politics- und Policy-Dimension notwendig, da sich die Struktur der Rahmenbedingungen, die Politikinhalte und die Ausgestaltung politischer Prozesse durch den Übergang von Government zu Governance ändern. Governance unterscheidet sich von anderen Konzepten wie informeller Stadtentwicklung und der Urban Regime Theory, allerdings können einige Aspekte dieser Ansätze wie die Dauer öffentlich-privater Konstellationen oder das Verhältnis von Formalität und Informalität zum allgemeinen Konzept von Governance hinzugefügt werden.

Im Rahmen dieser Arbeit wurde das Politikfeld Stadtentwicklung als Untersuchungsfokus ausgewählt. Innerhalb dieses Gebietes sind in den Dimensionen Polity, Politics und Policy idealtypische Merkmale der Europäischen Stadt erkennbar. Kommunale Planungshoheit, Bürgerbeteiligungsprozesse sowie Gemeinwohlorientierung beschreiben eine spezifisch europäische Form der Stadtentwicklungspolitik. Der Wandel von Government zu Governance hat jedoch auch Einfluss auf die Stadtentwicklungspolitik und zwar in allen drei Politikdimensionen: So gibt es Entwicklungen, wie die Regionalisierung, den Einfluss von Wirtschaftsakteuren auf Stadtentwicklungspläne oder den Trend zu einer „Planung durch Projekte", die im Gegensatz zu den oben genannten idealtypischen Merkmalen stehen und diese unter Druck setzen. Letztlich scheinen für die Stadtentwicklungspolitik in europäischen Städten zwei wesentliche Entwicklungsrichtungen möglich: Zum einen besteht die Möglichkeit, dass die idealtypischen Merkmale trotz teilweise gegenläufiger Trends weiterhin als Spezifika europäischer Stadtentwicklungspolitik zu finden sind. Zum anderen könnte der Trend zu Governance dazu führen, dass die Eigenheiten europäischer Stadtentwicklungspolitik verschwinden.

Setzt sich nun eine dieser beiden Entwicklungsrichtungen durch und wie gestaltet sich das Verhältnis von Governance und Europäischer Stadt im Bereich Stadtentwicklungspolitik? Da es sich bei den beiden möglichen Entwicklungsrichtungen um Extrempositionen handelt, ist es auch möglich, dass in der Praxis deutliche Abweichungen bzw. Mischformen existieren. Zu untersuchen ist deshalb, wie stark die Abweichungen von diesen beiden Positionen sind.

Wenn man davon ausgeht - wie es in dieser Arbeit getan wird - dass Stadtpolitik zwar zu einem gewissen Grad durch den institutionellen Kontext bestimmt wird, aber Städte innerhalb dieses Kontextes handeln können, kann es keine eindeutige Antwort auf die obigen Fragen geben. Vielmehr ist zu erwarten, dass die Antworten von Stadt zu Stadt variieren. So könnte es beispielsweise sein, dass in München eine Stadtentwicklungspolitik zu finden ist, die näher am Idealtyp der Europäischen Stadt liegt, als sie es in Hamburg ist, in Toulouse eine andere Steuerungsform als in Lyon existiert und Bologna sich stadtentwicklungspolitisch von Turin unterscheidet. Verschiedene Studien, in denen zwar nicht Stadtentwicklungspolitik, sondern andere Politikfelder untersucht wurden, zeigen, dass die Antworten der lokalen Ebene auf die veränderten Rahmenbedingungen durchaus variieren können (z.B. Healey et al. 1997, Glock 2006, Giersig 2008). Im weiteren Verlauf werden deshalb keine generellen Antworten zur Stadtentwicklungspolitik europäischer Städte gegeben werden können. Aber am Beispiel einer Fallstudie wird aufgezeigt, ob sich Stadtentwicklungspolitik in dieser Stadt an das Modell der Europäischen Stadt annähert und ob die Merkmale von Governance und der Europäischen Stadt miteinander kompatibel sind. Grundsätzlich könnte jede europäische Stadt als Fallstudie dienen. Die geänderten Rahmenbedingungen wie Globalisierung, Europäisierung und postfordistischer Wandel stellen alle europäischen Städte vor neue Herausforderungen.

Bisher wurde das Modell der Europäischen Stadt gemäß des neoweberianischen Ansatzes jedoch ausschließlich in der westeuropäischen Stadtforschung angewandt. Die Beschränkung auf diese Städte ergab sich aufgrund des spezifischen sozio-historischen Kontexts, dem viele der Argumente zur Europäischen Stadt zu Grunde liegen sowie der für die westeuropäischen Länder zur Verfügung stehenden breiten komparativen Forschungen (Le Galès 2002: 20). Angesichts der politischen Situation Europas, die durch die EU-Osterweiterung geprägt wird, scheint es jedoch nicht angebracht, das Modell der Europäischen Stadt ausschließlich als westeuropäisch zu verstehen -„it does not seem plausible to equate the 'European Cities' with 'Western European Cities' anymore" (Giersig et al. 2006: 16).

Darüber hinaus stellt sich die Frage, in welche Richtung osteuropäische Städte sich entwickeln und ob dort Elemente der Europäischen Stadt zu erkennen sind. Aus diesem Grund wurde mit der polnischen Hauptstadt Warschau eine osteuropäische Fallstadt gewählt. Polen ist Teil der europäischen Union und die polnischen Städte unterliegen insofern den gleichen supranationalen Rahmenbedingungen wie westeuropäische Städte.

Die Auswahl der Stadt Warschau als Untersuchungsobjekt stellt in zweierlei Weise eine Neuerung dar: Mit der Untersuchung einer osteuropäischen Stadt wird das in einem westeuropäischen Kontext entwickelte Modell der Europäischen Stadt einem Test unterzogen. Geprüft wird, ob idealtypische Merkmale der Europäischen Stadt auch in Warschau zu finden sind oder ob die Warschauer Stadtentwicklungspolitik über andere Eigenschaften verfügt. Darüber hinaus ergibt sich auch eine neue Perspektive der postsozialistischen Stadtforschung. Bislang stand hier der Transformationsprozess im Vordergrund. Untersucht wurden im Wesentlichen die Aspekte des Übergangs von einem sozialistischen zu einem postsozialistischen, kapitalistischen System (vgl. Kapitel 4.2). Eine - oftmals implizite - Grundannahme war, dass sich die postsozialistischen Städte in einem Nachholprozess befinden und früher oder später an die westliche Entwicklung aufschließen. Nach nun annähernd 20 Jahren postsozialistischer Transformation ist zu bezweifeln, dass die osteuropäischen Städte sich ausschließlich unter diesem Gesichtspunkt betrachten lassen. Denkbar ist beispielsweise, dass die postsozialistische Stadtentwicklungspolitik nicht durch die Merkmale der Europäischen Stadt, sondern durch Governance-Steuerungsformen geprägt ist.

Hierfür ist es notwendig, den besonderen Kontext städtischer Entwicklung in Osteuropa aufzuzeigen. Im folgenden Kapitel werden aus diesem Grund die Besonderheiten der osteuropäischen Stadtentwicklung dargestellt. Um die Aspekte der postsozialistischen Transformation zu verstehen, aber auch zum Verständnis, wie die heutigen Stadtstrukturen entstanden sind, werden zunächst die Planungsgrundsätze, die Stadtpolitik und die Realität sozialistischer, osteuropäischer Städte beschrieben. Anschließend werden die allgemeinen Aspekte postsozialistischer Transformation und die Auswirkungen auf die stadtpolitischen Rahmenbedingungen aufgezeigt. Nach diesen auf Gesamt-Osteuropa bezogenen Aspekten erfolgt in Kapitel 5 eine genauere Betrachtung des polnischen und insbesondere des Warschauer Kontexts.

4 Die sozialistische Stadt und ihre Transformation

Die Auseinandersetzung mit einer osteuropäischen Stadt erfordert eine Analyse des spezifischen politischen und kulturellen Kontexts. Im folgenden Kapitel werden aus diesem Grund zunächst die Eigenschaften der sozialistischen Stadt und die Unterschiede zwischen sozialistischer und kapitalistischer Urbanisierung beschrieben. Anschließend erfolgen die Analyse postsozialistischer Transformation, ihre Reflektion in der sozialwissenschaftlichen Theoriebildung und die Darstellung der Auswirkungen auf die Städte.

Grundsätzlich ist jeder Versuch, die Region „Osteuropa" zu definieren, mit Schwierigkeiten und Ungenauigkeiten verbunden, da verschiedene Auffassungen existieren, inwieweit Länder wie Polen, Tschechien, Ungarn oder Slowakei osteuropäisch, mitteleuropäisch oder mittel- und osteuropäisch sind (vgl. Hamilton et al. 2005b: 6ff.). In den Dokumenten der Europäischen Union werden die Länder, die 2004 bzw. 2007 in die Europäische Union eingetreten sind, als *mittel- und osteuropäische* Länder bezeichnet (vgl. EU 2008). Allerdings ist unklar, ob es sich hier um mitteleuropäische oder osteuropäische Länder handelt oder ob alle Länder sowohl mittel- als auch osteuropäisch sind. Aufgrund dieser Unklarheiten und auch aus Gründen besserer Lesbarkeit wird in dieser Arbeit nicht der Begriff Mittel- und Osteuropa benutzt, sondern Osteuropa. Hierzu werden die Länder, die vor 1989 im sowjetischen Einflussbereich lagen und nun Teil der europäischen Union sind, gezählt. Auch wenn Osteuropa offensichtlich nicht nur aus diesen Ländern besteht, sondern eine weitaus größere Region umfasst, werden aufgrund der unterschiedlichen Transformationspfade und insbesondere angesichts der großen Bedeutung, die die Mitgliedschaft in der Europäischen Union auf die Stadtentwicklung hat (vgl. Kapitel 2.2.3), weitere Staaten z.B. die Ukraine, Weißrussland oder die Balkanstaaten aus der Analyse ausgeklammert.

4.1 Die sozialistische Stadt

Alle größeren Städte Osteuropas waren seit der Industrialisierung im 19. Jahrhundert Tcil des gesamteuropäischen Städtesystems und durch vielfältige Handelsbeziehungen mit den westeuropäischen Städten verbunden. Ebenso wie in westeuropäischen Städten veränderte die Industrialisierung die Städte und führte

113

zu ähnlichen Resultaten. Unterschiede zwischen ost- und westeuropäischen Städten existierten, jedoch waren diese vor allem auf einen später einsetzenden Industrialisierungsprozess und eine stärkere Bedeutung der Landwirtschaft zurückzuführen als auf strukturelle Unterschiede.

Erst nach dem Zweiten Weltkrieg entstand als Resultat der grundlegend anderen gesellschaftlichen Rahmenbedingungen in Osteuropa mit der sozialistischen Stadt ein neuer Stadttypus. Für das Verständnis dieses Stadttypus ist es zunächst notwendig, die wesentlichen Eigenschaften der sozialistischen Gesellschaft zu betrachten. Pickvance (2002: 184) nennt vier idealtypische Strukturmerkmale sozialistischer Gesellschaften: Ein Wirtschaftssystem, in dem sich alle Wirtschaftseinheiten im Staatseigentum befinden, ein zentralstaatlicher Planungsansatz für die Wirtschaftseinheiten, ein politisches System, in dem die kommunistische Partei eine Monopolstellung innehat sowie die Verflechtung von Staats- und Parteistrukturen. Das System der Planwirtschaft und das damit verbundene politische System hatten große Auswirkungen auf die Städte, da durch die Einführung der sozialistischen Gesellschaftsordnung in Osteuropa sich auch die Hauptdeterminanten der Stadtentwicklung z.B. durch den direkten staatlichen Einfluss auf die Flächennutzung und den Wohnungsbau vollständig änderten (Tosics 2005a: 48):

Bei der Darstellung sozialistischer Stadtentwicklung bzw. der sozialistischen Stadt sind allerdings einige Aspekte zu beachten. So wurden nur wenige osteuropäische Städte nach 1945 nach sozialistischen Gesichtspunkten neu errichtet, der überwiegende Teil der Städte existierte bereits vor dem Zweiten Weltkrieg. Die sozialistische Stadtentwicklung baute in der Regel auf den vorsozialistischen, kapitalistischen Strukturen auf und stellt demnach keine „reine" Urbanisierungsform dar, „socialism could not build overnight, and nor could its cities" (Smith 1996: 72). Städte, die nach dem Zweiten Weltkrieg gegründet wurden und als sozialistische Städte im eigentlichen Sinn zählen können z.B. Eisenhüttenstadt oder Nowa Huta waren genau genommen eine Ausnahme. Die meisten Städte waren eher „Städte im Sozialismus" als „Sozialistische Städte" (Häußermann 1996: 5). Des Weiteren existierten auch innerhalb der osteuropäischen Staaten verschiedene Formen der Urbanisierung. Der Begriff der „sozialistischen Stadt" unterscheidet nicht zwischen den einzelnen länderspezifischen Ausprägungen und kann deshalb nur in einem generellen Sinn verwendet werden. Im Rahmen dieser Arbeit wird der Begriff „Sozialistische Stadt" als Oberbegriff verwendet, der die Entwicklungen in den einzelnen Ländern und auch die Unterschiede zwischen den neu gegründeten „sozialistischen Städten" und den vor-sozialistisch geprägten „Städten im Sozialismus" vernachlässigt und vor allem die Gemeinsamkeiten darstellt. Als sozialistische Stadt wird demnach im Rahmen dieser Arbeit in Anlehnung an Smith (1996: 71) eine Stadt bezeichnet, in der das sozialistische Regime eine bestimmte Vorstellung von Stadt/Stadt-politik realisiert hat bzw. realisieren wollte, die sich von Städten/Stadtpolitiken anderer Gesellschaftssysteme unterscheidet.

4.1.1 Stadtpolitik in der sozialistischen Stadt

Das sozialistische Modell der Stadtpolitik war vollständig der zentralstaatlichen, parteipolitisch beeinflussten Planwirtschaft untergeordnet (Tosics 2005a: 52). Stadtpolitik wurde als Mittel gesehen, die auf zentralstaatlicher Ebene entwickel-ten planwirtschaftlichen Vorgaben zu realisieren. Als Resultat dieses engen Zu-sammenhangs zwischen zentralstaatlicher und lokaler Ebene spielten staatliche Institutionen wie Wohnungsbaufabriken eine entscheidende Rolle für die Kom-munalpolitik. Die kommunale Entwicklung wurde insofern zu einem ganz über-wiegenden Teil von supralokalen Akteuren und zentralstaatlichen Zielen be-stimmt. Dieser Zentralismus führte dazu, dass es keinen Handlungsspielraum für kommunale Selbstverwaltung gab, „local discretion to decide on financial issues or modes of service delivery was next to none." (Swianiewicz 2005a: 100).

Stadtpolitik wurde von staatlichen Institutionen gesteuert. Hierzu zählten unterschiedliche Institutionen, die den Staat auf lokaler Ebene repräsentierten wie die lokalen Vertretungen unterschiedlicher Ministerien, staatliche Unter-nehmen mit ihren Untereinheiten und auch die lokale Verwaltung. Ein Kennzei-chen der Planwirtschaft war die Dominanz vertikaler über räumliche (horizonta-le) Strukturen (vgl. Sagan 2008: 4). Das bedeutete, dass die Verflechtungen auf unterschiedlichen räumlichen Ebenen innerhalb einzelner Politikfelder (vertikale Strukturen) stärker waren als die Verbindung verschiedener Politikfelder auf einer räumlichen Ebene. In der Praxis der Stadtentwicklung führte das dazu, dass jedes Politikfeld versuchte, möglichst viel Einfluss zu erlangen. Da die Stadt-verwaltung weder über finanzielle noch über rechtliche Steuerungsinstrumente verfügte, existierte eine sektorübergreifende Koordination von Plänen oder ande-re Formen der Steuerung nicht oder war sehr schwach ausgeprägt. Infolgedessen bestand für die lokale Politik der sozialistischen Stadt keine Möglichkeit, den Flächenverbrauch der unterschiedlichen wirtschaftlichen Produktionen zu steuern. Die Ansiedlung von Industrieunternehmen wurde von zentralstaatlichen politischen Vorgaben bestimmt und folgte nicht wirtschaftlichen Zielen.

Ein Beispiel für die Ansiedlungspraxis der sozialistischen Stadt stellt Kra-kow/Nowa Huta dar: In den 1950er Jahren entstand mit der Stadt Nowa Huta und dem dazugehörigen Stahlwerk eine neue Industrieansiedlung in unmittelba-rer Nähe der traditionsbewussten Beamten- und Künstlerstadt Krakow. Den Anstoß für die Stadtgründung gaben die zentralstaatlichen Planungsbehörden.

Als offizielle Gründe für die Standortwahl der Ansiedlung wurde der Überschuss an Arbeitsplätzen in der Region, die Verkehrsinfrastruktur sowie Wasserverfügbarkeit und die Bodenbeschaffenheit genannt (Loegler 1993: 149). Allerdings ist davon auszugehen, dass die wesentlichen Motive bei der Standortwahl politisch-ideologische Überzeugungen auf zentralstaatlicher Ebene waren: Die Abneigung der Krakower Bevölkerung gegenüber dem kommunistischen System spiegelte sich im Referendum 1946 wider, bei der - im Gegensatz zum übrigen Land - ein Großteil der Krakower gegen die Kommunisten gestimmt hatten. Deshalb planten die staatlichen Institutionen mit Nowa Huta eine Arbeiterstadt, in der die Avantgarde des Sozialismus konzentriert werden sollte - quasi als Gegengewicht zur alten kapitalistisch geprägten Bürgerstadt Krakow. Einer der Planer von Nowa Huta nannte als Grund für die Standortwahl „den Willen, einen starken Arbeitermittelpunkt zu schaffen, mit einer zukünftigen sozialistischen Gesellschaft, der mit der Zeit Einfluss und auch Veränderungen in der Stadt Krakow/Krakau mit ihrer ansässigen Bevölkerung hervorbringt." (Loegler 1993: 150). Nowa Huta stellte demnach ein nationales Demonstrationsvorhaben dar. Aufgrund der Einwohnerzahl von annähernd 250.000 EW und der Größe von Stadt und Stahlwerk, die zusammen in etwa die gleiche Siedlungsfläche wie der Rest der Stadt Krakow einnahm, war der Einfluss der eingemeindeten Siedlung Nowa Huta auf die Entwicklung der Stadt Krakow enorm. Dieses wichtige Element der räumlichen Entwicklung der Stadt war nicht Ergebnis einer lokalen Stadtentwicklungsstrategie, sondern Resultat supralokaler, politischer Ziele.

Zwar verabschiedete die kommunistische Partei in Polen aufgrund der Ineffizienz der zentralstaatlichen Steuerung einige Gesetzesänderungen zur Dezentralisierung (z.B. 1983 und 1988), allerdings führten diese kleinen Reformen nicht zu einer Demokratisierung oder zu einer effektiveren Lokalverwaltung, veränderten also den zentralstaatlichen Steuerungsanspruch nicht (Swianiewicz 2005a: 100f.).

Ähnlich stellte sich auch die Situation in Ostdeutschland dar (vgl. hierzu Neckel 1992, Betker 2005). Die Kommunen, per Gesetz keine autonomen Gebietskörperschaften, sondern als „örtliche Organe der Staatsmacht" bezeichnet, hatten als eigenständige politische Instanzen faktisch keine Bedeutung (Betker 1998: 283). Entscheidend für die ostdeutsche Stadtentwicklung waren die autoritär „von oben" vorgegebenen Grundsätze des Städtebaus. Für die Stadtentwicklung entscheidende Aspekte z.B. der Wohnungsbau oder die Ansiedlung von Industrien lagen nicht in der Steuerungskompetenz der Kommunen, sondern wurden auf übergeordneten Ebenen bestimmt. Wichtige Lebensbereiche einer Stadt gelangten überhaupt nicht in den kommunalen Zugriff; „eine langfristige Stadtplanung durch die Gemeinde selbst war daher weder sinnvoll noch möglich" (Häußermann 1996: 8).

116

Neben der nationalen Ebene hatten insbesondere die staatlichen Betriebe Einfluss auf die Entwicklung und Flächennutzung der Kommune. Darüber hinaus stellten diese auch wichtige Orte der Lebensorganisation und der Daseinvorsorge dar, so dass die Kommunen neben fehlender Bedeutung bei der Stadtentwicklung auch über keine eigene sozialpolitische Rolle verfügten (Lüders 1991: 202). Die politische Funktion der sozialistischen Städte war schwach ausgeprägt und stand in krassem Gegensatz zum Prinzip der kommunalen Selbstverwaltung in westeuropäischen Städten. Auch unterschieden sich die sozialistischen Städte aufgrund der Dominanz zentralstaatlicher Steuerung und fehlender lokalen Sozialpolitik von den idealtypischen Eigenschaften der Europäischen Stadt, zu denen die Konstituierung der Stadt als kommunaler Akteur und ein umfassender kommunaler Handlungsspielraum gehört. Eigenverantwortliche Entscheidungen über Bauvorhaben, beispielsweise weniger, dafür aber bessere Wohnungen zu bauen, war nahezu unmöglich (Betker 2005: 126).

Der starke zentrale Einfluss auf die kommunale Politik sozialistischer Städte führte jedoch nicht dazu, dass in der Praxis alle Entscheidungen auf nationaler Ebene getroffen wurden und es auf lokaler Ebene keine Auseinandersetzungen um Einfluss und Macht gab. Wie Sagan (2008) erläutert, entstanden auch in sozialistischen Städten informelle Koalitionen ähnlich der in Kapitel 3.3.1 beschriebenen Urbanen Regime: Die Stadtverwaltungen in den sozialistischen Städten verfügten nur über geringe Kompetenzen und wenig Einfluss. Die einzige Möglichkeit, ihren Einfluss zu vergrößern bestand insofern aus der Bildung von Koalitionen mit stärkeren Akteuren auf lokaler Ebene. Hierzu zählten in erster Linie die Staatsbetriebe. Oberste Priorität kommunaler Politik besaß die Ansiedlung eines dieser Betriebe, möglichst aus einem Industriesektor, der politische Priorität hatte (z.B. die Schwerindustrie). Die Staatsbetriebe waren für die Lokalpolitik von existentieller Bedeutung: Bei der Realisierung eigener und vorgegebener Ziele waren die Kommunen vollständig von den Ressourcen der örtlichen Betriebe abhängig (Neckel 1992: 257). „If a community lacked a large and nationally important industrial enterprise, local authorities had virtually no possibility of building a sufficiently influential regime, and consequently were virtually unable to make active local policy" (Malisz 1981, zitiert nach Sagan 2008: 5). Da die Entscheidungen über die Ansiedlung von Industrien durch zentralstaatliche Entscheidungsträger getroffen wurden, versuchten lokale Akteure auf diese Einfluss zu nehmen und so Industrieansiedlungen zu forcieren. Gelang es den kommunalen Akteuren, Industrie anzusiedeln, profitierten die Kommunen in Form von stärkeren Investitionen z.B. im Bereich der Verkehrsinfrastruktur und kulturellen Einrichtungen, die von den Betrieben durchgeführt wurden. „Die örtlichen Verwaltungen mussten als Bittsteller ständig den Kontakt zu den Betrieben suchen, um Straßen, Sportanlagen oder Versorgungskomplexe bauen, unterhalten oder reparieren zu können (…). (…) Die Betriebe waren die Sponsoren der Stadt (…)" (Neckel 1992: 258) und hatten auch Einfluss auf die Kultureinrichtungen einer Stadt. Aus diesen informellen Strukturen kristallisierte sich unterhalb der nationalen Leitungsebene der Partei ein lokales Establishment als informelles Aushandlungsgremium mit den Leitern der örtlichen Betriebe, lokalen Parteivertretern, Vertretern der Wohnungsgenossenschaften und anderen Akteuren heraus (Sagan 2008). Diese informellen Koalitionen in sozialistischen Städten bestanden im Gegensatz zu den kapitalistischen Städten nur aus wenigen Akteuren und waren vermutlich weniger stark ausgeprägt. Allerdings ist festzustellen, dass ungeachtet der Versuche, eine umfassende zentralstaatliche (=parteipolitische) Steuerung der Stadtentwicklung während des Sozialismus zu realisieren, innerhalb der einzelnen Städte Koalitionen existierten, die einen gewissen Einfluss auf die Stadtentwicklung nahmen. Die informellen Bündnisse führten dazu, dass sich in verschiedenen sozialistischen Städten urbane Regimes herausbildeten und in der Praxis unterschiedliche Formen von Stadtsteuerung innerhalb des sozialistischen Systems zu finden waren (Sagan 2008: 7).

Die Rolle und Funktionsweise dieser informellen Koalitionen für den Stadtentwicklungsprozess kann im Rahmen dieser Arbeit nicht ausführlicher analysiert werden, allerdings ist darauf hinzuweisen, dass die Koalitionen auf lokaler Ebene in sozialistischen Städten durchaus Gemeinsamkeiten mit den in Kapitel 3.2 beschriebenen Governanceformen haben. Zwar beruhte die Erkenntnis, dass die Stadtverwaltung zur Erfüllung ihrer Aufgaben externe Partner braucht, nicht auf den gewandelten Rahmenbedingungen, sondern war ein Resultat des sozialistischen Systems. Auch die sozialistischen Staatsbetriebe können nicht mit den heutigen privaten Akteuren verglichen werden, aber ein ähnlicher Ansatz ist erkennbar: Sozialistische Städte hatten im Sozialismus aufgrund ihrer Stellung innerhalb des politischen Systems keine „power over", insofern versuchten sie, über Kooperationen eine „power to" zu erlangen.

4.1.2 Planungsgrundsätze und Leitvorstellungen

Der Staat (= Die Partei) hatte eine dominierende Rolle bezüglich aller Formen der Stadtentwicklung. Aufgrund der hierarchischen Form der Entscheidungsfindung war die kommunale Ebene nur mit wenigen Kompetenzen ausgestattet. Auch Aspekte, die nur kommunale Sachverhalte betrafen, wurden auf übergeordneten Ebenen entschieden. Gleichzeitig existierten keine unabhängigen Wirtschaftseinheiten. Die Betriebe waren verstaatlicht und in das hierarchische System mit der staatlichen Ebene als letzte Entscheidungsinstanz eingebettet.

In dieser Situation war eine deutlich andere Form von Stadtentwicklung als in kapitalistischen Gesellschaften möglich. Stadtplanung bzw. Stadtentwicklung in westlichen Städten stellt immer einen Kompromiss zwischen privaten und öffentlichen Bedürfnissen dar. Eine wesentliche Aufgabe kapitalistischer Stadtplanung ist es, einen geeigneten Rahmen für private Investitionen zu bieten (bzw. die privaten Investitionen zu aktivieren). In den sozialistischen Gesellschaften verfügten die Planer über wesentliche Entscheidungsbefugnisse und auch über die entsprechenden Umsetzungsinstrumente. Leitlinien und Ziele der Stadtentwicklung waren in sozialistischen Städten deshalb wichtig, da sie (zumindest theoretisch) nicht mit betroffenen Grundeigentümern oder anderen zivilgesellschaftlichen Akteuren abgestimmt werden mussten und darüber hinaus aufgrund der hierarchischen Entscheidungsstruktur zentral festgelegt wurden, insofern eine weit reichende Wirkung hatten.

Die Leitlinien der Stadtentwicklung in den sozialistischen Städten waren aber nicht konstant. Musil (2005: 31ff.) unterscheidet zwischen vier unterschiedlichen Phasen der Urbanisierung. In jeder dieser Phasen wurden struktur- und stadtpolitische Schwerpunkte der räumlichen Entwicklung und der Verteilung von Bevölkerung und industrieller Produktion bestimmt. Diese Phasen ähnelten sich in allen Ländern Osteuropas.

Erste Phase 1945-1960

Nach dem Zweiten Weltkrieg existierten zunächst nur wenige konkrete Vorstellungen, in welcher Art und Weise sozialistische Städte entwickelt werden sollten. Die klassischen Arbeiten von Marx enthielten nur wenige Hinweise zur räumlichen Organisation sozialistischer Gesellschaften und damit zu Aspekten der Stadtentwicklung. Die Grundideen waren die Zurückweisungen von Marktmechanismen, die Eliminierung sozialer Unterschiede zwischen Stadt und Land, eine gerechtere räumliche Verteilung von Industrie und Bevölkerung und die räumliche Integration von Landwirtschaft und Industrie (Musil 2005: 27). Diese Ideen bildeten - in modifizierter Form- die Grundlage der Stadtentwicklung in der Sowjetunion ab den 1920er Jahren, die wiederum nun als Vorbild der osteuropäischen sozialistischen Stadtentwicklung dienen sollte. Der Schwerpunkt in dieser ersten Phase lag auf einer schnellen Industrialisierung. Es wurde angenommen, dass industrielles Wachstum zu einer Verbesserung der Lebensbedingungen führt. Insofern lässt sich von einer Dominanz der Ökonomie sprechen. Aufgabe der räumlichen Planung war nur die Lokalisierung von Investments, die bereits in der ökonomischen Planung festgelegt waren. Ein erster Konflikt wurde erkennbar zwischen den Zielen einer schnellen Industrialisierung und des sozialistischen Grundsatzes der gleichmäßigen räumlichen Verteilung der Industrie. Dieses Spannungsverhältnis wurde nicht gelöst. Die Planer dieser Zeit waren in der misslichen Lage, einerseits zwar über weitgehende Entscheidungsmacht über die räumliche Entwicklung zu verfügen, andererseits aber nur geringe Kenntnisse über die Zielvorstellungen und gewünschten räumlichen Entwicklungen zu besitzen (vgl. Musil 2005: 32).

Städtebaulich dominierte in dieser ersten Phase ein „sozialistischer Städtebau", der eine kompakte Stadt sozialistischen Typs propagierte. Insbesondere das Zentrum der Stadt sollte als politischer Ort umgestaltet werden. Großflächige Aufmarschplätze, neue Kultureinrichtungen und Gebäude für Politik und Verwaltung wurden errichtet, die Ausdruck des neuen sozialistischen Selbstverständnisses waren. Beispiele für die erste Phase, in der die Stadtzentren nach sozialistischen Städtebauvorstellungen umgestaltet wurden finden sich z.B. in der Karl-Marx-Allee in Berlin. Auch der Warschauer Kulturpalast stellt ein Beispiel hierfür dar.

Zweite Phase (1960er Jahre)

In dieser Phase wurden die ersten Urbanisierungsstrategien erstellt. Eine „normative Version von Christallers Modell der zentralen Orte" (Musil 2005: 32f.) war die Basis für die Urbanisierungsstrategien in der Tschechoslowakei, Ungarn und Slowenien. Ziel war es, durch das Zentrenkonzept soziale Differenzen zwischen den Räumen zu verringern und den Zugang der Bevölkerung zu infrastrukturellen Einrichtungen sicherzustellen. Für Ungarn sah die Planung z.B. die Stärkung von fünf Regionalzentren vor, die als Gegengewicht zu Budapest etabliert werden sollten. Gleichzeitig wurde die Ansiedlung von weiteren industriellen Fertigungsstätten in Budapest verboten. In Polen war allerdings der Einfluss der vorsozialistischen Strukturen so stark, dass nur eine modifizierte Version des Modells realisiert wurde. Das oberschlesische Industriegebiet verfügte bereits vor dem Zweiten Weltkrieg über umfassende Infrastruktureinrichtungen, während der Nordosten Polens auf eine lange landwirtschaftliche Tradition zurückblicken konnte und nur in geringem Maß urbanisiert war. Folglich sahen die polnischen Urbanisierungsstrategien Entwicklungs-„korridore" und -„gürtel" vor.

Städtebaulich wurde in dieser Phase ein anderer Schwerpunkt als in der vorigen gelegt. Nicht mehr die Stadtzentren und ihre repräsentative Umgestaltung stand im Vordergrund, sondern der Bau von Wohnungen und Service-Einrichtungen (Kostinskiy 2001: 452). Die Vorbilder hierfür waren die russischen *mikroraion* (Mikro-Regionen), wie die geplanten Stadtviertel genannt wurden, in denen 5.000 - 15.000 Einwohner wohnten und für die spezifische

Infrastruktureinrichtungen geplant waren (Smith 1996: 75). Städtebaulicher Schwerpunkt bildete nun nicht mehr das Stadtzentrum, sondern der Stadtrand, in der diese Bauform in industrieller Bauweise überwiegend errichtet wurde (vgl. Hannemann 2000).

Dritte Phase (1970er Jahre)

Es stellte sich heraus, dass die Entwicklung der Städte nach den politischen Vorgaben in der Realität nicht verwirklicht wurde. So wuchsen in Polen und der Tschechoslowakei die für Wachstum ausgewählten Städte in geringerem Maße als andere Städte. Infolgedessen wurden z.b. in Polen neue Urbanisierungsstrategien erstellt, in denen spontanes Wachstum mit einer Wachstumspolitik für die dünner besiedelten Gebiete verbunden wurde. Ziel war die Interaktion zwischen großen Teilen der Bevölkerung. Der Ansatz wurde als „Moderate polyzentrische Konzentration" bezeichnet. Grundsätzlich, und dies war auch erkennbar in den anderen sozialistischen Ländern, gab es eine Abkehr von normativen und utopischen Konzepten hin zu einem eher pragmatischen Ansatz.

Städtebaulich war die dritte Phase wie bereits die zweite durch den Wohnungsbau geprägt. Zu dieser Zeit existierte Wohnungsmangel, so dass das sozialistische Regime die Wohnungsfrage zu einem zentralen politischen Thema machte und in großem Umfang Wohnungen errichtete. Wohnbegleitende Infrastruktur wurde vernachlässigt und die quantitativen Ziele führten zu einem antiurbanistischen, d.h. zu einem Funktionsmischung vernachlässigendem Städtebau.

Vierte Phase (1980er Jahre)

Ende der 1970er/Anfang der 1980er Jahre wurde kein neuer Planungsansatz entwickelt, sondern nur Modifikationen bestehender Ansätze durchgeführt und ein pragmatisches Vorgehen forciert. Als Reaktion auf neue sozio-politische Entwicklungen wie die wirtschaftliche Stagnation, das Wachstum der informellen Wirtschaft und eine abnehmende Bedeutung der Planwirtschaft wurden Programme z.b. zur Revitalisierung und Konversion alt-industrieller Regionen oder Maßnahmen für periphere Gebiete mit großen Bevölkerungsverlusten entwickelt. Allerdings hatten diese Ansätze einen starken reaktiven Charakter, „the time of great projects and strategies was over" (Musil 2005: 35).

Auch städtebaulich gab es keinen neuen Ansatz. Der Bau von großflächigen Wohnvierteln und damit die Bereitstellung von Wohnraum für die Bevölkerung

war Leitbild. Realisiert wurden diese Neubaugebiete überwiegend an den Stadträndern. Nur vereinzelt wurden innerstädtische Wohnungen errichtet oder Alt-
bausanierungen durchgeführt (z.B. in Ost-Berlin zur 750-Jahr-Feier der Stadt
Berlin).

Die Leitlinien der sozialistischen Stadt variierten in den vier Phasen. Gemeinsam sind ihnen die zentralstaatliche Steuerung, die Abwesenheit von Bodenpreisen und Bodenrenten und das Fehlen von privaten Unternehmen oder
zivilgesellschaftlichen Vereinigungen als Akteure der Stadtentwicklung.

4.1.3 Kennzeichen real-sozialistischer Stadtentwicklung

Die Leitlinien sozialistischer Stadtentwicklung und der umfassende öffentliche
Steuerungsanspruch ließen sich in der Realität nur bedingt umsetzen. Kennzeichnend für die sozialistische Stadt waren deshalb nicht nur die idealtypischen,
auf zentralstaatlicher Ebene entworfenen Vorstellungen von Stadtentwicklung,
sondern auch teilweise ungeplante und informelle Entwicklungen, die sich aufgrund der speziellen Rahmenbedingungen des sozialistischen Gesellschaftssystems ergaben und ebenfalls zum spezifischen Stadttyp der sozialistischen Stadt
beitrugen. Zu nennen sind hier: Unterurbanisierung, Stadtstruktur und die sozialräumliche Verteilung.

Unterurbanisierung

Der Begriff der Unterurbanisierung beschreibt den Urbanisierungsprozess der
osteuropäischen Städte. Der Begriff steht im Gegensatz zu „Überurbanisierung",
mit dem Stadtentwicklungsprozesse in den Entwicklungsländern beschrieben
wurden (vgl. Pickvance 2002: 184ff.). Industrialisierungsprozesse westlicher
Städte waren gekennzeichnet durch ein proportionales Verhältnis zwischen Industrialisierung (Anteil der arbeitsfähigen Personen, die in der fertigenden Industrie beschäftigt sind) und Urbanisierung (Anteil der Bevölkerung, die in Städten lebt). In den Entwicklungsländern wurde Überurbanisierung festgestellt, d.h.
der Anteil der städtischen Bevölkerung lag höher, als in dem Modell der westlichen Industrialisierung angenommen. Bei gleichem Industrialisierungsgrad war
also der Anteil der städtischen Bevölkerung in diesen Städten höher als in den
westlichen Städten. Das bedeutet, dass nach der Theorie der Überurbanisierung
in den Städten der Entwicklungsländer die städtische Bevölkerung schneller
wächst als die Arbeitsplätze (Szelenyi 1996: 294). Auf Grundlage dieser Überle-
gungen stellten Szelenyi und Konrad bereits 1974 am Beispiel ungarischer Städ-

te fest, dass für sozialistische Städte ein gegensätzlicher Trend zu erkennen war und von „Unter-Urbanisierung" zu sprechen ist (vgl. Szelenyi 1996: 294ff.). Der Anteil der städtischen Bevölkerung war in den sozialistischen Städten bei gleichem Industrialisierungsgrad niedriger als in westlichen Städten. Entscheidend hierfür war das sozialistische System: Während des späten 19. Jahrhunderts und bis zu den 1940er Jahren war das Verhältnis zwischen Urbanisierung und Industrialisierung in den ungarischen Städten und westlichen Städten ähnlich. Ab den 1950er Jahren entstanden dann unterschiedliche Entwicklungsmuster mit einem stärkeren Anstieg des Industrialisierungsgrads in den ungarischen Städten (Szelenyi 1996: 295f.). Die Ursachen für die „Unter-Urbanisierung" wurde in der Einführung des Sozialismus gesehen, allerdings entwickelten Ökonomen und Soziologen unterschiedliche Erklärungsansätze (vgl. Pickvance 2002: 185f.). Der ökonomische Ansatz sah die Investmentprioritäten des Staatssozialismus als entscheidende Ursache der Unterurbanisierung. So wurden vor allem Investitionen in der industriellen Produktion vorgenommen, während versucht wurde, im Bereich der Infrastruktur die Investments möglichst gering zu halten. Die Maßnahmen hierfür waren die Reduzierung der Infrastruktur und Dienstleistungsausgaben je Stadtbewohner, die Reduzierung des Anteils nicht-produktiver Bevölkerung sowie die Einschränkung der Land-Stadt-Migration. Da Infrastrukturkosten im ländlichen Raum weniger kostenintensiv sind als in der Stadt, wurde dort in besonderem Maß investiert (Pickvance 2002: 186). Ergebnis war der hohe Industrialisierungsgrad und die vergleichsweise geringe Urbanisierungsquote.

Der soziologische Erklärungsansatz für die Unterurbanisierung thematisierte die sozialen Effekte der Wohnungsversorgung. Auch wenn der Schwerpunkt des staatlichen Wohnungsbaus in den Städten lag, so existierte dort Wohnungsmangel. Insbesondere junge Paare mussten oft lange Wartezeiten für eine städtische Wohnung in Kauf nehmen, die in den sozialistischen Ländern zwischen drei und vier Jahren in Ostdeutschland und 15 bis 30 Jahren in Polen variierten (Kornai 1992, zitiert in Pickvance 2002: 186). Haushalte, die keine städtische Wohnung bekommen konnten, mussten aus diesem Grund aus den ländlichen Regionen in die Städte zu ihren Arbeitsplätzen in der industriellen Produktion pendeln, was statistisch zu einem hohen Industrialisierungs- und einem geringen Urbanisierungsgrad führte.

Zusammenfassend kann die Unter-Urbanisierung als ein spezifisches Merkmal sozialistischer Stadtentwicklung angesehen werden. Die Ursachen für die Unter-Urbanisierung sind innerhalb der Funktionsweise des sozialistischen Systems zu finden (Wohnungsversorgung und Investmentprioritäten) und führten zu einer spezifischen Form der Urbanisierung, die sich von westlicher Stadtentwicklung deutlich unterscheidet. Szelenyi (1996: 297ff.) betont, dass es Unterschiede zwischen Urbanisierungsprozessen verschiedener sozialistischer Gesell-

schaften gibt. In allen sozialistischen Gesellschaften fand der Industrialisierungsprozess aber mit einer geringeren räumlichen Konzentration der Bevölkerung statt als in kapitalistischen Gesellschaften.

Kritisch anzumerken ist, dass dieses Konzept durch eine westliche Sichtweise geprägt ist und mit Begriffen wie „Über-" bzw. „Unterurbanisierung" die
westliche Stadtentwicklung als global gültiger Maßstab gesehen wird. Ungeachtet dieser begrifflichen Schwierigkeiten verdeutlicht das Konzept jedoch die
spezifischen Eigenschaften sozialistischer Stadtentwicklung.

Sozialistischer Städtebau und stadtstrukturelle Besonderheiten

Wie bereits dargestellt, existierten spezifische Vorstellungen davon, nach welchen Leitlinien Städtebau im Sozialismus betrieben werden sollte. Auch in der
Realität konnten typische stadtstrukturelle Muster des sozialistischen Städtebaus
erkannt werden.

Die innerstädtischen Flächen wurden als Raum politischer Repräsentation
gesehen und baulich entsprechend gestaltet. Monumentale Plätze und Straßen für
politische Paraden wurden nicht in allen sozialistischen Städten realisiert, können aber trotzdem als typische Elemente sozialistischer Stadtzentren gesehen
werden (Sailer-Fliege 1999: 9). Ziel der Stadtplanung war es, dem Stadtzentrum
einen ideologischen Charakter zu geben. Im Gegensatz zur kapitalistischen Stadt
bildete nicht der Marktplatz das Zentrum der Stadt, sondern Räume für politische
Repräsentation, in der eine spezifische Form kollektiven Lebens stattfinden sollte (Aleksandrowicz 1999: 4). Darüber hinaus gab es auch innerstädtische Servi-
ceeinrichtungen und Geschäfte, die aber nur einen kleinen Teil des Stadtzentrums ausmachten. Ein weiterer Gegensatz bildete die Bedeutung des innerstädtischen Wohnens. Da die sozialistische Idee keine Bodenrente kannte und Nutzungen unabhängig von ihrer wirtschaftlichen Rendite angesiedelt werden konnten, war der Anteil an Wohnnutzung in der Innenstadt höher als in kapitalistischen Städten. Auch wurden Neubauten in Plattenbauweise in der Innenstadt
errichtet.

Ein anderes Merkmal des sozialistischen Städtebaus war die Vernachlässigung der Altbaugebiete, also des vor-sozialistischen Wohnungsbestands. Häußermann (1996: 16f.) nennt drei wesentliche Gründe für die Vernachlässigung
des Altbaubestands in der DDR, die so auch in den anderen sozialistischen Ländern anzutreffen waren:

- Die Altbauten standen im ideologischen Gegensatz zu den im Sozialismus
  errichteten Neubauten. Sie wurden als Erbe kapitalistischer Stadtentwicklung gesehen und erschienen als ungeeignet zur Realisierung einer sozialis-

tischen Lebensweise. Aufgrund dieses Zusammenhangs wurden keine Investition vorgenommen und die Wohnungen blieben auf dem Modernisierungsstand der Jahrhundertwende.

- Die Mietshäuser waren teilweise noch in Privatbesitz und die staatlichen Organe hatten kein Interesse, in diesen Besitz zu investieren. Auch die privaten Eigentümer investierten nicht in diesen Bestand, da aufgrund der festgeschriebenen Mieten Reparaturmaßnahmen nicht refinanzierbar gewesen wären. Darüber hinaus war auch die Zahl der Handwerksbetriebe, die solche Reparaturmaßnahmen durchführen konnten, gering, da sich die Baupolitik auf die industrialisierte Bauweise konzentrierte.
- Die Bevorzugung des Neubaus geschah auch aufgrund erwarteter Rationalisierungseffekte durch die industrialisierte Bauweise. In der Praxis sind die Rationalisierungseffekte allerdings nie eingetreten.

Der Wohnungsneubau prägt die sozialistische Stadt. Ab Mitte der 1960er Jahre wurde Wohnungsneubau in industrialisierter Bauweise realisiert („Plattenbauweise", vgl. Hannemann 2000). Die neuen Wohnstandorte waren meist großmaßstäbige Wohnsiedlungen, die an den Stadträndern entwickelt wurden. Die meisten dieser Siedlungen waren von großen staatlichen Bauunternehmen errichtet und diese Bauherren bevorzugten aufgrund der (erhofften) Rationalisierungseffekte große Projekte mit 5.000-15.000 Wohneinheiten statt kleinere (Szelenyi 1996: 305). Standorte waren meist die Stadtränder. Diese Form der Stadtentwicklung verfolgte egalitäre Prinzipien. So sollte durch die Produktion genormter Wohnungen und den gleichen Zugang zur Infrastruktur gleiche Voraussetzungen für alle Bevölkerungsschichten geschaffen werden (Enyedi 1996: 110). Aufgrund der Dominanz staatlichen Wohnungsbaus und des zentralstaatlichen Planungsmonopols gab es keine eine auf individuellem Wohnungsbau beruhende Suburbanisierung, wie sie für westeuropäische Städte in dieser Zeit typisch war. Die sozialistischen Städte waren aus diesem Grund weitgehend kompakte Städte.

Soziale Segregation

Ein Leitbild der sozialistischen Stadt war die Vermeidung bzw. Verringerung sozialer Ungleichheit. In der Praxis entwickelten sich dennoch Tendenzen sozialer Segregation. Aufgrund fehlender Daten aber auch aufgrund der offensichtlichen Diskrepanz zu den offiziellen Leitlinien der sozialistischen Stadtpolitik war die Segregationsforschung während der sozialistischen Zeit jedoch schwierig. Erklärtes Ziel der staatlichen Wohnungspolitik war ja gerade die Aufhebung sozialer Wohndifferenzen, soziale Segregation stand also im Widerspruch zur zentralen Ideologie. Studien hierzu konnten also - falls überhaupt - nur in geringem Umfang veröffentlicht werden (vgl. Hannemann 2000: 130ff.).

Die ersten Forschungen zum Themenbereich Segregation in sozialistischen Städten gingen davon aus, dass Ungleichheiten in der Wohnungsversorgung ein Erbe der kapitalistischen Zeit sind und längerfristig durch die sozialistische Stadtentwicklung beseitigt werden - eine Einschätzung, die so auch von staatlicher Seite gesehen wurde (Ruoppila 2004: 3). Die erste Studie, die sich mit sozialer Ungleichheit innerhalb der sozialistischen Stadt- und Wohnungsversorgung beschäftigte, war Szelenyis Untersuchung in den ungarischen Städten Pecs und Szeged (Szelenyi 1983). Er untersuchte, welche Personengruppen in welchen Wohnungstypen wohnten. Ergebnis seiner Studie war, dass es große Unterschiede bezüglich der Wohnungsversorgung gab und diese Unterschiede nicht nur in den vor-sozialistischen Wohnungsbeständen existierten. „The social groups with the highest income move steadily towards the highest housing classes in the state and markets sectors, and come close to monopolising them". (Szelenyi 1983: 63). So wohnten hohe Verwaltungsmitarbeiter mit höherem Einkommen häufiger in den staatlichen Wohnungen mit der höchsten Wohnqualität als ungelernte Arbeiter. Diese lebten hingegen zu einem großen Teil in selbstgenutztem Wohneigentum mit niedriger Wohnqualität. Die staatliche Wohnungspolitik förderte folglich in besonderem Maße die hohen Verwaltungsmitarbeiter: Die Personengruppen mit dem höchsten Einkommen profitierten von den staatlichen Subventionen im Bereich Wohnungsneubau am meisten, während die unteren Einkommensschichten am wenigsten profitieren, da sie im selbstgenutzen Wohneigentum lebten. Die Ursache für diese Entwicklung sah Szelenyi im Wohnungsmangel und der damit verbundenen Notwendigkeit der staatlichen Stellen, mit der Dimension „Soziale Verdienste" ein zusätzliches Kriterium zur Wohnungsverteilung aufzunehmen, dass die Personen mit für das sozialistische System wichtigen Arbeitsplätzen bevorzugte. Die Ergebnisse von Szelenyi waren somit höchst beachtenswert, da sie im krassen Gegensatz zur sozialistischen Ideologie standen und zu vollkommen neuen Erkenntnissen über die sozialistische Wohnungsversorgung beitrugen: Soziale Ungleichheit war nicht nur auf vor-sozialistische Strukturen zurückzuführen, sondern wurde im Rahmen der sozialistischen Wohnungspolitik gefördert! Die soziale Ungleichheit spiegelte sich auch in der räumlichen Verteilung wieder. In den beiden untersuchten Städten stellte Szelenyi fest: „The higher social classes with the higher status and the better educational qualifications are situated in the better zones of the city; the lower social classes with lower status and less education tend to live in the poorer zones (Szelenyi 1983: 117).

Ruoppila (2004) analysierte die bestehenden Forschungen der residentiellen Differenzierung während des Sozialismus in den Städten Warschau, Budapest,

126

Tallin und Prag. Auch wenn die Ergebnisse aufgrund der unterschiedlichen Methoden nur schwierig miteinander zu vergleichen sind, so wurden Szelenyis Resultate im Wesentlichen bestätigt: Obwohl die Vermeidung sozialer Ungleichheit als eine wesentliche Aufgabe sozialistischer Stadtpolitik angesehen wurde, existierten in der Realität in allen vier Städten soziale Ungleichheiten, die auch durch die sozialistische Politik der Wohnungsdistribution gefördert wurde. In den Städten lassen sich aber auch Indizien finden, dass die soziale Segregation in den 1960er Jahren besonders hoch war und in den 1970er Jahren zurückgegangen ist.

Die Ursachen für Segregation innerhalb sozialistischer Städte sind im Vergleich zu den kapitalistischen Städten nicht die Miethöhe bzw. die Kaufkraft der Haushalte, sondern die Praxis der staatlichen Wohnraumverteilung, die z.B. in Polen bestimmte Bevölkerungsgruppen mit hohen Positionen innerhalb des politischen Systems, Berufsgruppen in besonders nachgefragten Professionen und größere Haushalte bevorzugte (Weclawowicz 2002: 185f.). Im Vergleich zu westlichen Städten konstatieren die meisten Autoren für die osteuropäischen sozialistischen Städte jedoch ein niedrigeres Niveau sozialer Polarisierung (Smith 1996: 96). Auch der Charakter der Segregation unterschied sich in sozialistischen Städten: Sozial höhere Schichten und die Bevölkerungsgruppen der Mittelklasse waren in den neu errichteten Plattenbauwohnungen überrepräsentiert. In den Einfamilienhausgebieten größerer Städte waren diese beiden Gruppen hingegen unterrepräsentiert (Sailer-Fliege 1999: 11). Grundsätzlich kann also davon ausgegangen werden, dass es eine soziale Segregation der Unter- und Überprivilegierten gab, während die dazwischen liegende Masse der Bevölkerung nur gering segregiert wohnte, was auch auf die geringe Ausprägung sozialer Unterschiede zurückzuführen ist, wie sie z.B. in der DDR existierte (Häußermann 1996: 19).

4.1.4 Unterschiede sozialistischer und kapitalistischer Urbanisierung

Es gibt generell zwei gegensätzliche Ansätze, wie die sozialistische Urbanisierung im Unterschied zur kapitalistischen Urbanisierung beurteilt werden kann. Ein Ansatz vertritt die These, dass durch den Sozialismus eine andere Form der Urbanisierung entstand. Eine andere Position vermutet hingegen, dass der Sozialismus keinen Einfluss auf die Stadtentwicklung hatte, sondern durch die Industrialisierung letztlich ähnliche Stadtstrukturen in Ost und West entstanden. Die Frage ist also, welchen Einfluss das sozialistische System auf die reale Stadtentwicklung sozialistischer Städte hatte. Szelenyi (1996) stellt diese Frage in den

Zusammenhang zweier wichtiger stadttheoretischer Ansätze: Der ökologische Ansatz und der neo-marxistische/neo-weberianische Ansatz[11].

Der ökologische Ansatz, der auf den Arbeiten der Chicagoer Schule um Robert Park beruht, betont die Bedeutung der Industrialisierung im Urbanisierungsprozess. Ökonomisches Wachstum und insbesondere die Industrialisierung erfordern eine optimale räumliche Verteilung der Bevölkerung. Diese Verteilung ergibt sich nach der Theorie des ökologischen Ansatzes weitgehend unabhängig von den sozio-politischen Rahmenbedingungen und planerischen Interventionen, entsteht also „natürlich" als ein generelles Modell der Stadtentwicklung, in dem unterschiedliche Stufen der Stadtentwicklung durch wirtschaftliche und industrielle Innovationen entstehen, die zunächst in den am weitesten entwickelten Ländern auftreten und später dann auch in anderen, weniger entwickelten Ländern (vgl. Tosics 2005a: 46). Enyedi kommt beispielsweise zu dem Schluss, dass der Urbanisierungsprozess in Osteuropa grundsätzlich nach den gleichen Entwicklungsmustern wie in Westeuropa erfolgte, aufgrund der geringeren Industrialisierungsstufe nur verspätet eintrat (Enyedi 1996: 103). Als Beispiele hierfür nennt er räumliche Entwicklungen z.B. die Land-Stadt-Migration, die räumliche Trennung von Arbeits- und Wohnnutzung, Suburbanisierung (Enyedi 1996: 103). Ein umfangreiches Forschungsvorhaben (Friedrich et al. 1985) untersuchte in den 1980er Jahren Städte in Ost- und Westeuropa und kam zu ähnlichen Ergebnissen: In west- und osteuropäischen Städten existieren gleiche Stadtentwicklungsphasen, die jeweils durch Industrialisierungsprozesse bestimmt werden. Nur der Beginn und das Ende der jeweiligen Phasen ist in kapitalistischen und sozialistischen Städten unterschiedlich, wobei die Entwicklungen und der Eintritt in neue Phasen der Stadtentwicklung in den sozialistischen Ländern gegenüber den Städten kapitalistischer Länder tendenziell als verspätet bezeichnet wird (Friedrichs 1985: 132).

Den Gegensatz dazu bildet der neo-marxistische bzw. neo-weberianische Ansatz, bei dem historische und institutionelle Besonderheiten im Vordergrund stehen. Die Neo-Marxisten argumentierten, dass die Produktionsweise entscheidend für den Urbanisierungsprozess ist. Stadtentwicklung muss aus diesem Grund analysiert werden als räumlicher Ausdruck der Kontradiktionen der Produktionsweise des Kapitalismus. Für die Städte im Sozialismus stellt der neo-marxistische Ansatz allerdings keinen geeigneten Forschungsansatz dar, da mit diesem Ansatz nur kapitalistische Produktionsweisen und ihre Auswirkungen auf die Städte analysiert werden können. Der neo-weberianische Ansatz nach Szelenyi geht davon aus, dass sich Gesellschaften mit unterschiedlichen Gesellschafts-

---

[11] Szelenyi bezieht sich hier nicht auf den in Kapitel 2.1.2 dargestellten neo-weberianischen Ansatz zum Modell der europäischen Stadt von Bagnasco/Le Galès (2000) bzw. Le Galès (2002), sondern auf allgemeine Aspekte, die sich aus dem Gesellschaftsbild Max Webers ergeben.

und Wirtschaftssystemen auch unterschiedlich entwickeln werden. Gemeinsam ist den neo-marxistischen und neo-weberianischen Ansätzen, die Szelenyi als „historischen Ansatz" zusammenfasst, dass sie im Gegensatz zum ökologischen Ansatz davon ausgehen, dass Stadtentwicklung durch die vorherrschende Produktionsform bzw. durch den sozio-ökonomischen Regulationsmodus bestimmt wird. Infolgedessen bezieht der historische Ansatz die Position, dass es grundsätzlich unterschiedliche Formen der Urbanisierung in kapitalistischen und sozialistischen Gesellschaftssystemen gab. Als Beispiel für den historischen Ansatz nennt Szelenyi (1996: 291) die unterschiedliche Entwicklung in West- und Ost-Berlin. Aufgrund des sozio-ökonomischen Systems der DDR, in dem Marktmechanismen keinen Einfluss auf die Flächennutzung hatten und private Unternehmen eingeschränkt waren, entstanden Stadtstrukturen, sozialräumliche Verteilungen und Infrastruktureinrichtungen, die sich von denen in West-Berlin deutlich unterschieden. Smith (1996) stellte die unterschiedlichen räumlichen Strukturen west- und osteuropäischer Städte dar und zeigte auf, dass sozioökonomische und ethnische Segregation zwar auch in osteuropäischen Städten existierte, aber von Segregationstendenzen westlicher Städte differierte.

Die Auseinandersetzungen zwischen dem ökologischen und dem historischen Ansatz verdeutlichen eine zentrale Fragestellung der Stadtforschung: Welchen Einfluss haben lokale Faktoren und welche Aspekte der Stadtentwicklung sind auf ein globales, generelles Entwicklungsmuster zurückzuführen? In den Diskussionen über die Besonderheit der sozialistischen Stadt bzw. die Existenz eines generellen Modells moderner Stadtentwicklung spielten die räumliche Verteilung der Bevölkerung, die Wirtschaftsstruktur und die baulichen Entwicklungen von Städten in West- und Osteuropa eine wichtige Rolle (vgl. Friedrichs 1985, Smith 1996, Szelenyi 1996). Hierzu ist anzumerken, dass die wesentlichen Unterschiede zwischen sozialistischen und kapitalistischen Städten nicht in den räumlichen Strukturen zu finden sind, sondern in der Form der politischen Steuerung. Räumlich ähnliche Entwicklungen können durch ganz konträre Mechanismen entstehen. So existierten in beiden Stadttypen Wanderungsbewegungen aus den Innenstädten an die Stadtränder. In westeuropäischen Städten wurden diese verursacht durch individuelle Wohnwünsche z.B. nach mehr Grün, größerer Wohnfläche etc. In sozialistischen Städten wurde die Wanderung durch zentralstaatliche Investitionen im Wohnungsbau, die überwiegend an den Stadträndern realisiert wurden bei gleichzeitiger Vernachlässigung innerstädtischer Altbauquartiere hervorgerufen. Das Resultat (wachsende Stadtrandbevölkerung) ist das gleiche, die dahinter stehenden Mechanismen sind aber komplett unterschiedlich. Aus diesem Grund sind die kapitalistische und die sozialistische Stadtentwicklung grundsätzlich als verschiedene Urbanisierungstypen anzusehen, in denen zwar teilweise gleiche räumliche Muster entstanden, deren dahinter stehende

politische Steuerung und deren entscheidende Akteurstypen sich aber unterschieden.

Ein anderes Merkmal der sozialistischen Stadt war die Differenz zwischen
den zentralstaatlich vorgegebenen Leitlinien der Stadtentwicklung und den tatsächlichen Entwicklungen in den Städten. Diese Diskrepanz zwischen Planinhalten und realer Stadtentwicklung in den sozialistischen Städten wird am Beispiel
der Segregation besonders deutlich: Das Ziel „Vermeidung sozialer Ungleichheit" konnte in der Praxis nicht umgesetzt werden und so entstanden den Plänen
entgegengesetzte Stadtstrukturen.

4.2   Transformation und postsozialistische Stadtentwicklung in Osteuropa

Nachdem die Besonderheiten der sozialistischen Stadtentwicklung aufgezeigt
wurden, steht die Transformation des sozialistischen Systems, existierende sozialwissenschaftliche Theorieansätze zur Beschreibung der Transformation und die
postsozialistische Stadtentwicklung im Vordergrund des folgenden Kapitels.

4.2.1   Transformationstheorien

In den theoretischen Begründungen des postsozialistischen Wandels spielen die
Begriffe Transition und Transformation eine entscheidende Rolle. Oftmals werden beide Ausdrücke synonym verwendet. Wie Tölle (2005: 26) erläutert, ergibt
sich aber durch die Ableitung aus dem Lateinischen eine unterschiedliche Bedeutung. Transformation (aus dem lateinischen transformare= umgestalten, verwalten) steht für einen Prozess, der aktives Handeln erfordert, dessen Ergebnis offen
ist und vom Handeln abhängt. Transition (aus dem Lateinischen transire= hinü-
bergehen) steht hingegen für einen Übergang von einem Ausgangs- in einen
Endzustand, der ohne Handlung von außen stattfindet und nicht aktiv gestaltet
wird. Für den Übergang der osteuropäischen Staaten bzw. Städte von einem
sozialistischen zu einem postsozialistischen Gesellschaftssystem wurde zunächst
davon ausgegangen, dass es angesichts der nunmehr gleichen Rahmenbedingungen auch eine Annäherung im Bereich der Stadtentwicklung gibt (z.B. Szelenyi
1996: 288). Der Endzustand wäre nach dieser Sichtweise eine dem westlichen
Entwicklungsmuster ähnliche osteuropäische Stadt (Transition). Aufgrund des
aktiven Eingreifens unterschiedlicher Akteure in den Ablauf und des nicht gerad-
linig erfolgenden postsozialistischen Wandels, in dem kein fester Endzustand
existiert, scheint der Begriff Transformation besser dazu geeignet, den Übergang

von einer zentralstaatlich gesteuerten Planwirtschaft zu marktwirtschaftlichen Wirtschaftsprinzipien und demokratischen Politikformen zu beschreiben.

Der Begriff *Transformation* weist allerdings auch einige Unschärfen auf, die sich unter anderem aus dem Charakter der Transformationsforschung ergeben. Grundsätzlich existiert kein geschlossener Rahmen der Transformationsforschung, sondern vielmehr zählen hierzu unterschiedliche Fachdisziplinen, die als begleitende Forschung laufende Veränderungen analysierten und stark empirisch geprägt waren. In der ersten Phase der Transformation war dieses empirische Vorgehen zwingend, da „es galt, im großen Umfang soziologische Daten und Informationen über bislang kaum erschlossene Problemlagen und Länder zu sammeln" (Reißig 1997: 8). Allerdings hat sich auch bis heute keine einheitliche Theorie der Transformation herausgebildet und auch eine eigenständige Transformationswissenschaft existiert nicht. Das Fehlen einer originären Transformationsforschung ergibt sich aus den Besonderheiten des postsozialistischen Umbruchs. So wurde der Zusammenbruch des Sozialismus von Seiten sozialwissenschaftlicher Theoretiker kaum vorhergesagt (von Beyme 1994: 141). Ganz im Gegenteil, als State of the art in den Sozialwissenschaften vor 1990 wurde sich auf Poppers kritischen Rationalismus und Luhmanns soziologische Systemtheorie berufen und von einem Negativparadigma der Unmöglichkeit holistischer Reformen ausgegangen (vgl. Wiesenthal 1999, 2004). Angesichts des Scheiterns der skeptischen Prognosen der Sozialwissenschaften bei der Vorhersage des politischen Wandels bezeichnet Offe (1994: 58) den Systemwandel selbst als „Revolution ohne historisches Vorbild und ohne revolutionäre Theorie" (vgl. Kapitel 1).

Aufgrund der Einzigartigkeit und Unvorhersehbarkeit des sozialistischen Wandels gibt es demnach keinen umfassenden Theorierahmen zum Wesen der Transformation, zu beteiligten Akteuren, zu den Zielen und zur Institutionenbildung in postsozialistischen Gesellschaften; „Erträge der Transformationsforschung werden aus verschiedenen Forschungsrichtungen aneinandergereiht und lose miteinander in Beziehung gesetzt" (Eckardt 2007: 116).

Die unterschiedlichen Ansätze der Transformationsforschung beschreibt Merkel (1999: 77ff.). Er unterscheidet zwischen systemtheoretischen, strukturorientierten, kulturellen und akteurstheoretischen Theoriesträngen. Ziel aller Ansätze ist es, theoretische Modelle für den Zusammenbruch autoritärer Regimes, zur Erklärung der Demokratisierung und zum Erfolg bzw. Misserfolg der neuen Demokratien zu finden.

- Der systemtheoretische Ansatz sieht einen engen Zusammenhang zwischen den funktionalen Erfordernissen sozioökonomischer Systeme und der Herausbildung von sozialen und politischen Strukturen, die diese Anforderungen erfüllen. Zu den systemtheoretischen Ansätzen zählt auch die Modernisierungstheorie, die als Erfolgsbedingungen erfolgreicher Demokratisierung eine positive wirtschaftliche Entwicklung und die Überwindung von Not und Armut sieht. Modernisierungstheoretiker gehen davon aus, dass sozioökonomische Fortschritte die am meisten erfolgsversprechende Grundlage für die Konsolidierung der Demokratie sind; d.h. je entwickelter ein Land wirtschaftlich ist, desto geringer die Wahrscheinlichkeit, dass dort eine Diktatur existiert. Empirisch wurde der enge Zusammenhang zwischen gesellschaftlichem Wohlstand und Demokratie nachgewiesen, allerdings liefert der modernisierungstheoretische Ansatz keine Erklärungen zu demokratiefördernden bzw. hinderlichen kulturellen und religiösen Kontexten sowie zu günstigen bzw. ungünstigen Akteurskonstellationen. Grundsätzlich geben die systemtheoretischen Ansätze eher langfristige Trends an, den genauen Zeitpunkt des Demokratiebeginns können sie hingegen nicht bestimmen.

- Der strukturorientierte Ansatz untersucht die Machtbeziehungen unter den sozialen Klassen, den Eliten sowie zwischen diesen und dem Staat. Der Erfolg bzw. Misserfolg von Demokratisierungsprozessen ist in den Strukturtheorien ein Resultat langfristiger Verschiebungen in den Machtstrukturen einer Gesellschaft. Als wesentliche Elemente der Machtstrukturen werden die Klassenstrukturen (z.B. welchen politischen und ökonomischen Einfluss haben Großgrundbesitzer oder die Arbeiterklasse) sowie das Machtverhältnis zwischen Staat und Zivilgesellschaft gesehen. So wird davon ausgegangen, dass mit der Streuung der Machtressourcen in einer Gesellschaft der Demokratisierungsgrad steigt. Im Gegensatz zu den Modernisierungstheorien machen die Strukturtheorien Aussagen zu Verteilungsfragen und betonen die Bedeutung von Macht bei Demokratisierungsprozessen.

- Kulturtheorien analysieren, ob religiös-kulturelle Faktoren bzw. soziales Kapital Hindernisse bzw. Antriebskräfte erfolgreicher Demokratisierung sind. Ausgangsthese ist, dass es einige religiöse Kulturen gibt, die der Demokratie skeptisch und andere, die ihr positiv gegenüber stehen. Gleichzeitig sehen die Kulturtheorien einen Zusammenhang zwischen dem angesammelten sozialen Kapital einer Gesellschaft und der Demokratisierung: Je mehr soziales Kapital in einer Gesellschaft vorhanden ist, umso eher werden autokratische Systeme nicht überleben. Im Vergleich zu den struktur- und systemtheoretischen Ansätzen betrachten die Kulturtheorien mit den religiösen Traditionen und dem historisch angesammelten sozialen Kapital einer Gesellschaft demnach Aspekte, die sich kurzfristigen Veränderungen und Beeinflussungen entziehen.

- Akteursorientierte Theorien fokussieren sich auf die Handlungen von Akteuren und deren Ziele, Wahrnehmungen, Strategien und Koalitionsbildungen auf der Mikroebene. Im Gegensatz zu den anderen Theorien betrachten diese Ansätze die handelnden Akteure. Die ökonomischen, kulturellen und sozio-strukturellen Aspekte werden als Rahmenbedingungen angesehen, die den Handlungsspielraum der Akteure festlegen. Da die akteursorientierten Theorien von der Unbestimmtheit politischen Handelns ausgehen, sind die Ergebnisse offen und nicht deterministisch vorbestimmt. Deskriptiv empirische Akteurstheorien vertreten demnach die Ansicht, dass eine Demokratisierung nur dann möglich ist, wenn es entsprechend der Kosten-Nutzen-Analyse der Akteure rational ist, sich für eine demokratische Systemalternative zu entscheiden und nicht das autokratische System zu erhalten.

Die verschiedenen Ansätze verdeutlichen die Schwierigkeiten einer eigenständigen Transformationstheorie. Zu unterschiedlich sind die theoretischen Annahmen, die hinter den Theorien stehen, als dass es möglich wäre, sie innerhalb einer umfassenden Theorie zusammenzufassen. Merkel (1999: 107ff.) empfiehlt deshalb bei der Analyse von Transformationsprozessen zunächst von den Akteuren auszugehen, die innerhalb bestimmter sozioökonomischer, kultureller und institutioneller Strukturen über Handlungsmöglichkeiten verfügen und die Theorieansätze ergänzend zu verwenden.

Die Schwierigkeiten umfassender Transformationstheorien wurden von Offe (1994) mit dem „Dilemma der Gleichzeitigkeit" beschrieben. Der osteuropäische Transformationsprozess umfasst Umgestaltungen in drei Dimensionen: die Ebene der nationalstaatlichen Identität, die Ebene der Regeln, Verfahren und des Rechts und als letzte Ebene die Aktionen und Entscheidungen des politischen Prozesses, also die „normale" Politik. Die Einzigartigkeit des osteuropäischen Transformationsprozesses sieht Offe darin, dass Veränderungen auf allen drei Ebenen gleichzeitig stattfinden sollen. Allerdings können Probleme auf einer Ebene nur dann gelöst werden, wenn auch für die Probleme anderer Ebenen Lösungen gefunden werden. Es ist beispielsweise zu fragen, nach welchen Verfahren die Einführung von Privateigentum und Marktwirtschaft erfolgen soll und wie in diesem Prozess Partizipation und Demokratie berücksichtigt werden können, da das politische Projekt der Marktwirtschaft nur auf Basis starker demokratischer Legitimation Erfolgsaussichten hat. Gleichzeitig wird aber die Entstehung eines marktwirtschaftlichen Systems als Voraussetzung zur Entstehung demokratischer Strukturen gesehen. Das Fehlen eines Fixpunktes, an dem sich die Transformation orientieren kann, führt zu dem Dilemma der Gleichzeitigkeit, in der alles auf einmal in Angriff genommen werden muss. Dies ist allerdings - wie oben dargestellt- nur bedingt möglich. Vor dieser „Pandora-Büchse voller Paradoxien" muss „jede Theorie des Übergangs versagen" (Offe 1994: 71). Allerdings stellten sich in der Betrachtung nach annähernd 20 Jahren Transformation die Herausforderungen der Transformation nicht als so unlösbar dar, wie sie im „Dilemma der Gleichzeitigkeit" Anfang der 1990er Jahre zunächst beschrieben wurden. Das Erbe des Sozialismus wurde zu negativ eingeschätzt. Die Hinterlassenschaften des Sozialismus wie die Existenz einer handlungsfähigen Verwaltung und eines ausgebauten Bildungssystems wirkten sich positiv auf den mehrfachen Systemwechsel aus (Bos/Segert 2008: 325). Im Rückblick lässt sich auch ein anderer Aspekt der Transformationstheorien der 1990er Jahre kritisieren. Die Transformationstheorien gingen davon aus, dass sich aus der Krise des Staatssozialismus eine *Tabula Rasa* ergeben hätte, auf der aufbauend bestimmte Akteure die westliche Marktwirtschaft und Demokratie einfach hätten nachbauen können (Segert 2007: 6). Die Annahme, dass sich die Staaten Osteuropas automatisch an die Länder Westeuropas annähern und im Laufe der Zeit mehr oder weniger erfolgreiche Kopien westlicher Demokratien bilden, hat sich als zu einseitig erwiesen. Entwicklungen, wie die Regierungsbeteiligung der antisemitischen Partei LPR an der (mittlerweile abgewählten) Regierung Jaroslaw Kaczynskis in Polen sowie der nationalistischen, ungarophobischen Partei SNS in der Slowakei, die seit 2006 andauernde innenpolitische Krise und die damit verbundenen gewalttätigen Auseinandersetzungen in Ungarn sowie außenpolitische Differenzen zu westeuropäischen Staaten (z.B. Diskussionen um die Ostseepipeline oder der Umgang mit Russland), verdeutlichen, dass die Annahme „der Osten wird zum Westen" zu überdenken ist (vgl. Segert 2007: 2). Auch wirtschaftlich ist nicht von einer erfolgten Annäherung an Westeuropa zu sprechen: Berechnungen haben ergeben, dass die osteuropäischen Länder das BIP der alten EU-Länder bei einem Andauern des bisherigen Entwicklungstempos erst in durchschnittlich 55 Jahren erreicht werden haben, Polen würde hierzu sogar 72 Jahre benötigen (Segert 2007: 3).

Als Folge dieser Entwicklungen zielen neue Transformationstheorien seit Ende der 1990er Jahre in eine andere Richtung. Die „second generation theories" (vgl. Eckardt 2005: 21f.) verfolgen einen stärker disziplinenübergreifenden Ansatz und lehnen die Dominanz von ökonomischen und institutionellen Veränderungen als bestimmende Faktoren der Transformationstheorien ab. Ziel dieser Theorien ist demnach auch nicht eine übergreifende Transformationstheorie, sondern die Einbettung der Transformation in globale Entwicklungsprozesse bzw. die Elaborierung von Theorien mittlerer Reichweite (Kollmorgen 2007: 261). Grundsätzlich gehen die Theorien der zweiten Generation im Gegensatz zu ihren Vorgängern nicht von einer Konvergenz hin zu kapitalistischen Staaten westlicher Prägung aus, sondern akzeptieren unterschiedliche Bedingungen, Wege, Resultate und auch Zielmodelle (Kollmorgen 2007: 254). Beispielhaft hierfür ist der Ansatz von Blokker: Es wird davon ausgegangen, dass ungeachtet von im Zuge des EU-Beitritts entstandenen Assimilationen, Diversität als charakteristisches Merkmal Europas auch in einem erweiterten Europa erhalten

bleibt und sich deswegen keine Angleichung an westeuropäische Gesellschaftssysteme vollzieht (Blokker 2005: 505).

Segert (2007, 2008) betont den Einfluss der sozialistischen Vergangenheit
auf die aktuellen Entwicklungen in Osteuropa. Aus diesem Grund ist seiner Auffassung nach von *Postsozialismus-Forschung* zu sprechen, da dieser Begriff
hierzu geeignet sei, die Brücken zwischen der Vergangenheit und der Gegenwart
deutlich zu machen und im Gegensatz zum Begriff Transformation die Entwicklungsrichtung offen lässt. Gleichzeitig versteht er die osteuropäischen Staaten als
„Trendsetter": Bestimmte Merkmale der osteuropäischen Realität von heute
bilden eine der möglichen Zukünfte auch der westlichen Gesellschafen ab (Segert 2007: 215). Beispielhaft nennt er den Einfluss transnationaler Akteure, die
Entwicklung neuer Lohnverhältnisse/Arbeitsbedingungen sowie das Funktioni-
ren von Demokratie unter Bedingungen zunehmender sozialer Ungleichheit.

Als Erkenntnis aus der Analyse der Transformationstheorien und der Postsozialismus-Forschung ist festzuhalten, dass Theorien, die eine lineare, determi-
nistische Annäherung der osteuropäischen Staaten an Westeuropa prognostizier-
ten, nur eingeschränkt zutreffen. Darüber hinaus wurde auch deutlich, dass angesichts der unterschiedlichen Dimensionen der Transformation - gesellschaftlich,
ökonomisch, institutionell - ein interdisziplinärer Forschungsansatz notwendig
ist. Akteursorientierte Theorien, die auf Mikroebene ansetzen und von unterschiedlichen Handlungsoptionen der handelnden Akteure ausgehen, können die
auf die Rahmenbedingungen zielenden anderen Theorien ergänzen und erweitern. Es bleibt abzuwarten, inwieweit nun als Umkehrschluss der These „Der
Osten wird zum Westen" die Entwicklungen in Osteuropa künftig auch in Westeuropa ablaufen - der „Westen also zum Osten" wird. In jedem Fall bietet diese
Perspektive eine Alternative zur linearen Vorstellung einer nachholenden Demokratisierung (vgl. Koch 2009: 132ff.).

Ein anderes Ergebnis der Betrachtung von Transformationstheorien ist die
Vernachlässigung einer regionalen (im Sinne von subnationalen) oder einer urbanen Ebene. Das Ziel der Transformationstheorien und der Postsozialismusfor-
schung ist es, theoretische Modelle für den Zusammenbruch autoritärer Regimes
zu finden. Hierbei wurde die nationalstaatliche Ebene betrachtet, die städtische
Ebene spielte angesichts dieses Erkenntnisinteresses keine Rolle. Insofern verwundert es auch nicht, dass in der postsozialistischen Stadtforschung transforma-
tionstheoretische Reflektionen nur in geringem Maße zu finden sind. Die Mehr-
zahl der bisherigen stadtsoziologischen und geographischen Arbeiten über Osteuropa vernachlässigte die Systematisierung der Begriffe „postsozialistische
Stadt" und „Transformation" und hatte einen stärker deskriptiven Anspruch. So
wurden vor allem räumliche Veränderungen und Strukturen postsozialistischer
Transformation beschrieben (Timar et al. 2005: 12). Auch bei den neueren kom-

parativen Arbeiten zur Entwicklung osteuropäischer Städte (z.B. Hamilton et al. 2005a; Tsenkova/Nedovic-Budic 2006, Stanilov 2007b oder van Kempen et al. 2005, Altrock et al. 2005) stand das Sammeln von Daten über gerade im Ablauf befindliche Prozesse im Vordergrund. Eigenständige Theorien zur postsozialistischen Stadt existieren nicht und wie bereits beschrieben war die Anknüpfung an die Transformationstheorien aufgrund des unterschiedlichen Erkenntnisinteresses (nationale vs. urbane Ebene) auch nicht möglich. Grundsätzlich lässt sich die Transformation auf städtischer Ebene nach zwei Dimensionen unterscheiden: Der Wandel der stadtpolitischen Rahmenbedingungen sowie Veränderungen der Stadtstruktur.

4.2.2 Veränderungen der stadtpolitischen Rahmenbedingungen

Neben den allgemeinen Kennzeichen der Transformation wie eine ideologische Neuausrichtung, in deren Rahmen eine Abkehr von einem egalitären Gesellschaftsbild hin zu einer marktwirtschaftlichen, neo-liberalen Ausrichtung erkennbar war sowie die ökonomische Transformation und die Integration der postsozialistischen Länder in die globale Ökonomie existieren auch eine spezifisch städtische Dimension der Transformation: War zu sozialistischen Zeiten keine eigenständige Stadtpolitik auf kommunaler Ebene aufgrund des starken zentralstaatlichen Einflusses möglich, so ergab sich in postsozialistischen Zeiten eine andere Rolle für die Kommunen. Ein wesentliches Kennzeichen der Transformation ist ein Dezentralisierungsprozess, in dessen Rahmen die Kommunen einen Zuwachs an Autonomie bekommen haben. Ziel dieser politischen, fiskalischen und administrativen Dezentralisierung, die - mit gewissen Unterschieden - übergreifend in den meisten osteuropäischen Staaten stattfand, war demokratischeres und effizienteres Regieren (vgl. Tsenkova 2004: 9). Die unabhängige kommunale Selbstverwaltung wurde zum großen Teil bereits bald nach dem Zusammenbruch des Sozialismus eingeführt und gilt als eine wesentliche Dimension der Transformation (vgl. Tosics 2004: 8). In der Praxis führte die Dezentralisierung aber nicht immer zu handlungsfähigen Kommunen. Als Gegenreaktion des in sozialistischen Zeiten existenten zentralstaatlichen Steuerungsansatzes pochten die Kommunen im Postsozialismus auf ihre Autonomie, was insbesondere in der tschechischen Republik, Ungarn und der Slowakei zu einer extremen Fragmentierung der Gemeindestrukturen führte (Swianiewicz 2005b: 105). Erkennbar wird dies durch die niedrige durchschnittliche Einwohnerzahl (Tschechien: 1.700 EW, Ungarn: 3.300 EW) und den hohen Anteil an Kommunen mit weniger als 1000 Einwohnern (Tschechien: 80%, Ungarn: 54%) (Swianiewicz 2005b: 106). Viele der zahlreichen Kleinstgemeinden konnten keinen ordnungsgemäßen Verwaltungsbetrieb sicherstellen, was zu Problemen im Dezentralisierungsprozess führte (Tosics 2004: 8). In Polen sind diese Entwicklungen nicht so deutlich erkennbar, die Anzahl der Kommunen ist relativ stabil geblieben und mit durchschnittlich 16.000 EW sind die Strukturen auch nicht so kleinteilig wie in anderen postsozialistischen Ländern.

Durch die Dezentralisierung gewann die kommunale Ebene deutlich mehr Handlungskompetenzen als zu sozialistischen Zeiten. Der Dezentralisierungsprozess kann deshalb als die wesentliche Veränderung der Transformation für städtische Politik gesehen werden. Allerdings zeigt sich in der Praxis, dass die Dezentralisierung begrenzt war und es der zentralstaatlichen Ebene gelang, ihren Einfluss zu sichern: „Although power sharing between the national and local level changed substantially, compared to the socialist period, the central state managed to preserve strong power" (Tosics 2004: 8).

Neben dem Dezentralisierungsprozess nennt Swianiewicz (2005b: 107ff.) weitere Eigenschaften postsozialistischer stadtpolitischer Rahmenbedingungen. Die Nicht-Existenz bzw. die schwache Position einer demokratisch gewählten Institution auf regionaler Ebene kennzeichnet die osteuropäischen Länder. Im Gegensatz zu Tendenzen in westeuropäischen Ländern, wo diese Government-Formen in den letzten 20-30 Jahren an Bedeutung gewonnen haben, spielt die regionale Ebene in Osteuropa keine Rolle bzw. existiert nicht. In Polen wurde beispielsweise die Ebene der Powiats (=Kreise) erst 1999 eingeführt, die kommunale Selbstverwaltung hingegen schon 1990. Die Kompetenzen der Powiats sind ebenso wie ihre finanzielle Ausstattung gering und in Folge dessen ist ihr Einfluss auf die Koordination der Kommunen minimal.

Die Veränderung postsozialistischer Stadtpolitik wird ebenso an der Rolle der politischen Führung deutlich. Zu sozialistischen Zeiten wurden die Bürgermeister von den Parteien bestimmt und hatten in der Praxis nur einen geringen Handlungsspielraum. Mittlerweile werden in den meisten osteuropäischen Ländern die Bürgermeister direkt von der Bevölkerung gewählt. Zwar unterscheidet sich die Position des Bürgermeisters von Land zu Land, aber der Trend zu direkter Demokratie auf lokaler Ebene kann in vielen postsozialistischen Ländern festgestellt werden[12] (Swianiewicz 2005b: 111ff.).

Auch der Wandel der Akteursstruktur gehört zu den wichtigsten strukturellen Veränderungen für Stadtpolitik in der Transformation. Zu den neuen Akteuren in der postsozialistischen Stadt zählen so heterogene private, halb-öffentliche und öffentliche Gruppen wie Unternehmen (z.B. Investoren und Developer, aber auch die früheren Staatsbetriebe), Medien, die Handelskammern, Universitäten, Kultureinrichtungen, Gewerkschaften und Bürgerinitiativen (vgl. Sagan 2005:

---

[12] Mit Ausnahme der drei baltischen Staaten und der tschechischen Republik wurde in allen osteuropäischen Staaten die Direktwahl des Bürgermeisters eingeführt (Swianiewicz 2005: 111).

13). „(Postsozialistische) Stadtpolitik wird zu einem Management in einem komplexen Geflecht von unterschiedlichen Interessen (...)" (Häußermann 1996: 21). Hier zeigt sich nochmals der deutliche Unterschied zur sozialistischen Stadtpolitik, in der die Zahl der Akteure deutlich geringer war und Interessensausgleich aufgrund der absoluten Dominanz staatlicher (=parteipolitischer) Planung auf der lokalen Ebene in der Regel nicht oder nur marginal stattfand.

4.2.3 Stadtstrukturelle Veränderungen

Diese neuen stadtpolitischen Rahmenbedingungen führten zu stadtstrukturellen Veränderungen. Auch wenn zwischen den einzelnen osteuropäischen Städten Unterschiede bestehen, so sind die wesentlichen stadtstrukturellen Auswirkungen der Transformation insbesondere in den Großstädten vergleichbar[13]. Differenziert werden kann zwischen baulichen und sozio-demographischen Aspekten.

Bauliche Veränderungen

Die Wiedereinführung von Bodenrenten und eines freien Immobilienmarktes veränderte die Baustruktur der postsozialistischen Städte. Im Vergleich zu den politisch dominierenden Städtebauvorstellungen im Sozialismus bestimmt die wirtschaftliche Rentabilität von Nutzungen den Städtebau und Immobilieninvestitionen veränderten die Stadtstruktur[14] (Tosics 2005a: 64ff.).

Neue Büroimmobilien wurden zu typischen baulichen Elementen postsozialistischer Städte. Zunächst nur auf die Stadtzentren konzentriert, wurden diese Gebäude später auch an nicht-zentralen Standorten realisiert. Da der Standard sozialistischer Verwaltungsgebäude nicht den neuen Ansprüchen genügte und aufgrund neu in die Städte kommender ausländischer Unternehmen die Nachfrage nach Büroraum stark stieg, errichteten vor allem die finanzstärkeren ausländischen Investoren neue Bürogebäude. Aufgrund der enormen Nachfrage nach modernem Büroraum waren die architektonische Gestaltung und die stadtstrukturelle Einbindung für die Vermarktung nicht von Bedeutung und wurde dementsprechend bei der Planung und Konstruktion vernachlässigt.

---

[13] Vgl. die Sammelbände von Hamilton/Dimitrowska/Pichler-Milanovic 2005a, Timar et al. 2005, Tsenkova 2006, van Kempen 2005.

[14] Neben den hier dargestellten Aspekten der Büro- und Einzelhandelsnutzung sowie des Wohnungsbaus hatten auch De- und Reindustrialisierungsprozesse sowie Infrastrukturinvestitionen Auswirkungen auf die Struktur post-sozialistischer Städte (Dimitrowska Andrews 2005: 170ff.)

Die Investitionen im Bereich Einzelhandel wurden ebenfalls überwiegend im Neubau vorgenommen. Ein prägendes Element der Einzelhandelsentwicklung war der Bau von Shopping Malls nach nordamerikanischen Vorbildern. Die Shopping Malls, in der Regel von westlichen Investoren finanziert und entwickelt, finden sich vor allem im suburbanen Raum und stehen folglich im Gegensatz zum kompakten sozialistischen Stadtmodell. Der Einfluss der Shopping Malls auf die Stadtstruktur wird am Zuwachs der Einzelhandelsflächen deutlich. Existierten bis 1989 keine Einzelhandelsflächen in Malls, so stellten sie zu Beginn des 21. Jahrhunderts bereits den größten Teil der Einzelhandelsflächen in Warschau, Budapest und Prag dar.

Die Situation auf dem Wohnungsmarkt ist sehr komplex und die räumlichen Auswirkungen heterogener als im Büro- und Einzelhandelssektor. Der große Anteil öffentlicher Wohnungen, die zu sozialistischen Zeiten errichtet wurden und nach der Wende teilweise privatisiert wurden, hatte für die Wohnungsversorgung der Bevölkerung auch zu postsozialistischen Zeiten eine wichtige Bedeutung. Gleichzeitig blieb der Wohnungsmarkt weiterhin reglementiert (z.B. bezüglich der Miethöhen) und war deshalb zunächst für Investoren von geringerer Bedeutung als Büronutzungen und Einzelhandel. Mit den steigenden Einkommen der Bevölkerung veränderte sich die Situation Ende der 1990er Jahre. Die Nachfrage nach Wohnraum in neuen Gebäuden wuchs und Wohnungsbau wurde zu einem lukrativen Geschäft für Investoren. Zu unterscheiden sind zwei wesentliche Typen des Wohnungsbaus: Es findet einerseits individueller Wohnungsbau an den Rändern der Städte statt. Diese Entwicklung ähnelt den Suburbanisierungsprozessen westlicher Städte und bringt vor allem Einfamilienhäuser, die oftmals in Eigeninitiative errichtet werden, hervor. Andererseits gibt es zahlreiche Immobilienfirmen, die Wohngebäude errichten und diese dann als Eigentums- oder Mietwohnungen vermarkten. Im Gegensatz zum individuellen Einfamilienhausbau werden überwiegend mehrgeschossige Gebäudegruppen errichtet. Die Standorte befinden sich nicht nur im suburbanen Raum, sondern sind je nach Flächenverfügbarkeit in der gesamten Stadtregion verteilt. Suburbanisierung und die Entstehung von stadtgrenzenüberschreitenden *Metropolregionen* stellen daher bedeutsame Trends postsozialistischer Raumentwicklung dar (vgl. Jalowiecki 2006 und 2008: 198f.).

Sozio-demographische Veränderungen

Soziale Polarisierung stellt für die postsozialistischen Städte kein vollkommen neues Phänomen dar. Wie bereits aufgezeigt, existierten auch in der sozialistischen Stadt sozialräumliche Unterschiede, die aufgrund der damaligen Verteilungslogik von Wohnraum entstanden. Allerdings nahm die Segregation in den postsozialistischen Städten seit 1990 zu (Pichler-Milanovic, Dimitrowska Andrews 2005: 473). In der Regel wird angenommen, dass die Zunahme residentieller Segregation in postsozialistischen Städten auf einen Anstieg der Wohnmobilität zurückzuführen ist (Szelenyi 1996; Sailer-Fliege 1999; Häußermann 1996: 38). Allerdings gibt es nur wenige Studien, die die Quantität der residentiellen Mobilität untersuchen. Die wenigen hierzu durchgeführten Untersuchungen stellen eine geringe Mobilitätsrate für postsozialistische Städte fest (vgl. Ruoppila/Kährik 2002: 69). Insofern ist offen, welchen Einfluss die residentielle Mobilität und welchen Einfluss die soziale Mobilität auf die Segregation hat. In anderen Worten: Es bleibt zu untersuchen, ob die gemessene Zunahme der Segregation auf ein verstärktes Umzugsverhalten der Bevölkerung zurückzuführen ist, (z.B. einkommensstärkere Haushalte ziehen in reichere Wohnviertel, einkommensschwächere Haushalte bleiben zurück) oder ob eine steigende Segregation durch Veränderungen in der Höhe des Haushaltseinkommen entstehen (Haushalte bleiben in ihrer Wohnung wohnen, aber die Höhe ihres Einkommen verändert sich in Folge postsozialistischer Transformation).

Ungeachtet dieser Fragen können bestimmte Trends der soziodemographischen Segregation festgestellt werden und zwischen Auf- und Abwertungsgebieten unterschieden werden (Tosics 2004: 5f.). Zu den Gebieten, die in postsozialistischen Städten einen Aufwertungsprozess zu verzeichnen haben, gehören oftmals die wohlhabenderen innerstädtischen Mischgebiete, die gut erreichbar sind, die Orte gentrifizierter Stadterneuerungsprojekte sowie die Zielgebiete des von der Mittelklasse getragenen Suburbanisierungsprozesses. Im Gegensatz dazu stehen Abwertungsgebiete wie die an die Innenstadt angrenzenden, von ethnischen Minderheiten und einkommensschwächeren Haushalten bewohnten Gebiete mit sich verschlechternder Bausubstanz, Gebiete mit Brachflächen, sozialistische Großwohngebiete[15] an schlechten und schwererreichbaren Standorten, aber auch suburbane Gebiete, die zum Ziel einer sozialen Suburbanisierung werden, also von Haushalten, die sich die teureren Wohnungen in den Stadtzentren nicht mehr leisten können (Tosics 2004: 6).

Szmytkowska (2007 und 2008) thematisiert in ihren Arbeiten die räumliche Segregation in den polnischen Städten. Sie stellt am Beispiel der Stadt Gdynia die sozio-strukturellen Unterschiede in den Wohngebietstypen „Innerstädtisches Wohnen", „Ein- und Zweifamilienhäuser", „Nach 1989 errichtete Wohngebäude" und „Sozialistische Großsiedlungen" dar. Deutlich erkennbar ist, dass in den

---

[15] Szelenyi (1996: 315) beschreibt die mögliche Entwicklung der sozialistischen Großwohnsiedlung noch drastischer: Aufgrund residentieller Mobilität einkommensstärkerer Haushalte besteht seiner Meinung nach die Gefahr, dass diese Gebiete zu den „Slums des frühen 21. Jahrhunderts" werden. Jalowiecki und Lukowski (2007) sprechen gar von „Ghettoisierung".

Großsiedlungen in Gdynia der Anteil der einkommensschwächeren Haushalte höher ist als in den anderen Wohngebieten (2008: 146). Darüber hinaus zeigt sie auf, dass sich Lebensstil, Ausbildung sowie berufliche Tätigkeit in den sozialistischen Wohnblocks und den nach 1989 errichteten Gebäuden stark unterscheiden und sich die Diversifizierung der polnischen postsozialistischen Gesellschaft in den Städten zunehmend auch räumlich ausdrückt.

Festzustellen ist, dass die bisherigen Untersuchungen zur postsozialistischen Stadtstruktur und -politik die oben beschriebenen Veränderungen in einer Vielzahl an Fallstudienstädten aufgezeigt haben und sich im Großen und Ganzen ähnliche Entwicklungen in den untersuchten Städten finden (vgl. Stanilov 2007). Bis auf wenige Ausnahmen (z.B. Sailer-Fliege 1999: 13) existieren aber nur wenige Versuche, hieraus ein allgemeines Modell zur postsozialistischen Stadt zu entwickeln. Der deskriptive Charakter bestimmt den Großteil der Veröffentlichungen zu diesem Thema und hat letztlich dazu geführt, dass es keine Theorie postsozialistischer Städte gibt, sondern unterschiedliche städtische Theorien auf postsozialistische Städte angewendet werden (Petrovic 2005). Sykora (2000: 269ff.) nannte die Generalisierung postsozialistischer Stadtentwicklungsprozesse und das Entwerfen von Modellen hierfür als einen wichtigen Punkt einer künftigen Research-Agenda für postsozialistische Städte.

4.3 Zwischenfazit: Sonderfall osteuropäische Stadtentwicklung?

Die osteuropäische Stadtentwicklung hat sich in den letzten Jahren stark gewandelt. Die Veränderungen betreffen sowohl stadtstrukturelle Aspekte als auch die Stadtpolitik. Als wesentliche Unterschiede sind die wiedererlangte kommunale Handlungsfähigkeit und die gestiegene Zahl der in die Stadtentwicklung involvierten Akteure zu nennen. Dies hat auch Einfluss auf die bauliche Struktur der postsozialistischen Städte, in der heterogenere Strukturen als in der zentralstaatlich geplanten sozialistischen Stadt entstanden. Zu berücksichtigen ist aber auch, dass die reale Stadtentwicklung zu sozialistischen Zeiten oftmals im Gegensatz zu den auf zentralstaatlicher Ebene vorgegebenen Zielen stand und durch informelle, ungeplante Prozesse geprägt wurde.

Ein Ergebnis der Forschungen zu postsozialistischen Städten war die Unterschiedlichkeit der baulichen Entwicklung im Vergleich zur sozialistischen Zeit. Insofern kann die Verschiedenartigkeit sozialistischer und kapitalistischer Urbanisierung bestätigt werden. Die von Enyedi (1996: 103) vertretene Meinung, dass Stadtentwicklung in Osteuropa während des Sozialismus den Prozessen in Westeuropa ähnelte und deshalb die Industrialisierung als quasi unabhängige Variable zu gleichen räumlichen Entwicklungen in West und Ost führte, ist auch vor dem Hintergrund des postsozialistischen Wandels fragwürdig: Bei einer Dominanz der Industrialisierung über die politischen Rahmenbedingungen müssten die Unterschiede zwischen sozialistischer und postsozialistischer (also den Grundzügen nach kapitalistischer) Urbanisierung relativ gering sein. Es hat sich jedoch gezeigt, dass große Unterschiede zwischen beiden Urbanisierungsphasen erkennbar sind und grundsätzlich von anderen Formen der Stadtentwicklung in sozialistischen und postsozialistischen/kapitalistischen Städten auszugehen ist, die sozialistische Stadt demnach als Urbanisierungs-Sonderfall bezeichnet werden kann. Auch die bauliche Entwicklung der postsozialistischen osteuropäischen Städte stellt ein Sonderfall dar. Aufgrund des sozialistischen Erbes und den nach dem Systemwechsel wie im Zeitraffer ablaufenden stadtstrukturellen Veränderungen existieren große Unterschiede zu anderen Urbanisierungsformen westlicher Länder.

Während die Unterschiede sozialistischer zu postsozialistischer Urbanisierung in vielen Forschungsprojekten deutlich aufgezeigt wurden, fehlt weitgehend eine Theoretisierung des Wandels. Es gibt keine Transformationstheorie, die die gesellschaftlichen Veränderungen thematisiert, sondern nur verschiedene, bedingt miteinander kompatible Ansätze. Für die Stadtforschung lässt sich ähnliches konstatieren: Eine Theorie postsozialistischer Städte findet sich bislang nicht, deskriptive Untersuchungen überwiegen.

Primäres Ziel dieser Arbeit ist es, postsozialistische Stadtentwicklungspolitik zu untersuchen. Dabei stehen weniger die Unterschiede zwischen postsozialistischer und sozialistischer Stadtentwicklung im Vordergrund, sondern die Abweichungen bzw. Gemeinsamkeiten zu einem idealtypischen Modell der Europäischen Stadt. Analysiert wird, ob die aufgrund der veränderten politischen Rahmenbedingungen erfolgte Neugestaltung von Stadtpolitik in Osteuropa den in den vorigen Kapiteln dargestellten Eigenschaften der Europäischen Stadt in den Politikdimensionen Polity, Politics und Policy folgt oder ob die osteuropäische Stadtentwicklung als neuer Typus der Stadtentwicklungspolitik bezeichnet werden kann. Die aktuellen Stadtentwicklungsprozesse sind dabei nur vor dem Hintergrund des Systemwandels und der damit verbundenen neuen institutionellen, ökonomischen und gesellschaftlichen Rahmenbedingungen zu verstehen. Zusätzlich ist zu berücksichtigen, dass die postsozialistische Transformation nur eine Dimension des Wandels darstellt und Prozesse wie Globalisierung, Postfordismus und Europäisierung auch zur Realität postsozialistischer Städte und Stadtpolitik gehören. Aus diesem Grund ist eine umfassende Darstellung von Stadtentwicklung und Transformation in der Fallstadt Warschau notwendig.

5 Stadtentwicklung und Transformation in Warschau

Folgendes Kapitel stellt die geschichtlichen Entwicklungen und den Wandel der Stadt Warschau dar. Besonders berücksichtigt werden dabei die Aspekte der Stadtentwicklung und Stadtplanung. Für die Stadtentwicklung Warschaus sind die verschiedenen Phasen des Aufstiegs und des Niedergangs, der Zerstörung und des Wiederaufbaus der Stadt prägend. Die Geschichte der Stadt ist eng verbunden mit der wechselvollen Geschichte des polnischen Staats. Im Folgenden wird zunächst die städtische historische Entwicklung im Rahmen der Entwicklung Polens bis 1989 dargestellt und insbesondere die Stadtentwicklung zu Zeiten des Sozialismus beleuchtet. Daran anschließend wird die postsozialistische Transformation Polens vor dem Hintergrund des Zusammenbruchs der sozialistischen Staaten Osteuropas beschrieben. Die Besonderheiten dieses Prozesses in Warschau, die sich unter anderem aufgrund der großen Zerstörungen des Zweiten Weltkrieges und des Wiederaufbaus in der Nachkriegszeit ergaben, werden daran folgend aufgezeigt.

Den Abschluss dieses Kapitels bildet die Darstellung der soziodemographischen und baulichen Veränderungen seit Beginn des Systemwechsels in der Stadtregion Warschau.

5.1 Aspekte der Staats- und Stadtentwicklung bis 1989

Zum Verständnis der heutigen Stadtentwicklung Warschaus ist es notwendig, die historischen Zusammenhänge der Stadt zu untersuchen. Die Lage zwischen Preußen, Österreich-Ungarn und Russland, bzw. später zwischen dem deutschen Reich und Russland, sowie die grausamen Zerstörungen und Morde des Zweiten Weltkriegs zeigen, dass die Stadt nicht nur Namensgeberin des sozialistischen „Warschauer Paktes" war und sich auf das Merkmal der typisch sozialistischen Stadt reduzieren lässt, sondern die Stadtgeschichte durch zahlreiche historische Entwicklungen und Auseinandersetzungen in Europa seit dem Mittelalter geprägt wurde.

Als Fischerdorf wird Warschau im 10. Jahrhundert zum ersten Mal erwähnt. Funde zeigten aber, dass schon in der Altsteinzeit zu beiden Seiten der Weichsel Menschen gelebt haben. Der Stadtgründung um das Jahr 1300 lag das Kulmer Recht zu Grunde (Huber 2005: 13ff.). Dieses entstand, als das Magdeburger Recht durch den deutschen Orden in der Stadt Kulm eingeführt wurde. Das Kulmer Recht wurde zum Muster für zahlreiche Stadtgründungen zu dieser Zeit und sah bestimmte Regelungen z.B. für Handel und Strafrecht vor. Das Magdeburger Recht und die Weiterentwicklungen in Form des Kulmer Rechts sowie des in Schlesien verbreiteten Neumarkter Rechts können als Grundlage für die kommunale Selbstverwaltung der mittelalterlichen Stadt gesehen werden. Wie in Kapitel 2.1.1 beschrieben sah Weber die kommunale Selbstverwaltung als ein wesentliches Merkmal an, dass mittelalterliche europäische Städte von Städten anderer Kontinente und Epochen unterschied. Insofern waren in Warschau durch die Stadtgründung nach Kulmer Recht wesentliche Merkmale der Weberschen Europäischen Stadt erfüllt. Die Wurzeln der städtischen Siedlung Warschau sind in einem gesamteuropäischen Zusammenhang zu sehen und lagen in einer Zeit, in der im Rahmen einer Welle von Stadtgründungen zahlreiche Siedlungen neu entstanden, denen eine Form des Magdeburger Rechts zu Grunde lag. Benevolo schreibt über die Kolonisierung der Gebiete östlich der Elbe (und die gleichzeitig stattfindende Reconquista der arabisch-spanischen Räume): „Sie reproduzieren in kleinerem Maßstab die munizipalen Organisationen der Stadtstaaten und sind politisch und juristisch Objekte einer feudalen oder städtischen Obrigkeit. Im Inneren garantieren sie persönliche Freiheit, besitzen eine meist aus dem Kreis der Einwohner gewählte Verwaltung und haben dieselben Organisationsformen." (Benevolo 1999: 89). Warschau war seit der Gründung Teil des europäischen Städtesystems hatte aber im Gegensatz z.B. zur rund 70 Jahre früher gegründeten Handelsstadt Danzig/Gdansk zunächst keine dominierende Stellung innerhalb des Systems inne.

Einen ersten Bedeutungsgewinn erfuhr Warschau durch die Hochzeit der Königin von Polen mit dem Regenten von Litauen 1386 und der einhergehenden Machtübernahme von Polen und Litauen durch die Jagiellonen-Dynastie. Zwischen der polnischen Hauptstadt Krakow und der litauischen Hauptstadt Wilna/Vilnius gelegen, kam Warschau eine wichtige Brückenfunktion zu. Bei den Reisen ins jeweils andere Land legten die Könige in Warschau eine Zwischenstation ein, darüber hinaus bündelten sich in Warschau die Handelskontakte beider Reiche (Gawin/Schulze 1999: 12). 1413 wurde Warschau schließlich Hauptstadt der Region Masowien. Gleichzeitig wurde die Stadt modernisiert: Häuser aus Stein ersetzten die Holzhäuser, ein schachbrettartiges Straßennetz wurde angelegt. Eine erste Blütezeit erlebte Warschau in der ersten Hälfte des 16. Jahrhunderts unter der Herrschaft von Sigismund I. und seinem Sohn Sigismund II.. Kultur und Wissenschaft wurden gefördert und im Vergleich zu westeuropäischen Städten in dieser Zeit herrschte eine große Toleranz in Glaubensfragen.

Gleichzeitig mit dem Aufstieg Warschaus begann der Niedergang Polens: mit dem Tod von Sigismund II. erlosch die Jagiellonen-Dynastie, die meist dem Adel angehörigen Parlamentsvertreter übernahmen die Macht. Zur politischen Realität gehörte, dass Günstlinge ausländischer Herrschaftshäuser durch Bestechung des polnischen Adels polnische König wurden (Gawin/Schulze 1999: 13f.). Ab 1587 waren mehr als 80 Jahre lang Schweden aus der Wasa-Dynastie auf dem Thron des polnischen Königs. Die Stadt florierte unter der Wasa-Dynastie: Adel und Klerus schufen sich prächtige Paläste und Kirchen, die Hauptstadt expandierte. Auch der Königsweg, der vom Schlossplatz Richtung Süden führt und bis heute der Prachtboulevard der Stadt ist, entstand damals.

Im 16. Jahrhundert wurde das Königreich Polen mit dem Großherzogtum Litauen vereinigt. Einer der damals größten europäischen Staaten entstand. Die Hauptstadt Krakow allerdings lag im neuen Staatsgebiet peripher. Als Alternative bot sich die in der geographischen Mitte gelegene Residenzstadt Warschau an und im Jahr 1596 verlegte König Sigismund III. Wasa offiziell die Hauptstadt aus Krakow nach Warschau (Ciborowski 1958: 13). Im Krieg gegen Schweden Mitte des 17. Jahrhunderts wurde Warschau erheblich zerstört; insgesamt 60% der Gebäude wurden vernichtet und auch die Einwohnerzahl sank drastisch (Dangschat 1985: 775). In den folgenden Jahren war der polnische Staat kaum regierbar, die Macht über Polen lag in der Hand einiger weniger Großgrundbesitzer. Auch die von 1697 bis 1763 herrschenden Sachsenkönige hatten kein Interesse, den Zerfall des Staates Polen aufzuhalten. In ihrer Zeit entstanden jedoch in Warschau einige wichtige bauliche Entwicklungen, die die Stadt bis heute prägen. Die sächsische Achse, ein insgesamt 2 km großer Komplex aus Palästen, Gärten, Höfen und Kasernen wurde errichtet; darüber hinaus wurde auch die Straße des Marschalls, Marszalkowska, die später zur Hauptstraße der Stadt wurde, unter sächsischer Herrschaft erbaut (Huber 2005).

Während der Regierungszeit des Königs Stanislaw August Poniatowski fanden die drei polnischen Teilungen statt, an deren Ende die vollkommene Auflösung des polnischen Staates stand. Die erste polnische Teilung 1772 als Folge eines Bürgerkriegs führte zu einer Verringerung der polnischen Staatsfläche zu Gunsten der Nachbarn Preußen, Österreich und Russland. Trotz der außenpolitischen Niederlagen war die Zeit nach der ersten Teilung in Warschau eine Blütezeit für Kunst und Architektur. Neue Paläste, von polnischen und italienischen Architekten errichtet, entstanden. Innerhalb von 30 Jahren wandelte sich das gesamte Stadtbild Warschaus. Zu dieser Zeit malte Bernardo Belloto, auch als

Canaletto bekannt, zahlreiche Ansichten der polnischen Hauptstadt. Den Bildern Canalettos kam 150 Jahre später eine besondere Bedeutung zu: Nach dem Zweiten Weltkrieg wurden große Teile des kriegszerstörten Warschaus nach diesen Gemälden wiederaufgebaut. Nachdem 1791 in Polen die erste geschriebene Verfassung Europas verabschiedet wurde, die sich an den Idealen der Französischen Revolution orientierte und Prinzipien der Gewaltenteilung und der Volkssouveränität enthielt, fühlten sich die polnischen Adligen bedroht und baten die Zarin Katharina II. um Unterstützung. Die Verfassung wurde zu Fall gebracht und Russland und Preußen beschlossen 1793 die zweite polnische Teilung. Ein Jahr später kam es zu Aufständen in Warschau und Krakow. Bewaffneter Widerstand sollte der endgültigen Teilung Polens entgegenwirken. Eine erste Auseinandersetzung gewannen die polnischen Aufständischen, wenig später mussten sie sich dem russischen Heer geschlagen geben. Mit der darauf folgenden dritten Teilung Polens 1795 verschwand der polnische Staat für 120 Jahre bis zum Jahr 1918 von der Landkarte.

Während der folgenden Zeit war Warschau zunächst unter preußischer, später unter russischer Herrschaft. Der Stadt kam während der Zeit der polnischen Teilung eine besondere Bedeutung zu: Warschau wurde als „Symbol für die verlorene staatliche Einheit" gesehen (Karger 1978: 465) und von Warschau gingen Aufstände sowohl gegen die preußische als auch später die russische Besetzungsmacht aus. Ab 1815 wurde Polen auf dem Wiener Kongress neu konstituiert, allerdings stellte dieses „Kongresspolen" genannte Gebilde keinen unabhängigen Staat dar, sondern stand de facto in zunehmendem Maß unter russischer Herrschaft. Paradoxerweise entwickelte sich die Stadt unter diesen schwierigen politischen Bedingungen prächtig: Es entstanden neue Industrien und die Stadt gelangte zu Wohlstand. Auch wurden wichtige Bauprojekte wie die 1816 erbaute Universität, die 1820 entworfene Alexanderkirche und das Opernhaus von 1825 realisiert. Nach dem gescheiterten Novemberaufstand 1830 gegen die russische Herrschaft stand Warschau unter zaristischer Herrschaft und das politische Konstrukt „Kongress-Polen" hörte auf zu existieren. Fast die gesamte geistige Elite wanderte darauf hin nach Frankreich oder Nordamerika aus, z.B. der polnische Nationaldichter Adam Mickiewicz. Der russische Einfluss verstärkte sich und die Machtposition der russischen Herrschaft wurde auch im Stadtbild sichtbar: Nördlich der Altstadt entstand eine Zitadelle für die zaristischen Truppen und auf dem sächsischen Platz errichtete die russische Obrigkeit eine orthodoxe Kathedrale. Der Einfluss Russlands wirkte ebenfalls auf die Ökonomie der Stadt Warschau: Seit die polnischen Waren ohne Zollbeschränkung auf den russischen Markt kommen konnten, wuchs die Industrie in Warschau stark. Auch als Verkehrsknotenpunkt, an der Bahnstrecke Berlin-Moskau und Wien-Danzig-Petersburg gelegen, gewann die Stadt an Bedeutung. Infolgedessen entwickelten sich in der Umgebung der Bahnhöfe neue Industrieviertel, in der auch Wohnbebauungen für die Arbeiterschaft geschaffen wurden. In dieser Zeit stieg die Bevölkerung weiter an, bis zur Jahrhundertwende lebten 700.000 Menschen in der inoffiziellen Hauptstadt des nicht existierenden Polens.

Die Wirtschaftsstruktur Warschaus unterschied sich zu dieser Zeit nur in geringem Maß von westeuropäischen Städten. Wie Kaczynska (1988: 466ff) in einem Vergleich Warschaus mit der Stadt Köln aufzeigte, existierten Ähnlichkeiten zwischen den beiden Städten bezüglich der ökonomischen Struktur und Entwicklung. Gravierende Unterschiede waren jedoch in der Stellung des Bürgertums zu erkennen. In Köln war - durchaus typisch für deutsche Städte zu dieser Zeit - ein enges Verhältnis zwischen Bürgertum und Staat zu erkennen. Dies drückte sich unter anderem dadurch aus, dass die lokale Selbstverwaltung ein Wirkungsfeld der Bürgerschaft war und diese lokale Angelegenheiten selbst regelte. Der Kommunalkörper wurde nicht als bloßes Verwaltungsorgan des Staates, sondern als selbständige Obrigkeit, die sich aus den Bürgern der Stadt konstituierte, gesehen. In Warschau war die Situation hingegen vollständig anders. Die Warschauer Bürgerschaft hatte aufgrund der damaligen zaristischen Herrschaft in Polen ein anderes Verhältnis zum Staat. Diese war in Warschau in legalen, quasi-legalen und illegalen Organisationen und Vereinen organisiert, die als Gegengesellschaft in Opposition zu den russischen Machthabern stand. Auch gab es eine städtische Selbstverwaltung in Warschau nur zwischen 1861 und 1863. Im Vergleich zu Köln fehlte insofern in Warschau „eine Arena für die Entfaltung der bürgerlichen Gesellschaft". Eine Beteiligung der Bürgerschaft an der staatlichen Verwaltung war somit undenkbar, die munizipale Verwaltung wurde als verlängerter Arm des russischen Obrigkeitsstaates gesehen. Warschau vor dem ersten Weltkrieg hatte eine ähnliche wirtschaftliche Struktur wie andere europäische Städte, die politische Struktur und die Rolle des Bürgertums unterschied sich jedoch aufgrund der speziellen politischen Situation stark. Während des ersten Weltkriegs wurde Polen Spielball der großen Kampfparteien. Engländer, Franzosen, Deutsche, Österreicher und Russen versprachen alle die Unabhängigkeit Polens nach dem Krieg. Die Polen suchten eine stärkere Anbindung an die Alliierten, die an einem souveränen polnischen Staat interessiert waren. Nach dem Krieg und dem Zusammenbruch des Zarenreichs wurde Warschau 1918 Hauptstadt des wiedergeschaffenen polnischen Staats.

5.1.2 Warschau in der Zwischenkriegszeit

Nach dem Ende des 1. Weltkriegs musste Warschau praktisch über Nacht als Zentrum eines neu entstandenen Staats funktionieren, was die Stadtverwaltung vor große Probleme stellte (Huber 2005: 31). Gleichzeitig durchlief Warschau eine Phase massiver Industrialisierung, unter anderem in den Bereichen Bauindustrie, metallverarbeitende Industrie, Lebensmittel- und Elektronikindustrie (Ciborowski 1958). Das starke Wachstum der polnischen Hauptstadt in der Zwischenkriegszeit zeigte sich auch im Bevölkerungswachstum: 1918 hatte Warschau 750.000 EW im Jahr 1939, kurz vor Kriegsbeginn, lag die Zahl bei 1,6 Mio. Personen. Der Bauboom, ausgelöst durch notwendige Neubauten für Regierungsfunktionen, Industrieansiedlungen und Wohnraum für die rasch wachsende Stadt, erfolgte weitgehend ungeordnet. Diese Phase, von Dangschat als „kapitalistischer Wildwuchs" (1985: 783) bezeichnet, führte auch zu negativen Entwicklungen, die Kehrseiten dieses Wachstums waren deutlich erkennbar: Elendsviertel entstanden, Wohnungsnot betraf große Teile der Bevölkerung. Einzimmerwohnungen waren der vorherrschende Wohnungstyp. In der Zeit von 1921-1931 gab es eine Verdichtung der durchschnittlichen Belegung der Einzimmerwohnungen von 3,7 Personen auf 4,0 Personen (Ciborowski 1958: 26). Die Bausubstanz der in dieser Zeit gebauten Wohnungen war auf die schnelle Unterbringung der Bevölkerung und die schnelle Errichtung der Gebäude aus. Gleichzeitig wuchsen auch die sozialen Spannungen. Die polnische Bevölkerung bestand zu 30% aus ethnischen Minderheiten, insbesondere aus Ukrainern, Juden, Deutschen und Weißrussen. In dieser Zeit existierte auch soziale Segregation (Dangschat 1985: 790): Während die Innenstadt und der Stadtbezirk Zoliborz vorwiegend von Personengruppen mit höheren Berufsrängen bewohnt wurde, fanden sich die neu nach Warschau ziehenden Arbeiter vor allem in den Stadtbezirken Wola und Praga wieder. Die Wohnsituation in Warschau war, auch im Vergleich zu anderen europäischen Städten in dieser Zeit, sehr schlecht: Wohnungsnot, fehlende Freiflächen, minderwertige Bausubstanz sowie extreme Baudichten charakterisierten den Zustand der Stadt in der Zwischenkriegszeit. Die Belegung der Wohnungen in Warschau lag bei durchschnittlich 3,93 Personen pro Wohnraum, einem sonst nirgendwo in Europa anzutreffenden Wert (Huber 2005: 35).

Die Missstände und Probleme führten zu stadtplanerischen Reaktionen. In den zwanziger Jahren entstanden verschiedene Planwerke für Warschau, jedoch wurde erst Anfang der 1930er der erste Masterplan („Regulierungsplan") vom Stadtrat verabschiedet. Der Plan wurde vom städtischen Stadtplanungsbüro erarbeitet und enthielt Aussagen zur Nutzungsverteilung unterschiedlicher Formen von Handel-, Banken-, Büro- und Wohnnutzung („Zoning") und zur Eigentümerstruktur (Dangschat 1985: 784f., Tasan-Kok 2004: 95). Allerdings wurden die Umsetzungsmöglichkeiten des Masterplans als gering eingeschätzt, da nur ein geringer Teil des Bodens in Besitz der Stadt war.

Ein weiteres Planwerk zu dieser Zeit entwickelten die Stadt- und Regionalplaner Chmielewski und Syrkus 1934 unter dem Titel „Funktionelles Warschau -

Warszawa Funkcjonalna". Ziel des Plans war eine geordnete Entwicklung der gesamten Stadtregion Warschau durch vier regionale Entwicklungsachsen. Der Plan überschritt die administrativen Grenzen Warschaus und hatte die gesamte Region im Fokus. Zum ersten Mal in Polen wurde hier auch der Begriff der *Agglomeration* verwendet (Dangschat 1985: 786). Der innovative Ansatz wurde in den 1930er Jahren nicht realisiert, er fand jedoch international große Anerkennung und wurde z.B. auf Sitzungen des einflussreichen Architektenverbandes Congrès Internationaux d'Architecture Moderne (CIAM) präsentiert. Erkenntnisse aus dem Konzept wurden jedoch später realisiert, sie flossen in die ersten Pläne für den Wiederaufbau Warschaus nach dem Zweiten Weltkrieg ein (Huber 2005: 40).

Die Entwicklung der Stadtplanung Warschaus in der Zwischenkriegszeit entspricht weitestgehend den im Kapitel 3.2.1 dargestellten Phasen des Planungsverständnisses nach Albers (1993): Als Reaktion auf bestehende Probleme der Industrialisierung entstanden Stadtplanungsansätze, in denen das Planungsverständnis das eines „Arztes der kranken Stadt" (Albers 1993: 100) ist und sich der Phase der Auffangplanung zuordnen lassen. Darüber hinaus entstand früher als in vielen anderen Stadtregionen eine regionale Planungsauffassung, bei der Themen wie interkommunale Kooperation und die Abgrenzung der Metropolregion Warschau bereits berücksichtigt wurden; Aspekte, die in der heutigen Warschauer Stadtentwicklung vollständig in den Hintergrund geraten sind!

Politisch wurde Warschau in der Zwischenkriegszeit, insbesondere in der Zeit von 1934-1939 von einem starken Bürgermeister gesteuert. Stefan Starzynski, Stadtpräsident (=Bürgermeister) zu dieser Zeit, war zwar nicht demokratisch gewählt, sondern wurde von der Staatsregierung eingesetzt, genoss aber hohes Ansehen in der Bevölkerung. An seine Regierungszeit wird sich als „wonderful times of a strong landlord" erinnert (Czarniawska 2000: 13). Warschau war in der Zwischenkriegszeit die herausragende polnische Stadt in Bezug auf die wirtschaftliche und gesellschaftliche Bedeutung und die achtgrößte Stadt Europas. Dieses wird, ebenso wie die Umsetzung zahlreicher städtebaulicher Projekte, auch als Verdienst des Stadtpräsidenten Starzynski angesehen (Tasan-Kok 2004: 169; Dangschat 1985: 787). Zur positiven Erinnerung an diesen Bürgermeister trug sicherlich auch bei, dass Starzynski 1939 bei der Verteidigung der Stadt gegen die Deutschen den Widerstand mobilisierte und organisierte (Ciborowski 1958: 35).

Kurz vor Kriegsbeginn war Warschau auf dem Weg zu einer bedeutenden europäischen Metropole. Die starke Industrialisierung veränderte die Stadt und führte auch zu sozialen und städtebaulichen Problemen. Ungeachtet dieser Problemlagen hatte Warschau eine dominierende Stellung im polnischen Städtesystem; Hauptstadt, einwohnerstärkste Stadt und - gemeinsam mit der oberschlesischen Agglomeration um Kattowice - wichtigster polnischer Industriestandort. Warschau stellte dabei aber immer auch ein wichtiges Symbol für die polnische Nation dar. Die 120 Jahre, in der der Staat Polen nicht existierte, waren nicht in Vergessenheit geraten und aus diesem Grund war die Entwicklung der Hauptstadt immer auch ein Projekt von nationaler Bedeutung. Warschau hatte für den nationalen Integrationsprozess eine wichtige Bedeutung (Madurowicz 2003: 243). Die Stadt war in der Zwischenkriegszeit „eine Stadt voller innerer Spannungen, aber mit aus der Vergangenheit entstanden Symbolwert" (Karger 1978: 467). Die Entwicklung der Stadt wurde mit dem Ausbruch des Zweiten Weltkriegs brutal gestoppt.

5.1.3 Der Zweite Weltkrieg

Mit der Annullierung des Nichtangriffspakts durch Hitler und dem Einmarsch der deutschen Truppen in Polen endete die Unabhängigkeit Polens zunächst, der zweite Weltkrieg und damit auch das dunkelste Kapitel der Warschauer Geschichte begannen. Es folgte eine „Zerstörung in drei Akten" (Huber 2005: 41).

Im geheimen Zusatzprotokoll des Hitler-Stalin-Pakts wurde die Teilung Polens beschlossen. Nach Einmarsch der deutschen Truppen am 1. September 1939 wurde Polen innerhalb weniger Wochen besetzt. Die westlichen Gebiete wurden annektiert, die restliche Fläche zum „Generalgouvernement" erklärt. Der Regierungssitz war Krakow. Zu Kriegsbeginn bombardierten deutsche Flieger Warschau. Warschau war als Hauptstadt und industrielles Zentrum Polens ein vorrangiges Ziel der Deutschen. Im Vergleich zu der späteren Zerstörung im Jahr 1944 waren die Zerstörungen noch gering. Die Stadt wurde belagert und nach drei Wochen am 27./28.9. 1939 eingenommen. Bereits in den ersten Wochen nach der Eroberung wurde klar, dass die Nationalsozialisten den Charakter Warschaus als Mittelpunkt Polens zerstören wollten, „der Führer wünscht, dass die Stadt auf den Rang einer Provinzstadt herabsinkt" (Generalgouverneur Frank, zitiert nach Huber 2005: 44). Die zerstörten Gebäude wurden nicht wieder aufgebaut, sondern sollten als drohende Mahnmale erhalten bleiben. Darüber hinaus existierten Pläne, die Stadt umzubauen. Hierzu wurde von deutschen Stadtplanern unter Hubert Gross ein Plan für den „Abbau der Polenstadt und den Neubau der deutschen Stadt" (zitiert nach Huber 2005: 45) entworfen, der „Pabst-Plan"[16]. Der Entwurf sah ein Schrumpfen der Vorkriegseinwohnerzahl von 1,3 Mio. auf ein Zehntel vor. Die Stadt sollte zweigeteilt sein: Die westliche Seite der Weich-

---

[16] Der Entwurf wurde später nach dem letzten deutschen Leiter des Stadtplanungsamts Warschau, Friedrich Pabst, „Pabst-Plan" benannt, obwohl dieser an der Erarbeitung des Plans nicht beteiligt war (Huber 2005: 46f.).

sel war als Wohnstandort für die deutsche Bevölkerung vorgesehen, während eine geringe Zahl polnischer Menschen auf der Ostseite in einem Arbeitslager wohnen sollte. Der Plan sah vor, die Vorkriegsstrukturen der Stadt zu zerstören. Nur die Altstadt und die Sächsische Achse sollten als Symbole „urdeutscher" Stadtplanung und der Kontinuität der deutschen Besiedlung erhalten bleiben. Das Leben in der Stadt war einer strengen Militärordnung unterworfen, in der jede Form von Opposition bestraft wurde. Der Pabst-Plan wurde nie realisiert, auch deshalb, weil nach dem Russland-Feldzug 1941 eine neue Rolle für Warschau von den deutschen Besatzern vorgesehen war. Die Stadt sollte nicht mehr deutsche Provinzstadt, sondern Brückenkopf zur Besiedlung des Ostens werden (Huber 2005: 47).

Warschau war vor dem Krieg nach New York die Stadt mit der größten jüdischen Bevölkerung. Die insgesamt 360.000 in der Stadt lebenden Juden mussten unter dem Terror der Nationalsozialisten am schlimmsten leiden. Sie wurden ab 1940 im Warschauer Ghetto kaserniert, einem rund 300 ha großen Gebiet in der westlichen Innenstadt. Auch wurde die jüdische Bevölkerung aus anderen Regionen in das Ghetto gezwungen, so dass das Gebiet 1941 eine extrem hohe Bevölkerungsdichte von 140.000 Personen pro Quadratkilometer hatte. Die Enge, ungenügende medizinische Versorgung, Lebensmittelknappheit und politische Repressionen führten zu unmenschlichen Lebensbedingungen im Ghetto. Und die Situation wurde durch die Massendeportationen noch schlimmer: Als Folge der Wannseekonferenz, wurden täglich tausende Juden aus dem Warschauer Ghetto in das Konzentrationslager nach Treblinka deportiert. Im April 1943 griffen die im Ghetto verbliebenen Personen die Deutschen an. Der Aufstand wurde blutig niedergeschlagen, nur wenigen Juden gelang die Flucht aus dem Ghetto. Nach dem Scheitern des Aufstands befahl Himmler, das Ghetto dem Erdboden gleichzumachen. Das Gebiet wurde vollkommen zerstört.

Der dritte Akt der Zerstörung Warschaus begann in Folge des zweiten Warschauer Aufstands am 1. August 1944. Um den drohenden Einbezug Polens in den sowjetischen Einflussbereich zu verhindern, hatte die polnische Exilregierung in England das politische Ziel der Befreiung Warschaus aus eigener Kraft. So hätten sich die Polen als legitime Herrscher von Warschau der roten Armee präsentieren können und das bereits gegründete Moskautreue „Polnische Komitee der Nationalen Befreiung" (Lubliner Komitee) entmachten können (Gawin/Schulze 1999: 33). Im Auftrag der Exil-Regierung griff die polnische Untergrundarmee Armia Krajowa (Heimatarmee) die deutschen Besatzer an. Eine politisch heikle Konstellation führte dazu, dass die polnische Heimatarmee keine militärische Unterstützung von den Alliierten bekam: Die Sowjetunion hatte aus militärischen Gründen zum Aufstand ermutigt, konnte ihn jedoch politisch nicht unterstützen, während England aus politischen Gründen diesen Aufstand befürwortet hatte, jedoch keine militärische Hilfe beisteuern konnte (Karger 1978: 468). Die polnischen Widerstandskämpfer verfügten aus diesem Grund nur über geringe Mittel und waren den deutschen Besatzern deutlich unterlegen. Dennoch währte der Aufstand 63 Tage, am Ende wurde er jedoch niedergeschlagen. Die am Leben gebliebene Warschauer Bevölkerung wurde aus Warschau vertrieben oder deportiert. Als Vergeltung für den Warschauer Aufstand befahl der deutsche Gouverneur die komplette Zerstörung der Stadt: „Obergruppenführer Von Dem Bach hat den neuen Auftrag erhalten, Warschau zu pazifizieren, d.h. Warschau noch während des Krieges dem Erdboden gleichzumachen…" (Telegramm des Gouverneurs Fischers an den Generalgouverneur Frank in Krakow, zitiert nach Ciborowski 1958: 47). Innerhalb von drei Monaten wurde Warschau, eine Stadt, in der vor dem Krieg 1,3 Mio. Menschen gelebt hatten, dem Erdboden gleichgemacht. Gebäude mit besonderem historischen Wert wurden so weit wie möglich zerstört, so blieben vom historischen Brühl-Palais, vom königlichen Schloss oder vom Sächsischen Palais nicht mal mehr einzelne größere Mauerreste übrig. Am 17. Januar überquerte die russische Armee die Weichsel und fand eine komplett zerstörte Stadt vor. Im Gegensatz dazu wurden im östlich der Weichsel gelegenen Stadtbezirk Praga nur vergleichsweise wenig Gebäude zerstört, da die Abteilungen der russischen Armee hier schon im September 1944 stationiert waren. Wie Karger (1978: 467) anmerkt, erfolgte die Zerstörung der Stadt im Zweiten Weltkrieg auf andere Weise, nicht nur in größerem Ausmaß als in den meisten anderen Städten: Warschau wurde nicht nur in einem materiellen Sinn zerstört, sondern es sollte auch in seiner Funktion als Symbol für die polnische Nation zerstört werden. Wie aus der Geschichte Warschaus und Polens deutlich wird, hatte Warschau eben nicht nur die Funktion als bedeutendster Wirtschafts- und Verwaltungsstandort des Landes, sondern eine Bedeutung für die polnische Identität. Mit der Zerstörung der Stadt sollte demnach auch die Identität Polens zerstört werden.

5.1.4 Die sozialistische Stadt Warschau

Insgesamt starben in Warschau mehr als 700.000 Menschen während des Zweiten Weltkriegs, die komplette bauliche Struktur auf der westlichen Seite der Weichsel war zerstört, es existierten keine Straßen mehr, fast jedes unversehrte Gebäude war vermint. Der Grad der Zerstörung wird auf 85% geschätzt (Czarniawska 2000: 14). Auf der östlichen Seite der Stadt, im Stadtbezirk Praga, wo während der Zeit der systematischen Zerstörung bereits die russische Armee war, wurden hingegen deutlich weniger Gebäude vernichtet.

Die Zerstörungen in der Hauptstadt waren so groß, dass man zunächst erwog, sie an einen anderen Ort zu verlegen. Aufgrund der geschichtlichen Bedeutung Warschaus und der Symbolkraft der Stadt für die polnische Identität entschloss sich das unter dem sowjetischen Einflussbereich stehende „Lubliner Komitee" zum Wiederaufbau der Hauptstadt. Ziel war es, durch den Wiederaufbau der drohenden Spaltung der Gesellschaft entgegenzuwirken (Huber 2005: 64). Mit der Anerkennung der Regierung der Nationalen Einheit, die aus dem Lubliner Komitee hervorging, durch die West-Alliierten am 5. Juli 1945 gehörte Polen zum Einflussbereich der Sowjetunion. Der Wiederaufbau Warschaus wurde zum wichtigsten politischen Ziel des neuen Staatsoberhauptes Bierut. Unter der Parole „Caly narod buduje swoja stolice" - „Das ganze Volk baut seine Hauptstadt" wurde Warschau von Freiwilligen aus dem ganzen Land wiederaufgebaut. Dieses Projekt war aus mehreren Gründen höchstpolitisch und sehr umstritten: Die politische und finanzielle Priorität für den Wiederaufbau führte im übrigen Polen zu dem Eindruck, dass die Hauptstadt auf Kosten anderer Regionen zu einer sozialistischen „Showcase-City" aufgebaut werden solle (Czarniawska 2000: 15). So wurden z.B. Millionen von Ziegeln aus den Trümmern von Wroclaw als „Gabe an die Hauptstadt" nach Warschau gesendet (Dangschat 1985: 800). Gleichzeitig wurde der Wiederaufbau von der Sowjetunion zur Hälfte finanziert (Huber 2005: 65), im Gegenzug wurde von russischer Seite eine Annäherung Warschaus an den sozialistischen Städtebau erwartet. Die Rekonstruktion der Altstadt und des Königswegs allerdings erfolgten nicht nach den Leitlinien sozialistischen Städtebaus, sondern sind im Zusammenhang des polnischen Nationalverständnisses, trotz aller Demütigungen eine stolze Nation zu sein, zu sehen. Auf der Grundlage von alten Fotos, Plänen und Bildern, wie den Stadtansichten von Canaletto wurde die Alt- und Neustadt wiederaufgebaut. Bis 1965 war der originalgetreue Wiederaufbau des historischen Warschaus abgeschlossen: Entlang des „Königswegs" wurden Villen und Paläste nachgebaut, die mittelalterlichen Häuser rund um den Marktplatz in der Altstadt wurden rekonstruiert und in der Neustadt errichtete man wieder Kirchen und klassizistische Residenzen.

Grundsätzlich ist der originalgetreue Wiederaufbau der Altstadt von hohem symbolischem Wert, stadtstrukturell ist das Gebiet der Altstadt jedoch zu klein und von der Lage zu peripher, um eine tragende Rolle in der Stadtentwicklung zu spielen. Ein sozialistisches Stadtzentrum, südwestlich der Altstadt gelegen, entstand und auch große Teil der peripher gelegenen Gebiete wurden nach den Prinzipien des sozialistischen Städtebaus errichtet.

Eine wesentliche Erleichterung für den Wiederaufbau der Stadt, die auch große Auswirkungen auf die Stadtentwicklung zu postsozialistischer Zeit hat, wurde bereits 1945 getroffen: Alle Grundstücke innerhalb der Stadtgrenzen von

1939 wurden verstaatlicht. Die „Kommunalisierung" fand bereits 1945 statt, mit der Einführung der zentralstaatlichen Verwaltung und der Aufhebung der lokalen Selbstverwaltung 1950 gelangte dieses Land dann in staatliche Hände. Dabei wurde mit den Gebäuden und den Grundstücken unterschiedlich umgegangen. Alle Grundstücke wurden verstaatlicht. Die auf den Grundstücken stehenden Gebäude blieben zwar unter bestimmten Bedingungen[17] im Besitz der vorigen Eigentümer, aufgrund des hohen Zerstörungsgrads der Stadt war dies jedoch von nachrangiger Bedeutung (Judge 1995: 348). Das Gesetz, welches es in dieser Form nur in Warschau gab, führte dazu, dass der Wiederaufbau bzw. die Neugestaltung Warschaus als sozialistische Stadt ohne Widerstände durchgeführt werden konnte. Für die Stadtplaner ergab sich eine Situation, in der sie unabhängig von wirtschaftlicher Rentabilität, Eigentumsverhältnissen und aufgrund der politischen Priorisierung auch ohne große finanzielle Grenzen arbeiten konnten, „something which most town planners can only dream of. Complete freedom in disposing and arranging the whole area for modern urban development." (Ciborowski 1969 in Judge 1995: 349). Allerdings war diese Freiheit in der Praxis beschränkt: Staatspräsident Bierut forderte, dass das neue Warschau eine mit der Gesellschaftsform übereinstimmende Form erhält und sich als Gegensatz zur kapitalistischen Stadt versteht (Dangschat 1985: 816).

Bauliche Entwicklungen

Mit Ausnahme des originalgetreuen Wiederaufbaus von Teilen der Innenstadt wurde Warschau nach den Leitlinien der sozialistischen Stadt errichtet. Der Wiederaufbau nach den Zerstörungen erfolgte zunächst im Stil des „Sozialistischen Realismus", einem Architekturstil, der Anfang der 1930er Jahren in der Sowjetunion seinen Ursprung hatte und sich auf klassizistische Ordnungselemente berief (Huber 2005: 90ff.). Besonders markantes Beispiel ist der Palast der Kultur und Wissenschaften, ein in den Jahren 1952-1955 errichtetes Hochhaus mit enormen Ausmaßen, das mit seinen 234 m Höhe bis heute das höchste Gebäude Warschaus geblieben ist. Der Stil des Gebäudes orientiert sich an den sieben geplanten, allerdings nur teilweise realisierten Türmen in Moskau (den so genannten „sieben Schwestern") und wurde mit Mitteln der Sowjetunion realisiert. Der Grundriss und das Bauvolumen des Projekts orientierten sich dabei nicht an der baulichen Umgebung oder der geplanten städtischen Entwicklung,

---

[17] Das Gesetz zur Kommunalisierung sah vor, dass für die Gebäude ein 99 Jahre währendes Leasing-System zur Anwendung kommen sollte, allerdings nur für Gebäude, die im Einklang mit dem Masterplan von 1933 standen und weniger als 40% Kriegszerstörungen aufzuweisen hatten (Keivani et al. 2002: 190).

sondern wurden als Zeichen der russischen Vormachtsstellung gigantisch und maßstabsprengend gewählt. Das Gebäude, „als Geschenk Stalins" der Bevölkerung lange Zeit verhasst, da es als Symbol der sowjetischen Hegemonie gesehen wurde, prägt bis heute die Warschauer Skyline. Ein anderes Beispiel für die Architektur des „Sozialistischen Realismus", allerdings von deutlich geringeren Dimensionen, ist das bis heute erhaltene Marszalkowska-Wohnviertel MDM am Plac Konstytucji, das in mehreren Bauabschnitten ab 1950 realisiert wurde.

Die Phase des sozialistischen Realismus endete 1956 und in Folge setzte sich - nach einer kurzen Phase politischen Tauwetters, in der an der modernen westeuropäischen und skandinavischen Architektur orientierte Gebäude in gemäßigten Maßstäben errichtet wurden - insbesondere im Wohnungsbau die Vorfabrikation (Plattenbauten) durch (Zmudzinska-Nowak 2005: 6f.). Der Schwerpunkt des Wohnungsbaus wurde von der Innenstadt in die Peripherie verlagert. Das größte Neubauviertel entstand am südlichen Stadtrand, es ist die für ca. 130.000 Einwohner 1975 fertig gestellte Großsiedlung Ursynow. Zwar kamen in Warschau im Vergleich zur Sowjetunion mehrere Gebäudetypen zum Einsatz, dennoch entstanden meist monofunktionale Schlafsiedlungen, da viele der geplanten Infrastruktureinrichtungen aus Geldmangel nicht gebaut werden konnten. Die in der sozialistischen Zeit ständig wachsende Warschauer Bevölkerung und der damit verbundene konstante Wohnungsmangel sowie finanzielle Engpässe führten insbesondere seit Mitte der 1970er Jahre zur Realisierung immer schlechterer Wohnungen (Dangschat 1985: 943). Anstelle der in den Planungen vorgesehenen Wohnfolgeeinrichtungen befanden sich aufgrund des Geldmangels zwischen den Gebäuden vielfach nur Freiflächen (Dangschat 1985: 943).

Zusammenfassend lässt sich feststellen, dass durch die fast vollständige Zerstörung im zweiten Weltkrieg und den raschen Wiederaufbau Warschaus die Stadtstruktur zu einem Großteil durch sozialistische Planung geprägt wurde: Neben vereinzelten repräsentativen Gebäuden, die meist für die Partei bzw. Verwaltung genutzt wurden (z.B. dem Kulturpalast), dominierten monotone Wohnblocks in Plattenbauweise die Stadtstruktur. Das wichtigste Element der Vorkriegsstruktur, Blockbebauung mit mehreren Innenhöfen verschwand fast vollständig. Die Dichte der sozialistischen Stadt war aufgrund fehlender Rentabilitätsnotwendigkeiten deutlich geringer als im Vorkriegswarschau (Judge 1995: 350). Da das Bauland keinen Wert wie in der kapitalistischen Stadt hatte und durch die Verstaatlichung der Grundstücke auch praktisch grenzenlos verfügbar war, fand ein verschwenderischer Umgang mit Land statt, der in der Folge zu einer Stadtstruktur führte, die im Gegensatz zur klassischen „dichten" Stadtstruktur in Westeuropa stand.

Analog zu den baulichen Vorgaben der Nationalregierung, wie die sozialistische Stadt Warschau gestaltet werden sollte, existierten auch genaue Vorstellungen zur ökonomischen Funktion der Stadt. Als Hauptstadt eines sozialistischen Landes sollte die Stadt über einen hohen Anteil an Industriearbeitern verfügen (Andrzejewski et al. 1986: 226). Die soziale Struktur der Stadt sollte durch die Arbeiterklasse dominiert werden. Aus diesem Grund wurde die Industrialisierung der Stadt vorangetrieben. Charakteristisch hierfür war die Ansiedlung des Stahlwerks Huta Warszawa (vgl. Kuklinski 1990: 53ff.). Diese wurde 1961 beschlossen, als Standort wurde ein Gebiet in der Nähe eines Naherholungsgebiets gewählt. Die Fläche war in den Stadtentwicklungsplänen dieser Zeit als Grün- und Erholungsfläche vorgesehen und sollte Teil eines stadtregionalen Grünachsensystems sein. Zwar gab es zu dieser Zeit in Polen einen ökonomischen Bedarf an der Produktion von Stahl, der Makro-Standort Warschau sowie der Mikro-Standort mit der Nähe zu den Erholungsgebieten waren jedoch umstritten. So zeigen sich auch an der Huta Warszawa die Machtverhältnisse der sozialistischen Stadt: Zentralstaatliche Planung mit einem starken Fokus auf Industrieansiedlung dominierte über die Vorstellungen lokaler Akteure zur Stadtentwicklung.

Die politischen Vorstellungen einer durch die Arbeiterklasse geprägten Hauptstadt wurden teilweise realisiert. Im Jahr 1970 waren 33% der Beschäftigten im Industriebereich tätig, im Baubereich waren es 11% (Kuklinski 1990: 41). Allerdings verfügte Warschau seit dem Kriegsende auch über einen hohen Anteil an Beschäftigten im tertiären Sektor. Aufgrund des hohen Verwaltungsbedarfs der sozialistischen Wirtschaftsreform nach dem Krieg, den in Warschau gebündelten Verwaltungsaufgaben zum Aufbau des Landes und der Stadt sowie der Funktion Warschaus als Hauptstadt und Sitz der Wojewodschaftsverwaltung lag dieser Anteil bereits 1951 bei mehr als 54%, insbesondere im Bereich der staatlichen Administration und Rechtssprechung sank dieser jedoch in den nächsten Jahrzehnten (Dangschat 1985: 850). Zu konstatieren ist, dass Warschau relativ bald nach den Zerstörungen des Zweiten Weltkriegs eine führende Rolle innerhalb des polnischen Städtesystems einnahm. Warschau wurde wieder zur größten Stadt Polens, war als Hauptstadt wichtigster Verwaltungsstandort Polens, darüber hinaus auch ein bedeutender nationaler Industrie- und Wissenschaftsstandort. 1977 wohnten in der Agglomeration Warschau etwa 6% der Bevölkerung Polens, jedoch entstanden die Hälfte der in Polen erzeugten PKWs in Warschau, zwei Drittel aller polnischen Bücher wurden in Warschau publiziert und ein Viertel aller privaten Telefonanschlüsse lag in Warschau (Karger 1978: 464). Der rasche Wiederaufbau der Stadt sowie der allgemeine Bevölkerungsanstieg in Polen führten zu einem starken Zuwanderungsdruck auf Warschau, den die Regierung der Volksrepublik Polen durch Zuzugsbeschränkungen reglementierte (Ciesla/Koch 2007: 164). Nach der Einführung der Zuzugsstopps wurde der Wanderungssaldo aufgrund der weiter anhaltenden Fortzüge zunächst negativ. Allerdings war das Instrument nur bedingt zur Regulierung des Wachstums wirksam: Der unkontrollierte Zugang konnte nicht reduziert werden, da die Verlagerung von Arbeitsplätzen in andere Regionen misslang. Die Regelung verhinderte auch die freiwilligen Wanderungen aus Warschau, da befürchtet werden musste, dass nach einem Fortzug aus der Hauptstadt keine legale Rückwanderung mehr möglich war (Andrzejewski et al. 1986: 226). Die Maßnahme wurde deshalb gemildert und schließlich 1983 aufgehoben. Der Wohnungsmangel, eines der größten Probleme der Stadt Warschau zu sozialistischer Zeit, konnte dadurch nicht gelöst werden. Nach dem Krieg herrschte in Warschau Wohnungsnot. 1950 gab es 103.300 fehlende Wohnungen, gemessen an dem Ziel, dass jeder Haushalt eine eigene Wohnung haben soll. 1960 war die Zahl der fehlenden Wohnungen zwar auf 88.600 gesunken (Ciechocinska 1975 in Dangschat 1985: 836), aber die Wohnungsnot noch nicht behoben. Die Stadtplanungsrichtwerte von 1951 sahen einen Raum pro Person und eine durchschnittliche Raumgröße von zunächst 15,5 m² vor und wurden auch im Jahr 1984 nicht vollständig erreicht[18] (Dangschat 1985: 836; Andrzejewski et al. 1986: 229). Zur Erreichung dieser Richtwerte wäre es nötig gewesen, dass die Zahl der Wohnungen den Bevölkerungszuwachs kontinuierlich übersteigt und die neu errichteten Wohnungen eine größere Grundfläche haben. Die Wohnsituation verbesserte sich bis in die 1970er Jahre dank eines enormen Anstiegs der neuen Wohnungen (und der zunehmenden Industrialisierung des Wohnungsbaus). In Folge der polnischen Wirtschaftskrise ging die Zahl der neu errichteten Wohnungen seit Mitte der 1970er Jahre zurück, was die Wohnungsnot in Warschau verschärfte: Der Fehlbestand an Wohnungen in Relation zur Zahl der Haushalte wurde 1978 mit mehr als 80.000 Wohnungen angegeben. Dieser Wert stieg weiter und lag 1983 bei geschätzten 120.000 Wohnungen (Andrzejewski et al. 1986: 233f.).

Neben den quantitativen Zielen wurden die qualitativen Ziele der Wohnungsversorgung in der sozialistischen Stadt auch nicht erreicht. Mehrere Studien analysierten die soziale Segregation in Warschau (Weclawowicz 1993, Dangschat 1985, Blasius/Dangschat 1987, zusammenfassend: Ruoppila 2004). Die Untersuchungen zeigen, dass in der Innenstadt der Anteil der Personen mit höherem sozialem Status überdurchschnittlich hoch war. Als Ursache hierfür

---

[18] 1984 betrug die Zahl der Einwohner pro Raum 1,01 EW, während die Wohnfläche pro Einwohner bei durchschnittlich 15,76 m² lag. Die Richtlinien von 1951 wurden insofern fast erfüllt, allerdings wurde der Stadtplanungsrichtwert zur durchschnittlichen Wohnfläche später auf 20 m² angehoben, so dass die Vorgaben nie vollständig erreicht wurden (Dangschat 1985: 836, Andrzejewski et al. 1986: 229).

wurde die selektive Verteilung des innenstadtnahen Wohnraums angesehen. In einer gesamtstädtischen Analyse stellte Dangschat (1985) fest, dass die Wohnraumversorgung zwischen den einzelnen Stadtbezirken stark variierte und dass zusätzlich die Alters- und Sozialstruktur unterschiedlich war.

Blasius und Dangschat (1987) zeigen Korrelationen zwischen den Personengruppen mit höherem Bildungsabschluss und guten Wohnbedingungen auf. Besser ausgebildete Personen wohnen in neuen, gut ausgestatteten Genossenschaftswohnungen, während die schlechter ausgebildeten Personen entweder in mangelhaften Altbauwohnungen oder in kleinen Privat-Häusern in der ländlichen Randregion mit ebenfalls schlechter Ausstattung lebten. Die ungleiche Verteilung wird durch die Dominanz der Wohnungsgenossenschaften beim Wohnungsneubau erklärt (Blasius/Dangschat 1987: 189f.): Seit Mitte der 1960er errichtete der Staat nur noch Wohnungen für den ärmsten Teil der Bevölkerung, während Wohnungsgenossenschaften für die breite Masse der Bevölkerung Wohnungen bauten.

Die Verteilung der Genossenschaftswohnungen erfolgte jedoch nach bestimmten Kriterien. So hatten Universitätsabsolventen prioritären Zugang zu den Wohnungen, gleichzeitig war es teuer, Mitglied einer Genossenschaft zu werden. Größere Unternehmen und Institutionen kauften den Wohnungsgenossenschaften Wohnungen ab, um diese an ihr Führungspersonal weiterzugeben, überwiegend Personen mit höheren Bildungsabschlüssen.

In Kombination führten diese drei Faktoren dazu, dass diese Personengruppe bevorteilt wurde und sich eine ungleiche räumliche Verteilung ergab. Weclawowicz (1993) kommt zu ähnlichen Ergebnissen. Er stellte darüber hinaus fest, dass sich die sozialräumliche Differenzierung in Warschau im Zeitraum von 1970 bis 1988 noch verstärkt hat, ein Resultat der staatlichen Wohnungspolitik, die trotz ideologisch verankerter Grundprinzipien neue Formen sozialer Differenzierung erschuf. Am Beispiel von Warschau zeigt sich, dass die Polarisierung innerhalb der sozialistischen Stadt im Gegensatz zu den Vermutungen von Hamilton (1979) und Mateju et al. (1979) (zitiert in Ruoppila 2004: 3) kein Erbe der kapitalistischen Vorkriegsstadt war.

Die Stadtstruktur in Warschau entstand weitestgehend neu und aufgrund der sozialistischen Allokation von Wohnungen ergaben sich Polarisierungstendenzen; „the replacement of market allocation by administrative allocation can sometimes reproduce one inequality force by another" (Szelenyi 1983: 9). So ist auch in Warschau der in Kapitel 4.1 beschriebene Mechanismus zu erkennen, dass soziale Ungleichheit in sozialistischen Städten nicht nur auf vorsozialistische Strukturen zurückzuführen ist, sondern auch im Rahmen der sozialistischen Wohnungspolitik gefördert wurde.

Stadtpolitik und Stadtplanung

Die Stadtentwicklungspolitik in Warschau war geprägt einerseits durch eine Vielzahl an Planwerken, in denen Aussagen zur künftigen räumlichen Entwicklung von Stadt und Region getroffen wurden und andererseits durch die faktische zentralstaatliche Dominanz und die damit verbundene geringe Wirksamkeit der lokalen Planungen.

Anknüpfend an den Vorkriegstraditionen und den während des Kriegs im Untergrund weitergeführten Planungsaktivitäten wurden die ersten Pläne für den Wiederaufbau bereits 1945/1946 erarbeitet (Judge 1995: 349). In der Folgezeit entstanden mehrere Pläne, in denen die künftige Raumnutzung beschrieben wird. Die ersten Planungen legten den Fokus vor allem auf den Wiederaufbau der Stadt. Hier war bereits der zentralstaatliche Einfluss erkennbar: 1947 wurden Leitlinien zum Wiederaufbau durch das Ministerium für Rekonstruktion verabschiedet (Tasan-Kok 2005: 95).

Mit dem Plan von 1961 wurde eine längerfristige Perspektive gewählt. Der Masterplan von 1961 wurde zwischen 1964 und 1982 mehrfach überarbeitet und aktualisiert, die grundlegende Ausrichtung blieb jedoch gleich (Judge 1995: 350). Zu den Grundsätzen der Stadtplanung zählten eine klare funktionale Trennung von Wohnen und Arbeiten, die Ausweisung der Innenstadt als Standort für oberzentrale Dienstleistungen sowie eine hierarchische Anordnung von Service-Centern für die Güter des täglichen Bedarfs. Als vorherrschender Wohntyp wurden Großwohnsiedlungen ausgewiesen. Ein effizientes System des öffentlichen Nahverkehrs sollte die einzelnen funktionalen Gebiete miteinander verbinden. Raumstrukturell wurde auf die Planungen für das Vorkriegswarschau zurückgegriffen. Die einzelnen Gebiete sollten durch strahlenförmig vom Stadtzentrum abgehende Grünbandzonen voneinander getrennt werden, um so Frischluftschneisen für die Stadt zu schaffen (Judge 1995: 350). Darüber hinaus existierte auch eine regionale Perspektive der Planung. Die Regionalplanung orientierte sich an den Grundsätzen der Arbeiten von Chmielewski und Syrkus von 1934 („Funktionelles Warschau - Warszawa Funkcjonalna") und sah unter anderem die ausreichende Versorgung aller Bevölkerungsteile in der Stadtregion und den Ausgleich der Lebensbedingungen zwischen Stadt und Umland vor (Dangschat 1985: 866).

Die in Warschau erarbeiteten räumlichen Planungen fanden auch international Anerkennung, so wurde die „Polish school of urban planning" von vielen britischen Planern als lehrreich für die eigene Arbeit wahrgenommen (Judge 1995: 350). Ansätze wie interkommunale Planung, Grünbandzonen zum ökologischen Ausgleich und der Ausbau des öffentlichen Personen-Nahverkehrs waren höchst innovativ, in der Realität war die Umsetzung dieser Pläne jedoch mit Problemen verbunden und damit letztlich auch ihre Wirkung sehr gering. Eine grundsätzliche Eigenschaft der Pläne war ihr umfassender Planungsanspruch. Das ganze Konzept musste realisiert werden, damit der Plan effektiv funktionierte. So können z.b. das Grünbandkonzept und die Funktionstrennung nur funktionieren, wenn auch das Nahverkehrssystem umgesetzt wird. Der Druck auf das Stadtzentrum kann nur verhindert werden, wenn die dezentralen Versorgungseinrichtungen vorhanden sind (Judge 1995: 352). Eine Anpassung an veränderte Rahmenbedingungen war bei diesen statischen Planwerken weitaus schwieriger als z.b. in stärker inkrementalistisch geplanten westlichen Städten (Judge 1995: 352, Tasan-Kok 2004: 96).

Wesentliches Hindernis für die Umsetzung der Pläne war jedoch die politische Rolle der Kommunen in Polen und ihre nachrangige Bedeutung im Vergleich zu den nationalstaatlichen Institutionen. Die schnelle Industrialisierung, die in allen sozialistischen Ländern von der nationalen Ebene als vorrangig angesehen wurde, war aufgrund der Zerstörung der industriellen Basis im zweiten Weltkrieg in Warschau von besonderer Bedeutung. Theoretisch sollten die Masterpläne in die nationalen und regionalen Wirtschaftspläne integriert werden.

Die Erstellung der Wirtschaftspläne erfolgte jedoch nicht in Abstimmung mit der lokalen Ebene. Darüber hinaus gab es häufig Planänderungen, so dass die Stadtentwicklungspläne der Kommunen häufig ignoriert wurden und keine Bedeutung hatten (Judge 1995: 352). Warschau ähnelte in dieser Hinsicht anderen polnischen Kommunen. Grochowski (2005: 38) spricht in diesem Zusammenhang von der „Verwaltung" der Stadt Warschau und nicht vom „Management" der Stadt, da die Zentralisierung des politischen Systems und die öffentliche Finanzierung keinen Raum für eigenständige kommunale Selbstverwaltung oder sonstige Formen lokaler Autonomie zulassen, und der lokalen Ebene keine Steuerungsfunktion, sondern nur die Aufgabe der Verwaltung der Stadt zukommt. Die Planwerke sind eher als „Wunschliste" zu sehen und weniger als Mittel zur Steuerung der Stadtentwicklung.

Sagan (2008) betont die Bedeutung informeller Koalitionen in der sozialistischen Stadtpolitik (vgl. Kapitel 4.1.1). Auch in Warschau spielten diese informellen Kooperationen eine wichtige Rolle. Aufgrund der Funktion Warschaus als Hauptstadt und der großen Menge an Staatsbetrieben, die hier angesiedelt wurden, existierte eine Vielzahl an Akteuren, die in diesen Koalitionen zusammenwirkten. Informelle Prozesse spielten auch in Warschau in sozialistischer Zeit eine große Rolle (Interview W 7) und führten zu einer Schwächung der formellen Kommunalpolitik.

Ein weiterer Faktor, der zur passiven Rolle der Stadtplanung im sozialistischen Warschau beitrug, war die ökonomisch schwierige Lage des Landes. Die

Umsetzung der Pläne hing von den staatlichen Mitteln ab, da andere Investoren keine Rolle spielten. Die politische Präferenz der Industrialisierung vor der Urbanisierung zusammen mit der desolaten Lage der polnischen Wirtschaft führten dazu, dass die notwendigen Gelder nicht zur Verfügung standen und Stadtentwicklungsmaßnahmen nicht umgesetzt werden konnten, wie am Beispiel der rückläufigen Wohnfertigstellungszahlen in der polnischen Wirtschaftskrise der 1970er und 1980er Jahre erkennbar wurde.

Die Stadtpolitik des sozialistischen Warschaus war geprägt durch ein Zusammenspiel unterschiedlicher Faktoren, die letztlich zu vollkommen anderen Rahmenbedingungen der Stadtentwicklung führten als in Westeuropa zu dieser Zeit. Zusammenfassend können genannt werden:

- Verstaatlichung der Grundstücke
- Abschaffung der Bodenrenten
- Staat und Staatsbetriebe als einzige Investoren
- Kein kommunaler Handlungsspielraum
- Politische Priorität lag auf Industrialisierung, nicht Urbanisierung
- Starke Abhängigkeit der Stadtplanung von der wirtschaftlichen Entwicklung Polens

Die Gesamtsituation der polnischen Politik zu dieser Zeit war durch die enge Verbindung zur Sowjetunion geprägt, allerdings verfügte die katholische Kirche und später auch die Gewerkschaft Solidarnosc über großen gesellschaftlichen Einfluss; ein Umstand, der den Anstoß zum polnischen Transformationsprozess gab und damit auch die Phase der postsozialistischen Stadtentwicklung einläutete.

5.2 Postsozialistische Transformation

Der Systemwechsel von einem sozialistischen zu einem kapitalistisch geprägten Wirtschafts- und Gesellschaftssystem war ein Ende der 1980er/Anfang der 1990er Jahre in verschiedenen osteuropäischen Ländern auftretender Prozess. Der polnische und auch der Warschauer Transformationsprozess sind durch einige Besonderheiten gekennzeichnet, die in den folgenden Abschnitten dargestellt werden.

5.2.1 Merkmale des polnischen Transformationsprozesses

Zwischen den einzelnen osteuropäischen Staaten existierten Unterschiede bezüglich des Wechsels vom Sozialismus zum Kapitalismus. Am Beispiel Polens lässt sich erkennen, dass diese Differenzen teilweise auf die spezifischen Ausgestaltungen des Sozialismus bzw. auf kulturelle Besonderheiten zurückzuführen sind. Dabei zeigt sich auch, dass der Systemwechsel in Polen gleichzeitig politische, ökonomische und soziale Dimensionen umfasst, die sich gegenseitig beeinflussen. Während sozialistischer Zeit war Polen im Vergleich zu den anderen Ostblockstaaten stärker durch gesellschaftlichen Pluralismus geprägt; so konnte sich ein Netz an Oppositions- und Widerstandsgruppen etablieren, Universitäten und Intellektuelle verfügten über einen vergleichsweise hohen Grad an Autonomie und es kam zu offenen, von zivilgesellschaftlichen Gruppen getragenen Protesten gegen das Regime. Darüber hinaus hatte die katholische Kirche einen weitaus stärkeren Einfluss als in anderen sozialistischen Ländern und bot Freiraum für oppositionelle Kräfte. Das wurde sichtbar an der Unterstützung der Gewerkschaft „Solidarnosc" durch die katholische Kirche. Die Solidarnosc entstand im Zuge des Streiks der Danziger Werftarbeiter um Lech Walesa Anfang der 1980er Jahre und setzte sich für die Liberalisierung des politischen Systems ein. Mit der Gewerkschaft Solidarnosc und der katholischen Kirche existierten also gleich zwei unabhängige zivilgesellschaftliche Vereinigungen, die über einen breiten Rückhalt in der Bevölkerung verfügten. Die gegenseitige Unterstützung von Solidarnosc und katholischer Kirche führten zu einem in den sozialistischen Ländern des Ostblocks bislang nicht gekannten Freiraum für die Entwicklung einer organisierten Zivilgesellschaft, der durch das Anfang der 1980er Jahre ausgerufene Kriegsrecht und das Verbot der Solidarnosc nur kurz aufgehalten wurde.

Die große Bedeutung von Kirche und Solidarnosc prägten auch den Beginn des polnischen Transformationsprozesses (vgl. Karp 1991: 457f.). Unter Vermittlung der katholischen Kirche und angesichts der immer problematischer werdenden wirtschaftlichen Situation führten die Staatspartei PZPR und die Solidarnosc Ende der 1980er Jahre Gespräche am Runden Tisch, deren Ergebnisse ökonomische Reformen, weit reichende Verfassungsrevisionen und halbfreie[19] Wahlen sowie die Wiederzulassung der Solidarnosc waren. Insofern war Polen das erste osteuropäische Land, in dem es durch die formelle Anerkennung der Opposition im April 1989 einen Wandel hin zu einem postkommunistischen, demokratischen System gab. „Polen gilt (…) als Paradebeispiel eines ausgehandelten, paktierten Systemwechsels, dessen Basis nicht zuletzt durch den gesellschaftlichen Druck, insbesondere von Seiten der Solidarnosc, geschaffen worden war, der letztlich jedoch vom Regime selbst initiiert und von der Opposition

---

[19] Es existierte eine Quotierung, die den Vertretern der Staatspartei PZPR weiterhin Einfluss zusicherte; nur 35% der Sitze wurden frei gewählt. Da die Solidarnosc von diesen 35% der Sitze 99% gewann, war sie auch als Oppositionspartei in der Lage, wesentlichen Einfluss auf die Politik zu nehmen (Jäger-Drabeck 2003: 60).

akzeptiert wurde" (Egger 2007: 274). In Folge der Wahlen von 1989 gewann die Solidarnosc an politischem Einfluss und der faktische Übergang zur Demokratie wurde geschaffen (vgl. Weclawowicz 1996: 26f.).

Bereits im August 1989, also nur wenige Monate nach den ersten halbfreien Wahlen beschloss der neue Premierminister Mazowiecki umfangreiche politische und ökonomische Reformen. Der nach dem damaligen Wirtschaftsminister benannte Balcerowicz-Plan sah vor, die Wirtschaft in Form einer „Schock-Therapie" zu transformieren. Unter diesem Begriff wird die schnelle, umfassende und weit reichende Realisierung von Reformen verstanden, die einen „normalen" Kapitalismus implementieren sollen (Sachs 1994: 268). Hierzu zählen Maßnahmen wie die Senkung der Inflationsrate, die Aufhebung planwirtschaftlicher Staatsinterventionen und die Etablierung neuer Institutionen wie eines unabhängigen Rechtssystems. Polen war eines der ersten Länder, die sich dieser „Schock-Therapie" unterzogen. Das auf die wirtschaftliche Transformation zielende Reformpaket hatte verschiedene negative soziale Auswirkungen und wurde durchaus kontrovers diskutiert. Mit der von Premierminister Buzek verkündeten „zweiten Etappe der Transformation" sollten dann 1998 die zunächst nachrangig behandelten sozialen Sicherungssysteme transformiert werden.

Neben der ökonomischen Schock-Therapie, die in kaum einem anderen osteuropäischen Land so konsequent realisiert wurde wie in Polen, ist die politische Instabilität ein weiteres Merkmal des polnischen Transformationsprozesses. Die in der Opposition gegen den Staatssozialismus als breite zivilgesellschaftliche Vereinigung auftretende Solidarnosc war bereits 1990 heftig zerstritten. Als Resultat spaltete sich die politische Bewegung der Solidarnosc in verschiedene Untergruppen auf (Hadamik 2003: 73). Die Zersplitterung der Parteienlandschaft, verbunden mit politischer Instabilität und häufigen Regierungswechseln blieb ein prägendes Element postsozialistischer Politik in Polen. So wechselte der Ministerpräsident seit 1989 insgesamt 13 Mal, die Herstellung politischer Kontinuität war nahezu unmöglich. Zur Destabilisierung trug auch das Fehlen einer endgültigen Verfassung in den ersten Jahren der Transformation bei. Das Verfassungsprovisorium von 1992 wurde erst mit dem 1997 verabschiedeten Verfassungstext der Republik Polen abgelöst, also nach langen Jahren der Diskussion um die Verfassung und andauernder Unsicherheiten bezüglich des Verhältnisses zwischen Staatspräsident und Parlament. Angesichts der wichtigen Bedeutung, die die Transformationsforschung einer Verfassung als übergeordnete hierarchische Instanz einräumt (Offe 1994), verwundert die ständige Diskontinuität der postsozialistischen polnischen Politik nicht.

Der polnische Transformationsprozess lässt sich zusammenschauend durch die schnellen und umfassenden politischen und ökonomischen Brüche charakterisieren. Die in sozialistischen Zeiten bedeutsame Gewerkschaft Solidarnosc verlor bereits zu Beginn der 1990er Jahre an Bedeutung, gleichzeitig fand eine Heterogenisierung und Flexibilisierung des Parteienspektrums statt. Der im Rahmen des Runden Tisches geplante geordnete Übergang vom Sozialismus zum Kapitalismus war in der Praxis ein abrupter Systemwechsel, in der im Rahmen der Schock-Therapie bereits nach wenigen Monaten der Transformation die wesentlichen ökonomischen und politischen Rahmenbedingungen für einen Kapitalismus westeuropäischer Prägung geschaffen wurden. Gleichzeitig lässt sich auch konstatieren, dass das zu sozialistischer Zeit verhältnismäßig ausgeprägte zivilgesellschaftliche Engagement mit einer von Kirche und Solidarnosc getragenen Bürgerkultur an Bedeutung verloren hat.

5.2.2 Merkmale des Warschauer Transformationsprozesses

Die drastischen Veränderungen, die durch den polnischen Transformationsprozess hervorgerufen wurden, hatten auch Auswirkungen auf die Hauptstadt. Allerdings unterschied sich der Warschauer Transformationsprozesses von anderen polnischen Städten in einigen Punkten. Dabei spielte die in der Nachkriegszeit getroffene Entscheidung der Verstaatlichung des Bodens innerhalb der Grenzen Warschaus von 1939 eine wichtige Rolle. Aufgrund der besonderen Behandlung Warschaus 1945 wurde auch 1990 ein spezielles Vorgehen notwendig. Warschau war die einzige polnische Stadt, in der im Jahr 1945 eine umfassende Kommunalisierung des Landes durchgeführt wurde. Eine Kompensation für die Privateigentümer gab es zu dieser Zeit im Allgemeinen nicht, ungeachtet der hierfür vorgeschriebenen Bestimmungen im Gesetz (Keivani et al. 2002: 190). Ab 1990 stellte sich die Frage, wem das Land gehörte und inwieweit nun Restitution oder Kompensation für die faktische Enteignung der Flächen erfolgen sollte. Zur Verwirrung trug auch bei, dass die polnische Regierung als einziges osteuropäisches Land keine klare gesetzliche Regelung hierzu erlassen hatte.

Die Flächen, die hiervon betroffen sind, finden sich vor allem in der Innenstadt. Die Gebiete außerhalb des Stadtzentrums waren 1939 noch nicht Teil der Stadt Warschau; sie wurden erst später eingemeindet und deshalb nicht verstaatlicht. Für Warschau ergab sich durch den Transformationsprozess die für Polen besondere Situation, dass rund 25% der Flächen im Stadtzentrum unklare Besitzverhältnisse hatten (Muziol-Weclawowicz 2000: 85). Die Stadt Warschau erklärte sich dazu bereit, die früheren Eigentumsrechte zu respektieren und auf individueller Basis Restitution zu bezahlen, allerdings nur unter bestimmten Bedingungen (Muziol-Weclawowicz 2000: 85). Diese Einzelfalllösung scheint nicht dazu geeignet, das Problem vollständig zu lösen. Unklare Besitzverhältnisse und die damit verbundenen Schwierigkeiten bei Kauf, Verkauf und der Ent-

164

wicklung von innerstädtischen Grundstücken stellen immer noch ein Hindernis für die Stadtentwicklung dar. Eine weitere Besonderheit des Warschauer Transformationsprozesses ist die Loslösung der Stadt von der allgemeinen Gesetzgebung für die polnischen Kommunen. Mit dem Gemeindegesetz 1990 wurde in allen polnischen Kommunen die kommunale Selbstverwaltung eingeführt. Für Warschau erließ die nationale Ebene aufgrund der Bedeutung und Größe der Stadt eigene Gesetze. In diesen Gesetzen wurde die Verwaltungsstruktur Warschaus geregelt. 1990, 1994 und 2002 wurden jeweils „Warschau-Gesetze" erlassen, in denen die interne Struktur der Stadt Warschau verändert wurde (vgl. Kapitel 6.1.2). Die große polnische Verwaltungsreform von 1998 in der die Zahl der „Wojewodschaften" (Länder) von 49 auf 16 reduziert wurde und mit den „Powiats" (Kreisen) eine neue Verwaltungsebene zwischen den Wojewodschaften und den Kommunen etabliert wurde, hatte hingegen keine Auswirkungen auf die Stadt Warschau (Djordjevic 2006a: 9f.). Es lässt sich demnach konstatieren, dass die rechtlichen Grundlagen des Transformationsprozesses aufgrund der speziellen Gesetzgebung in Warschau von denen der übrigen polnischen Städte und Gemeinden abwichen. Erst mit dem Gesetz zur Struktur der Stadt Warschau von 2002 wurden diese Unterschiede beseitigt und die Struktur der Stadt Warschau weitgehend an die der anderen polnischen Städte angeglichen. Die Stadt Warschau ist nun in 18 Stadtbezirke unterteilt (*Abbildung 1*).

Die bauliche Struktur der Stadt Warschau war stärker als die meisten polnischen Städte durch die Leitlinien des sozialistischen Städtebaus geprägt. Bis auf die wiedererrichtete Altstadt waren die kapitalistischen Vorkriegsstrukturen in der Stadtstruktur nicht erkennbar. Beim Wiederaufbau der Stadt nach dem Zweiten Weltkrieg spielte der Bodenwert keine Rolle. Infolgedessen war z.B. die Innenstadt durch cityuntypische Nutzungen geprägt und auch physiognomisch erinnerte nichts mehr an die ehemaligen Cityfunktionen (Pütz 2001: 216). Dies kann als weitere Besonderheit des Warschauer Transformationsprozesses angesehen werden: Die Stadt konnte nicht an die Vorkriegsstrukturen anknüpfen, sondern musste eine neue Entwicklung in der postsozialistischen Phase durchlaufen. Der Übergang von der Plan- zur Marktwirtschaft hatte zur Folge, dass neue bauliche Elemente in Warschau notwendig wurden. So gab es beispielsweise Anfang der 1990er eine große Nachfrage nach modernen, innenstadtnahen Büroflächen durch westliche Firmen, allerdings existierte kein entsprechendes Angebot, da in der Innenstadt Wohn- und Verwaltungsgebäude dominierten[20]. Inso-

---

[20] Eine Folge des Mangels an Büroflächen war die Umnutzung von Zimmern in internationalen Hotels zu Büroräumen. Da die Hotelgebäude zu den wenigen Gebäuden in Warschau mit Telefon- und Faxanschlüssen zählten, konnten diese bis zu einem Drittel ihrer Zimmer zu Bürozwecken vermieten (Pütz 2001: 217).

fern war im postsozialistischen Warschau als Folge der starken Prägung durch den sozialistischen Städtebau ein besonderer baulicher Veränderungsdruck spürbar: Die baulichen Bedingungen der Marktwirtschaft existierten nicht und mussten erst geschaffen werden.

Abbildung 1: Administrative Gliederung der Stadt Warschau

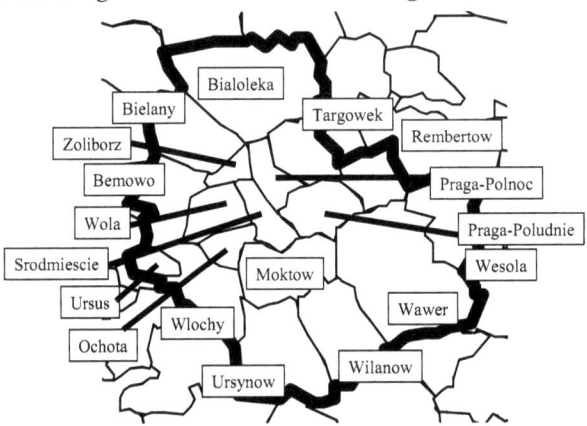

Quelle: Eigene Darstellung

5.3 Sozio-ökonomischer und physischer Wandel der Stadt seit 1989

Die postsozialistische Transformation der 1990er Jahre führte zu starken Veränderungen in Warschau. Im Folgenden wird der Wandel der Stadt seit 1989 dargestellt. Unterschieden wird dabei nach Veränderungen der ökonomischen Situation, der Bevölkerungsentwicklung sowie den physischen Veränderungen der Warschauer Stadtstruktur. Methodisch wurde einerseits auf bestehende Untersuchungen zu den jeweiligen Themen zurückgegriffen, andererseits erfolgten auch eigene statistische Auswertungen zur Bevölkerungs- und zur baulichen Entwicklung. Diese wurden sowohl in der Stadt Warschau als auch in den umliegenden Kommunen des suburbanen Raums ausgewertet, da eine Bewertung dieser Aspekte nur im stadtregionalen Kontext, d.h. auf Ebene der Metropolregion Warschau[21] möglich ist.

---

[21] Es existiert keine offizielle Definition der Metropolregion Warschau. Im Folgenden wurde deshalb auf die Arbeit von Smetkowski (2005) zurückgegriffen, der auf Grundlage von Indikatoren wie ausländischen Direktinvestitionen, Einkünfte der Kommunen und Bevölkerungsdynamiken die Metropolregion definierte.

5.3.1 Ökonomische Veränderungen

Im Vergleich zu anderen postsozialistischen Ländern wie Tschechien, Slowakei oder Ungarn sind das Städtesystem und die Wirtschaftskraft in Polen grundsätzlich stärker polyzentral strukturiert. Neben Warschau haben Städte wie Poznan, Wroclaw, Krakow oder die Trojmiasto (Dreistadt Gdansk, Sopot, Gdynia) ebenfalls eine wichtige Bedeutung als Wirtschaftsstandort. Warschau ist allerdings aufgrund seiner Größe und der Hauptstadtfunktion dominierend innerhalb des polnischen Städtesystems. Die in *Tabelle 5* dargestellten Aspekte verdeutlichen diese Rolle: Die Stadt ist die einwohnerstärkste Stadt Polens, gleichzeitig ist die Arbeitslosigkeit im Vergleich zu den anderen Großstädten am niedrigsten. Das Durchschnittseinkommen, das Bruttosozialprodukt sowie die Anzahl der registrierten Unternehmen sind in Warschau deutlich höher als in anderen Städten.

Tabelle 5: Sozio-ökonomische Daten polnischer Städte

	Ein-wohner*	Arbeits-lose in %*	Durchschnitts-einkommen (brutto) in Zloty*	Bruttosozial-produkt pro EW 2004 in Zloty	Bruttosozial-produkt pro EW 2004 (Polen=100)	Anzahl der registrierten Unter-nehmen*
Warschau	1.698.900	5,5	3502,84	68.140	281,8	300.784
Lodz	765.800	16,0	2298,50	29.104	120,4	95.530
Krakow	756.900	7,0	2538,60	37.473	155,0	104.254
Gdansk	457.800	9,2	3075,13	34.733	143,6	58.473
Wroclaw	635.700	10,8	2444,09	34.351	142,1	92.276
Poznan	567.200	6,1	2759,86	49.125	203,2	89.249

(Quelle: Jalowiecki 2007a: 7ff; Jalowiecki 2007b)
* Stand: 31.03.2006

Die Befürchtung, dass aufgrund der peripheren Lage innerhalb Polens und des wirtschaftlich schwachen Warschauer Umlands andere Städte wie Krakow, Poznan oder Gdansk die vorherrschende Rolle innerhalb des polnischen Städtesystems einnehmen könnten, ist bislang nicht eingetreten. Im Gegenteil, aufgrund des rapiden Wandels der Wirtschaftsstruktur und der guten ökonomischen Performance wird Warschau als „Gewinner" bzw. „Vorreiter" der Transformation bezeichnet (Weclawowicz 2002: 195f., Karwinska 2003: 116).

Die Wirtschaftsstruktur Warschaus veränderte sich seit Beginn der Transformation stark. Waren 1994 25,6 % aller Beschäftigten im Industriebereich

167

tätig, so lag diese Quote 2001 bei nur noch 14,8%; im gleichen Zeitraum stieg der Anteil der höherwertigen Dienstleistungen von 20,9% auf 22,8% (Bourdeau-Lepage 2004). Dabei stellte insbesondere die Deindustrialisierung eine große Herausforderung für die Warschauer Wirtschaftsstruktur dar. Zum einen wurde eine Privatisierung der vormals staatlichen Industriebetriebe vorgenommen, zum anderen mussten zahlreiche der zu sozialistischen Zeiten aus politischen Gründen „aufgeplusterten" Betriebe schließen. In Folge dieser Restrukturierung und aufgrund einer wirtschaftlichen Rezession gingen Beschäftigungszahlen und Wirtschaftsaktivitäten nach 1989 zunächst stark zurück (Weclawowicz 2005: 230). Durch die Expansion des Privatsektors ergaben sich jedoch neue Beschäftigungsmöglichkeiten, so dass die Transformation der Wirtschaftsstruktur in Warschau vergleichsweise schnell realisiert wurde und Warschau einen enormen Wirtschaftsaufschwung zu verzeichnen hatte[22]. Auf der Grundlage von Experteninterviews mit Policy-Makern und Planern nennt Korcelli-Olejniczak (2007: 58) als wesentliche Eigenschaften der postsozialistischen Wirtschaftsstruktur Warschaus unter anderem:

- Es existiert ein hoher Zufluss an ausländischem Kapital und ausländischen Investitionen, der zur Entwicklung metropolitaner Funktionen beigetragen hat[23].
- Die Qualität und die räumliche Ausbreitung der bereits vor 1989 vorhandenen Wirtschaftsfunktionen sind angestiegen.
- Die Entwicklung von Kontrollfunktionen im Unternehmensbereich ist auf die nationale Ebene beschränkt. Es finden sich Headquarter polnischer Firmen in Warschau, aber nur eine begrenzte Zahl regionaler Vertretungen internationaler Unternehmen. Die eher schwache transnationale Funktion ist auf die vergleichsweise geringe Größe der polnischen Wirtschaft und zu einem gewissen Grad auch auf die limitierte Attraktivität Warschaus als Wohnstandort zurückzuführen.
- Aufgrund der vorhandenen Kultur-Projekte und -Institutionen sowie der sich überlappenden westlichen und östlichen kulturellen Einflüsse hat Warschau Entwicklungspotenzial als kulturelles Zentrum von supranationaler Bedeutung.

---

[22] Weclawowicz (2005: 230) merkt an, dass die Schattenwirtschaft einen hohen Anteil am Beschäftigungs- und Produktionsboom in Warschau hat. Hierzu zählen Straßenhändler, informelle Marktplätze sowie illegale Produktions- und Handelsstätten.

[23] 30% aller ausländischen Firmen, die in Polen investieren, sind in Warschau registriert (Weclawowicz 2005: 239). Zu berücksichtigen ist allerdings, dass die Standorte der jeweiligen Investitionen nicht unbedingt mit dem registrierten Firmensitz übereinstimmen und insofern genaue Aussagen über die räumliche Verteilung der ausländischen Direktinvestitionen in Polen nicht möglich sind.

- Die Vielzahl an wissenschaftlichen Einrichtungen und sowie die hohe Qualifikation der Wissenschaftler bilden die Basis für die Entwicklung von Wissenschafts- und Forschungszentren von übernationaler Bedeutung.

Die wirtschaftliche Entwicklung Warschaus strahlt dabei auch auf das Warschauer Umland aus. Indikatoren wie die Zahl der Unternehmen je 1000 Einwohner, die Steuereinnahmen der Kommune sowie der Anteil der Investitionsausgaben an den gesamten Ausgaben der Kommune zeigen, dass auch in den Umlandgemeinden in den letzten Jahren eine positive Wirtschaftsentwicklung zu verzeichnen ist (Czapiewski 2008). Dabei beschränkt sich die Zone positiven Wirtschaftswachstums auf die Metropolregion Warschau (d.h. einen Radius von ca. 50 km um Warschau), während in den weiter entfernt liegenden, eher ländlichen Gebieten der Wojewodschaft Masowien keine Auswirkungen der positiven Wirtschaftsentwicklung Warschaus zu spüren sind.

Während die Rolle Warschaus (bzw. der gesamten Metropolregion) als bedeutendster polnischer Wirtschaftsstandort unumstritten ist, stellt sich die Position innerhalb der gesamteuropäischen Städtehierarchie weniger deutlich dar. Mit der postsozialistischen Transformation veränderten sich die europäische Raumstruktur und die Hierarchie der Städte. Für Warschau (ebenso wie für Budapest und Prag) wurde in diesem Zusammenhang die Möglichkeit einer Positionierung innerhalb der globalen Marktökonomie als „Standort von komplexen strategischen Unternehmensaktivitäten für die Einbindung der Märkte Ostmitteleuropas und Osteuropas" gesehen (Krätke 1996: 172f.). Vergleicht man Warschau mit anderen osteuropäischen Hauptstädten wie Bukarest, Budapest, Prag und Sofia zeigt sich, dass der Anteil der Beschäftigten in höherwertigen Dienstleistungen wie Real Estate, Finanzdienstleistungen, Wirtschaftsunternehmungen usw. in Warschau höher als in den anderen Hauptstädten ist (Bourdeau-Lepage 2004). Auch in anderen Dimensionen (z.B. der Zahl der Flugpassagiere, der Anzahl der vor Ort ansässigen international tätigen Rechtsanwaltsfirmen und Finanzdienstleister) hat Warschau eine dominierende Rolle inne (Bourdeau-Lepage 2004), teilweise bedeutsamer als Prag und Budapest: „Among the five cities [Bukarest, Budapest, Prag, Sofia, Warschau, Anmerkung fk], Warsaw has the highest attractiveness in an enlarged Europe in terms of high-order services" (Bourdeau-Lepage 2004). Insofern kann festgehalten werden, dass Warschau mittlerweile tatsächlich zu einem bedeutsamen Wirtschaftsstandort in Osteuropa für strategische Unternehmensaktivitäten geworden ist und sich ein schneller Wandel hin zu einer dienstleistungsorientierten, modernen Wirtschaftsstruktur vollzogen hat. Allerdings schneidet die Stadt im gesamteuropäischen Vergleich deutlich schwächer ab. So lag z.B. der Anteil der Beschäftigten in höherwertigen Dienstleistungen in Paris und Berlin deutlich über den Warschauer Werten (vgl. für Paris:

Bourdeau-Lepage 2004, für Berlin: Korcelli-Olejnaiczak 2007: 63), die Zahl der Flugpassagiere als Indikator für die Häufigkeit von Geschäftsreisen liegt in Warschau bei einem Bruchteil der Werte westeuropäischer Großflughäfen (Bourdeau-Lepage 2004). Von einer Wirtschaftsmetropole internationalen Rangs oder gar einer „Global City" im Sinne von Sassen (1991) ist Warschau demnach noch weit entfernt.

5.3.2 Bevölkerungsentwicklung

Im Gegensatz zu den meisten anderen Großstädten in Polen und auch konträr zur Stadtentwicklung anderer osteuropäischer Hauptstädte wie Prag, Budapest oder Bratislava hat Warschau im Zeitraum von 2000-2005 an Bevölkerung gewonnen (Turok/Mykhnenko 2007[24]). Dabei ist seit Mitte der 1990er Jahre bzw. seit Anfang des 21. Jahrhunderts ein kontinuierlicher Bevölkerungszuwachs sowohl innerhalb der Stadtgrenzen als auch in den umliegenden Gemeinden zu konstatieren (*Abbildung 2*).

Im Jahr 2006 hatte die Stadt Warschau ca. 1,71 Mio. Einwohner, die Umlandregion verfügte über 1,05 Mio. Einwohner. Betrachtet man die Struktur und die Entwicklung der einzelnen Altersgruppen in den Jahren 1995 und 2006, so zeigen sich Unterschiede zwischen der Stadt Warschau und dem Umland (*Abbildung 3*): Grundsätzlich sind Kinder und Jugendliche in den Umlandgemeinden häufiger vertreten, während ältere Personengruppen in der Stadt Warschau einen größeren Anteil an der Gesamtbevölkerung haben.

Im Zeitraum von 1995 bis 2006 ging allerdings der Anteil der Kinder und Jugendlichen in der Stadt Warschau und in der Umlandregion stark zurück, während der Anteil der älteren Personen stieg. Diese Form des demographischen Wandels (Höherer Anteil älterer Bevölkerungsgruppen, geringer Anteil an Kindern) kennzeichnet nicht nur die Entwicklung in Warschau, sondern ist in ähnlicher Form auch in anderen Städten zu finden.

Interessant ist die Entwicklung der Altersgruppe der jüngeren Erwachsenen bis 40 Jahre in Warschau: Der Anteil dieser Gruppe, zu der einerseits die Studenten, andererseits junge Erwerbstätige gehören, ist stark angestiegen. Die Attraktivität Warschaus als Arbeits- und Ausbildungsort und die positive Wirtschafts-

---

[24] Turok und Mykhnenko analysierten die Bevölkerungsentwicklung nicht nur innerhalb der administrativen Grenzen der einzelnen Städte, sondern wählten einen funktionalen Ansatz: Die Städte wurden definiert als „continuous or near continuous territory devoted to land uses such as housing, industrial and commercial activity, transport, education and other public services and spaces" und entsprechen somit weitgehend den Metropolregionen der Städte (Turok/Mykhnenko 2007: 176).

entwicklung führen offensichtlich zu einem starken Zuwachs dieser Altersgruppen in Warschau.

Abbildung 2: Bevölkerungsentwicklung in der Region Warschau

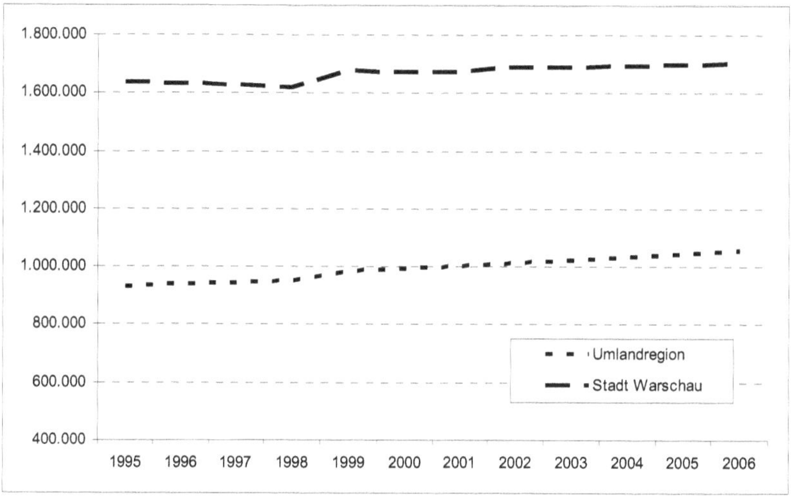

(Quelle: Eigene Darstellung nach GUS-Daten)

Untersucht man die Bevölkerungsentwicklung auf der Ebene der Gemeinden und Stadtbezirke in der Metropolregion Warschau ergibt sich ein differenziertes Bild. Während die innerstädtischen Stadtbezirke im Zeitraum 1995-2006 an Bevölkerung verloren haben, verzeichnen die meisten peripher gelegenen Stadtbezirke einen teilweise beträchtlichen Zuwachs. Die stärkste Zunahme hatten der nördlich gelegene Stadtbezirk Bialoleka und das am östlichen Stadtrand befindliche Wesola. Hier wuchs die Bevölkerung im Untersuchungszeitraum um mehr als 30%. Auch im Warschauer Umland gibt es heterogene Entwicklungen. Insbesondere einige südlich und nördlich an Warschau grenzende Gemeinden wuchsen im Untersuchungszeitraum stark. Mit steigender Entfernung zur Kernstadt Warschau sinkt auch das Bevölkerungswachstum. In einigen Umlandgemeinden am Rand der Metropolregion sind auch Bevölkerungsrückgänge zu verzeichnen.

Abbildung 3: Altersstruktur in Warschau und der Umlandregion 1995 und 2006

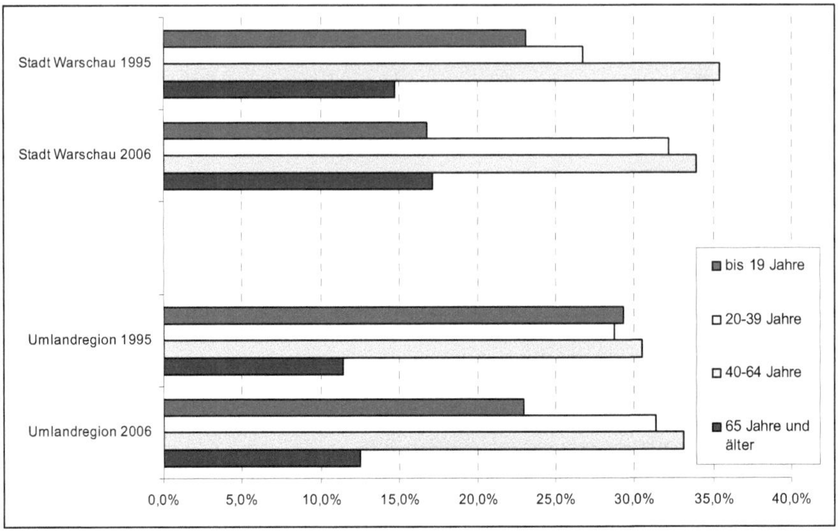

(Quelle: Eigene Darstellung nach GUS-Daten)

Ein Kennzeichen der Bevölkerungsentwicklung in der Region Warschau seit den 1990er Jahren ist die Suburbanisierung (Gutry-Korycka 2005, Lisowski 2004). Unter Suburbanisierung wird in diesem Zusammenhang ein Bevölkerungsrückgang der Kernstadt und ein Wachstum der Bevölkerung in den suburbanen Gebieten bezeichnet. Wie bereits beschrieben, existierte Suburbanisierung aufgrund der Funktionsweise der sozialistischen Stadt in Warschau vor 1989 nicht bzw. nur in der eingeschränkten Form von Großwohnsiedlungen in industrialisierter Bauweise. *Abbildung 4* stellt dar, dass sich das Bevölkerungswachstum in der Region Warschau ungleichmäßig verteilt und insbesondere das Zentrum an Bevölkerung verliert. Allerdings ist zu berücksichtigen, dass die geographischen Grenzen Warschaus (wie auch in anderen großen polnischen Städten) relativ weit gefasst sind. Ein Teil der Suburbanisierungsbewegungen endet innerhalb der Stadtgrenzen in den peripheren Stadtbezirken (Swianiewicz/Klimska 2005: 305) – es findet eine Suburbanisierung innerhalb der Stadtgrenzen statt. Zu beachten ist auch, dass die Einwohnerzuwächse der Umlandgemeinden nicht unbedingt im Zusammenhang mit den Bevölkerungsverlusten der Kernstadt stehen. Ein Anstieg der Zahl der Umlandbewohner kann auch durch Fernwanderungen aus anderen Regionen verursacht werden und ist nicht notwendigerweise das Ergebnis von Stadt-Umland-Wanderungen.

Abbildung 4: Karte der Bevölkerungsveränderung in der Metropolregion Warschau

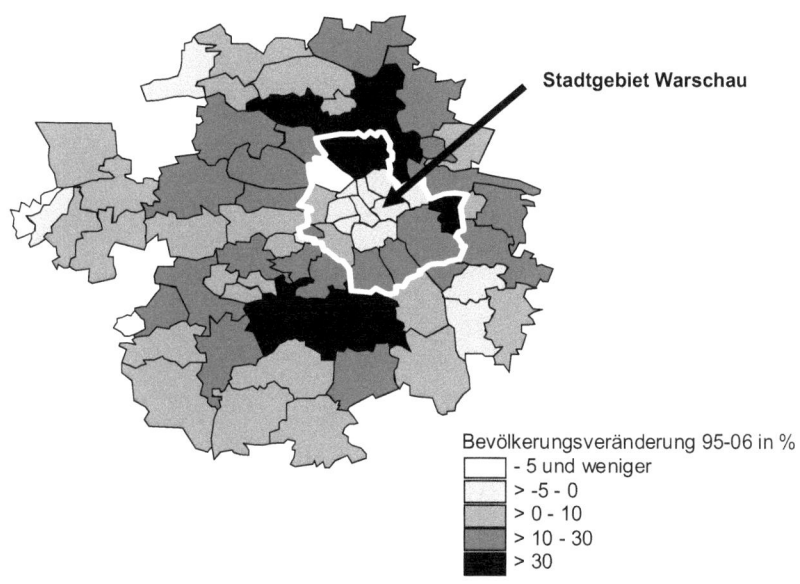

Stadtgebiet Warschau

Bevölkerungsveränderung 95-06 in %
- 5 und weniger
> -5 - 0
> 0 - 10
> 10 - 30
> 30

(Quelle: Eigene Darstellung nach GUS-Daten)

Ungeachtet der methodischen Probleme zeigt sich, dass die Bevölkerungsent-wicklung in Warschau sich dem lange in westeuropäischen Städten vorherr-schenden Entwicklungsmuster mit einer abnehmenden Kernstadtbevölkerung und wachsenden Umlandgemeinden annähert. Eine Besonderheit der Warschauer Metropolregion ist allerdings die höchst unterschiedliche Entwicklung zwischen innerstädtischen und (einigen) peripher gelegenen Stadtbezirken: Die innerstädti-schen Bezirke gehören zu den wenigen räumlichen Einheiten in der Metropolre-gion, in denen die Bevölkerung rückläufig ist. Einige der peripheren Stadtbezirke zählen hingegen zu den wachstumsstärksten Raumeinheiten der gesamten Met-ropolregion.

Es stellt sich nun die Frage, ob neben den angesprochenen Formen der Sub-urbanisierung weitere Veränderungen bezüglich der Bevölkerungsdynamik im postsozialistischen Warschau erkennbar sind. Von wichtiger Bedeutung ist in diesem Zusammenhang die Frage der sozialen Polarisierung innerhalb der Stadt.

173

Gibt es eine Zunahme der sozialen Segregation in Warschau und wenn ja, nach welchen Merkmalen erfolgt die Segregation? Grundsätzlich unterscheidet sich die Segregation in den Metropolregionen Polens von den Formen in Westeuropa: „One of the clear differences distinguishing Polish cities from Western European ones is that segregation in Polish metropolitan areas has practically no racial or national dimension. Immigrants constitute a very small proportion of the Polish population, and with the exception of a very few cases (such as a certain neighborhood in the centre of Warsaw which is increasingly dominated by Vietnamese migrants), they do not concentrate in distinct neighborhoods." (Swianie-wicz/Klimska 2005: 325f.). Die in Warschau erkennbare Form der Segregation bezieht sich deshalb zum überwiegenden Teil auf Einkommensunterschiede. Wie in Kapitel 5.1.4 dargestellt, existierte ungeachtet der damals vorherrschenden ideologischen Ziele bereits zu sozialistischer Zeit Ungleichheit. Der Wandel der sozialen und räumlichen Muster in polnischen Städten wird von Weclawowicz (2002) insofern folgerichtig als „From Egalitarian Cities in Theory to Non-egalitarian Cities in Practice" beschrieben. Drei Ursachen werden für die Zu-nahme der räumlichen Polarisierung gesehen (Weclawowicz 2002: 189ff.):

- Die Zunahme sozialer Unterschiede. In Folge der wirtschaftlichen Umstruk-turierung entstanden neue hochbezahlte Arbeitsplätze im privaten Sektor während gleichzeitig die Zahl der im produktiven Sektor bzw. im öffentli-chen Dienst Beschäftigten abgenommen hat. Das bedeutet, dass einerseits höhere Einkommen in den neu entstandenen Arbeitsplätzen des Privatsek-tors zu verzeichnen waren, andererseits die Gruppe der von Armut betroffe-nen bzw. gefährdeten Personen zugenommen hat.
- Die Entwicklung des Wohnungsmarkts. Aufgrund des Rückzugs des Staates aus der Wohnungspolitik und der damit verbundenen Privatisierungen so-wie der rückläufigen Subventionen findet die Wohnstandortverteilung nach den Gesetzen des Marktes statt. Zu berücksichtigen ist, dass in Warschau ein großer Wohnungsmangel herrscht und somit der Wohnungsmarkt sehr angespannt ist. Der realisierte Wohnungsneubau wurde überwiegend pri-vatwirtschaftlich realisiert und zielte eher auf höhere Einkommensklassen. Auch in den von Genossenschaften realisierten Wohnungsneubauten zogen überwiegend Personengruppen mit höheren Einkommen (RESTATE 2003: 32). Der Druck, der auf dem Warschauer Wohnungsmarkt auf den niedrigen Einkommensgruppen lastet, wird auch durch Untervermietungsprozesse deutlich. Ältere Personen mit geringeren Einkommen vermieten ihre in den zentralen, repräsentativen Wohnlagen Warschaus gelegenen Wohnungen unter und ziehen in billigere Wohnungen in die Peripherie oder zu ihren Kindern. Dieser Prozess kann als intra-urbane Migration von Geringverdie-

nern bezeichnet werden und trägt zur räumlichen Polarisierung bei (Weclawowicz 2005: 233).

• Die Auseinandersetzungen „alter" und „neuer" Akteure über die Kontrolle
des städtischen Raumes. Der öffentlichen Verwaltung auf lokaler Ebene
kam ab 1990 die Aufgabe der Kontrolle und Steuerung des städtischen
Raumes zu. Gleichzeitig erschienen „neue" Akteure der Stadtentwicklung
z.B. private Investoren. Die Auseinandersetzungen um Flächennutzungen,
starker Entwicklungsdruck der zentralen Flächen sowie unzureichende Planungsinstrumente führten zu einer Fragmentierung des städtischen Raumes
in der neue städtebauliche Projekte das Ergebnis informeller Auseinandersetzungen und nicht stadtplanerischer Vorgaben waren.

Weclawowicz sieht demnach sowohl die Veränderungen der Haushaltseinkommen als auch die steigende Wohnmobilität besser verdienender Haushalte als
Ursachen für die soziale Segregation in Warschau (vgl. Kapitel 4.2.3).

Die räumlichen Muster der Polarisierung sind relativ heterogen, Gebiete mit
hohem und niedrigem sozialem Status bzw. „arme" und „reiche" Gebiete sind
oftmals in räumlicher Nähe (vgl. Weclawowicz 2005: 236). Die Verteilung der
Gebiete folgt dabei den Vorkriegsstrukturen, d.h. Gebiete wie Mokotow oder
Zoliborz waren schon vor dem Krieg bevorzugte Wohnstandorte und haben in
postsozialistischer Zeit diese Bedeutung wiedererlangt (Interview U2).

Swianiewicz und Klimska (2005) untersuchten die soziale und wirtschaftliche Polarisierung nicht nur innerhalb der Stadt Warschau, sondern in der gesamten Warschauer Metropolregion. Ziel war es anhand von Indikatoren wie der
Arbeitslosenquote, dem Anteil der Personen mit Universitätsabschluss, den
Wohnbedingungen, den durchschnittlichen Einkommenssteuern sowie dem Anteil der Bevölkerung im nicht-erwerbsfähigen Alter eine Status-Klassifizierung
von Stadtbezirken und Umlandkommunen polnischer Metropolen vorzunehmen.
Die hier zugrunde liegende Definition der Warschauer Metropolregion unterscheidet sich von den von Smetkowski (2005) festgelegten Grenzen leicht. Ergebnis der Forschungen war, dass die wohlhabendsten räumlichen Einheiten
peripher gelegene Warschauer Stadtbezirke wie Wilanow, Bialoleka, und Ursynow sind. Die innerstädtischen Bezirke liegen im Allgemeinen etwas hinter diesen Werten. Die Umlandgemeinden geben ein heterogenes Bild ab: Hier finden
sich sehr wohlhabende Gemeinden, (in der Regel nah an der Warschauer Stadtgrenze gelegen) sowie ärmere Gemeinden, die als „reservoir of the working
class" für die Kernstadt angesehen werden (Swianiewicz/Klimska 2005: 326).

Zusammenfassend kann festgestellt werden, dass die Bevölkerungsentwicklung sich im Vergleich zur sozialistischen Zeit stark verändert hat. Entwicklungen wie Suburbanisierung, räumliche Polarisierung nach Einkommensklassen

und das nebeneinander von stark wachsenden und schrumpfenden Gemeinden bzw. Stadtbezirken ähneln den Entwicklungsmustern westeuropäischer Metropolregionen. Ein weiteres Kennzeichen der Stadtregion Warschau sind die gleichartigen Entwicklungen bezüglich der Bevölkerungsdynamik aber auch des sozialen Status der Bewohnerschaft in einigen der Warschauer Außenbezirken und den daran angrenzenden Umlandgemeinden (vgl. Koch 2008b).

5.3.3 Bauliche Entwicklungen

Neben der Wirtschafts- und Bevölkerungsstruktur wandelte sich auch die physische Gestalt der Metropolregion Warschau seit 1989. Unterschieden werden kann zwischen baulichen Veränderungen durch Wohnungsbau, durch die Ansiedlung von großflächigem Einzelhandel sowie durch die Konstruktion von Bürogebäuden.

Wohnungsbau

Zu sozialistischer Zeit wurde die Produktion und Versorgung von Wohnraum fast komplett durch staatliche Interventionen gesteuert, sozialistischer Wohnungsbau in Plattenbauweise prägte die Stadt Warschau. Nach dem Zusammenbruch des Sozialismus zog sich der Staat weitgehend aus der Wohnungspolitik zurück, kennzeichnend hierfür sind die rückläufigen staatlichen Wohnungsneubauten, der Rückzug aus der Subjektförderung und aus der Wohnungsverwaltung durch Privatisierungsprozesse. Aufgrund dieser Entwicklungen und des Wegfalls des Staates als Bauherr sank die Zahl der Wohnungsfertigstellungen in Warschau zu Beginn der 1990er Jahre stark. Der schon zu sozialistischen Zeiten existierende Wohnungsmangel verschärfte sich weiter. Ab Mitte der 1990er Jahre stieg die Zahl der Wohnungsfertigstellungen in Warschau jedoch wieder an und liegt seit dem Jahr 2000 jährlich bei über 10.000 Wohneinheiten.

Die räumliche Verteilung des Wohnungsneubaus ähnelt dem Muster der Bevölkerungsentwicklung. In den Stadtbezirken bzw. Umlandgemeinden, die einen besonders hohen Bevölkerungszuwachs zu verzeichnen hatten, waren auch die Wohnfertigstellungszahlen hoch. Wie *Abbildung 5* verdeutlicht, waren die Wohnfertigstellungsquoten vor allem in den peripheren Stadtbezirken (Biolenka und Wilanow) besonders hoch, in den Innenstadt-Bezirken lagen die Werte deutlich niedriger. Eine sehr hohe Bautätigkeit (und damit verbunden große bauliche Veränderungen) sind auch in den an Warschau angrenzenden Umlandgemeinden zu verzeichnen. Mit zunehmender Entfernung zur Warschauer Stadtgrenze

176

nimmt die Wohnbautätigkeit ab. Die Ursachen für die Konzentration der neuen Wohnungen an bestimmten Standorten sind vielfältig. Es gehören so unterschiedliche Faktoren wie die Verkehrsbelastung der Innenstadt, Sicherheitsaspekte, Erreichbarkeit aber auch die Verfügbarkeit und der Preis von Bauland dazu.

Abbildung 5: Karte der Wohnungsfertigstellungen pro 1000 Einwohner 1995-2006

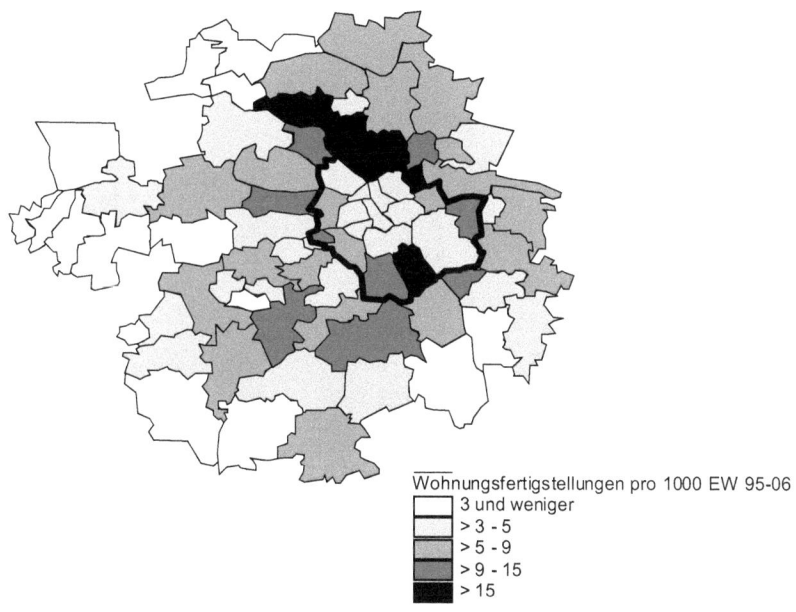

(Quelle: Eigene Darstellung nach GUS-Daten)

Aufgrund des Wohnungsmangels und der steigenden Einkommen ist der freifinanzierte Bau und Verkauf der Wohnungen an Selbstnutzer für die Developer ein lukratives Geschäft. Grundsätzlich sind die neuen Wohnungen aufgrund ihrer Preise, des Designs und der wohnbegleitenden Einrichtungen wie Doorman, security service und moderner technischer Infrastruktur für höhere Einkommensschichten konzipiert. Auch wenn die neugebauten Wohnungen in mehrstöckiger Bauweise errichtet werden und der sozialistischen Plattenbauweise nicht unähnlich sind, so werden diese Wohnungen doch als Teil eines „westlich" orientier-

177

ten, modernen Lebensstil vermarktet. Ein wichtiges Merkmal des Wohnungs-
neubaus stellen die Sicherheitsaspekte dar. Eine Vielzahl der neu errichteten
Wohnsiedlungen lassen sich durch den Begriff der „Gated Community" kenn-
zeichnen. Zwar existiert keine offizielle Definition, was eine Gated Community
ist und in der polnischen Sprache findet sich auch kein Äquivalent für Gated
Community (Mostowska 2006: 3f.), aber zu den generellen Merkmalen dieses
Siedlungstyps können die Privatisierung der Flächen innerhalb der Siedlung,
Security-Dienste und physische Barrieren, die der Öffentlichkeit den Zugang zur
Siedlung versperrt, zählen (siehe *Abbildung 6*).

Abbildung 6: Gated Communities in Warschau

(Quelle: Foto F. Koch)

Bei neuen Wohnungsbauprojekten sind diese Sicherheitselemente zu einer Art
Standardausstattung geworden und es finden sich nur wenige Neubauprojekte,
die auf diese Aspekte verzichten. Insofern erscheint die von Werth (2005: 155ff.)
ermittelte Zahl von mehr als 200 Gated Communities in Warschau als plausibel.
In Relation gesehen übersteigt die Zahl der Gated Communities in Warschau
damit die Zahlen nord-amerikanischer Städte. Räumlich verteilen sich diese
Siedlungen über die ganze Stadt, Schwerpunkte finden sich vor allem in den
nördlichen und westlichen Außenbezirken sowie in der südlichen Innenstadt.

Bürogebäude

Aufgrund der Organisation sozialistischer Städte und des Gesellschaftssystems unterschied sich die Stadtstruktur im sozialistischen Warschau in wesentlichen Punkten von westlichen, kapitalistisch geprägten Städten. Insbesondere durch die Abwesenheit von Bodenpreisen und den fehlenden privaten Akteuren existierte keine Lagekonkurrenz zwischen unterschiedlichen Nutzungen. Insofern erstaunt es nicht, dass direkt nach der politischen Wende in Warschau kein Büroimmobilienmarkt, keine modernen Bürogebäude und auch kein Central Business District existierten. Aufgrund der starken Nachfrage ausländischer und polnischer Unternehmen nach Bürofläche entstanden seit Mitte der 1990er Jahre zahlreiche neue Bürogebäude. Jalowiecki (2007a: 9) geht von mehr als 100 neu errichteten Bürohochhäusern aus.

Mittlerweile wird die Gesamtsumme an Class A-Büroflächen (d.h. Flächen mit moderner technischer Infrastruktur) in Warschau auf 2,65 Mio. m² geschätzt (JLL 2007: 6). Diese Flächen befinden sich im Gegensatz zu anderen osteuropäischen Städten wie Prag oder Budapest nicht in sanierten Bürogebäuden, sondern zum weitaus größten Teil in Neubauten. Die Ursache für die Dominanz der Neubauten und des geringen Anteils an Altbauten liegt in der Stadtstruktur und -geschichte Warschaus. Da die Stadt während des zweiten Weltkriegs fast vollständig zerstört wurde, gibt es schlichtweg zu wenige Altbauten, die zu modernen Büros umgebaut werden können. Die in großer Zahl vorhandenen sozialistischen Plattenbauten lassen sich hingegen nur bedingt als moderne Büroflächen umgestalten und insofern war der Neubau von Bürogebäuden notwendig. Dabei lässt sich zwischen innerstädtischen und peripheren Bürostandorten unterscheiden. Der überwiegende Teil der Büroflächen befindet sich im Stadtzentrum, bzw. in den angrenzenden Stadtbezirken Wola und Mokotow (JLL 2007: 6). Dieses Gebiet wird auch als CBD (Central Business District) von Warschau bezeichnet. Zwar gibt es unterschiedliche Definitionen der genauen Grenzen, über die grundsätzliche Existenz eines CBDs sind sich die Experten jedoch einig (vgl. Stephens 1999: 12ff.). Die Entwicklung des CBDs als zentraler innerstädtischer Bürostandort verlief allerdings eher zufällig und weitgehend ungeplant, folglich hat das Gebiet auch keinen homogenen Charakter, sondern besteht aus inselhaft angeordneten Bürohochhäusern, die keinen städtebaulichen Bezug zueinander haben (Pütz 2001: 220). Mittlerweile sind aufgrund nur noch weniger verfügbarer, bau- und eigentumsrechtlich gesicherter Flächen in der Innenstadt und steigenden Grundstückskosten auch periphere Gebiete in den Fokus der Entwicklung geraten. So entstand beispielsweise in den südlichen Stadtbezirken in der Nähe des Flughafens in den letzten Jahren ein weiterer wichtiger Bürostandort, der nach Angaben von Büro-Immobilienexperten künftig weiter an Bedeutung gewinnen wird (CBRE 2007: 1).

Abbildung 7: Neue Skyline von Warschau

(Quelle: Koch 2008c: 130)

Diese neuen Business Center stellen für Warschau „entirely new elements of urban space" (Karwinska 2003: 116) dar und haben einen großen Einfluss auf die physische Struktur der Stadt. So ist innerhalb von ca. zehn Jahren ein Central Business District in Warschau neu entstanden. Die Warschauer Skyline veränderte sich ebenfalls infolge der Investitionen in neue Bürogebäude: Auch wenn bislang (noch?) der Kulturpalast das höchste Gebäude Warschaus ist, entstanden in den letzten Jahren mit Büro-Towern wie dem Warsaw Trade Tower, Rondo I oder dem Warsaw Financial Center weitere Gebäude, die die Warschauer Skyline prägen (siehe *Abbildung 7*).

Einzelhandel

Ähnlich wie im Bürosektor existierten bis 1989 fast keine modernen Einzelhandelsflächen in Warschau. Nach einer Phase der Ausweitung spontaner Handelsplätze und der „Basar-Explosion" zu Beginn der 1990er Jahre wird der Einzel-

180

handelssektor in Warschau nun von Shopping Malls[25] dominiert (Kreja 2004: 5). Die Einzelhandelsfläche in diesen Einrichtungen liegt bei rund 1 Mio. m² (JLL 2007: 8). Ingesamt wurden im Jahr 2005 in der Metropolregion Warschau 28 Einkaufszentren gezählt (JLL 2005: 6), die zum weitaus größten Teil innerhalb der letzten 15 Jahre errichtet wurden.

Die Akteursstruktur bei Errichtung und Management der Einkaufscenter ist international: Konstruktion und Finanzierung der Shopping Malls übernahmen in der Regel westeuropäische oder nordamerikanische Unternehmen, polnische Unternehmen spielten keine Rolle. Die bauliche Gestalt und die Konzeption der Shopping Malls orientierten sich an nordamerikanischen Vorbildern: Die groß-flächigen Einkaufszentren bieten eine in sich geschlossene Konsumwelt, in der neben den Einkaufsmöglichkeiten auch ergänzende kommerzielle Freizeitein-richtungen wie Multiplex-Kinos untergebracht sind. Die in den Malls vertreten Einzelhandelsfirmen sind zum Großteil international agierende Ketten.

Die Standortmuster der Shopping Malls sind heterogen. Neben einigen Zentren in der Innenstadt wie dem kürzlich eröffneten Einkaufszentrum „Zlote Tarasy - Golden Terraces" liegen viele Einkaufszentren in den Außenbezirken. Wie Walter (2003: 105) zeigt, befinden sich die meisten Einkaufszentren aber nicht im Umkreis der in den Außenbezirken geplanten Entlastungszentren bzw. den Konzentrationspunkten für Dienstleistungen, sondern deutlich von diesen entfernt. Kritisch sind in diesem Zusammenhang Aspekte wie die hierfür neu zu errichtende notwendige technische Infrastruktur, das durch die Einkaufszentren induzierte Verkehrsaufkommen und die Versiegelung schützenswerter Flächen, die außerhalb der planerisch festgelegten Entwicklungsschwerpunkte liegen, zu sehen. Aufgrund der Langfristigkeit solcher Einzelhandelsinvestitionen und der geringen Möglichkeit für Folgenutzungen wurden durch die in einem vergleichs-weise kurzen Zeitraum getroffenen Standortentscheidungen weit reichende stadtstrukturelle Weichenstellungen vorgenommen; Kreja (2004: 6) spricht in diesem Zusammenhang von einem „irreversiblen Wandel" des Warschauer Stadtbildes durch die in der Transformationsphase errichteten Einkaufszentren.

5.4 Zwischenfazit: Stadtentwicklung zwischen sozialistischem Erbe und neuen Herausforderungen

In der rund 700-jährigen wechselhaften Geschichte der Stadt musste sich War-schau mehrmals neu erfinden und durchlief unterschiedliche Transformations-

---

[25] Shopping Malls werden definiert als „centrally managed, purpose built shopping facility with a gross leasable area over 5.000 m² and comprising 10+ retail units" (Cushmann & Wakefield Healy & Baker 2005).

prozesse. Nach den schrecklichen Zerstörungen des Zweiten Weltkriegs entstand quasi als „Showcase-City" die sozialistische Stadt Warschau. Neben vollkommen neuen ideologischen Vorstellungen zur Gestalt der Stadt, wandelten sich nach 1945 auch die Mechanismen der Stadtsteuerung komplett. Bodenpreise als Regulativ zur Steuerung der Flächennutzung ebenso wie lokale Stadtentwicklungspolitik spielten keine Rolle mehr, stattdessen ordnete sich die Stadtentwicklung der Priorität der Industrialisierung unter. Die politischen Veränderungen Ende der 1980er Jahre brachten für Warschau neue Herausforderungen: Wiederum ergab sich ein drastischer Wandel der Rahmenbedingungen. Die Stadtentwicklung Warschaus erfolgte nun innerhalb eines marktwirtschaftlich organisierten Systems und ab 2004 auch innerhalb des supranationalen Rahmens der EU.

Warschau wurde aber nicht erst durch den EU-Beitritt Polens zur „Europäischen Stadt". Durch die Stadtgründung nach Kulmer Recht, die enge Verbindung zur gesamt-europäischen Geschichte sowie die Phase der massiven Industrialisierung Ende des 19. und Anfang des 20. Jahrhunderts lässt sich Warschau in einen breiteren gesamteuropäischen Stadtentwicklungsprozess einordnen. Auch das Planungsverständnis vor 1939 war ähnlich wie in Westeuropa.

Es stellt sich nun die Frage, welchen Einfluss die sozialistische Zeit auf Warschau hat und in welche Richtung sich die postsozialistische Stadt Warschau entwickelt. In diesem Kapitel wurde aufgezeigt, dass sich die Stadt bzw. die gesamte Metropolregion in der postsozialistischen Phase bezüglich Wirtschaftsstruktur, Bevölkerungsentwicklung und Stadtgestalt sehr verändert. Phänomene wie Suburbanisierung, soziale Segregation, das Auftauchen von Shopping Malls oder die Tertiärisierung der Wirtschaftsstruktur - ähnlich wie in westeuropäischen oder nordamerikanischen Städten - sind zu beobachten. Im Ergebnis stellt sich Warschau bezüglich der Baustruktur als eine Stadt im Wandel dar, in der verschiedene städtebauliche Konzepte nebeneinander existieren. Neue Bürokomplexe stehen neben unsanierten Plattenbauten und die Skyline mit dem dominierenden Kulturpalast aus sozialistischer Zeit wird durch neue Hochhäuser ergänzt.

Das folgende Kapitel untersucht nun die hinter den stadtstrukturellen Veränderungen stehenden Formen der Stadtentwicklungspolitik Warschaus. Ziel ist es, einerseits eine Einordnung der Warschauer Stadtentwicklung in einen europäischen Kontext vorzunehmen, andererseits gegebenenfalls das bisher stark an westeuropäischen Beispielen orientierte Modell der Europäischen Stadt um eine osteuropäische Dimension zu erweitern.

6 Stadtentwicklungspolitik in Warschau

Dieses Kapitel untersucht die Stadtentwicklungspolitik im postsozialistischen Warschau. Dabei wird anhand der Politikdimensionen Polity, Politics und Policy untersucht, welche Eigenschaften der Europäischen Stadt erkennbar sind und wo Unterschiede existieren. Im Einzelnen sind drei Fragen zu beantworten:

- Polity-Dimension: Welchen Handlungsspielraum hat die Stadt?
- Politics-Dimension: Wer steuert die Stadt?
- Policy-Dimension: Welche Leitbilder und stadtpolitischen Inhalte werden verfolgt?

6.1 Welchen Handlungsspielraum hat die Stadt?

Wie in den vorigen Kapiteln aufgezeigt, stellen die institutionellen Rahmenbedingungen eine wichtige Stellgröße für Stadtentwicklungspolitik dar. Im folgenden Abschnitt wird untersucht, in welchem institutionellen Kontext die polnischen Kommunen im Vergleich zu westeuropäischen Kommunen agieren. Analysiert wird auch, inwieweit sich die Situation in Warschau aufgrund der besonderen Position als Hauptstadt und als größte polnische Stadt unterscheidet. Ziel dieses Kapitels ist es, den Handlungsspielraum der Stadtentwicklungspolitik in Warschau darzustellen und damit zu untersuchen, in welchem Maße in der Polity-Dimension die idealtypischen Merkmale der Europäischen Stadt zutreffen.

6.1.1 *Nationalstaatliche Regelungen und lokale Kompetenzen der Stadtentwicklungspolitik*

Ein Verständnis der aktuellen Stadtentwicklungspolitik ist ohne Kenntnisse des polnischen Verwaltungsaufbaus und der Rolle der kommunalen Ebene nur schwer möglich. Aus diesem Grund ist im folgenden Abschnitt der Staats- und Verwaltungsaufbau der Republik Polen dargestellt, anschließend werden die institutionellen Grundlagen der Stadtentwicklungspolitik erläutert.

Staats- und Verwaltungsaufbau der Republik Polen[26]

Die Grundsätze des polnischen Staats- und Verwaltungsaufbaus sind im ersten Kapitel der polnischen Verfassung erläutert. Demnach ist Polen ein demokratischer Rechtsstaat, der den Prinzipien der Gewaltenteilung, der Demokratie und der sozialen Gerechtigkeit verpflichtet ist. Die Wirtschaftsordnung des Landes basiert auf einer sozialen Marktwirtschaft. Der Staatsaufbau in Polen lässt sich in vier unterschiedliche Ebenen gliedern: Zentralstaatliche Ebene und auf subnationaler Ebene Wojewodschaft, Kreis (Powiat) und Gemeinde (Gmina).

Auf zentralstaatlicher Ebene ist mit dem Staatspräsident der höchste Vertreter der Republik Polen zu finden. Zu den wichtigsten Aufgaben des Präsidenten zählen die Überwachung der Einhaltung der Verfassung, der Souveränität und Sicherheit des Staats sowie die Oberbefehlsmacht der Streifkräfte. Den Hauptteil der Exekutivaufgaben auf zentralstaatlicher Ebene erfüllt der Ministerrat. Er führt die laufenden Staatsaufgaben und leitet die Regierungsverwaltung. Außerdem gehört zu den Kompetenzen des Ministerrats der Gesetzesvollzug, z.B. durch Erlass von Rechtsverordnungen. Den Vorsitz des Ministerrats hat der Ministerpräsident. Er wird vom Staatspräsidenten ernannt und eingesetzt. Unterstützt werden die Minister und der Ministerpräsident bei der Durchführung ihrer Aufgaben durch Behörden wie der Staatskanzlei oder den unterschiedlichen Fachministerien.

Die regionale Ebene (NUTS 2) bilden in Polen die Wojewodschaften. Nach der Veränderung der territorialen Organisation und Struktur, die am 1.1.1999 in Kraft trat und eine Reduzierung der Zahl der Wojewodschaften mit sich brachte, besteht die subnationale Ebene Polens nun aus 16 Wojewodschaften (vormals 49). Von ihrer Funktion sind die Wojewodschaften nicht mit den deutschen Bundesländern vergleichbar, Größe und Einwohnerzahl hingegen ähneln einigen (kleineren) deutschen Flächenstaaten. Die Verwaltung auf Ebene der Wojewodschaft ist dualer Art: Einerseits ist sie eine Einheit der territorialen Selbstverwaltung, andererseits wird sie auch von staatlichen Regierungsorganen verwaltet. Dem Vertreter der zentralstaatlichen Ebene in den Wojewodschaften, dem Wojewoden untersteht die allgemeine Verwaltung. Hierzu zählen unter anderem der Denkmalschutz, die Bauaufsichtsbehörde sowie die Gefahrenabwehr und Feuerwehr. Der Wojewode wird durch den Ministerpräsidenten auf Vorschlag des für die öffentliche Verwaltung zuständigen Ministers eingesetzt und abberufen. Zentrales Entscheidungs- und Kontrollorgan der Selbstverwaltung der Wojewodschaft ist der Sejmik, der von der Bevölkerung gewählt wird. Zu den Aufgaben des Sejmik gehören im Wesentlichen regionale Aspekte wie der Beschluss von

---

[26] Soweit nicht anders angegeben bezieht sich dieses Kapitel auf ARL 2001, Swianiewicz 2005a/b.

Entwicklungsstrategien, Programmen und Raumbewirtschaftungsplänen für die Wojewodschaft. Der Sejmik wählt unter seinen Mitgliedern einen fünfköpfigen Vorstand und einen Vorsitzenden des Vorstands, den Marschall. Der Marschall leitet die laufenden Aufgaben der Wojewodschaft und repräsentiert diese nach außen.

Mit der Veränderung der territorialen Organisation 1999 wurde nicht nur die Zahl der Wojewodschaften reduziert, sondern mit den Kreisen (Powiat) auch eine neue territoriale Ebene eingeführt. Die Hauptaufgabe der Kreise ist die Ausführung bestimmter öffentlicher Aufgaben von übergemeindlicher Bedeutung. So sind die Kreise zuständig für die höherwertigen Gesundheitseinrichtungen (Krankenhäuser und Sozialeinrichtungen), die höherrangige technische Infrastruktur (z.b. übergemeindlicher ÖPNV), den Umweltschutz und die Raumbewirtschaftung im übergemeindlichen Maßstab. Grundsätzlich werden die Selbstverwaltungsaufgaben der Kreise, gerade im Vergleich zur Wojewodschafts- und zur kommunalen Ebene, als eingeschränkt eingeschätzt (Wanczura 2007: 23). Großstädte wie Warschau sind gleichzeitig auch Kreise und übernehmen deren Funktionen.

Die Rolle der Kommunen („Gminas") wurde bereits zu Beginn des Transformationsprozesses grundsätzlich geregelt. Das „Lokale Regierungsgesetz" vom März 1990 führte die kommunale Selbstverwaltung ein und sah eine gewählte Gemeindevertretung vor. Gleichzeitig fand ein umfassender Dezentralisierungsprozess statt, in dessen Rahmen die Kommunen weitgehende Kompetenzen erhielten. Prinzipiell gehören zu den Aufgaben der kommunalen Selbstverwaltung alle Sachverhalte von örtlicher Bedeutung, die nicht anderen Trägern gesetzlich vorbehalten sind. Als Hauptaufgaben sind die technische Infrastruktur, die soziale Infrastruktur, Wohnungswesen und die räumliche und ökologische Ordnung zu nennen. Finanziert werden diese Aufgaben durch eine Mischung aus eigenen Einnahmen (in erster Linie lokalen Steuern), Anteilen an der nationalen Einkommensteuer sowie zentralstaatlichen Zuweisungen.

Die politische Steuerung der polnischen Kommunen wandelte sich in den letzten Jahren stark. Bis 2002 wurden die Kommunen durch einen Führungsausschuss gelenkt, der vom Stadtrat gewählt wurde. Diesem Führungsausschuss gehörte auch der Bürgermeister an. Der Führungsausschuss wurde vom Stadtrat bestimmt, musste aber nicht Teil des Stadtrates sein, d.h. der Stadtrat konnte auch externe Personen als Bürgermeister wählen. Aus diesem Grund wurde in einer Umfrage aus dem Jahr 2001 der Stadtrat und nicht der Bürgermeister als der die Lokalpolitik bestimmende Akteur gesehen (Swianiewicz/Klimska 2003: 6). Die Situation änderte sich jedoch: Die Reform aus dem Jahr 2002 sah die Direktwahl des Bürgermeisters vor. Auch die kommunale Organisationsstruktur wandelte sich mit dieser Reform. Im Gegensatz zum vorherigen Modell gibt es nun keinen Führungsausschuss mehr, mit dem der Bürgermeister seine Macht teilen muss. Ein weiteres spezifisches Kennzeichen des polnischen Kommunalsystems ist das Machtverhältnis zwischen Bürgermeister und Stadtrat. Der Bürgermeister verfügt nicht immer über eine politische Mehrheit im Stadtrat, was in der politischen Praxis zu Steuerungsproblemen führen kann.

Inwiefern ist nun die Rolle der Kommunen in Polen vergleichbar mit der Situation in anderen europäischen Ländern? Ein Ausgangspunkt ist die Arbeit von Hesse/Sharpe (1991). Die beiden Autoren klassifizieren westeuropäische Kommunalmodelle und unterscheiden zwischen einem nord- und mitteleuropäischen Modell (Schwerpunkt auf der effizienten Erbringung öffentlicher Leistungen bei gleichzeitig starker institutioneller Verankerung und weitgehender finanzieller Unabhängigkeit der Kommunen), einem franco-napoleonischen Modell (mit Betonung der lokalen Autonomie und starker kommunaler Identität) sowie einem anglosächsischen Modell (mit schwachen rechtlichen und politischen Status der Kommunen, aber großer Bedeutung der kommunalen Leistungserbringung, also einer eher funktionalen Rolle der Kommunen). Die polnischen Kommunen zeigen einige Eigenschaften des nord- und mitteleuropäischen Modells wie die kommunalen Kompetenzen, finanzielle Unabhängigkeit und die besondere Rolle der Kommune bei der Leistungserbringung. Aufgrund der seit 1990 erfolgenden kontinuierlichen institutionellen Veränderungen und der wichtigen Bedeutung des Stadtrats stimmen die polnischen Kommunen mit dem nord- und mitteleuropäischen Modell nicht komplett überein (Swianiewicz 2005b: 102ff; Heinelt/Hlepas 2006: 27). Vergleicht man das polnische Kommunalsystem mit dem anderer osteuropäischer Staaten zeigen sich auch große Unterschiede, insbesondere zu Tschechien und den baltischen Staaten (Swianiewicz 2005b: 123). Ob sich ein spezifisch osteuropäischer Kommunaltyp herausbildet oder ob es letztlich eine Konvergenz hin zu einem der westeuropäischen Modelle nach Hesse/Sharpe (1991) gibt, ist unklar. Ein wesentliches Kennzeichen des polnischen Kommunalsystems ist - ebenso wie in anderen osteuropäischen Staaten - der andauernde Wandel, z.B. durch die Veränderung der territorialen Ebenen 1998 und der Einführung der Direktwahl des Bürgermeisters. Ob das jetzige System stabil ist oder nur eine Momentaufnahme der aktuellen Situation darstellt, bleibt abzuwarten. Es lässt sich jedoch konstatieren, dass die polnischen Kommunen grundsätzlich als eigenständige politische Einheiten angesehen werden können und somit über kommunalen Handlungsspielraum verfügen. Auch eine Einbettung in den Nationalstaat ist durch die Finanzzuweisungen gegeben. Die konkrete Einordnung des polnischen Kommunalsystems in die Systematik von Hesse/Sharpe fällt zwar schwer, aber der polnische Staats- und Verwaltungsaufbau und die Bedeutung der kommunalen Ebene entsprechen darin weitgehend dem idealtypischen Polity-Modell der handlungsfähigen Europäischen Stadt.

System der räumlichen kommunalen Planung

Die räumliche Planung in Polen war während der sozialistischen Zeit durch zentralstaatliche Steuerungsmechanismen geprägt. Mit dem politischen Wandel Anfang der 1990er Jahre wurde auch die Raumplanung an die veränderten Bedingungen angepasst. Kernelement der räumlichen Planung sind die Kommunen. Sie verfügen über umfassende Kompetenzen, während die übergeordneten Ebenen nur nachrangige bzw. rahmengebende Bedeutung haben. Die einzelnen räumlichen Ebenen sind weitgehend unabhängig voneinander: So ist es beispielsweise ausgeschlossen, dass ein Plan auf regionaler Ebene der lokalen Ebene vorschreibt, wie diese ihre Planung durchführen muss; es besteht zwar die Pflicht, sich an den übergeordneten Planungsebenen zu orientieren, aber eine starre rechtliche Bindung hierfür existiert nicht (Wanczura 2007: 24).

Die rechtlichen Voraussetzungen für das System der räumlichen kommunalen Planung wurden bereits im März 1990 mit der Verabschiedung des Gesetzes zur kommunalen Selbstverwaltung geschaffen. Allerdings entstand das neue „Gesetz zur Raumbewirtschaftung" erst 1994 und trat zum 1.1.1995 in Kraft. Dies bedeutete, dass zu Beginn der 1990er Jahre die Gemeinden zwar durch das Gesetz von 1990 legitimiert waren, die räumliche Entwicklung zu steuern, jedoch nicht über ein neues rechtliches Instrumentarium hierfür verfügten. So stellte die Basis für die kommunale Entwicklung weiterhin die 1984 verabschiedeten Pläne dar. Parysek (2000: 77) beschreibt die damalige Situation folgendermaßen: „(...) Physical planning as a system was nonexistent. Locational decisions were made on the basis of old plans and old legal provisions, but no rational policy of spatial development was pursued.".

Mit dem Gesetz von 1994 wurde dann versucht, ein Planungsinstrumentarium zu schaffen, das auf die veränderten Rahmenbedingungen (von einer zentralstaatlich organisierten Planung zu einer dezentralen Planung in einem marktwirtschaftlich organisierten System) eingeht. Das Gesetz führte neue Planungsinstrumente auf kommunaler Ebene ein, die bis heute die beiden wichtigsten Mittel der Stadtentwicklungspolitik in Polen sind: Die „Studie der Rahmenbedingungen und Perspektiven der Raumbewirtschaftung" (kurz: Raumbewirtschaftungsstudie) und die „Raumbewirtschaftungspläne". Von der Ausrichtung entspricht die Raumbewirtschaftungsstudie in etwa dem deutschen Flächennutzungsplan, die Raumbewirtschaftungspläne ähneln den deutschen Bebauungsplänen.

Die Gemeinden sind verpflichtet eine Raumbewirtschaftungsstudie, die ihr gesamtes kommunales Territorium umfasst, zu erstellen. Die rechtliche Qualifizierung der Studie und ihr genauer Status sowie die Konsequenzen für Gemeinden ohne Raumbewirtschaftungsstudie wurden jedoch im Gesetz nicht erläutert.

Aus diesen Gründen und der fehlenden Einsicht über die Notwendigkeit einer längerfristigen Raumentwicklung haben die Kommunen nur eine geringe Aktivität bei der Erstellung der Studien an den Tag gelegt.

Zweites neues Planungsinstrument waren die Raumbewirtschaftungspläne. Diese werden je nach Bedarf für bestimmte Flächen in einer Stadt erstellt. Die Festlegungen des Raumbewirtschaftungsplans werden durch den Gemeinderat beschlossen und sind als Ortsrecht allgemein verbindlich (Wanczura 2007: 23). Die Pläne stellen die rechtliche Basis für die Raumentwicklung dar und bestimmen die Flächennutzung, die Grundstücksaufteilung, die Bauvorschriften und räumliche Anordnung von Infrastruktureinrichtungen. Das formale Verfahren zur Aufstellung von räumlichen Bewirtschaftungsplänen umfasst umfangreiche und gegebenenfalls langwierige Mitsprache und Widerspruchsmöglichkeiten und kann mehrere Jahre dauern (Tölle 2005: 37). Den Kommunen fehlen oftmals finanzielle Mittel zur Aufstellung dieser Pläne, ergänzend kommt hinzu, dass es ein Widerstreben der Kommunen gibt, ihren Handlungsspielraum durch die Verabschiedung von Raumbewirtschaftungsplänen einzuschränken (Warsaw Voice 2008). Aus diesem Grund erstaunt es nicht, dass nur wenige Gemeinden mit der Aufstellung von Raumbewirtschaftungsplänen begonnen und bis zur Beschlussfassung gebracht haben. Zusammenfassend lässt sich feststellen, dass das Raumbewirtschaftungsgesetz von 1994 nicht zu einem geordneten System der räumlichen Planung geführt hat. Vielmehr blieb durch interpretationsfähige Aussagen im Gesetz in vielen Gemeinden ein weitgehend planloser Zustand bestehen - eine Situation, die Tölle (2005: 58) als „perspektivlosen Inkrementalismus" bezeichnet.

Aufgrund der Vielzahl an Mängeln wurde das Gesetz von 1995 schon bald nach seiner Verabschiedung kritisiert. Als Konsequenz auf die geringe Zahl neuer Planwerke wurde eine Reform des Raumbewirtschaftungsgesetzes beschlossen und darüber hinaus die Wirksamkeit älterer, d.h. vor 1995 erstellten Pläne bis Ende 2003 verlängert. Das bedeutet im Umkehrschluss, dass bis zum Jahr 2003 alle Pläne, die vor 1995 erarbeitet wurden, gültig waren (Lorens 2005: 38). In der Praxis führte dies dazu, dass auch Pläne, die 1984 zu sozialistischen Zeiten unter komplett anderen Rahmenbedingungen erstellt wurden, bis einschließlich 2003 rechtswirksam waren!

Im Juli 2003 trat das neue Planungsgesetz in Kraft. Die Grundsätze (und Probleme) der vorherigen gesetzlichen Regelungen blieben aber weiterhin bestehen. Das polnische Planungssystem besteht weiterhin aus den zwei Stufen „Raumbewirtschaftungsstudie" und „Raumbewirtschaftungsplan". Da die vor 1995 erstellten Pläne Ende 2003 ungültig wurden, stieg der Anteil der unbeplanten Gebiete. Um dieses Problem zu umgehen, wurde das „Gute Nachbarschaftsprinzip" eingeführt: Bei Bauprojekten, die auf unbeplanten Grundstücken realisiert werden sollen, muss mindestens ein an der gleichen öffentlichen Straße gelegenes Grundstück die gleiche Nutzung aufweisen. Dieses Vorgehen ähnelt dem §34 BauGB (Zulässigkeit von Vorhaben innerhalb der im Zusammenhang bebauten Ortsteile) in Deutschland, lässt den Kommunen allerdings sehr viel mehr Handlungsspielraum und Interpretationsmöglichkeiten. In der Praxis führte das Prinzip dazu, dass einige Gemeinden keine lokalen Pläne erstellten, ihre Stadtentwicklung vollständig durch das „Gute Nachbarschaftsprinzip" steuerten und dadurch die Gefahr unkontrollierter und spontaner Investment-Aktivitäten in diesen Gemeinden stieg (Bartoszczuk 2005: 46).

Auch das neue Gesetz wurde bereits nach kurzer Zeit heftig kritisiert. So äußerte sich beispielsweise der Präsident der Vereinigung der polnischen Stadtplaner (TUB) bereits im Dezember 2003: „Although the new Spatial Planning and Physical Development Act has eliminated or reduced some weak points (...) of the previous act (...) it is commonly viewed as still unsatisfactory." (TUB 2003) und ein weiterer Kommentar zum neuen polnischen Planungsrecht prognostizierte: „Schon jetzt erkennbare Ungereimtheiten des Gesetzes und die voraussehbaren Probleme bei seiner Anwendung werden zu baldigen Gesetzesänderungen führen." (Feldmann/Groth 2004, zitiert nach Tölle 2005: 38). Die weitere Entwicklung des polnischen Planungssystems ist jedoch ungewiss. Ein umfassender Antrag zur Veränderung des bestehenden Planungsinstrumentariums liegt dem Parlament vor und sollte 2006 in Kraft treten, was bislang aber noch nicht geschah.

Im Endeffekt führte das neue Gesetz und die starke Kritik zu einem weiteren Bedeutungsverlust der formellen Stadtplanung: Die Kommunen gingen davon aus, dass aufgrund der Schwächen des Gesetzes eine neue Gesetzesänderung notwendig sein würde und arbeiteten in dieser unsicheren Situation nicht weiter an den aufwändigen Raumbewirtschaftungsstudien und -plänen, die dann gegebenenfalls nochmals geändert werden müssten. Das Nachbarschaftsprinzip ermöglichte es den Kommunen, außerhalb von formellen Planungen mit potentiellen Investoren im Einzelfall über Nutzungen und Bebauung von Grundstücken zu verhandeln und Bauprojekte zu genehmigen, für die es keine planungsrechtliche Grundlage gab (vgl. Eurobuild 2005: 27). Gesamtstädtische Raumentwicklung bzw. Stadtentwicklungspolitik sind in diesem rechtlichen Rahmen nur schwer möglich.

Darüber hinaus sind die beiden Planungsinstrumente „Raumbewirtschaftungsstudie" und „Raumbewirtschaftungsplan" regulierend ausgerichtet, folgen demnach einem als *Angebotsplanung* zu beschreibenden Ansatz; generell fehlt es an durchführungsorientierten Bestimmungen (Tölle 2005: 37). Operative Instrumente, wie sie z.B. in der deutschen Baugesetzgebung unter dem „Besonderem Städtebaurecht" z.B. mit städtebaulichen Sanierungs- und Entwicklungsmaßnahmen zu Verfügung stehen, existieren nicht. Insofern sind Aspekte wie sie in Westeuropa verstärkt seit den 1970er/80er Jahren im Planungsrecht und -praxis zu finden sind, z.B. soziale Stadterneuerung, planungsrechtliche Voraussetzungen für Public Private Partnerships durch vorhabenbezogene Bebauungspläne oder Möglichkeiten zur interkommunalen Kooperation, in Polen nicht existent (Interview W5). Des Weiteren sind keine Programme der integrierten Stadtentwicklung vorhanden, in deren Rahmen bauliche, soziale und ökonomische Aspekte in gleichem Maße beachtet werden; auch Stadtsanierungsprogramme sind bis auf wenige Pilotprogramme in Polen fremd (Interviews W4 und VB1).

Festzuhalten ist, dass die polnischen Kommunen über eine gesetzlich garantierte kommunale Planungshoheit verfügen (vgl. auch Cotella 2007: 16). Diese ist allerdings in der Praxis durch das verfügbare Instrumentarium stark eingeschränkt. Gleichzeitig ist auch der Einfluss der Transformation erkennbar. Die gesetzlichen Regelungen der Stadtentwicklungspolitik wurden oftmals geändert und auch der jetzige Zustand hat einen eher fluiden Charakter. Beispielhaft für diese Situation sind die zu sozialistischen Zeiten erstellten Pläne, die aufgrund eines fehlenden effektiven Planungsinstrumentariums teilweise bis zum Jahr 2003 Gültigkeit besaßen.

Räumliche Planung auf überörtlicher Ebene

Die Raumplanung auf überörtlicher regionaler Ebene wurde erst 1999 eingeführt. Dabei spielte die Verwaltungsreform mit der Schaffung neuer überörtlicher Verwaltungseinheiten eine große Rolle. Die Zahl der Wojewodschaften wurde reduziert, gleichzeitig entstand die räumliche Ebene der Powiats (Kreise). Die Wojewodschaften erstellen die Entwicklungsstrategie, den Raumbewirtschaftungsplan und die Wojewodschaftsprogramm für die Region und treffen Aussagen zur Siedlungsstruktur, zur sozialen und technischen Infrastruktur und zum Schutz der Umwelt. Allerdings haben diese Pläne keine Rechtswirksamkeit und greifen nicht in die kommunale Planungshoheit ein. Insofern stellen sie nur eine Art Vision der zukünftigen regionalen Struktur dar (Parysek 2000: 84). Die Kreise haben nur sehr geringe Kompetenzen im Bereich der Raumplanung. In erster Linie kommen ihnen Aufgaben wie die Anfertigung von Analysen und Studien ebenso Verwaltungsaufgaben im Bereich des Bauwesens zu, konzeptionelle Planungen werden hingegen nicht auf Kreisebene erarbeitet. Problematisch ist das Verhältnis zwischen den kommunalen und den überörtlichen Planungen. „Der größte Teil der Macht liegt weiterhin in den Händen der Gemeinden, die häufig kein Interesse an einer Kooperation mit ihren nächsten Nachbarn haben" (Lorens 2005: 40). Auch das Raumbewirtschaftungsgesetz von 2003 änderte an der Aufgabenverteilung nichts, interkommunale Kooperation und Regionalplanung sind aufgrund fehlender rechtlicher Instrumentarien weiterhin schwierig umsetzbar.

6.1.2 Besonderheiten der Verwaltungsstruktur Warschaus

Die Stadt Warschau verfügt über eine Reihe an institutionellen Besonderheiten, die sie von anderen polnischen Großstädten unterscheidet und die Auswirkungen auf die Stadtentwicklungspolitik haben. Dabei sind die institutionellen Veränderungen in Warschau seit 1990 keine linearen Prozesse der Dezentralisierung, die gradlinig von einer zentralstaatlichen zu einer lokalen Verwaltung führten. Vielmehr sind sie Resultat unterschiedlicher, teilweise auch gegenläufiger Entwicklungen.

Verwaltungsstruktur vor 2002

Wie in Kapitel 6.1.1 beschrieben, wurde im März 1990 der „Local Government Act" verabschiedet. Das Gesetz regelte grundsätzlich die Dezentralisierung von staatlicher auf die lokale Ebene und führte das System der kommunalen Selbstverwaltung auf Gemeindeebene ein. Aufgrund der Größe der Stadt Warschau wurde jedoch für Warschau im Mai 1990 ein eigenes Gesetz erlassen, „das Gesetz zum administrativen System in Warschau". Das Gesetz sah die Aufteilung der Stadt in sieben unabhängige Kommunen („Gminas") vor. Diese einzelnen „Stadtkommunen" verfügten über die gleichen Rechte in Bezug auf die kommunale Selbstverwaltung wie alle anderen polnischen Gemeinden bzw. Städte. Das bedeutet, dass sie die Entwicklung innerhalb ihrer Grenzen selbst bestimmen konnten und z.B. verantwortlich für die räumliche Planung, die Flächenentwicklung und die kommunale Leistungserbringung waren (Grochowski 2005: 41). Die Gesamtstadt Warschau hatte demnach keine bzw. sehr geringe Einflussmöglichkeiten auf die Entwicklungen innerhalb der sieben Stadtkommunen und bestand als Institution nur als „Gemeindebund". Ihre Aufgaben lagen unter anderem im Bereich öffentlicher Infrastruktur-Investitionen und gesamtstädtischer Planung. Allerdings gab es nur eine wage Aufteilung der Kompetenzen zwischen Stadtkommunen und gesamtstädtischer Ebene, teilweise existierten auch überlappende Verantwortungen. Die institutionelle Struktur Warschaus wurde schon wenige Monate nach ihrer Entstehung von verschiedenen Experten kritisiert (vgl. Djordjevic 2006a: 8). Letowski (In: Judge 1995) beschrieb die Situation Warschaus zu Beginn der 1990er Jahre in drastischer Art und Weise: "This city is dying before our eyes. It is not only the victim of the general collapse of the country, but also of the labyrinthine division of the city into independent communes. Above the communes is a mayor who is virtually powerless... .".

Aufgrund dieser Situation wurde 1994 ein neues Gesetz für Warschau verabschiedet. Elemente des Gesetzes waren die Vergrößerung des Stadtgebiets durch Eingemeindungen sowie eine neue administrative Struktur der Stadt. Darüber hinaus wurde die Stadtverwaltung verpflichtet, ein Dokument zur strategischen Stadtentwicklung zu erarbeiten (Djordjevic 2006a: 14f.) Das neue Gesetz führte aber nicht zu einer Vereinfachung der Verwaltungsstruktur, ganz im Gegenteil, die Situation wurde noch deutlich komplizierter: Die neue administrative Struktur Warschaus sah die Unterteilung der Stadt in insgesamt elf unabhängige „Stadtkommunen" vor. Die einzelnen Kommunen waren in ihrer Größe und Einwohnerzahl sehr unterschiedlich. So wohnten in der größten Gemeinde rund 58% der Bevölkerung der Gesamtstadt, während in der am geringsten bevölkerten Gemeinde weniger als 1% der Warschauer Bevölkerung wohnten (Djordjevic 2006a: 9). Darüber hinaus wurde die größte Gemeinde, Warschau-Zentrum wiederum in sieben Bezirke unterteilt, die keinen eigenen Rechtsstatus, jedoch einen eigenen Bezirksrat und ein eigenes Budget hatten. Die Stadtkommune Warschau-Zentrum umfasste das Gebiet der Stadt Warschau vor 1994, während die zehn neuen Stadtkommunen Neueingemeindungen waren. Prinzipiell bewirkte das Gesetz 1994 eine Aufteilung der Stadt Warschau in drei administrative Ebenen (Gesamtstadt, Stadtkommunen und Bezirke des Zentrums), die Zuständigkeiten zwischen diesen Ebenen waren aber weitgehend unklar. Zur Unklarheit trug auch die Situation des Bürgermeisters der Stadt Warschau bei: Dieser war sowohl Bürgermeister der Gesamtstadt als auch gleichzeitig Bürgermeister der Stadtkommune Zentrum. Gewählt wurde der Bürgermeister allerdings nur von den Stadträten der Stadtkommune Zentrum. „This was meant to ease management, but actually only produces schizophrenic situations" (Niemczyk 1998: 306). Aufgrund der unterschiedlichen institutionellen Ebenen war die politische Steuerung der Stadt extrem zersplittert: Insgesamt 779 Stadträte waren für die Entwicklung der Stadt zuständig, darunter 25 als Vertreter Warschaus im Wojewodschaftsrat, 60 Stadträte der Stadtkommunen, 68 Stadträte des gesamtstädtischen Rates, 442 Mitglieder der 11 Stadtkommunen-Versammlungen sowie 204 Stadträte der 7 Bezirke der Stadtkommune Zentrum (Grochowski 2005: 41). Diese Situation war offensichtlich höchst konfliktträchtig und führte in der Praxis zu Auseinandersetzungen zwischen allen Ebenen.

Wie in den Jahren zuvor blieb auch in den Jahren 1994 – 2002 ein grundsätzliches Problem der administrativen Gliederung Warschaus bestehen: Aufgrund der faktischen Unabhängigkeit der einzelnen Stadtkommunen konnten gesamtstädtische Regelungen und Planungen nur schwerlich umgesetzt werden.

Die Annahme, dass die Entwicklungen in den Stadtkommunen auch zu einer positiven Entwicklung der Gesamtstadt beitragen würden, erwies sich als falsch, da dort eine gebietsbezogene Politik umgesetzt wurde und das Gesamtwohl der Stadt vernachlässigt wurde.

Verwaltungsstruktur nach 2002

Die große polnische Verwaltungsreform von 1998, in der die Zahl der Wojewodschaften von 49 auf 16 reduziert und mit den „Powiats" (Kreisen) eine regionale Verwaltungsebene eingeführt wurde, hatte auf die administrative Struktur Warschaus keinen Einfluss. Erst im März 2002 wurde die Verwaltungsstruktur Warschaus durch das Gesetz zur Struktur der Hauptstadt Warschau erneut verändert, dieses wurde dann 2003 rechtskräftig. Warschau wurde zu einer Kommune mit kommunaler Selbstverwaltung und verfügt darüber hinaus über die Rechte bzw. Pflichten eines Kreises (Powiats). Unterteilt wurde Warschau in 18 verschiedene Bezirke, deren Kompetenzen im Vergleich zu den vorherigen Regelungen stark reduziert wurden (Djordjevic 2006a: 10). Das Problem der fehlenden Kompetenzen auf gesamtstädtischer Ebene und der unkoordinierten Entwicklung der einzelnen Gemeinden Warschaus konnte durch diese radikale Veränderung der administrativen Struktur behoben werden. Gleichzeitig wurde, wie in den anderen polnischen Kommunen die Direktwahl des Bürgermeisters eingeführt und der spätere polnische Staatspräsident Lech Kaczynski wurde 2002 erster direkt gewählter Bürgermeister der Gesamtstadt Warschau. Dennoch scheint die Transformation der administrativen Struktur Warschaus noch nicht abgeschlossen, insbesondere auf regionaler Ebene besteht weiterhin Handlungsbedarf. So existiert bislang keine eindeutige Definition der Metropolregion Warschau und auch gemeinsame Planungen mit den umliegenden Städten und Gemeinden bestehen bislang kaum. Aufgrund der engen Verflechtungen z.B. im Bereich der Pendler oder der Industrieansiedlungen erscheint die Schaffung einer „Metropolregion Warschau" notwendig (Interview W6).

Eine eindeutige Antwort auf die einleitende Frage dieses Unterkapitels „Welchen Handlungsspielraum hat die Stadt Warschau in Bezug auf ihre Stadtentwicklungspolitik?" ist schwer zu geben. Auf der einen Seite sind die polnischen Kommunen seit 1990 grundsätzlich als eigenständige Einheiten zu betrachten, die über Handlungsspielraum und zu einem gewissen Grad über finanzielle Unabhängigkeit verfügen. Dies betrifft prinzipiell auch das Politikfeld „Stadtentwicklungspolitik", weshalb Aspekte des idealtypischen Modells der Europäischen Stadt erkennbar sind. Auf der anderen Seite dauert die Entwicklung eines anwendbaren Planungssystems bis heute an, die Transformation scheint noch nicht abgeschlossen zu sein. Insofern kann konstatiert werden, dass die polnischen Städte zwar grundsätzlich über einen verfassungsrechtlich gesicherten Handlungsspielraum verfügen, die Entwicklung adäquater Instrumente zur Ausübung dieses Spielraums im Bereich Stadtentwicklungspolitik noch andauert.

Für Warschau stellt sich die Situation nochmals komplizierter dar: Die spezielle institutionelle Struktur der Stadt mit der starken Stellung der Stadtkommunen führte dazu, dass während der ersten Phase der postsozialistischen Transformation bis zum Jahr 2002 keine kommunale „capacity to act" erkennbar war. Die Stadt war quasi handlungsunfähig, da die untergeordneten Ebenen weitgehend unabhängig gesteuert wurden. Erst seit der letzten Veränderung im Jahr 2002 lässt sich eine Annäherung an die idealtypische Polity-Struktur der Europäischen Stadt erkennen. Gleichzeitig steht Warschau damit im Gegensatz zu dem in vielen postsozialistischen Ländern und Städten erkennbaren Trend der Dezentralisierung: In der polnischen Hauptstadt wurde zunächst eine Dezentralisierung der Entscheidungsbefugnisse von der nationalen auf die sublokale Ebene durchgeführt, während später wieder eine Rezentralisierung von der sublokalen auf die lokale Ebene stattfand. Für die nachfolgenden Kapitel 6.2 „Wer steuert die Stadt?" und Kapitel 6.3 „Welche Inhalte verfolgt die Warschauer Stadtentwicklungspolitik?" ist zu beachten, dass eine Unterteilung in einen Zeitraum vor 2002 und nach 2002 aufgrund des institutionellen Wandels der Stadt notwendig ist[27].

6.2 Wer steuert die Stadt?

Die Konstituierung der Stadt als kollektiver Akteur stellt das entscheidende Merkmal der Europäischen Stadt in der Politics-Dimension dar. Die Frage „Wer steuert die Stadt?" bezieht sich in diesem Zusammenhang auf die Akteurskonstellationen im Bereich der Stadtentwicklungspolitik. Untersucht wird, ob bei der Aufstellung von Stadtentwicklungsplänen Tendenzen zur Formierung eines kollektiven Akteurs erkennbar sind. Es wird analysiert, ob ein kollektives System zum Treffen von Entscheidungen, gemeinsame Interessen sowie Integrationsmechanismen vorhanden sind und auch verwaltungsexterne Akteure einbezogen wurden (vgl. Kapitel 2.1.2 und Le Galès 2002: 10). Dabei wird aufgrund der

---

[27] Ein weiterer Aspekt, der den Handlungsspielraums der Stadt Warschau beeinflusst - in dieser Arbeit allerdings nur am Rande von Interesse ist - ist die ungeklärte Eigentumsfrage bei einigen Grundstücken. Wie in Kapitel 5.2.2 erläutert, betrifft dies vor allem Grundstücke im Zentrum der Stadt. Aufgrund der unklaren Besitzverhältnisse können diese Grundstücke nicht entwickelt werden. Da diese Grundstücke ein Viertel der Flächen im Stadtzentrum einnehmen (Muziol-Weclawowicz 2000: 85), ist der Handlungsspielraum für die innerstädtische räumliche Planung in Warschau deutlich eingeschränkt.

starken Veränderung der administrativen Struktur zwischen den vor 2002 sowie den danach erstellten Planwerken unterschieden. Eine Übersicht der Dokumente bietet *Tabelle 6*.

Tabelle 6: Stadtentwicklungspläne in Warschau seit 1990

Name des Dokuments	Jahr der Verabschiedung durch den Stadtrat
Erster Masterplan	1992
Entwurf einer Entwicklungsstrategie für die Metropole Warschau	Kein Stadtratsbeschluss
Warschauer Entwicklungsstrategie bis zum Jahr 2010	1998
Studie der Rahmenbedingungen und Perspektiven der Raumbe-wirtschaftung in Warschau	1998
Neue Raumpolitik	2000/2001
Entwicklungsstrategie bis zum Jahr 2020	2004
Neue Raumbewirtschaftungsstudie	2006

(Quelle: eigene Darstellung)

6.2.1 Prozesse und Akteure der Stadtentwicklungspolitik bis 2002

Erster Masterplan und Entwurf einer Entwicklungsstrategie für Warschau

Die Verwaltungsstruktur Warschaus wurde zwar bereits 1990 grundsätzlich verändert, im Bereich der Stadtentwicklungspolitik blieben jedoch zunächst die Planwerke aus sozialistischer Zeit wirksam. Dies bedeutete, dass der 1982 verabschiedete Masterplan die ersten Jahre der Transformation noch gültig war. Der Plan bezog sich wie seine Vorgänger im Wesentlichen auf den Masterplan von 1961 und sah die klare Trennung von Grünflächen, Wohngebieten und Industrie vor (Judge 1995: 350). Da dieser Plan von der politischen Führung der Stadt als zu strikt, zu detailliert und als überholt angesehen wurde und außerdem eine negative Haltung der Stadtverwaltung gegenüber den Planungen aus sozialistischer Zeit erkennbar war, erstellte die Stadtverwaltung 1992 einen neuen Masterplan. Der Plan enthielt die Aufteilung des Warschauer Stadtgebiets in bestimmte Zonen mit vorherrschenden Nutzungen („zoning") und sollte als Grundlage für die von den einzelnen Warschauer Gemeinden aufgestellten detaillierten Planungen gelten (Dimitrowska Andrews 2002: 13). Allerdings wurde der Plan bereits kurz nach seiner Erstellung kritisiert: Wenige Monate nach seiner Verabschiedung wurde die Problematik der kommunalen Gliederung der Stadt in weitgehend unabhängige Gemeinden sowohl von den Akteuren der Verwaltung als auch von externen Experten erkannt. „Die separaten Haushalte und die Aufteilung des kommunalen Vermögens machen es praktisch unmöglich, zielgerichtete Aktivitäten zugunsten der Stadtentwicklung zu unternehmen" (Dziekonski 1993: 14). Als Reaktion auf diese Kritik wurden verschiedene, von der Verwaltung unabhängige Akteure (z.B. die Stadtplanungsagentur Warschau XXI) mit der Erstellung neuer Studien, die den existierenden Plan verbessern sollten, beauftragt. Die Verbesserungen wurden letztlich 1993/1994 in dem „Entwurf einer Entwicklungsstrategie für die Metropole Warschaus" zusammengefasst. Allerdings wurde der Entwurf kurz vor den Kommunalwahlen veröffentlicht und hatte aufgrund des darauf folgenden politischen Wechsels keinerlei Einfluss (Stadt Warschau 1999: 93). Unter der neuen Stadtregierung wurde die Arbeit an einer gesamtstädtischen Planung für Warschau zunächst nicht weitergeführt.

Warschauer Entwicklungsstrategie bis zum Jahr 2010

Erst zwei Jahre später beschloss der Stadtrat als Reaktion auf das geänderte nationale Planungsrecht eine Wiederaufnahme der Arbeit an den Stadtentwicklungsplänen. Im Zeitraum von 1996-1998 wurden zwei Dokumente erstellt:

▪ Die "Warschauer Entwicklungsstrategie bis zum Jahr 2010"
▪ Die "Studie der Rahmenbedingungen und Perspektiven der Raumbewirtschaftung in Warschau"

Deutlich wird hier, in welch geringem Maß die nationale und die Warschauspezifische Gesetzgebung koordiniert waren. Die Entwicklungsstrategie wurde auf Grundlage des 1994 verabschiedeten „Gesetzes zur administrativen Organisation Warschaus" erstellt. Das Gesetz sah vor, dass die Stadt Warschau eine Entwicklungsstrategie erstellen musste. Gleichzeitig wurde Warschau, wie alle anderen polnischen Kommunen auch im Rahmen der Veränderung des nationalen Planungsrechts verpflichtet, eine Studie der Rahmenbedingungen und Perspektiven der Raumbewirtschaftung zu erstellen. Dies führte zu der chaotischen Situation, dass zwei Dokumente mit ähnlichem Inhalt fast zeitgleich erarbeitet werden mussten.

Die Leitung des Aufstellungsprozesses der Entwicklungsstrategie übernahmen mit den Wissenschaftlern Zalewski und Zielkowski von der Warschauer Wirtschaftsuniversität externe Experten außerhalb der Stadtverwaltung (Stadt Warschau 1999: 13). Da der Bearbeitungszeitraums für die Strategie mit einem Jahr knapp bemessen war, wurden Akteure aus der Verwaltung sowie zivilgesellschaftliche Organisationen oder Wirtschaftsvertreter nur in geringem Maß betei-ligt[28] (Djordjevic 2006b: 155ff.). Die Entwicklungsstrategie ist aus diesem Grund auch nicht als gesamtstädtisch abgestimmtes Leitbild für die künftige Stadtentwicklung anzusehen, sondern vielmehr als Expertendokument, das unabhängig von der Stadtverwaltung erarbeitet wurde und als „Inspiration und Basis für detailliertere Programme und Entwicklungspläne (...) dienen wird" (Stadt Warschau 1999: 15, eigene Übersetzung), aber eben keine Rechtsverbind-lichkeit hat. Ein Schwerpunkt der Strategie lag auf der Verbesserung der Koope-rationen zwischen den unterschiedlichen Akteuren. Insbesondere das schwierige Verhältnis zwischen der gesamtstädtischen Ebene und den einzelnen Bezirken wurde thematisiert und wird als wesentliches Problem der Warschauer Stadtent-wicklung bezeichnet: „Municipal Warsaw's current structure is the main factor hindering strategic development. The basic problem is a lack of agreement on common objectives for the city as a whole." (Stadt Warschau 1999: 92). So wird vor allem die Veränderung der administrativen Gliederung Warschaus als we-sentlich für die Erreichung der Ziele der Strategie genannt. Der Einfluss der Entwicklungsstrategie war allerdings relativ gering. Aufgrund des Charakters eines Experten-Dokuments wurden die Inhalte von der Öffentlichkeit kaum wahrgenommen und diskutiert. Ein anderer Grund für die geringe Wirkung war die Tatsache, dass die Strategie auf der Basis einer künftigen Veränderung der administrativen Struktur der Stadt Warschau entworfen wurde (Djordjevic 2006a: 20f.).

Studie der Rahmenbedingungen und Perspektiven der Raumbewirtschaftung

Die "Studie der Rahmenbedingungen und Perspektiven der Raumbewirtschaf-tung in Warschau" (Raumbewirtschaftungsstudie) war rechtsverbindlich und sollte die Grundlage für später zu erstellende detailliertere Pläne bilden. Beson-ders wichtig war die Raumbewirtschaftungsstudie bezüglich des Verhältnisses zwischen den einzelnen Warschauer Gemeinden und der Gesamtstadt. Im Rah-men der Studie konnten Vorschläge für so genannte „Verbindliche Regeln" ers-tellt werden, die als Richtlinien für die räumliche Politik in den Gemeinden ge-lten sollten und durch die von gesamtstädtischer Ebene Einfluss auf die Entwick-lung der Gemeinden genommen werden konnte. Die Aufstellung erfolgte wie die Entwicklungsstrategie durch externe Experten. In diesem Fall wurde ein Wett-bewerb zur Ermittlung des besten Konzepts zur Erarbeitung der Studie durchge-führt, den Professor Ziborowski aus Krakow gewann. Im Gegensatz zur Ent-

---

[28] Es gab für die beteiligten Akteure nur die Möglichkeit zur Stellungnahme der fertig gestellten Dokumente, jedoch keine direkte Beteiligung während der Erstellung der Strategie.

wicklungsstrategie erfolgte begleitend zur Erarbeitung der Studie eine umfassende Beteiligung von Akteuren der öffentlichen Verwaltung und sozialer und kommerzieller Organisationen. Besondere Aufmerksamkeit hatte die Abstimmung der Studie mit den Vertretern der elf verschiedenen Warschauer Stadtgemeinden. In geringerem Maße wurden hingegen die Vertreter von NGOs, wissenschaftliche Institutionen und Wirtschaftsakteure beteiligt. Es gab darüber hinaus auch Abstimmungen zwischen den Autoren der Raumbewirtschaftungsstudie und der Entwicklungsstrategie bezüglich der inhaltlichen Ziele beider Dokumente (vgl. Kapitel 6.3. und Djordjevic 2006b: 167ff.).

Die im Rahmen der Bewirtschaftungsstudie gemachten Vorschläge zu den „verbindlichen Regeln" für die Stadtkommunen sollten später in einem neuen Masterplan aufgenommen werden. Man wollte so das Problem fehlender gesamtstädtischer Perspektiven in der Raumpolitik der einzelnen Gemeinden beheben. Allerdings gab es durch eine Ergänzung der nationalen Gesetzgebung, die fast zeitgleich zur Verabschiedung der Raumbewirtschaftungsstudie in Kraft trat, starke Veränderungen. Die Gesetzesänderung sah vor, dass die einzelnen Warschauer Gemeinden eigene rechtswirksame Raumentwicklungspläne erstellten sollten. Dabei verlor die Studie in diesem „act of almost perverse change" (Djordjevic 2006a: 29) ihre Rechtswirksamkeit und die Stadt Warschau die Möglichkeit zur Beeinflussung der Entwicklungen in den einzelnen Gemeinden.

„Neue Raumpolitik"

Wie vier Jahre zuvor führten die Kommunalwahlen 1998 zu einem Wechsel des Bürgermeisters. Die wenige Monate vor den Wahlen veröffentlichte Entwicklungsstrategie und die Raumbewirtschaftungsstudie wurden vom neuen Bürgermeister Pawel Piskorski vernachlässigt und ihre Inhalte im Rahmen der Stadtentwicklungspolitik nicht berücksichtigt. Piskorski kündigte stattdessen im Jahr 2000 eine „Neue Raumpolitik" an. Diese bestand aus einem neuen Masterplan und der Raumbewirtschaftungsstudie für die Stadtkommune Zentrum. Die „Neue Raumpolitik" beruhte nicht auf gesetzlichen Regelungen und hatte insofern auch keine rechtlich bindende Wirkung. Zwar wurde der Konflikt zwischen gesamtstädtischer Planung und den eigenständigen Stadtkommunen, insbesondere der Stadtkommune Zentrum von der politischen Führung der Stadt Warschau erkannt (Internet Stadt Warschau 2005), letztlich hatte die „Neue Raumpolitik" aufgrund fehlender Rechtsverbindlichkeit nur geringen Einfluss. Die räumliche Entwicklung Warschaus wurde in dieser Zeit im Wesentlichen durch die Politik der einzelnen Gemeinden gesteuert. Gesamtstädtische Perspektiven wurden weitgehend vernachlässigt.

Akteurskonstellationen bis 2002

Die Akteurskonstellationen der Warschauer Stadtentwicklungspolitik vor 2002 waren fragmentiert und zersplittert. Grundsätzlich kann angemerkt werden, dass externe Experten zu den wesentlichen Akteuren der Stadtentwicklungspolitik gezählt werden können. Die Autoren der meisten vor 2002 aufgestellten Stadtentwicklungspläne waren Experten außerhalb der Verwaltung, in erster Linie Wissenschaftler. Dieser Einfluss kann durchaus als Governance-Aspekt der Politics-Dimension gesehen werden: Entscheidungen über die Stadtentwicklungspolitik werden nicht nur innerhalb der Verwaltung getroffen, sondern auch von externen Akteuren. Allerdings fand in der Regel (mit Ausnahme der Raumbewirtschaftungsstudie von 1998) außerhalb der Stadtverwaltung keine umfassende Beteiligung weiterer öffentlicher und privater Akteure statt, weshalb nicht von einer Formierung eines kollektiven Akteurs im Sinne des europäischen Stadtmodells zu sprechen ist. Kennzeichnend für die Akteurskonstellationen der Warschauer Stadtentwicklungspolitik waren jedoch zwei andere Aspekte, die beide die öffentlichen Akteure betreffen: Die politische Instabilität sowie das Verhältnis zwischen gesamtstädtischer und stadtkommunaler Ebene. Jede Kommunalwahl in Warschau führte zu einer Veränderung der politischen Lage und hatte einen Wechsel der Stadtrat-Mehrheit und des Bürgermeisters zur Folge. Diese Veränderungen führten dazu, dass die Leitlinien und Planwerke der Stadtentwicklungspolitik, die jeweils in der vorherigen Wahlperiode entstanden, unter dem neuen Stadtrat bzw. Bürgermeister vernachlässigt wurden. Ursache hierfür scheinen der Wunsch nach Abgrenzung gegenüber den vorherigen politischen Akteuren und die Umsetzung eigener stadtpolitischer Vorstellungen zu sein.

Als zweites Kennzeichen der Akteurskonstellationen kann die Beziehung zwischen gesamtstädtischer und stadtkommunaler Ebene genannt werden. Aufgrund der institutionellen Struktur Warschaus war es auf gesamtstädtischer Ebene quasi unmöglich, Stadtentwicklungspolitik auf stadtkommunaler Ebene umzusetzen. Die weitgehenden Kompetenzen der Stadtkommunen sowie die fehlende rechtliche Bindung der gesamtstädtischen Planwerke führten dazu, dass die einzelnen Stadtkommunen letztlich weitgehend autonom handelten. Aufgrund der fehlenden gesamtstädtischen Planungen, die klare Auskunft über künftige Investitionsschwerpunkte geben könnten, kam es zu einem Wettbewerb zwischen den Stadtkommunen um die Ansiedlung neuer Investoren (Interview W3).

Informelle Prozesse bis 2002: Stadtentwicklung durch Verhandlung zwischen Investoren und Stadtkommunen

Aufgrund der großen Bedeutung informeller Prozesse für Governance (vgl. Kapitel 3.3.2) wurden diese ebenfalls untersucht. Da die Gesamtstadt Warschau nur über geringe Kompetenzen verfügte, war es letztlich den Stadtkommunen möglich, selber mit den Investoren zu verhandeln. Einige Stadtkommunen gelangten in den Ruf, besonders „investorenfreundlich" zu sein. Insbesondere in der innerstädtischen Stadtkommune Wola gab es eine Vielzahl privatwirtschaftlicher Projektentwicklungen. Wola war aufgrund der Elastizität der dortigen Verwaltung bezüglich neuer Projektentwicklungen und der dort als Bauland zur Verfügung stehenden Industriebrachen ein bevorzugter Standort von Investoren (Interview W1). Das Verhältnis zwischen der Stadtkommune Wola und den Investoren wird deutlich am Beispiel eines in Warschau tätigen schwedischen Immobilienunternehmens: „...they (das Unternehmen, Anmerkung des Autors) seem to get along very well with local authorities. I mean, they build one after the other there, and this is in Wola. And the deputy mayor of Wola comes along and makes a nice speech, how happy he is…" (Interview J1).

Der geringe Einfluss privater Akteure im Bereich der Stadtentwicklungspolitik auf gesamtstädtischer Ebene sollte demnach nicht darüber hinwegtäuschen, dass diese Akteure auf stadtkommunaler Ebene über erheblichen Einfluss verfügten. Dieser Einfluss war im Bereich der offiziellen Planwerke weniger zu finden, als vielmehr auf der konkreten Projektebene. Da die gesamtstädtischen Planwerke faktisch über keine Rechtswirksamkeit verfügten und auf Ebene der Stadtkommune keine Pläne erstellt wurden, konnten die Investoren effektiver auf Projektebene die Stadtentwicklung mitbestimmen. In einer solchen Situation wurden teilweise auch andere Wege eingeschlagen, um Baugenehmigungen zu bekommen. Ein enger Kontakt zu den Beamten war manchmal erforderlich und beeinflusste die Entscheidungen für Baugenehmigungen. (Interview U2). Auch wenn es keine gerichtlichen Urteile gab, so wurde in der Öffentlichkeit besonders die Amtszeit von Bürgermeister Piskorski eng mit Korruption, unter anderem auch im Immobilienbereich, in Zusammenhang gebracht.

6.2.2 *Prozesse und Akteure der Stadtentwicklungspolitik ab 2002*

Die Verwaltungsstruktur der Stadt Warschau änderte sich im Jahr 2002, gleichzeitig wurde Lech Kaczynski erster direkt gewählter Bürgermeister Warschaus. Als Folge des neuen Planungsgesetzes von 2003 wandelten sich auch die Anforderungen an die strategische Stadtentwicklungsplanung, gleichzeitig stand mit dem EU-Beitritt Polens eine wesentliche Veränderung der Rahmenbedingungen bevor, weshalb die Erarbeitung eines neuen Plans notwendig wurde (Stadt Warschau 2005a: 4). Viele der im Rahmen dieser Arbeit befragten Experten sahen einen zusätzlichen Aspekt als Ursache für die Erarbeitung eines neuen Planwerks: Bürgermeister Kaczynski trat sein Amt mit dem Anspruch an, die Korruption zu reduzieren und einen Neuanfang in der Warschauer Stadtentwicklungspolitik zu starten. Infolgedessen war alles, was vor seiner Amtszeit passierte (und hierzu zählten auch die Stadtentwicklungspläne) grundsätzlich schlecht, korrupt und wurde voller Misstrauen betrachtet (Interview V3, Interview V1). Die Arbeit an einem neuen strategischen Planwerk ruhte für zwei Jahre. Ab 2004 wurde dann an zwei Dokumenten gearbeitet: Die *Entwicklungsstrategie bis zum Jahr 2020* sowie die neue *Raumbewirtschaftungsstudie*.

Entwicklungsstrategie bis zum Jahr 2020

Die Koordination der Aufstellung der Strategie lag beim städtischen „Amt für die Entwicklungsstrategie und Europäische Integration". An der inhaltlichen Ausarbeitung waren auch externe Expertenteams beteiligt[29]. Es gab Konsultationen mit Wirtschaftsakteuren und anderen externen Beteiligten (z.B. NGOs). Aus den Arbeiten der unterschiedlichen Expertenteams wurde ein Dokument erarbeitet, dessen Vorab-Version im Rahmen der Ausstellung „Warsaw of the Future" 2005 für eineinhalb Monate der Öffentlichkeit vorgestellt wurde. Die Ausstellung diente auch als Beteiligungsmethode: Es gab die Möglichkeit, Vorschläge bzw. die Meinung über die Strategie schriftlich einzureichen. Im weiteren Verlauf sollten diese Aspekte berücksichtigt werden. Interessant ist in diesem Zusammenhang, dass die Bürgerbeteiligung ebenso wie die Beteiligung der NGOs und der anderen Interessengruppen nicht vom „Zentrum für öffentliche Konsultationen - OKIDS" der Stadtverwaltung Warschau durchgeführt wurde, sondern vom „Amt für die Entwicklungsstrategie und Europäische Integration" (Interview V1). OKIDS ist eine Abteilung der Warschauer Stadtverwaltung und existiert seit 1997. Aufgabe von OKIDS ist die Organisation von Bürgerbeteiligungen und Bürgerdialogen. Mehrere Projekte, z.B. der Runde Tisch zum Stadtverkehr oder das Forum der NGOs zur nachhaltigen Entwicklung wurden von OKIDS durchgeführt. Die Erfahrungen von OKIDS im Rahmen dieser Projekte wurden für die Entwicklungsstrategie jedoch nicht genutzt, die Gründe hierfür sind nicht bekannt. Der Beteiligungsprozess an der Entwicklungsstrategie wurde

---

[29] Zuständig für die Zusammensetzung des Expertenteams war Olgierd Roman Dziekonski, der bereits Anfang der 1990er Jahre als Chef der Stadtplanungsagentur Warschau XXI mit der Erstellung des „Entwurfs einer Entwicklungsstrategie" beauftragt war (Djordjevic 2006b: 181).

von den betroffenen Akteuren als zu gering ausgeprägt wahrgenommen und kann als methodisch mangelhaft kritisiert werden (Interview V1, vgl. auch Djordjevic 2007: 25). Die endgültige Strategie wurde schließlich im November 2005 vom Warschauer Stadtrat verabschiedet. Einige Aspekte wurden im Vergleich zu den Vorab-Versionen als Ergebnis des Beteiligungsprozesses verändert. Eine Zusammenfassung der Strategie wurde im Oktober 2005 als Beilage der größten Warschauer Tageszeitung Gazeta Wyborcza verteilt. Dieser Vorgang wurde vielfach nicht als Form der Bürgerbeteiligung, sondern als Geste des Eigenwerbung des Bürgermeisters Lech Kaczynski gesehen, der zu dieser Zeit seinen Wahlkampf um das Amt des polnischen Präsidenten führte (vgl. Djordjevic 2006b: 186).

Raumbewirtschaftungsstudie

Im September 2003 wurde die Entscheidung getroffen, eine neue „Raumbewirtschaftungsstudie" zu erarbeiten. Die Verantwortung für die Erarbeitung der Studie lag beim städtischen „Amt für räumliche Entwicklung" und dem „Stadtarchitekten"[30] von Warschau. Externe Experten insbesondere Wissenschaftler der Universität Warschau übernahmen die Verfassung einzelner Aspekte der Studie (vgl. Stadt Warschau 2006: 2). Allerdings, wie ein Wissenschaftler, der an der Strategie mitarbeitete, im Interview bemerkte, schrieben die externen Experten in der Regel nur einzelne Kapitel der Studie und kannten nicht das vollständige Dokument (Interview W1).

Innerhalb der Verwaltung fand eine breite Abstimmung der Studie mit den unterschiedlichen Ämtern statt, auch die supralokale Ebene wurde beteiligt. Es gab im Rahmen des Aufstellungsprozesses auch Abstimmungen zwischen den Autoren der Entwicklungsstrategie bis zum Jahr 2020, so dass die Ziele der beiden Planwerke synchronisiert werden konnten (Djordjevic 2006b: 184). Inwieweit inhaltliche Aspekte durch die breitere Beteiligung verändert wurden, ist nicht bekannt. Weitere Beteiligungsprozesse externer Akteure wie der Bürger oder von Interessensvertretern der Wirtschaft fanden nach den Mindeststandards der gesetzlichen Regelungen statt. Grundsätzlich wurde ebenso wie bei der Stadtstrategie der Beteiligungsprozess nicht über das eigentlich hierfür zuständige verwaltungsinterne „Zentrum für öffentliche Konsultationen - OKIDS" organisiert und durchgeführt, sondern durch das Amt für räumliche Entwicklung. Ein weiteres Kennzeichen des Aufstellungsprozesses der Raumbewirtschaftungsstudie ist die lange Dauer. So wurde bereits im September 2003 mit der Arbeit an

---

[30] Die Funktion des Stadtarchitekten ist vergleichbar mit der eines deutschen Stadtbaurates.

der Studie begonnen. Nach zahlreichen Verzögerungen trat die Studie letztlich im Oktober 2006 in Kraft.

Akteurskonstellationen ab 2002

Mit der Verabschiedung der Stadtstrategie und der Raumbewirtschaftungsstudie 2005 bzw. 2006 verfügte Warschau über gesamtstädtische Planwerke, die nun im Gegensatz zu ihren Vorgängern Ende der 1990er Jahre aufgrund der veränderten institutionellen Struktur theoretisch auch umsetzbar erscheinen. Ziel war es, eine stabile Stadtentwicklungspolitik mit klaren inhaltlichen Zielen und rechtlichen Vorgaben zu schaffen. So sollten die rechtsverbindlichen lokalen Raumbewirt-schaftungspläne (Bebauungspläne) den Feststetzungen der Raumbewirtschaf-tungsstudie folgen (Warsaw Voice 2006a). Der im Zeitraum vor 2002 herrschen-de Konflikt zwischen der Gesamtstadt und den einzelnen Stadtkommunen wurde durch die „Rezentralisierung" von Entscheidungsmacht auf die gesamtstädtische Ebene beseitigt. Die eigenständigen Stadtkommunen wurden zu Stadtbezirken. Genauso wie in der vorherigen Periode hatten externe Experten beim Aufstel-lungsprozess der Planwerke eine große Bedeutung. Ihr Einfluss hatte dabei vor allem beratenden Charakter. Gleichsam kritisch muss man die Prozesse der Bür-ger-Beteiligung sehen. Zwar wurde ein Partizipationsprozess angestrebt, auf-grund methodischer Mängel und fehlender verwaltungsinterner Abstimmung (insbesondere bezüglich des Zentrums für öffentliche Konsultationen - OKIDS) konnte dieses Ziel gleichwohl nur bedingt erreicht werden. Die Beteiligung von Wirtschaftsunternehmen wurde auch aufgrund von Mängeln im Verfahren nur ansatzweise durchgeführt. Der Einfluss der externen Akteure auf die Inhalte der beiden Planwerke Stadtentwicklungsstrategie und Raumbewirtschaftungsstudie ist letztlich sehr gering. So ist die Stadtentwicklungspolitik nach 2002 ebenso wenig wie jene vor 2002 geprägt durch die Formierung eines kollektiven Ak-teurs. Im Gegenteil, bis auf einige wenige Experten vollzieht sich Stadtentwick-lungspolitik im Rahmen „geschlossener Veranstaltungen" einzelner Ämter der Stadtverwaltung.
Wesentliches Kennzeichen der Akteurskonstellationen in Warschau im Zeitraum seit 2002 waren Auseinandersetzungen zwischen Politikern und die politische Instabilität. Insbesondere die Periode von 2002 bis 2006 war geprägt durch große Veränderungen innerhalb der politischen Führung der Stadt. Die Umsetzung einer kontinuierlichen, auf den Dokumenten Stadtstrategie und Raumbewirt-schaftungsstudie beruhenden Stadtentwicklungspolitik war aufgrund der politi-schen Instabilität nur schwer möglich: Der Bürgermeister von Warschau, Lech Kaczynski wurde zum polnischen Staatspräsident gewählt und gab im Dezember

2005 sein Bürgermeisteramt ab. Als kommissarischer Bürgermeister bestimmte der Warschauer Stadtrat seinen früheren Mitarbeiter Miroslaw Kochalski. Die enge Verbindung zwischen nationaler und lokaler Politik wurde auch beim nächsten Bürgermeisterwechsel in Warschau deutlich. Lech Kaczynski ernannte seinen Zwillingsbruder Jaroslaw im Juli 2006 zum polnischen Premierminister. Gleichzeitig trat der frühere Premierminister Kazimierz Marcinkiewicz zurück und ersetzte Kochalski als kommissarischer Bürgermeister der Stadt Warschau. Alle genannten Politiker gehörten der gleichen Partei an, der von den Kaczynski-Brüdern gegründeten PiS Prawo i Sprawiedliwosc - Recht und Gerechtigkeit. Die Kommunalwahlen im November 2006 sorgten wiederum für einen Wechsel der politischen Führung der Stadt. So wurde nicht der PiS-Kandidat und kommissarische Bürgermeister Kazimierz Marcinkiewicz gewählt, sondern Hanna Gronkiewicz-Waltz von der Bürgerplattform PO. Die frühere Vize-Präsidentin der Europäischen Bank für Wiederaufbau und Entwicklung setzte sich im zweiten Wahlgang durch. Die unmittelbar nach der Wahl getroffene Vorhersage einer polnischen Zeitung, dass ein Konflikt zwischen Gronkiewicz-Waltz mit der PiS-dominierten Regierung unter den Kaczynski-Brüdern unausweichlich sei (Warsaw Voice 2006b), bestätigte sich bereits wenige Woche nach der Wahl. Gronkiewicz-Waltz wurde beschuldigt, Informationen über die Einkünfte ihres Mannes nicht fristgerecht veröffentlicht zu haben und aus diesem Grund forderten insbesondere Politiker der PiS-Partei vehement den Rücktritt der Bürgermeisterin und vorgezogene Neuwahlen. Das polnische Verfassungsgericht stellte jedoch im März 2007 fest, dass ein Rücktritt und Neuwahlen aufgrund der geringen Schwere des Vergehens unverhältnismäßig seien und bestätigte Gronkiewicz-Waltz im Amt (Warsaw Voice 2007a). Aufgrund der unsicheren Situation war die Macht der Bürgermeisterin in den ersten Monaten stark eingeschränkt und Verwaltungsentscheidungen unter anderem auch im Bereich der Stadtentwicklungspolitik verlangsamten sich (Interview V1).

Informelle Prozesse ab 2002: Die Notwendigkeit „effektiven" Verhandelns

Die beschriebenen politischen Prozesse verzögerten und erschwerten zwar die Formulierung stadtentwicklungspolitischer Ziele, aber dies hatte nur wenig Einfluss auf die tatsächliche Stadtentwicklung. Der Boom der Stadtentwicklung in Warschau (z.B. im Wohnungsbau vgl. Kapitel 5.3) in den letzten Jahren wurde ganz entscheidend durch Verhandlungen zwischen den unterschiedlichen Akteuren und nicht über die Planwerke gesteuert, was ausführlich in Kapitel 6.3.2 dargestellt wird. Dass die im Rahmen dieser Arbeit interviewten Experten aus dem Immobilienconsultingbereich teilweise gar keine oder nur sehr geringe

Kenntnisse über die Entwicklungsstrategie bzw. die Raumbewirtschaftungsstudie haben, ist kennzeichnend hierfür.

Die wichtige Rolle, die Verhandlungen in der Stadtentwicklung Warschaus spielen, ergibt sich aus mehreren Faktoren: Grundsätzlich existieren insbesondere im Verhältnis zum starken Investitionsdruck in Warschau nur sehr wenige rechtskräftige Raumbewirtschaftungspläne. Diese sollten eigentlich nach den Vorgaben der Raumbewirtschaftungsstudie erstellt und dann vom Stadtrat verabschiedet werden. Da das Verfahren relativ langwierig ist und mit der Rezentralisierung der Entscheidungsmacht von der stadtkommunalen auf die gesamtstädtische Ebene die Kapazitäten zur Erstellung solcher Pläne zurückgingen, besteht in der Praxis ein großer Mangel an rechtskräftig bebaubaren Gebieten (Interview V3). Von einigen Interviewpartnern wurde noch ein anderer Aspekt genannt: Durch die Erstellung von rechtsverbindlichen Plänen ist es der Stadtverwaltung nicht mehr möglich, direkt mit den Investoren zu verhandeln, d.h. die Stadtverwaltung fürchtet sich vor dem Verlust von Einfluss. Die Regelung zur Realisierung von Projekten außerhalb der Raumbewirtschaftungspläne („Gute Nachbarschaftsprinzip") und der damit verbundene Verhandlungs- und Interpretationsspielraum gewinnen in einer solchen Situation an Bedeutung. „The present situation favours those who know how to negotiate effectively with local Government officials." (Eurobuild 2005)[31].

Im Rahmen solcher Projekte wurde von den Investoren im Gegensatz zum Aufstellungsprozess der Stadtentwicklungsstrategie und der Raumbewirtschaftungsstudie keine Form der Bürgerbeteiligung vorgesehen. Zahlreiche Projekte stießen jedoch bei Anwohnern auf Protest und führten auch zu Veränderungen in der Projektrealisierung. Eine der bekanntesten Bürgerinitiativen setzte sich besonders gegen den Bau von Großprojekten, wie z.B. Einkaufszentren ein. Nach einstimmigen Aussagen der Interviewpartner lagen die Motive dieser Gruppierung nicht unbedingt im Bereich des Städtebaus, sondern scheinen eher finanzieller Natur zu sein. So wurde der Protest gegen das Einkaufszentrum Arkadia von der Gruppe zurückgezogen, nachdem der dortige Projektentwickler eine Summe von 2 Mio. Zloty an die Organisation gezahlt hatte (Eurobuild 2004). Die gleiche Vereinigung protestierte gegen weitere Projekte, z.B. gegen das innerstädtische Einkaufszentrum Golden Terraces. Inwieweit auch bei diesem Projekt Gelder bezahlt wurden, lässt sich nicht beurteilen.

---

[31] Auch wenn dem Autor dieser Arbeit keine Hinweise für konkrete Fälle der Korruption vorliegen, so spielt diese in diesem Zusammenhang sicherlich eine Rolle. So merkt die Herausgeberin einer großen polnischen Immobilienzeitung an, dass durch die fehlenden Pläne grundsätzlich eine Situation geschaffen wurde, in der Bestechung möglich ist (Interview J2). Ein anderer Interviewpartner bezeichnet Warschau als „korrupteste Stadt, die es in Mitteleuropa überhaupt gibt" (Interview W4).

Die Eingangsfrage dieses Kapitels „Wer steuert die Stadt?" kann auf zwei mögliche Arten beantwortet werden: Versteht man unter Stadtsteuerung die Aufstellung von strategischen Stadtentwicklungsplänen wie Stadtstrategie bzw. Raumbewirtschaftungsstudie, so stellen die öffentlichen Akteure der Stadtverwaltung wie das „Amt für die Entwicklungsstrategie und europäische Integration" bzw. das „Amt für räumliche Entwicklung" die Steuerungssubjekte dar. Darüber hinaus waren nur wenige weitere Gruppen an der Aufstellung der Pläne beteiligt. Hierzu zählen vor allem externe Experten aus der Wissenschaft und in sehr geringem Maße auch zivilgesellschaftliche und Wirtschafts-Akteure. Die im Kapitel 3.1 beschriebene Aufhebung der Grenzen von Steuerungssubjekt und Steuerungsobjekt ist nicht erkennbar. Die zweite Möglichkeit zur Beantwortung der Frage nach der Steuerung der Stadt zielt in eine andere Richtung: Die offiziellen Planwerke der Stadtentwicklungspolitik in Warschau waren sowohl im Zeitraum vor 2002 als auch danach wenig wirksam, die Steuerung der Stadt vollzog sich außerhalb der Studien, Strategien und Masterpläne. Im Zeitraum vor 2002 trug hierzu vor allem das Verhältnis zwischen Gesamtstadt und Stadtkommunen bei. Aufgrund der weit reichenden Kompetenzen konnten die einzelnen Stadtkommunen direkt mit Investoren und Developern verhandeln und insofern die Stadtentwicklungspolitik prägen. Dieser Zusammenhang bestand nach 2002 zwar nicht mehr, aber die politische Instabilität, der große Einfluss der nationalen Politik auf die städtische Ebene und die geringe Zahl der rechtsverbindlichen Pläne führten dazu, dass sich Stadtentwicklungspolitik auch in diesem Zeitraum außerhalb der offiziellen Dokumente abspielte. Die Formierung eines kollektiven Akteurs mit einem kollektiven System zum Treffen von Entscheidungen, Integrationsmechanismen und gemeinsamen Interessen kann nicht festgestellt werden, vielmehr sind Verhandlungen zwischen einzelnen Akteuren im Bereich der Stadtentwicklungspolitik entscheidend.

6.3 Welche Inhalte verfolgt die Warschauer Stadtentwicklungspolitik?

Neben den in den vorigen Kapiteln beschriebenen Polity- und Politics-Dimension stellt sich auch die Frage nach der inhaltlichen Ausrichtung der Warschauer Stadtentwicklungspolitik, der Policy-Dimension. Es wird untersucht, ob die inhaltliche Ausrichtung der Stadtentwicklungspolitik einem auf Ausgleich der Marktkräfte zielenden, von öffentlichen Akteuren geprägten europäischen stadtpolitischen Ansatz folgt oder ob andere Leitbilder und Inhalte dominieren. Aufgrund der im vorangegangen Kapitel beschriebenen Bedeutung informeller Prozesse wird auch analysiert, wie die formellen Ziele der Stadtentwicklungspolitik konkret auf Projektebene umgesetzt wurden und welche Rolle informelle

Aspekte dabei haben. Dies erfolgte durch die Analyse des Planungs- und Realisierungsprozesses von *Miasteczko Wilanow*, dem größten privatwirtschaftlichen Bauvorhaben in Warschau.

6.3.1 Leitlinien der Stadtentwicklung

Leitlinien der Stadtentwicklung bis 2002

Die Leitbilder der Stadtentwicklung in Warschau in den einzelnen Planwerken unterscheiden sich stark. Auch Inhalt und Ausrichtung der Dokumente sind sehr heterogen. Der erste postsozialistische Plan, der Masterplan von 1992 basierte auf Zoning und ordnete bestimmte Nutzungen wie Wohnen, Einzelhandel und ökologische Schutzgebiete genau definierten Flächen zu. Flächen „potenzieller Urbanisierung" sind auch ausgewiesen, dabei handelt es sich ausschließlich um stadtrandnahe Gebiet. Der Plan enthält kein übergeordnetes Leitbild, die Festsetzungen sind nur als minimale Restriktionen zu sehen und eher allgemeiner Natur. Städtebauliche oder soziale Aspekte finden sich im Masterplan von 1992 nicht.

Der Entwurf für eine Entwicklungsstrategie von 1993/1994 für die Metropole Warschau war im Vergleich zum Masterplan wesentlich umfassender konzipiert. So enthielt der Entwurf ein hierarchisches Zielsystem, das über die Zonierung von Nutzungen hinausging. Drei Hauptziele wurden aufgestellt (vgl. Dziekonski 1993: 13):

- Stärkung der Stellung Warschaus als eine der Hauptstädte in der Mitte Europas
- Verbesserung der Lebensbedingungen für die Warschauer Bürger
- Vermehrung ökonomischer Aktivitäten im Stadtbereich

Diese Ziele wurden durch verschiedene Maßnahmen konkretisiert. So sollte beispielsweise die überörtliche Anbindung Warschaus durch den Ausbau von Eisenbahn- und Flugverbindungen erhöht werden und bessere Informationen für potenzielle Investoren bereitgestellt werden. Gleichzeitig umfassten die Maßnahmen aber auch viele nicht markt-orientierte Handlungsfelder wie den Ausbau einer für das kommunale Flächenmanagement zuständigen Institution, die Schaffung eines besseren Wohnangebots für Niedrigverdiener sowie Ausbildungsunterstützung für bestimmte Personengruppen. Auch wenn der Entwurf für eine Entwicklungsstrategie für die Metropole Warschau nie verabschiedet wurde und letztlich eine Vision blieb, so zeigt sich der umfassende Anspruch an Stadtentwicklungspolitik. Nicht nur bauliche Aspekte, sondern auch Themenbereiche wie Ausbildung, Flächenmanagement und die Wohnungsversorgung ärmerer Haushalte waren Teil des Entwurfs.

Wie in Kapitel 6.2.1 beschrieben beschloss der Rat der Stadt Warschau aufgrund des kommunalpolitischen Wechsels 1994 die Aufstellung neuer Planwerke. Die beiden 1998 verabschiedeten Dokumente (Warschauer Entwicklungsstrategie bis zum Jahr 2010 und Studie der Rahmenbedingungen und Perspektiven der Raumbewirtschaftung) stimmen in ihren Zielen weitgehend überein. Deshalb werden zunächst die Inhalte der Entwicklungsstrategie und später die Unterschiede zwischen Entwicklungsstrategie und Studie beschrieben. Gesamtleitbild der Strategie war die Entwicklung Warschaus „als europäische Metropole mit einer schnell wachsenden Wirtschaft und stetig steigender Lebensqualität" (Stadt Warschau 1999: 16). Fünf strategische Hauptziele sollten hierzu beitragen:

• Verbesserung der Lebensumwelt für die Einwohner und der Attraktivität der Stadt
• Weiterentwicklung und Verbesserung des Verkehrssystems der Stadt, Sicherung von guten nationalen sowie internationalen Verkehrsanbindungen
• Stimulierung des Wirtschaftswachstums
• Schaffung von günstigen Standortbedingungen für die Niederlassung von Unternehmen, Organisationen und Institutionen von internationaler Bedeutung im wirtschaftlichen, wissenschaftlichen und kulturellen Bereich
• Harmonisierung der Entwicklungsprozesse der Stadt und Vertiefung der Integration des gesamtes Ballungsgebietes

Die Ziele sind umfassend gewählt, eine Priorisierung einzelner Aspekte fand nicht statt. Die Implementation der Strategie sollte durch insgesamt 75 Maßnahmen erreicht werden, von denen elf als vorrangig erklärt wurden. Dies sind ausschließlich Investitionen in die Infrastruktur wie die Fertigstellung der U-Bahn, Straßen- und Brückenbau, die Einführung von Parkgebühren sowie den Ausbau von Ver- und Entsorgungssystemen. Darüber hinaus nennen die Autoren der Strategie „Areas designated for future development", also Gebiete, deren Entwicklung in gesamtstädtischem Interesse zu sehen ist. Hierzu zählen unter anderem die Flächen um den Kulturpalast, alte Hafenflächen (Praga und Zeran-Hafen) sowie Bahnbrachflächen.

Allerdings enthält die Strategie weitere, über den baulichen Bereich hinausgehende Maßnahmen. Zu nennen sind hier Zuwendungen für benachteiligte Bevölkerungsgruppen sowie die Einrichtung eines kommunalen Landmanagements. Ziel ist es, Wohnungen für Senioren, Kindertagesstätten und Obdachlosenunterkünfte zu errichten, sowie begleitend finanzielle Unterstützung für diese Personengruppen bereitzustellen (Stadt Warschau 1999: 118ff.). In diesem Bereich wird auch eine Zusammenarbeit mit nicht-staatlichen Trägern wie Non-Profit-Organisationen und Kirchen angestrebt. Das kommunale Landmanagement, welches bereits im Entwurf für eine Entwicklungsstrategie für die Metropole Warschau thematisiert wurde, soll zu einer aktiven Rolle der Kommune im Umgang mit ihrem Grundbesitz führen. Durch kommunales Flächenmanagement sollen Flächenreserven geschaffen werden, die es der Stadt ermöglichen, regulierend auf den Grundstücksmarkt einzugreifen. Dies wird von den Autoren der Strategie als eine notwendige Maßnahme zum Ausgleich der Marktkräfte verstanden:

> „Land development and use cannot be exclusively a „private matter" applicable to land owners. If it where a wholly private matter, there would soon be a glut of physical conflicts stemming from conflicting land-development methods' effects. (…). Therefore, land development must be a subject to restrictions (…). Such restrictions should not be treated as 'limitations of freedom' but as 'prevention of anarchy' in land development."[32] (Stadt Warschau 1999: 141).

Zusammenfassend kann die Strategie als ein integriertes Stadtentwicklungskonzept charakterisiert werden, in der nicht nur bauliche, sondern auch soziale Aspekte thematisiert werden. Aufgrund der Beschreibung der überwiegend infrastrukturellen „Vorrangs-Ziele" wurde die Strategie im Wesentlichen als Infrastrukturprogramm gesehen. Aufgrund der Unverbindlichkeit der Ziele und der fehlenden Umsetzungsorientierung hat die Strategie einen „Wunschlisten-Charakter"

---

[32] Diese Aspekte der Strategie wurden in einem Kommentar kritisiert (Bertaud 2000). Die Stadt Warschau beauftragte den für die Weltbank tätigen Stadtplaner Alain Bertaud die Strategie zu beurteilen. Grundsätzlich zielten die Anmerkungen auf die Steuerung der Marktkräfte. Bertaud empfahl unter anderem, dass die Landnutzung überwiegend durch Marktmechanismen erfolgen sollte und aus diesem Grund die größtmögliche Menge an Fläche Marktkräften zur Verfügung stehen sollte (Bertaud 2000: 11f.). In diesem Zusammenhang wurde auch die in der Strategie beschriebene Idee kommunalen Flächenmanagements und –reserven stark kritisiert. „Real estate is a subtle trade that is better played by competing professionals with losers and winners. Civil servants have not proven competent in managing large real estate assets. Municipal land assets are typically either underused, or a factor of government corruption, or so inadvertently managed that is has resulted in extreme land shortage and very high land prices. The track record of municipalities as landlords is very poor, in every country that I know of, without exceptions." (Bertaud 2000: 27). Seiner Meinung nach sollte die Stadt Warschau ihren Landbesitz möglichst schnell verkaufen und dem Markt überlassen. Der neo-liberale Ton der Kritik wird an zwei weiteren Aussagen deutlich: „market forces cannot and should not be ignored or weakened by overregulation. Urban planners play only one role, the market plays the most important role in shaping cities." (Vgl. hierzu auch Fayeton 2008: 138ff.). Über die Auswirkungen dieser Kritik auf die Stadtverwaltung Warschaus existieren keine weiteren Informationen, allerdings zeigt sich am Beispiel Bertauds, dass externe Experten versuchten, Einfluss auf die Ausrichtung der Stadtentwicklungspolitik Warschaus zu nehmen. Interessant ist auch, dass die Kritik von Bertaud entgegengesetzt zur Idee der europäischen Stadt steht und eine marktkonforme Stadtentwicklungspolitik befürwortet, die eher typisch für nordamerikanische Städte ist.

und ist nicht als Handlungsleitfaden für die Stadtentwicklungspolitik zu verstehen.

Als Ergebnis der Abstimmung zwischen den Autoren der Strategie bis zum Jahr 2010 und der 1998er Studie der Rahmenbedingungen und Perspektiven der Raumbewirtschaftung stimmen die Ziele weitgehend überein. Ein Unterschied besteht in den Gebieten, deren Entwicklung von gesamtstädtischer Bedeutung ist. In der Strategie werden 15 Gebiete genannt, in der Studie hingegen nur zwölf, teilweise davon abweichende Areale (vgl. Djordjevic 2006b: 171). Die Verfasser der Studie nennen insgesamt vier Aufgaben, die von der Stadtverwaltung ausgeführt werden sollten. Dies sind die Planungstätigkeit und Aufstellung von Entwicklungsprogrammen, das Flächenmanagement, Stadtmarketing und die Kooperation bzw. Koordination mit anderen öffentlichen Institutionen, wie der nationalstaatlichen Ebene oder den Verwaltungen der Stadtkommunen (Djordjevic 2006b: 169f.). Insofern wird ebenso wie in der Strategie auch in der Studie ein integrierter stadtentwicklungspolitischer Ansatz gewählt, in dem der öffentlichen Hand eine aktive Rolle zugewiesen wird.

Aufgrund des Wechsels des Bürgermeisters hatten die Strategie und die Studie jedoch keine weitere Bedeutung für die weitere Warschauer Stadtentwicklungspolitik. Der neue Bürgermeister Piskorski initiierte die „neue Raumpolitik", deren Inhalte relativ vage blieben. Hauptziel der Politik war es, auf gesamtstädtischer Ebene verbindliche Regelungen für die Entwicklung der Stadtkommunen zu erstellen. Im Gegensatz zu den vorangegangen Planwerken existierte kein übergeordnetes Leitbild, sondern nur fünf nebeneinander stehende Ziele (Internet Stadt Warschau 2005):

- Abschaffung der Konflikte um die stadtplanerische Gestaltung zwischen der Stadt und der Stadtkommune Zentrum
- Vergrößerung des Entwicklungspotenzials der Stadt durch Entwicklungsprojekte wie das westliche Zentrum und der Hafen von Praga
- Bestimmung der Bebauungshöhe und Bebauungsdichte in den einzelnen Bezirken der Stadt
- Schaffung von Rahmenbedingungen für ein einheitliches Straßen-, Verkehrs- und Parksystems
- Einführung des Prinzips der nachhaltigen Stadtentwicklung

Letztlich wurde die neue Raumpolitik einerseits aufgrund der hierarchischen Struktur der Stadt Warschau, andererseits aufgrund eines erneuten politischen Wechsels gleichwohl nicht realisiert, und die Ideen blieben „mere acts of good will" (Djordjevic 2006b: 178).

Leitlinien der Stadtentwicklung ab 2002

Die Inhalte der ab dem Jahr 2003 neu erarbeiteten Planwerke *Entwicklungsstrategie bis zum Jahr 2020* und die neue *Raumbewirtschaftungsstudie* stimmen überein. Die in der Strategie beschriebenen Ziele wurden in der Studie konkretisiert (Stadt Warschau 2006: 79ff.). Die Leitideen der Stadtentwicklungspolitik werden in der Strategie durch eine *„Mission"* und eine *„Vision"* beschrieben. Die Warschauer Stadtverwaltung sieht es als ihre Mission an, die Bedürfnisse ihrer Bewohner bestmöglich zu befriedigen und die Stadt unter den europäischen Metropolen zu positionieren. Als Vision für Warschau im Jahr 2020 wird das Bild einer modernen, sich dynamisch entwickelnden Metropole mit einer wissensbasierten Wirtschaftsstruktur beschrieben. Warschau soll bis dahin das Finanzzentrum Mitteleuropas sein und eine bedeutsame Position unter den wichtigsten europäischen Hauptstädten einnehmen. Darüber hinaus beschreibt die Vision Warschau im Jahr 2020 als offene und zugängliche lokale Gemeinschaft, als eine Stadt mit hoher Lebensqualität und gut organisierten öffentlichen Plätzen sowie als wichtigen Standort europäischer Kultur. Auffällig ist an den Leitideen der Strategie die starke Betonung Europas. Im Gegensatz zu den vorher verabschiedeten Dokumenten wird der europäische Charakter Warschaus deutlicher betont und die Positionierung innerhalb des (gesamt-) europäischen Städtesystems als Mission der Stadtverwaltung gesehen.

Ein weiteres Kennzeichen der Strategie ist die stark hierarchische Gliederung. Neben Mission und Vision finden sich fünf strategische Ziele, denen 21 operationelle Ziele untergeordnet sind. Die operationellen Ziele sind in 73 Programme unterteilt, die wiederum aus insgesamt 307 verschiedenen Aufgaben bestehen. Die strategischen Ziele sind im Einzelnen:

- Verbesserung der Lebensqualität und der Sicherheit der Bewohner Warschaus
- Wahrung von Tradition, Entwicklung von Kultur und Stimulierung sozialer Aktivität, um eine Schärfung des Identitätsbewusstseins der Bewohnerschaft zu erreichen
- Entwicklung metropolitaner Funktionen und die Stärkung Warschaus auf regionaler, nationaler und europäischer Ebene
- Entwicklung einer modernen wissens- und forschungsbasierten Wirtschaftsstruktur
- Erreichen einer dauerhaften räumlichen Ordnung in Warschau

Diese sehr allgemeinen Ziele werden dann durch die operationellen Ziele und die Aufgaben konkretisiert. Wie auch in den vorherigen Planwerken zur Stadtentwicklungspolitik in Warschau ist die Strategie nicht nur ein stadtplanerisches

Dokument, sondern ein integriertes Programm, das soziale, wirtschaftliche und räumliche Aspekte berücksichtigt. So stehen marktkonforme operationelle Ziele wie die Schaffung von günstigen Investmentbedingungen neben sozialen und städtebaulichen Zielen wie die Förderung des kommunalen Wohnungsbaus und die Stadterneuerung. Allerdings werden aufgrund der Vielzahl an Zielen und Aufgaben, des allgemeinen Charakters der Mission und der Vision sowie der fehlenden Zielpriorisierung die wirklichen Leitlinien der künftigen Stadtentwicklungspolitik nicht deutlich. In der Strategie fehlt auch eine Umsetzungsorientierung. Die Finanzierbarkeit der einzelnen Projekte wird nicht beschrieben. So ist unklar, welche Projekte wann und wie umgesetzt werden sollen. Der Name „Entwicklungsstrategie bis zum Jahr 2020" verdeutlicht die lange Laufzeit des Dokuments. Innerhalb der Strategie finden sich dementsprechend Projekte, die erst langfristig (d.h. bis zum Jahr 2020) realisiert werden sollen, während andere Projekte wie die Revitalisierung der Straße Krakowskie Przedmiescie (Königsweg) sich bereits in der Umsetzungsphase befinden.

Wie bereits beschrieben, wurden die Ziele der Strategie auch in der Studie berücksichtigt. Im Gegensatz zur Strategie wird eine Verräumlichung der Ziele vorgenommen. Die Studie listet insgesamt 40 Gebiete auf, die künftig für Wohnungsbau, Freizeiteinrichtungen, als Standorte für Dienstleistungen und Wissenschaftseinrichtungen vorgesehen sind. Gleichzeitig wird auch die in der Strategie erwähnte bessere externe und stadtinterne Anbindung durch genaue Pläne zur Verbesserung des Straßensystems beschrieben. Die Studie soll als Leitlinie für die künftige Entwicklung der Stadt dienen, da auf ihrer Grundlage die rechtsverbindlichen lokalen Pläne (Bebauungspläne) erstellt werden sollen. Einige Ziele der Strategie z.B. im sozialen Bereich werden aufgrund der räumlichen Orientierung der Studie nicht erwähnt.

Charakteristisch für die Inhalte der unterschiedlichen Warschauer Stadtentwicklungspläne sowohl im Zeitraum bis 2002 als auch danach ist das breite dort beschriebene Themenspektrum. Nachdem der erste Masterplan noch den Charakter eines Zoning-Plans hatte und ausschließlich bauliche Aspekte beschrieb, wurde bereits im Entwurf für eine Entwicklungsstrategie von 1992 ein umfassenderes Verständnis von Stadtentwicklungspolitik gewählt. Nicht nur die räumliche Ordnung, sondern auch soziale und ökonomische Aspekte waren Ziel des Entwurfs. Dieser Ansatz von Stadtentwicklungspolitik ist in allen weiteren Plan-Dokumenten zu finden. Dabei stehen unterschiedliche Ziele wie Wirtschaftsförderung und die Bereitstellung kostengünstigen Wohnraums nebeneinander. Von einer neo-liberalen Ausrichtung der Inhalte der Stadtentwicklungspolitik lässt sich nicht sprechen, vielmehr werden sowohl unternehmens- und investorenfreundliche als auch marktsteuernde Politikinhalte verfolgt. Der Steuerungsanspruch wird besonders deutlich am Beispiel des angestrebten kommunalen Flächenmanagements. In der Strategie bis zum Jahr 2010 wurden eine haushälterische Bodenpolitik und damit ein aktives kommunales Eingreifen in den Grundstücksmarkt als Ziele formuliert. Durch diesen Aspekt, der deutlich in der Tradition der Europäischen Stadt steht, sollte in der Stadt Warschau eine geordnete räumliche Entwicklung realisiert werden, die nicht nur Marktlogiken folgt. Ähnliches gilt für das in den meisten Plänen genannte Ziel des kommunalen Wohnungsbaus.

Allerdings verfügen die Warschauer Stadtentwicklungspläne auch über verschiedene Schwächen, die zu Umsetzungsproblemen der Pläne führten. Seit 1990 wurden von Plan zu Plan immer komplexere und umfangreichere Ziel- und Maßnahmensysteme aufgestellt, die ihren Höhepunkt in den 307 Aufgaben der 2004er Entwicklungsstrategie bis zum Jahr 2020 erreichten. Eine Priorisierung der Aufgaben fehlt in fast allen Dokumenten, so dass ein „Wunschlisten-Charakter" der Planwerke entsteht. Hierzu trägt auch bei, dass die Finanzierung der einzelnen Projekte oder eine Einbindung der Projekte in die jährliche kommunale Finanzplanung nicht erfolgt. Wann und wie die zahlreichen Projekte realisiert werden sollen, bleibt folglich offen.

6.3.2 Probleme der Implementierung

Wie gezeigt wurde, existiert eine Vielzahl an strategischen Planwerken für Warschau, die in der Tradition der Policy-Dimension der Europäischen Stadt stehen. Allerdings kann bezweifelt werden, ob diese Dokumente in der Realität einen großen Einfluss auf die Stadtentwicklung hatten. Einige Aspekte sprechen für die Annahme, dass die in den Dokumenten beschriebenen Ziele für die tatsächliche Entwicklung der Stadt von geringer Bedeutung waren. Beispielhaft wird die niedrige Zahl an Raumbewirtschaftungsplänen, der geringe Anteil des kommunalen Wohnungsbaus an den gesamten Wohnfertigstellungen sowie die Projektentwicklung Miasteczko Wilanow dargestellt.

Die niedrige Zahl an Raumbewirtschaftungsplänen

Ein Grundprinzip der polnischen Planung ist die Entwicklung von Raumbewirtschaftungsplänen, in denen die in der Raumbewirtschaftungsstudie beschriebenen Ziele konkretisiert und rechtsverbindlich festgeschrieben werden. In der Praxis zeigt sich, dass es nur eine sehr geringe Zahl an Raumbewirtschaftungsplänen in Warschau gibt. Schätzungen gehen davon aus, dass in Warschau für ca. 16% der Stadtfläche Raumbewirtschaftungspläne existieren (Warsaw Voice

2007b). Nun ist es offensichtlich nicht notwendig, dass für das gesamte Stadtgebiet Raumbewirtschaftungspläne existieren. Für bestehende Siedlungsstrukturen oder forst- und landwirtschaftlichen Flächen, die nicht bebaut werden sollen, sind solche Pläne nicht notwendig (Interview U3). Allerdings zeigt sich, dass auch in Gebieten mit hoher Bauintensität wie im Stadtbezirk Wola keine Raumbewirtschaftungspläne vorhanden sind (vgl. Fabijanczuk 2005: 29, Bartoszczuk 2005: 48, Eurobuild 2007a). In Wola wurden in den letzten Jahren mehrere tausend Wohnungen sowie zahlreiche Bürogebäude, unter anderem des zweithöchste Gebäude in Warschau, der Warsaw Trade Tower, errichtet. Alle Bauvorhaben wurden ohne Raumbewirtschaftungspläne, sondern auf Grundlage des „Gute Nachbarschaftsprinzips" errichtet. Die in der Regel liberale Auslegung dieses Prinzips durch die Verwaltung wird am Beispiel des Wolkenkratzers „Warsaw Trade Tower" deutlich, der sich in einer Nachbarschaft mit überwiegend niedrigstöckiger Bebauung befindet. Wola stellt dabei sicherlich ein Extrembeispiel dar, aber auch andere Stadtbezirke haben gar keine oder nur sehr wenige Raumbewirtschaftungspläne. In einem Zeitungsartikel werden die Auswirkungen fehlender rechtsverbindlicher Pläne folgendermaßen beschrieben: „But what might appear to be an evident fault to some is proving an advantage for developers. Companies are being allowed to develop tall buildings which might have been impossible had a plan existed." (Eurobuild 2007a).

Anteil der kommunalen Wohnungen an den Wohnfertigstellungen insgesamt

Die Förderung des kommunalen Wohnungsbaus wurde in den Warschauer Stadtentwicklungsplänen als ein Ziel der Stadtentwicklungspolitik beschrieben. Dieses Ziel ist durch die Stadt Warschau in Eigenverantwortung unabhängig von der Beteiligung weiterer Akteure und von Aspekten wie der Restitution umsetzbar. Insofern kann die Zahl der kommunalen Wohnfertigstellungen als ein Indiz für die Umsetzung der Stadtentwicklungsziele dienen. *Tabelle 7* stellt die Wohnungsfertigstellungen in Warschau im Zeitraum 1995 bis 2007 dar. Es wird deutlich, dass die Zahl der neuen Wohnungen insgesamt seit 1995 stark angestiegen ist. Der Anteil und die absolute Zahl der kommunalen Wohnungen sind jedoch vergleichsweise gering, vor allem in den Jahren 2000-2004 wurden fast keine kommunalen Wohnungen errichtet. Eine Ausnahme stellt das Jahr 2006 mit 471 errichteten Kommunalwohnungen dar, allerdings ist der Anteil an den gesamten Wohnfertigstellungen mit 3,4% auch 2006 sehr niedrig. Eine Steuerung des Wohnungsmarkts und die Sicherstellung der Wohnversorgung für benachteiligte Bevölkerungsgruppen durch kommunalen Wohnungsbau konnte im Gegensatz zu den stadtentwicklungspolitischen Zielen angesichts der geringen Zahl der

Fertigstellungen offensichtlich nicht erreicht werden. So wurden von den zwischen 1995 und 2007 fast 140.000 neuerrichteten Wohnungen weniger als 1% im kommunalen Wohnungsbau erstellt! Ein Widerspruch zwischen den Zielen der Stadtentwicklungspolitik und der realen Entwicklung ist deutlich erkennbar.

Tabelle 7: Wohnfertigstellungen in Warschau 1995-2007

Jahr	1995	1996	1997	1998	1999	2000	2001
Wohnfertig-stellungen gesamt	3.877	4.562	4.085	6.850	9.896	14.408	16.278
Fertig-stell.ungen kommunaler Wohnungen	21	230	44	144	33	11	3
Anteil komm. Wohnungen an den Fertig-stellungen	0,5%	5,0%	1,1%	2,1%	0,3%	0,1%	0,0%

Jahr	2002	2003	2004	2005	2006	2007	1995-2007
Wohnfertig-stellungen gesamt	13.070	12.335	10.300	14.436	13.686	15.729	139.512
Fertig-stell.ungen kommunaler Wohnungen	0	2	4	102	471	91	1.156
Anteil komm. Wohnungen an den Fertig-stellungen	0,0%	0,0%	0,0%	0,7%	3,4%	0,6%	0,8%

(Quelle: GUS)

Auch andere Ziele der Stadtentwicklung wurden bisher nicht erreicht bzw. überhaupt nicht angegangen. Hierzu zählen die ausgewiesenen strategischen Gebiete, die vorrangig entwickelt werden sollten, sowie die Etablierung einer institutionellen Metropolregionsstruktur, was bisher ebenfalls nicht realisiert wurde.

Beispiel Miasteczko Wilanow

Die niedrige Zahl an Raumbewirtschaftungsplänen und die wenigen neu errichteten kommunalen Wohnungen zeigen die geringe Bedeutung der Planwerke auf die Entwicklung der Stadt. Am Beispiel des Stadtentwicklungsprojekts „Miasteczko Wilanow" wird ergänzend zu den bisherigen Ausführungen das Verhältnis zwischen strategischer Stadtentwicklungsplanung und konkreter Projektentwicklung untersucht und die Bedeutung gesamtstädtischer Planinhalte auf Projektebene analysiert. „Miasteczko Wilanow" ist das größte privatwirtschaftlich finanzierte Stadtentwicklungsprojekt in Warschau. Das Gebiet der Projektentwicklung befindet sich im Bezirk Wilanow im Süden Warschaus und ist ca. acht Kilometer von der Warschauer Innenstadt entfernt. Unmittelbar an das 169 ha große Projektgebiet angrenzend, befindet sich das Barockschloss Wilanow, das zu den wichtigsten Sehenswürdigkeiten Warschaus gehört.

Planungsphase: Die Fläche, auf der das Projekt realisiert wird, gehörte ursprünglich der Landwirtschaftlichen Universität Warschau und wurde 1998 an die Firma Prokom Investments verkauft. Zu diesem Zeitpunkt plante Prokom gemeinsam mit dem nordamerikanischen Projektentwickler Trizec Hahn ein privatwirtschaftlich finanziertes großes Stadterweiterungsprojekt auf der Fläche. Nach der firmenpolitischen Entscheidung Trizecs Hahns, sich vom polnischen Markt zurückzuziehen, entschloss sich der damalige Vize-Direktor der Firma ein eigenes Unternehmen (INVI Investments) zu gründen und gemeinsam mit Prokom Investments das Projekt Miasteczko Wilanow umzusetzen. Ziel war der Bau eines neuen mischgenutzten Stadtteils mit Wohn-, Geschäfts- und Freizeitnutzung. Im Gegensatz zu anderen Projektentwicklungen sollte die Mischnutzung im Vordergrund stehen und ein „autarkes" *Städtchen* (=Miasteczko) mit eigenen Arbeitsplätzen, Kultureinrichtungen und Wohnungen errichtet werden (Eurobuild 2007b). Die beteiligten Unternehmen erwarteten, dass das Projekt zur nachhaltigen Entwicklung beiträgt (Perry 2001: 40).

INVI Investments und Prokom beauftragten das Planungsbüro BPRW und das Architekturbüro DJiO Detko, Kurkiewicz i Owadowicz zwei Pläne für das Gebiet zu erstellen, die dann als Bebauungspläne im Januar 2001 von der Stadtkommune Wilanow verabschiedet wurden (Miasteczko Wilanow 2008). Diese Pläne wurden vor der Warschauer Verwaltungsreform im Jahr 2002 rechtsgültig, d.h. die zuständige Institution war die Stadtkommune Wilanow und nicht die Stadt Warschau. Die inhaltlichen Festlegungen der beiden Bebauungspläne waren gering und enthielten nur eine grobe Struktur der geplanten Bebauung. Die Firma INVI erarbeitete auf Grundlage der Bebauungspläne einen Masterplan (*Abbildung 8*). Der Masterplan war wesentlich detaillierter und hatte Festsetzungen zur Höhe der Gebäude, zu Materialien, zum Grünflächenanteil und der gewünschten Dichte zum Inhalt. Nach Aussagen eines an den Bebauungsplänen beteiligten Planers unterschied sich der Masterplan deutlich von den Bebauungsplänen, die wesentlichen Ideen der vorherigen Planungen sind im Masterplan nicht mehr zu finden: „I think we proposed something completely different." (Interview V3).

Abbildung 8: Ausschnitt aus dem Masterplan „Miasteczko Wilanow"

(Quelle: INVI/Prokom Investments)

Planinhalte: Der Masterplan sieht die Entwicklung eines neuen Stadtteils für ca. 12.000-15.000 Einwohner und ergänzende Nutzungen wie Einzelhandel, Büronutzung und Kultureinrichtungen auf der Fläche vor (Zeitungsartikel Polish Business News 2001). Der Plan beruft sich auf die „Europäische Stadt". Als Vorbilder des neuen Stadtteils werden im 19. Jahrhundert geplante Stadtquartiere wie Belgravia in London sowie die städtebauliche Tradition des Vorkriegswarschaus genannt. Die „Europäische Stadt" wird dabei ausschließlich als ein städtebauliches Entwurfs-Prinzip verstanden, zu dem Aspekte wie Nutzungsmischung, Dichte und Autoarmut gehören. Auch die Begründungen dieses Plans beziehen sich überwiegend auf die (west-)europäische Stadt des 19. Jahrhunderts. Konsequenterweise sind der Internet-Auftritt des Projekts sowie die Werbe-Materialien für das Projekt stark historisierend gestaltet. Ein weiteres Indiz für die Orientierung des Projekts am vorindustriellen Städtebau ist die geplante Einrichtung von Reitwegen, die das Gebiet durchziehen sollen (Zeitungsartikel Lokale Immobila 2003).

Realisierungphase: Der Eigentümer der Fläche, Prokom Investments verkaufte ab 2001 einzelne Parzellen an unterschiedliche Investoren. Die Käufer der Flächen wurden verpflichtet, die Bebauung gemäß den Vorgaben des Masterplans zu errichten. Die Firma INVI prüfte, ob die Bauvorhaben der einzelnen Investoren den Vorgaben des Masterplans entsprechen. Ausnahmen von den Vorgaben sind nach Genehmigung von INVI jedoch möglich (Morrison 2006: 52f.) Die Vorgaben des Masterplans können deshalb als formell *und* informell bezeichnet werden, d.h. falls INVI eine bestimmte Idee eines Investors gut findet, kann diese auch abweichend vom Masterplan realisiert werden.

Bisher wurden fünf Parzellen von Developern aus unterschiedlichen Ländern wie Polen, Israel, Spanien und der Türkei bebaut bzw. befinden sich noch im Bau. Weitere Parzellen wurden bereits verkauft und sollen in den nächsten Jahren bebaut werden. Bislang wurden ausschließlich Wohngebäude errichtet, Büro- und Einzelhandelsnutzungen finden sich keine. Um auf die Schwankungen des Immobilienmarkts reagieren zu können, wurden einige so genannte *„Swing-Parzellen"* geschaffen, die je nach Bedarf als Büro- oder Wohnnutzung realisiert werden können (Morrison 2006: 52). Während auf den meisten verkauften Parzellen die Umsetzung der Planinhalte und die Fertigstellung des Bauvorhabens rasch erfolgten, ist dies im zentralen Eingangsbereich nicht der Fall. Diese Parzelle wurde an einen türkischen Developer verkauft, der jedoch kurz nach Beginn der Bauphase in finanzielle Schwierigkeiten kam und das Projekt nicht weiter entwickelte. Aufgrund rechtlicher Schwierigkeiten und der Details des Vertrags zischen INVI und dem Developer konnte kein anderes Unternehmen die Bauarbeiten fortführen (Morrison 2006: 53). Das in einer Sichtachse mit dem Schlosspark Wilanow gelegene Gebäude verfällt nun und der Eingangsbereich von Miasteczko Wilanow wird von einer Investitionsruine dominiert. Ein anderes Problem bei der Umsetzung des Plans stellte die Ansiedlung eines in ein größeres Einkaufs- und Kulturzentrum integrierten *Auchan Hypermarkets* dar. Gegen die Größe und die Ausstrahlung des geplanten Marktes auch auf andere Stadtteile (und des damit verbundenen erhöhten Verkehrsaufkommens) gab es Proteste der Bewohner. Die Proteste bewirkten nicht den Abbruch der Planungen für den Bau des Supermarkts, jedoch wurde die geplante Verkaufsfläche deutlich reduziert (Walter 2003: 108ff., Tasan-Kok 2004: 276). Allerdings führte dieser

Kompromiss nicht zur Realisierung des Marktes. In einer den bisherigen Planungen komplett entgegen gesetzten Entscheidung beschloss die Firma Prokom Investments im Mai 2007, dass keine Shopping Mall und damit auch kein Hypermarkt in Miasteczko Wilanow errichtet wird (Zeitungsartikel Eurobuild 2007b) Aufgrund von Veränderungen im Genehmigungsprozess für Einkaufszentren entschied sich Prokom dagegen, den Plan eines Einkaufszentrums mit angegliederten Supermarkt und Kultureinrichtungen weiterzuverfolgen. Auf der hierfür vorgesehen Fläche sollen nun auch Wohngebäude errichtet werden.

Prokom Investments war als Eigentümerin der Flächen nicht nur an der städtebaulichen Planung beteiligt, sondern als Mitinhaberin der Projektentwicklungsgesellschaft Robyg, die den ersten Bauabschnitt realisierte auch am Bauprozess beteiligt. Prokom verpflichtete sich darüber hinaus in einem Vertrag mit der Stadt Warschau, die Infrastruktur (Straßennetz und Abwassersystem) auf dem Gelände zu bauen und bereitzustellen. Das Unternehmen war auch im Finanzierungsbereich tätig: In Kooperation mit einer lokalen Bank vergab Prokom Kredite für jüngere Haushalte unter 35 Jahren mit hohen Einkommen, jedoch ohne eigenes Vermögen. Der Kredit sollte 100% des Kaufpreises eines Apartments im Miasteczko Wilanow betragen und über einen Zeitraum von 30 Jahren finanziert werden. Damit wollte man erreichen, dass auch jüngere Bevölkerungsgruppen in das Gebiet ziehen. Das Unternehmen war somit Eigentümerin der Fläche, Projektentwickler, vergab Kredite zur Finanzierung der Wohnungen, stellte die Infrastruktur bereit und übernahm demnach auch öffentliche Aufgaben. Aufgrund von nicht näher definierten „Verwaltungsproblemen" wurden die bislang nicht verkauften Parzellen Ende 2007 an die Firma Polnord, einem Tochterunternehmen von Prokom übertragen. Damit ergab sich die paradoxe Situation, dass die bisher im Realisierungsprozess dominierende Firma Prokom Investments nicht mehr direkt involviert ist und die neue Eigentümerin der Flächen, die Firma Polnord sich nicht in der Rolle des Projektsteuerers sieht und keinen Einfluss auf die bereits verkauften Parzellen hat: „I cannot be responsible for other developers since we lost control of their activities when Prokom Investments sold the sites." so der Präsident der Firma (Zeitungsartikel Eurobuild 2007b).

Fehlende Übereinstimmung mit den gesamtstädtischen Planungen: Bereits zu sozialistischer Zeit war auf dem bis dahin unbebauten Gebiet eine Siedlung für die Spitzen der kommunistischen Partei geplant. Aufgrund infrastruktureller Probleme und einer fehlenden Verankerung in den damals gültigen Dokumenten wurde dies jedoch nicht realisiert. Das erste postsozialistische Planwerk, der Masterplan von 1992 sah für das Gebiet Wohnnutzung vor. Allerdings zählte die Fläche nicht zu den in diesem Plan beschriebenen „potenziellen Urbanisierungsflächen" (vgl. Niemczyk 1998: 309) und stand nicht im Fokus der Entwicklung. Darüber hinaus war auch die Realisierung der Wohnnutzung auf der Fläche aufgrund des Zoning-Charakters des Masterplans nicht beschrieben. Ungeachtet dieser Festsetzungen stellt die im Rahmen der damaligen administrativen Gliederung für die Entwicklung des Gebiets zuständige Stadtkommune Wilanow erste Planungsideen zur Bebauung des Gebiets 1998 auf. In der zur gleichen Zeit auf gesamtstädtischer Ebene erstellten „Warschauer Entwicklungsstrategie bis zum Jahr 2010" zählte das Gebiet jedoch nicht zu den Arealen, die für eine künftige Entwicklung vorgesehen sind. Die Idee zur Entwicklung des größten Warschauer Stadterweiterungsprojekts entstammte demnach nicht einer gesamtstädtischen Planungsvorgabe, sondern wurde von den beiden Unternehmen INVI und Prokom entworfen.

Mit der Verabschiedung der Bebauungspläne durch die Stadtkommune Wilanow entstand Planungssicherheit für das Projekt. Aufgrund der allgemein gehalten Festsetzungen kann die Verabschiedung der Bebauungspläne jedoch nicht als Steuerungsversuch der öffentlichen Hand angesehen werden. Entscheidend für die Ausgestaltung des Projekts war vielmehr der Masterplan der Firma INVI. Dieser war letztlich das für die Umsetzung verbindliche Dokument und unterschied sich stark von den vorher verabschiedeten Bebauungsplänen. Die Grundzüge des Masterplans der Firma INVI finden sich in der 2006 verabschiedeten neuen Raumbewirtschaftungsstudie. In der Studie erhält das Gebiet eine deutlich exponiertere Stellung als in den vorangegangenen Planwerken: Miasteczko Wilanow wird als eines der Vorranggebiete für die künftige Entwicklung gesehen. Die Fläche der Projektentwicklung hat eine gesamtstädtische Bedeutung und ist nicht mehr nur als reines Wohngebiet, sondern als multifunktionales Gebiet ausgewiesen. Die Studie enthält nur in geringem Maß städtebauliche Festsetzungen, allerdings lässt sich erkennen, dass Teile des Masterplans auch hier berücksichtigt wurden. Die Verbindung zum historischen Bestand des Schlosses Wilanow an der nordwestlichen Seite des Gebiets ist in der Studie ebenso wie im Masterplan (und im Gegensatz zum Bebauungsplan!) für multifunktionale Bebauung und nicht als Grünfläche vorgesehen.

Die Frage nach den Übereinstimmungen zwischen gesamtstädtischer Planung und dem Projekt Miasteczko Wilanow ist vor diesem Hintergrund in einem anderen Licht zu sehen: Die Projektidee der beiden Firmen INVI/Prokom entstammte nicht gesamtstädtischen Planungen, sondern hat Eingang in die Planwerke der Stadtverwaltung gefunden. Dies stellt letztlich eine andere Form von Stadtsteuerung dar: Nicht auf Grundlage städtischer Vorgaben und Richtlinien wurde das Projekt entwickelt, sondern in Form von bottom-up-Prozessen, die im Nachhinein planungsrechtlich legitimiert werden. Das Beispiel Miasteczko Wilanow demonstriert auch, wie Projekte einzelner Unternehmen Einfluss auf die

Stadtentwicklungspolitik nehmen können. Wesentliche Aussagen des von Prokom/INVI entwickelten Masterplans finden sich mittlerweile in der gesamtstädtischen Raumbewirtschaftungsstudie wieder. Ironischerweise scheint sich das Gebiet nun aber nicht wie im Masterplan und in der Raumbewirtschaftungsstudie vorgesehen zu einem mischgenutzten Stadtteil, sondern zu einem reinen Wohngebiet zu entwickeln (vgl. Eurobuild 2008). Es bleibt somit abzuwarten, ob es weitere Planänderungen gibt und das Gebiet in einem neuen gesamtstädtischen Planwerk nun wieder als reines Wohngebiet ausgewiesen wird.

Gleichzeitig ist der Einfluss der öffentlichen Hand sehr gering und die Umsetzung kann nicht durch die Stadtverwaltung gesteuert werden. Wenn ein privatrechtlicher Vertrag - wie in diesem Fall zwischen dem türkischen Investor und Prokom Investments - ungünstig bezüglich der Sicherung der Projektrealisierung geschlossen wurde, liegt das im Zuständigkeitsbereich der Unternehmen und nicht der Stadt. Die öffentliche Hand hat nun keinen Einfluss auf die Investitionsruine im städtebaulich sensiblen zentralen Eingangsbereich des Geländes. Auch bei einer Änderung der Pläne bestehen keine Interventionsmöglichkeiten von städtischer Seite. So ist die Umsetzung von wesentlichen Teilen des Konzepts von Miasteczko Wilanow fraglich. Aufgrund der Entscheidung gegen die Errichtung eines Einkaufszentrums verliert das Gebiet den im Masterplan betonten Mischnutzungs-Charakter. Auch die Bewohner, die Wohnungen in den bereits fertig gestellten Gebäuden gekauft haben, sehen sich deshalb betrogen. Die beworbenen Wohnungen in einem „Städtchen" mit fußläufig erreichbaren Einkaufs- und Arbeitseinrichtungen stellen sich nun als Wohnungen einer Schlafstadt mit schlechter infrastruktureller Anbindung heraus. Die Eigentumsverhältnisse und die bereits durch die Stadt verabschiedeten Bebauungspläne machen eine Gegensteuerung oder einen Ausgleich der Marktkräfte von Seiten der Stadt unmöglich. Die Hoffnung, ein nach den städtebaulichen Prinzipien der Europäischen Stadt funktionierendes privat finanziertes Stadtquartier zu errichten, in dem von der städtebaulichen Planung bis zur Errichtung der Infrastruktur alle Aufgaben in privater Hand sind, hat sich bisher nicht erfüllt. Flexibilität und notwendige Marktorientierung veränderten die ursprüngliche Planung. In einem kürzlich veröffentlichten Zeitungsartikel verspricht der Warschauer Stadtrat, dass die Fehler in der Planungsphase des Projektes bei künftigen Projekten nicht wiederholt werden sollen (Eurobuild 2008).

In den im Rahmen dieser Arbeit geführten Interviews betonten die Interviewpartner, dass der Ablauf des Projekts „Miasteczko Wilanow" kein Einzelfall darstellt, sondern es bei den meisten privatwirtschaftlichen Projektentwicklungen im Bereich Wohnungsbau keine Abstimmung mit gesamtstädtischen Planungen und stadtentwicklungspolitischen Zielen gab (Interview W6, Interview V2). Viele Projekte wurden ohne Koordination mit den öffentlichen Akteuren geplant und umgesetzt, was auch zu Problemen bei der infrastrukturellen Anbindung der neuen Siedlungen führte. Auch wenn sich „Miasteczko Wilanow" aufgrund seiner Größe von anderen Bauvorhaben unterscheidet, so ist der Realisierungsprozess durchaus beispielhaft für Projektentwicklungen im postsozialistischen Warschau.

Innerhalb dieses Unterkapitels wurden die Inhalte der Warschauer Stadtentwicklungspolitik untersucht. Zusammenfassend lässt sich festhalten, dass in den meisten der seit 1990 erstellten Planwerken Ziele und Leitbilder für verschiedene Handlungsfelder genannt werden. Stadtentwicklungspolitik beschränkt sich nicht nur auf rein räumliche/bauliche Aspekte, sondern umfasst auch soziale Zielvorstellungen bzw. Wirtschaftsförderungsaspekte. Die Warschauer Stadtentwicklungspolitik steht diesbezüglich in der Tradition der Europäischen Stadt: Stadtentwicklungspolitik wird als eine Möglichkeit zum Ausgleich der Marktkräfte z.B. durch kommunales Flächenmanagement oder den kommunalen Wohnungsbau gesehen. Zwar werden Aspekte wie die Förderung von Investoren bzw. die Schaffung von Wettbewerbsfähigkeit in den Dokumenten auch als Ziele genannt, allerdings dominieren diese Aspekte nicht. In den Plänen findet sich keine rein neo-liberale Orientierung, sondern ein umfassender Steuerungsanspruch der Stadt in zahlreichen Handlungsfeldern. Fragen der Implementierung sowie eine Hierarchisierung der Ziele und Maßnahmen sind hingegen nicht Teil der Pläne. Insofern ist den meisten Plänen ein gewisser „Wunschlisten-Charakter" nicht abzusprechen und der Nutzen für die reale Stadtentwicklung ist in Frage zu stellen. Es zeigt sich, dass wesentliche Ziele wie die Förderung des kommunalen Wohnungsbaus bzw. die Erstellung von Raumbewirtschaftungsplänen nicht realisiert wurden und die in den Planwerken beschriebenen Ziele für die Stadtentwicklung demnach ohne Bedeutung sind. Das Beispiel der Projektentwicklung Miasteczko Wilanow verstärkt dieses Bild: Unabhängig von den Zielen der Stadtentwicklungspläne wurde das größte Stadterweiterungsgebiet Warschaus dort errichtet. Nach Ideen zweier Unternehmen sollte dort ein neuer Stadtteil mit Wohn- Dienstleistungs- und Freizeitnutzungen entstehen. Diese Planungsideen waren bis Ende der 1990er Jahre nicht in den strategischen Planwerken der Stadt Warschau zu finden, sind jedoch Bestandteil der 2006 verabschiedeten Raumbewirtschaftungsstudie. Von einer Steuerung der Stadt durch die öffentlichen Akteure lässt sich in Bezug auf die Warschauer Stadtentwicklungspläne nicht sprechen: Einerseits werden wesentliche Ziele der Pläne nicht umgesetzt, andererseits beeinflussen Projektentwicklungen die Inhalte der Pläne, d.h. dass in den gesamtstädtischen Planwerken bereits in der Realisierung befindliche Projekte nachträglich legitimiert werden.

6.4 Ergebnisse: Stadtentwicklungspolitik in Warschau

Die Analyse der Stadtentwicklungspolitik in Warschau bezüglich des Handlungsspielraums, der Akteure und Prozesse sowie der Politikinhalte ergab große Unterschiede zwischen formellen und informellen Praktiken. Bei der Ergebnisdarstellung wird diese Unterscheidung beibehalten. Zunächst werden die wesentlichen Resultate im Bereich der formellen Stadtentwicklungspolitik aufgezeigt (Kapitel 6.4.1), danach folgen die Ergebnisse der informellen Ebene (Kapitel 6.4.2) und abschließend werden die Ursachen für diese Zweiteilung diskutiert (Kapitel 6.4.3).

6.4.1 Stadtentwicklungspolitik als geschlossene Veranstaltung

Im Bereich der formellen Stadtentwicklungspolitik ergab die Analyse der Stadtentwicklungspläne in den drei Politikdimensionen zu einem gewissen Grad eine Annäherung an das Modell der Europäischen Stadt, insbesondere in der Polity- sowie der Policy-Dimension.

Polity-Dimension: Warschau verfügt über Handlungsspielraum und kann über wesentliche Aspekte der Stadtentwicklung autonom entscheiden. Die Stellung der polnischen Kommunen lässt sich zwar nicht eindeutig einem der von Hesse/Sharpe (1991) beschriebenen Typen zuordnen, aber starke Ähnlichkeiten insbesondere zum nord- und mitteleuropäischen Modell wie die kommunalen Kompetenzen, die finanzielle Unabhängigkeit und die besondere Rolle der Kommunen bei der Leistungserbringung sind erkennbar. Für Warschau ist diese Situation vergleichsweise neu: Erst seit 2003 existiert eine gesamtstädtische Ebene mit Handlungsmacht. In den von 1990 bis 2002 gültigen administrativen Strukturen waren die als Stadtkommunen bezeichneten Stadtteile weitgehend unabhängig und verfügten über große Kompetenzen im Bereich Stadtentwicklung. Wesentliche Instrumente des polnischen Planungsrechts sind die Raumbewirtschaftungsstudien und die Raumbewirtschaftungspläne. Hier sind Ähnlichkeiten mit westeuropäischen Planungssystemen wie den deutschen Flächennutzungsplänen und Bebauungsplänen erkennbar.

Politics-Dimension: Die Prozesse der formellen Stadtentwicklungspolitik werden durch die öffentlichen Akteure bestimmt. Die Abteilungen der Stadtverwaltung stellen die Stadtentwicklungsstudien und -strategien auf und sind darüber hinaus für die Zielentwicklung zuständig. Die dominierende Rolle der Stadtverwaltung und der Gestaltungsanspruch der öffentlichen Hand ähneln dem idealtypischen Modell der Europäischen Stadt. Die Stadtverwaltung versteht sich als zuständige Institution der Stadtentwicklung und die von ihr erstellen Pläne sollen rahmengebend für die Handlungen externer Akteure wie zivilgesellschaft-licher Akteure oder Wirtschaftsunternehmen sein. Eine breite stadtentwicklungs-politische Diskussion mit Einbeziehung unterschiedlicher Interessengruppen fand bislang jedoch nicht statt, nur einzelne verwaltungsexterne Experten wurden beteiligt. Stadtentwicklungspolitik in Warschau ist insofern eine „geschlossene Veranstaltung", in der außer der Stadtverwaltung nur wenige Akteure Zutritt haben. Dieser exklusive Rahmen und die geringe Beteiligung einer breiteren Stadtgesellschaft widersprechen dem Modell der Europäischen Stadt, zivilgesell-schaftliche Institutionen oder lokale Unternehmen werden nicht beteiligt und somit konstituiert sich kein kollektiver Akteur.

Policy-Dimension: Eine Annäherung an das Modell der Europäischen Stadt ist in den Inhalten der Stadtentwicklungspläne zu erkennen. Nachdem das erste postsozialistische Planwerk, der Masterplan von 1992 noch ausschließlich die Zonierung des Stadtgebiets zum Inhalt hatte, wurden in den darauf folgenden Plänen die Themen weiter gefasst: Soziale Aspekte, Maßnahmen der Wirt-schaftsförderung und des Stadtmarketings ergänzen rein bauliche Ziele. Mit Maßnahmen wie der Einführung eines kommunalen Flächenmanagements und der Förderung kommunalen Wohnungsbaus zielen die Pläne auf einen Ausgleich der Marktkräfte und erachten steuernde Eingriffe durch die öffentliche Hand als notwendig. Restriktionen bei der Flächennutzung werden nicht als „limitations of freedom", sondern als notwendiger Eingriff zur „prevention of anarchy" gese-hen (Stadt Warschau 1999: 141).

Die landläufig verbreitete Meinung, dass sich in postsozialistischen Städten eine neo-liberale Stadtpolitik durchgesetzt hat, wird in Warschau auf den ersten Blick nicht bestätigt: In den offiziellen Dokumenten ist der Steuerungsanspruch der öffentlichen Hand sehr deutlich ablesbar, durch eine Vielzahl an öffentlichen Eingriffen soll eine geordnete Entwicklung der Stadt erfolgen. Der Anspruch, durch öffentliche Stadtplanung in die Stadtentwicklung steuernd einzugreifen, ist dabei charakteristisch für das Modell der Europäischen Stadt und kann als Ge-gensatz einer auf Marktmechanismen beruhenden Stadtentwicklung, wie sie für nordamerikanische Städte konstatiert wurde, gesehen werden.

Die offizielle, formelle Warschauer Stadtentwicklungspolitik enthält dabei viele Government-Elemente: Betrachtet man das in Kapitel 3.1.3 beschriebene Schaubild zu den Ausprägungen von Government und Governance und markiert die in Warschau vorherrschenden Eigenschaften grau, zeigt sich ein deutlicher Überhang auf der Seite von Government (vgl. *Tabelle 8*).

Die Polity-Dimension wird bestimmt durch eine geringe Anzahl an Institu-tionen und eine hierarchische Verwaltungsstruktur. Neue Institutionen wie inter-kommunale Zusammenschlüsse oder regionale, metropolitane Institutionen fin-den sich in Warschau nicht. Demokratisch legitimiert werden die politischen

Akteure durch repräsentative Wahlen, neue Experimente wie direkte Beteiligung z.B. durch Bürgerentscheide spielen in Warschau keine Rolle. Die geschlossenen, minimalen horizontalen und vertikalen Netzwerke verstärken den Eindruck, dass die formelle Stadtentwicklungspolitik stärker Government- denn Governance- geprägt ist. Wie bereits beschrieben, kann Stadtentwicklungspolitik in Warschau als „geschlossene Gesellschaft" bezeichnet werden. Auch im Bereich Policy zeigen sich Government-Aspekte: In den Stadtentwicklungsplänen finden sich keine Hinweise auf Politiken, die auf „innovativem Lernen" beruhen oder in denen Kompromisse und Absprachen zum Tragen kommen. Die von Renate Mayntz (2004) als ein wesentliches Kennzeichen von Governance beschriebene Auflösung der Grenzen zwischen Steuerungssubjekt (öffentliche Verwaltung) und Steuerungsobjekt (z.B. Akteure aus der Zivilgesellschaft und Wirtschaftsakteure) ist in der formellen Warschauer Stadtentwicklungspolitik nicht zu erkennen: Zusammenfassend kann eine klare Trennung zwischen Steuerungssubjekt und -objekt festgestellt werden.

Tabelle 8: Government- und Governance-Aspekte der formellen Warschauer Stadtentwicklungspolitik

	Government	Governance
Polity		
Anzahl der Institutionen	**Wenige**	Viele
Verwaltungsstruktur	**Hierarchisch, konsolidiert**	Dezentriert, fragmentiert
Staat	Direkte Kontrolle	**Dezentralisierung und Mikro-Interventionen**
Demokratische Legitimation	**Repräsentativ**	Repräsentativ und neue Experimente
Politics		
Horizontale Netzwerke	**Geschlossen**	Extensiv
Internationale Netzwerke	**Minimal**	Extensiv
Politische Führung (Leadership)	Kollegial/klientelistisch	**Bürgermeisterzentriert/ charismatisch**
Policy		
Materiale Politiken	**Routinisiert**	Innovatives Lernen
Steuerungsform	**Regulierung und Normen**	Kompromisse, Absprachen

(Quelle: Eigene Darstellung, basierend auf John 2001: 17)

6.4.2 Informalität als Prinzip - Verhandlungen statt Planinhalte

Wie im Folgenden ausgeführt, sind die beiden wichtigsten Charakteristika der formellen Warschauer Stadtentwicklungspolitik - Ähnlichkeiten zum europäischen Modell in der Polity- und Policy-Dimension und mehr Government- als Governance-Aspekte - in der stadtentwicklungspolitischen Realität jedoch nicht erkennbar. Zunächst ist festzuhalten, dass die untersuchten unterschiedlichen Planwerke für die Stadtentwicklung allgemein nur von geringer Bedeutung sind. Die wesentlichen Ziele der Stadtentwicklungspolitik wurden nicht erreicht: Der Anteil der kommunalen Wohnungen an den gesamten Wohnfertigstellungen ist im Gegensatz zu den in den Stadtentwicklungsplänen beschriebenen Zielen sehr gering. Auch die niedrige Zahl der Raumbewirtschaftungspläne und die große Bedeutung des auf Aushandlungsprozessen beruhenden „Gute Nachbarschaftsprinzips" sind in diesem Zusammenhang zu sehen. Stadtentwicklung wird wesentlich durch Verhandlungen zwischen öffentlichen und privaten Akteuren bestimmt und nicht durch die in den Stadtentwicklungsplänen beschriebenen Festsetzungen.

Besonders deutlich wurde dies am Beispiel des Projekts Miasteczko Wilanow, das entgegengesetzt zur offiziellen Stadtentwicklungspolitik auf Initiative eines privaten Unternehmens realisiert wurde. In diesem Fall bestimmte das Projekt die offizielle Stadtentwicklungsplanung: Die Inhalte des im Auftrag des privaten Investors erstellten Masterplans wurden später in die *Entwicklungsstrategie für das Jahr 2020* aufgenommen. Das Projekt wurde demnach im Nachhinein aus stadtplanerischer Sicht legitimiert; es fand eine Rückkopplung zwischen Projekt und Stadtentwicklungsplanung statt.

Im Gegensatz zu den in den offiziellen Stadtentwicklungsplänen erkennbaren Ähnlichkeiten zum Modell der Europäischen Stadt zeigen sich in der Stadtentwicklungspraxis deutliche Unterschiede: So ist keine dominierende Rolle der Stadtverwaltung im Bereich der Stadtentwicklung festzustellen und auch der Anspruch, durch öffentliche Interventionen einen Ausgleich der Marktkräfte zu bewirken sowie Marktmechanismen einzudämmen, ist in dieser auf Verhandlung statt auf Planinhalte beruhenden Herangehensweise nicht mehr deutlich.

Die klare Trennung zwischen Steuerungsobjekt und Steuerungssubjekt ist ebenfalls nicht mehr zu erkennen. Vielmehr wird deutlich, dass Steuerungssubjekte, z.B. private Investoren, Einfluss auf die Steuerung haben. Dies beschreibt Aspekte von Governance. Auf Ebene der offiziellen Planwerke existieren keine Formen von Governance, aber im Bereich der konkreten Stadtentwicklung bzw. auf Projektebene sind Verhandlungen, Kompromisse oder Akteursvielfalt vorhanden und damit eben auch Governance-Aspekte. Im Unterschied zu anderen Städten, in denen ein Übergang von Government zu Governance stattgefunden hat, ist in Warschau davon in den Dokumenten wie in der Entwicklungsstrategie bis zum Jahr 2020 oder der Raumbewirtschaftungsstudie nichts zu finden, sondern existiert parallel neben der in den Stadtentwicklungsplänen beschriebenen Steuerungsform.

Die Stadtentwicklungspolitik in Warschau wird von zwei Ebenen geprägt: Auf der einen Seite die formelle Stadtentwicklungspolitik, auf der anderen Seite die informellen Entwicklungen, die sich auf Projektebene und nicht gesamtstädtisch abspielen. Die offiziell verabschiedeten Stadtentwicklungsstrategien haben wenig Auswirkung auf die informellen Praktiken. Aber die informellen Prozesse können, wie am Beispiel Miasteczko Wilanow gezeigt, die offiziellen Dokumente beeinflussen. Das Prinzip der Informalität prägt die Stadtentwicklung mehr als die formellen Stadtentwicklungspläne, die ohne steuernde Funktion sind.

Diese zwei Seiten treten auch bei der Frage nach der Annäherung an das Modell der Europäischen Stadt auf. Während in den formellen Stadtentwicklungsplänen Ähnlichkeiten zum Modell der Europäischen Stadt erkennbar sind, zeigt sich dies auf informeller Ebene nicht. Diese wird durch Aushandlungsprozesse zwischen einzelnen Akteuren und nicht durch die Formierung als kollektiver Akteur geprägt. Die große Bedeutung von Aushandlungsprozessen und die niedrige Wirksamkeit von Planinhalten kennzeichnen die postsozialistische Stadtentwicklungspolitik in Warschau sowohl vor als auch nach 2002. Waren es in den Jahren vor 2002 die Vertreter der Stadtkommunen, die mit privaten Immobilienunternehmen über Stadtentwicklungsprojekte verhandelten, so änderte sich ab 2002 nur die Ebene der Verhandlung: Auf gesamtstädtischer Ebene, d.h. auf Ebene des für die Ausstellung von Baugenehmigungen zuständigen Büro des Stadtarchitekten fanden nun die Verhandlungen statt; der von einem Developer beschriebene Zustand, dass die Unternehmen im Vorteil seien, die effektiv mit der Verwaltung verhandeln können (Eurobuild 2005: 27), war weiterhin gültig.

Besonders klar erkennbar werden die starke Bedeutung der informellen Praktiken sowie die geringere Bedeutung formeller Stadtentwicklungsplanung im Bereich der Raumbewirtschaftungspläne. Die niedrige Zahl an Raumbewirtschaftungsplänen wird offiziell von öffentlicher Seite durch den hohen Aufwand für die Planaufstellung erklärt. Als weiterer Grund wird die Planungsgesetzgebung genannt. Da eventuelle gesetzliche Änderungen dazu führen könnten, dass die bereits aufgestellten Pläne ihre Wirksamkeiten verlieren, werden in Erwartung künftiger Änderungen keine Pläne aufgestellt. In Interviews nannten Experten der Warschauer Stadtentwicklung andere Gründe (Interview V3): Durch die Aufstellung von Raumbewirtschaftungsplänen legt sich die Stadtverwaltung auf eine bestimmte Zielvorgabe fest. Diese Festlegung wird als Verlust an Handlungsspielraum verstanden, da dann nicht mehr im Einzelfall entschieden werden kann, sondern rechtsgültige Pläne existieren und Verhandlungslösungen keine

Rolle mehr spielen. Dieser Grund trägt auch dazu bei, dass sich die Aufstellung der Raumbewirtschaftungspläne langsam vollzieht. Für die Investoren ergibt sich dadurch die Situation, dass Projekte realisiert werden können, die bei existierenden Plänen nicht umsetzbar wären[33].

6.4.3 *Formelle Government- und informelle Governance-Strukturen*

Im Folgenden soll nun analysiert werden, warum die Warschauer Stadtentwicklungspolitik in eine formelle und eine informelle Ebene unterteilt ist und aus welchen Gründen die informelle Ebene die größere Bedeutung hat.

Helmke und Levitsky (2004: 730) nennen drei mögliche Ursachen, warum Akteure informelle Regeln/Institutionen kreieren. Die erste Ursache sind defizitäre formelle Regeln und als zweite Ursache wird die Etablierung von informellen Praktiken als „second-best"-Strategie von Akteuren, die formelle Regeln bevorzugen würden, diese jedoch nicht erreichen können, genannt. Dritte mögliche Ursache ist das Streben nach Zielen, die von der Öffentlichkeit als nicht akzeptabel angesehen werden (vgl. Kapitel 3.3.2).

Betrachtet man die Warschauer Stadtentwicklungspolitik auf die Frage hin, warum informelle Praktiken eine so große Bedeutung haben, finden sich Hinweise auf alle drei von Helmke/Levitsky genannten Ursachen. Auch der in Kapitel 3.1.2 beschriebene Zusammenhang zwischen Polity, Politics und Policy wird deutlich.

Erster Ausgangspunkt ist das polnische Planungsinstrumentarium. Wie beschrieben, existieren mit den Raumbewirtschaftungsplänen und Raumbewirtschaftungsstudien zwei Instrumente, die beide der Angebotsplanung zugerechnet werden können und ausschließlich regulierend wirken. Es fehlen hingegen umsetzungsorientierte Instrumente, durch die konkrete Projekte gemeinsam mit privaten Akteuren realisiert werden können und die Risiken und Potenziale sowohl für die private als auch die öffentliche Seite einschätzbar sind. Die veränderten Rahmenbedingungen - Globalisierung, Postfordismus und Europäisierung - sind auch in Warschau zu spüren und die dadurch resultierende Konsequenz einer neuen Form der Stadtsteuerung ebenfalls: Die Zahl der Akteure ist größer geworden, die kommunalen Mittel sind begrenzt und netzwerkförmige Steuerung

---

[33] Allerdings beklagen viele Investoren das Fehlen von Raumbewirtschaftungsplänen, da so die Planungssicherheit für Bauprojekte nicht gegeben ist. Dies führt zu der kuriosen Situation, dass einige der Immobilienunternehmen und Projektentwickler stärkere Regelungen durch Pläne fordern, während die Stadtverwaltung aufgrund des hierdurch erwarteten Verlusts an Handlungsfähigkeit diese Form öffentlicher Steuerung ablehnt. Entscheidend für diesen Zusammenhang ist die Einschätzung der Stadtverwaltung, dass durch die Aufstellung von Raumbewirtschaftungsplänen die Handlungsfähigkeit eingeschränkt ist.

gewinnt an Bedeutung. Innerhalb dieses Kontextes ist eine rein regulierende Steuerung nicht mehr ausreichend. Neue Steuerungsformen, die flexibler agieren können, private Akteure in die Umsetzung mit einbeziehen und auch auf unvorhergesehene Ereignisse Einfluss nehmen können, sind notwendig. Zusammenfassend kann festgestellt werden, dass sich kein Übergang von Government zu Governance in der Polity-Dimension der formellen Warschauer Stadtentwicklungspolitik feststellen lässt und aus diesem Grund keine angemessene Stadtsteuerung erfolgen kann. Informelle Praktiken entstanden als Reaktion auf unzureichende formelle Regeln. Die Veränderung der Verwaltungsstruktur Warschaus im Jahr 2002 ist vor dem Hintergrund des Wandels von Government zu Governance sowie der veränderten Rahmenbedingungen, die zu einem Bedeutungsgewinn der lokalen Ebene und einer hierfür notwendigen Handlungskompetenz auf dieser Ebene führen, zwar als ein erster notwendiger Schritt in diese Richtung zu sehen, aber nicht ausreichend.

Der zweite Punkt, der zur Etablierung informeller Strukturen in der Warschauer Stadtentwicklung beigetragen hat, sind die Akteursstrukturen bzw. die politischen Prozesse in Warschau. Charakteristisch für das postsozialistische Warschau waren die häufigen politischen Wechsel und damit auch die Bürgermeisterwechsel. Aus politischen Gründen fand deshalb nach jeder Wahl eine Neuausrichtung der Inhalte der Stadtentwicklungspolitik statt. Kontinuierliche Ziele, die für die Stadtentwicklungspolitik notwendig sind, ließen sich nicht erreichen. Die politische Struktur blockierte die Stadtentwicklungsplanung und führte letztlich zum Bedeutungsverlust der aufgestellten Stadtentwicklungspläne. Da die Pläne und die Planinhalte sich häufig änderten, wurden die Aussagen beliebig und weitgehend bedeutungslos. Der Bedeutungsverlust wurde im Rahmen der für diese Forschungsarbeit geführten Interviews besonders deutlich: Experten aus dem Immobilienbereich hatten keine oder nur geringe Kenntnisse über Dokumente wie die Warschauer Entwicklungsstrategie bis zum Jahr 2020 oder die Raumbewirtschaftungsstudie. Gleichzeitig fand die Stadtentwicklungspolitik als „geschlossene Gesellschaft" statt, externe Akteure wurden nur in geringem Maße beteiligt. Das führte dazu, dass die Inhalte der sich ständig veränderten Planwerke von großen Teilen der Stadtgesellschaft wie z.B. zivilgesellschaftlichen oder privatwirtschaftlichen Akteuren nicht akzeptiert wurden bzw. diesen gar nicht bekannt sind. Auch hier zeigen sich zwei Abweichungen vom Governance-Konzept. Die für Governance typische Strong-leader-Charakteristik ist durch die ständigen politischen Wechsel nicht gegeben, Fragmentierung und Instabilität bestimmen die Stadtpolitik. Darüber hinaus gab es im Bereich der formellen Stadtentwicklungspolitik keine Abstimmungen oder Verhandlungen mit verwaltungsexternen Akteuren.

Die beiden Aspekte - Instabilität der politischen Führung und fehlendes umsetzungsorientiertes Planungsinstrumentarium - führten zur geringen Bedeutung der offiziellen Planwerke und zu den in der Stadtentwicklungspraxis dominierenden informellen Verhandlungen auf Projektebene. Diese beiden Aspekte hatten drei wesentliche Auswirkungen.

- Aufgrund der geringen Verbindlichkeit der Pläne wurde eine Vielzahl an Zielen in den Warschauer Stadtentwicklungsplänen aufgelistet. Da letztlich die Planinhalte ohne Auswirkungen auf die reale Stadtentwicklung sind und auch nicht mit den für die Umsetzung notwendigen privaten Akteuren abgestimmt wurden, haben die Pläne einen Wunschlisten-Charakter und geben Ziele für viele verschiedene Handlungsfelder an. Bei höherer Verbindlichkeit der Pläne wäre die Wunschliste vermutlich auf einige wenige Punkte zusammengestrichen worden.

- Aufgrund der geringen Bedeutung der offiziellen Planwerke haben externe Akteure nur ein geringes Interesse an einer Beteiligung im Planungsprozess. Da die Pläne ohne Einfluss sind und darüber hinaus häufig verändert werden, lohnt sich der Aufwand der Beteiligung für externe Akteure (z.B. für Projektentwickler) nicht, da durch die Pläne ihre Ziele letztlich nicht umgesetzt werden können.

- Zur Durchsetzung der Ziele z.B. von privaten Unternehmen war es nicht notwendig, die Pläne zu beeinflussen. Viel effektiver sind direkte Verhandlungen mit der Stadtverwaltung, da durch diese bestimmte Ziele oder Projekte realisiert werden können, die auf anderem „formellem" Wege nicht umsetzbar erscheinen. So kann zum Beispiel im Rahmen von Verhandlungen die Gebäudehöhe bei neuen Projekten deutlich über der in den Planwerken beschriebenen maximalen Höhe liegen.

Die Zusammenhänge zwischen formeller und informeller Warschauer Stadtentwicklungspolitik sind in *Abbildung 9* dargestellt.

Die von Helmke und Levitsky (2004) beschriebenen wesentlichen Motivationen für informelle Organisationen finden sich wieder: So werden die existierenden formellen Regelungen von verwaltungsexternen Akteuren aber insbesondere auch von der öffentlichen Verwaltung selbst als defizitär betrachtet und aus diesem Grund durch neue informelle Regelungen ersetzt bzw. ergänzt. Gleichzeitig ist eine Veränderung des Planungsrechts nur auf nationaler Ebene möglich und für die lokalen Akteure nicht zu erreichen, weshalb anstelle einer aufwändigeren Veränderung der formellen Regeln auf Informalität zurückgegriffen wird. Auch die Umsetzung von konfliktträchtigen Projekten (z.B. der Bau neuer Shopping Malls), die öffentlich nicht oder nur in geringem Maß akzeptiert sind, lässt sich durch die informellen Verhandlungen leichter realisieren - und von der

Stadtverwaltung auch leichter genehmigen - als über die formellen Werkzeuge Raumbewirtschaftungsstudie und -plan.

Das Verhältnis zwischen formellen und informellen Regeln, die die Warschauer Stadtentwicklungspolitik bestimmen, lässt sich auch vor dem Hintergrund von Government und Governance interpretieren: Auf formeller Ebene gibt es überwiegend Government-Elemente (z.B. geringe Anzahl an Institutionen, geringe Zahl an Akteuren, Steuerung durch Regulierung und Normen), auf informeller Ebene dominieren Governance-Aspekte (Verhandlungslösungen und Absprachen sowie extensive Netzwerke).

Inwieweit diese Zweiteilung charakteristisch für die Stadtentwicklung Warschaus ist, oder ob sie als eine Eigenschaft postsozialistischer Städte allgemein zu sehen ist, wird im folgenden Kapitel untersucht. Die Ausgangsfrage dieser Arbeit (Nähert sich die postsozialistische Stadtpolitik in Warschau an das Modell der Europäischen Stadt an oder ist eine andere Form von Stadtsteuerung erkennbar?) wird aufgegriffen und die Ursachen und Hintergründe dargestellt.

Abbildung 9: Zusammenhänge zwischen formeller und informeller Warschauer Stadtentwicklungspolitik

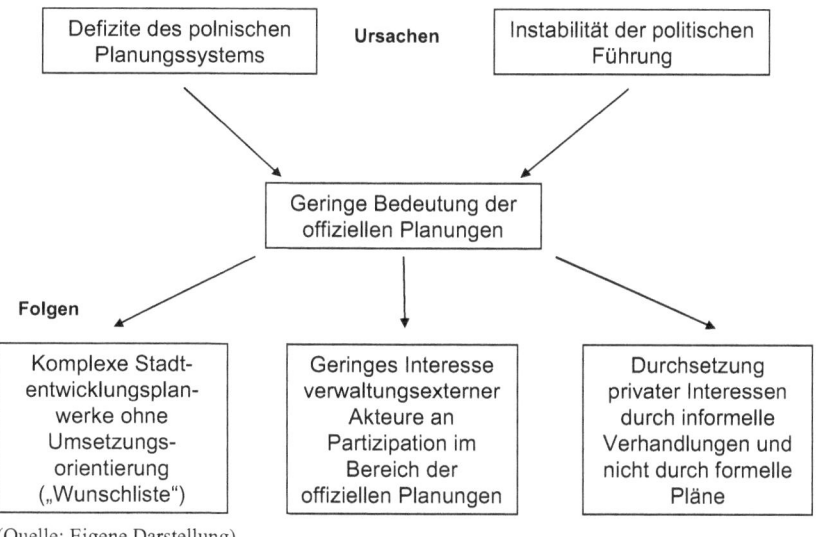

(Quelle: Eigene Darstellung)

7 Postsozialistische Stadtentwicklungspolitik: Unvollständige Transformation oder eine eigene Form von Urban Governance?

Die vorangegangenen Kapitel untersuchten die postsozialistische Stadtentwicklungspolitik von Warschau vor dem Hintergrund des Modells der Europäischen Stadt und der Steuerungsform Urban Governance. Der theoretische Beitrag der Arbeit besteht in der Verbindung des Modells der Europäischen Stadt mit der Governance-Diskussion. Dabei wurden alle drei Dimensionen des Begriffs Politik - Polity, Politics und Policy - untersucht. Somit war es möglich, den in der Literatur oft beschriebenen Übergang von Urban Government zu Urban Governance systematisch im Polity-, Politics- und Policy-Bereich darzustellen. Auch die Eigenschaften der Europäischen Stadt konnten diesen Dimensionen zugeordnet werden und insofern konnte das Modell der Europäischen Stadt nicht nur als theoretisches Konstrukt, sondern als Rahmen für die empirische Analyse postsozialistischer Stadtentwicklungspolitik angewendet werden. Untersucht werden sollte, ob, und wenn ja, inwieweit sich die Stadtentwicklungspolitik in Warschau an das Modell der Europäischen Stadt annähert.

Im Folgenden werden die wesentlichen Ergebnisse der Fallstudie Warschau zusammengefasst und mit den Entwicklungen anderer postsozialistischer Städte verglichen. Ausgehend von diesen Erkenntnissen wird abschließend die Zukunftsfähigkeit des Modells der Europäischen Stadt und seine Kompatibilität mit Urban Governance in den einzelnen Politik-Dimensionen beschrieben.

7.1 Warschau: Der stadtentwicklungspolitische Tunnel am Ende des Lichts

Offe (1994) benutzte das polnische Sprichwort „vom Tunnel am Ende des Lichts" als Titel eines Buches, das Transformationsprozesse in Osteuropa beschreibt. Lässt sich das durch das Sprichwort beschriebene rasche Erlöschen der im Jahre 1989 herrschenden Hoffnung und Zuversicht auch auf die Warschauer Stadtentwicklungspolitik übertragen? Als Ausgangspunkt für die Analyse der Stadtentwicklungspolitik kann festgehalten werden, dass Warschau sich in der postsozialistischen Zeit nach 1989 baulich in starkem Maße veränderte. Die sozialistische „Showcase-City" wich einem kapitalistisch geprägten Stadtbild. Städtebauliche Elemente des neuen Warschaus sind Shopping Malls, Bürohochhäuser und Gated Communities. Darüber hinaus sind aufgrund einer hohen Zahl an Wohnfertigstellungen in den äußeren Stadtbezirken sowie in den angrenzenden Umlandgemeinden insbesondere seit Beginn des 21. Jahrhunderts massive Suburbanisierungstendenzen in Warschau sichtbar.

Nicht nur städtebaulich, sondern auch stadtentwicklungspolitisch veränderte sich die Stadt radikal. Die postsozialistische Ära ist nicht durch eine zentralstaatliche Steuerung, in der die lokale Ebene nur eine ausführende Funktion hat (wie zu Zeiten des Sozialismus) gekennzeichnet, sondern durch eine Dezentralisierung von Macht zunächst auf die Ebene der *Stadtkommunen*, wie die weitgehend unabhängigen Warschauer Stadtbezirke bis zum Jahr 2002 bezeichnet wurden, ab 2003 dann auf die gesamtstädtische Ebene.

Neben der institutionellen Transformation prägte aber auch eine Veränderung der Rahmenbedingungen die Stadtentwicklungspolitik. Die in Kapitel 2.2 beschriebenen Prozesse der Globalisierung, des Postfordismus und der Europäisierung sind ebenfalls in Warschau erkennbar. In Folge der veränderten Rahmenbedingungen kam es zu einer Heterogenisierung und Internationalisierung der Akteure, zu Deindustrialisierung und zu einem verstärkten Städtewettbewerb um ausländische Direktinvestitionen, internationale Bekanntheit und europäische Fördermittel. Insofern befindet sich Warschau in einer doppelten Transformation: Einerseits ist eine auf Gesetzgebung und Etablierung neuer Regeln zielende interne institutionelle Transformation notwendig, andererseits sind die Veränderungen der Rahmenbedingungen zu spüren und erfordern eine neue Form der Stadtsteuerung.

Unzureichende institutionelle Transformation

Die interne institutionelle Transformation der polnischen Stadtentwicklungspolitik war bzw. ist ein langwieriger Prozess. Seit 1990 befindet sich das Planungsrecht in ständigem Wandel. Auch nach der Neufassung der Planungsgesetzgebung 2003 erwarten viele Experten weitere Veränderungen (vgl. Cotella 2007). Die grundsätzliche Ausrichtung der nationalen Stadtentwicklungspolitik änderte sich jedoch durch die zahlreichen Gesetzesänderungen nur in geringem Maß: Mit der Raumbewirtschaftungsstudie und dem Raumbewirtschaftungsplan stehen zwei Instrumente zur Verfügung, die in erster Linie eine so genannte *Angebotsplanung* ermöglichen. Flächen werden von der Stadtverwaltung planungsrechtlich bestimmt und potentiellen Investoren angeboten, diese sollen dann die Bebauung realisieren. Studie und Plan verfügen über eine geringe Flexibilität und erfordern von der Stadtverwaltung quasi eine allumfassende Planung: Die öffentliche Verwaltung gibt die genaue Entwicklung der Stadt vor, private Akteure sind reine Steuerungsobjekte, die diese Pläne dann umsetzen. Insofern orientiert sich die planerische Gesetzgebung am Bild einer starken Stadt, die über genug Ressourcen verfügt, um Stadtentwicklungspolitik im Alleingang umzusetzen und zu steuern.

Der Steuerungsansatz der formellen Warschauer Stadtentwicklungspolitik kann eher als Government- denn als Governance-Ansatz bezeichnet werden (vgl. Kapitel 3 und Kapitel 6.4.3). Der Governement-Charakter ist in allen drei Politik-Dimensionen Polity, Politics und Policy erkennbar:

- Im Bereich Polity verfügt das polnische Planungsrecht nicht über umsetzungsorientierte Instrumente. Das bestehende Instrumentarium ist ausschließlich regulierend, vorhabenbezogene Planung bzw. Planung durch Projekte lässt sich so nicht realisieren.
- Der Einbezug verwaltungsexterner Akteure in die formelle Stadtentwicklungspolitik ist in Warschau sehr gering ausgeprägt. Unternehmen, aber auch die Zivilgesellschaft werden bei der Aufstellung von Stadtentwicklungsplänen nur marginal beteiligt, eine wirkliche Partizipation, in der Steuerungsobjekte auch Einfluss auf die Steuerung haben, existiert nicht. Es ist deshalb davon auszugehen, dass die verwaltungsexternen Akteure unabhängig von den öffentlichen Akteuren agieren.
- Im Bereich Policy zeigt sich ein umfassender Steuerungsanspruch, der aus komplexen Zielsystemen in unterschiedlichen Handlungsfeldern besteht. Dieser Anspruch, der den umfangreichen Planwerken westeuropäischer Städte in den 1960er Jahren ähnelt, ist in einer durch Globalisierung, Postfordismus und Europäisierung geprägten Stadt jedoch nur noch schwer umsetzbar (vgl. Kapitel 2.2). Zu viele Akteure, zu viele Unwägbarkeiten und zu wenige finanzielle Ressourcen auf Seiten der Kommune führen dazu, dass Planwerke mit Wunschlisten-Charakter kaum realisierbar sind.

Zu berücksichtigen ist, dass sich das polnische Planungsinstrumentarium auch nach annähernd 20 Jahren postsozialistischer Transformation in einem stetigen Wandel befindet und die Orientierung an der Angebotsplanung von zahlreichen Experten (z.B. TUB 2003; Interview W4; Interview W5) kritisiert wird. Hauptkritikpunkt ist das Fehlen von umsetzungsorientierten, flexiblen Instrumenten, mit denen sich beispielsweise Public Private Partnerships realisieren lassen. Solche Instrumente und Steuerungsformen, die private Akteure in die Umsetzung mit einbeziehen und auch auf unvorhergesehene Ereignisse Einfluss nehmen können, sind aufgrund veränderter Rahmenbedingungen sowie fehlender kommunaler Eigenmittel allerdings notwendig.

Da es bislang diese neuen Formen der Steuerung auf der formellen Ebene der Warschauer Stadtentwicklungspolitik nicht gibt, haben sich informelle Praktiken etabliert. So erfolgt beispielsweise die Realisierung neuer Bauprojekte nicht nach den Vorgaben der Raumbewirtschaftungsstudie und des Raumbewirtschaftungsplans, sondern auf Grundlage von Aushandlungsprozessen zwischen Investoren und Stadtverwaltung. Die fehlende Umsetzungsorientierung der formellen Stadtentwicklungspolitik wird insofern durch informelle Verfahren kompensiert, die außerhalb der formellen Pläne liegen. Es lässt sich somit feststellen, dass die starre formelle Stadtentwicklungspolitik, die von einer starken städtischen Steuerung ausgeht, aufgrund fehlender Flexibilität als handlungsunfähig bezeichnet werden kann und als Form der Steuerung weitgehend versagt hat. Informelle Praktiken wie nicht öffentlich legitimierte Public Private Partnerships oder die Entwicklung von Projekten außerhalb bestehender Planwerke bestimmen die Stadtentwicklung. Im Gegensatz zur formellen Stadtentwicklungspolitik sind hier einige Aspekte von Governance zu erkennen. Die informellen Praktiken der Warschauer Stadtentwicklungspolitik beruhen auf Aushandlungsprozessen zwischen privaten und öffentlichen Akteuren, stellen jedoch aufgrund ihres Projektbezugs und ihrer kurzfristigen Orientierung keinen umfassenden städtischen Governance-Steuerungsansatz dar, mit dem gesamtstädtische Stadtentwicklungspolitik betrieben werden könnte.

Beispielhaft für die große Bedeutung informeller Praktiken ist die Aussage der Stadtverwaltung, dass ohne Planaufstellung eine größere Flexibilität in der Planung möglich sei und so auch unvorhergesehene Ereignisse berücksichtigt werden könnten (Eurobuild 2005: 26ff.). Sobald die Stadtverwaltung einen Plan erstellt, kann dieser im Nachhinein nur noch schwer verändert werden. Gleichzeitig ist die Umsetzung der Pläne aufgrund der Orientierung des polnischen Planungsinstrumentariums an der Angebotsplanung keinesfalls sichergestellt. Da die einmal aufgestellten Pläne demnach kaum an sich wandelnde Rahmenbedingungen angepasst werden können und keine Umsetzung garantieren, wird von der Stadtverwaltung befürchtet, durch die Aufstellung von Plänen Handlungsmacht zu verlieren. Existieren keine Pläne, ist es der Stadtverwaltung hingegen möglich, direkt mit Investoren und Developern über einzelne Projekte zu verhandeln und stärker und flexibler steuernd einzugreifen, als dies durch Raumbewirtschaftungspläne machbar wäre. Bei einem solchen projektorientierten Vorgehen ist jedoch eine gesamtstädtische Planung nicht möglich. Die informellen Strukturen haben sich in Warschau etabliert (vgl. Kapitel 6.2 und 6.3) und sind zum Prinzip der Stadtentwicklung geworden.

Die Bedeutung von Local Politics

Den Zustand der Stadtentwicklungspolitik nun als typischen Aspekt unvollständiger Transformation einzuordnen, greift allerdings zu kurz. Sicherlich kann die bisherige Unzulänglichkeit der Planungsinstrumente als ein Merkmal der nicht beendeten institutionellen Transformation der Stadtentwicklungspolitik und als Folge des postsozialistischen Umbruchprozesses gesehen werden. Aber zusätzlich zu diesem zur Polity-Dimension gehörigen Merkmal prägen auch Politics-Aspekte die Warschauer Stadtentwicklungspolitik. Die in Kapitel 6.2 vorgestellte spezifische politische Struktur der Stadt und die vielen Bürgermeisterwechsel führten zu einer besonderen Form der Stadtentwicklungspolitik. Die politischen Wechsel sind im Vergleich zu anderen polnischen Städten besonders häufig und können deshalb, wie in Kapitel 7.2 ausgeführt, als eine Warschau-typische Eigenschaft lokaler Politik bezeichnet werden. Die Ursachen für den häufigen Wechsel der Bürgermeister sind in der engen Verbindung zwischen lokaler und nationaler Politik zu finden. Der Posten des Warschauer „Stadtpräsidenten", wie der Bürgermeister bezeichnet wird, wurde von den bisherigen Amtinhabern als Zugangsmöglichkeit zu Ämtern auf nationaler bzw. europäischer Ebene gesehen und genutzt. Pawel Piskorski wurde nach seiner Tätigkeit als Warschauer Bürgermeister Generalsekretär der politischen Partei Bürgerplattform PO und ist mittlerweile Abgeordneter des europäischen Parlaments; Lech Kaczynski wurde als Warschauer Bürgermeister zum polnischen Staatspräsident gewählt. Der frühere Premierminister Kazimierz Marcinkiewicz übernahm das Amt von Kaczynski dann kommissarisch. Die enge Verbindung zwischen nationaler und lokaler Politik wurde auch beim Konflikt um die nicht fristgerechten Angaben zu Nebentätigkeiten der 2006 neu gewählten Bürgermeisterin Gronkiewicz-Waltz deutlich: Kaczynski, zu diesem Zeitpunkt bereits polnischer Staatspräsident, forderte den Rücktritt von Gronkiewicz-Waltz und setzte sich für die Neuwahl des Bürgermeisters ein. Die Auseinandersetzungen waren dabei deutlich parteipolitisch geprägt: Kaczynski und der Gronkiewicz-Waltz unterlegene und somit als Warschauer Bürgermeister abgewählte Marcinkiewicz gehören der Partei PiS an, während Gronkiewicz-Waltz Mitglied der Bürgerplattform PO ist.

Zwei wesentliche Folgen für die Stadtentwicklungspolitik ergaben sich aus den häufigen Bürgermeisterwechseln: Eine erste Folge war, dass jeder neue Bürgermeister einen neuen Stadtentwicklungsplan (Raumbewirtschaftungsstudie und -plan) erstellen ließ. Die ohnehin geringe Bedeutung der Stadtentwicklungspläne, die sich aufgrund der Ausrichtung an einer Angebotsplanung und der geringen Flexibilität ergibt, wurde dadurch weiter geschwächt: Es existierten keine kontinuierlichen stadtentwicklungspolitischen Ziele, die auch nach cinem Bürgermeisterwechsel konstant geblieben wären. Im Gegenteil, die Ziele änderten sich häufig und blieben aus diesem Grund weiten Teilen der Stadtgesellschaft unbekannt. Eine andere Folge der häufigen Bürgermeisterwechsel war das Fehlen von gesamtstädtischen informellen öffentlich-privaten Kooperationen. Gesamtstädtische informelle Steuerungsansätze, wie sie beispielsweise die Urban Regime Theory beschreibt, beruhen auf stabilen, langfristigen Koalitionen zwischen öffentlichen und privaten Akteuren (vgl. Kapitel 3.3.1). Bei häufig wechselnden Bürgermeistern und der damit verbundenen Instabilität der öffentlichen Akteure sind offensichtlich keine langfristigen öffentlich-privaten Koalitionen möglich. Auch eine zweite Form der gesamtstädtischen Steuerung, in der informelle Praktiken eine Rolle spielen, findet in Warschau nicht statt. Eine bürgermeisterzentrierte Steuerung, die auf „Urban Leadership" (Haus/Heinelt 2005) basiert und in ihrem informellen Charakter ein Instrument zur Umsetzung der von einem „urban leader" bestimmten gesamtstädtischen Ziele ist, existiert nicht. Da nach jeder Bürgermeisterwahl ein politischer Wechsel stattfand, war diese langfristige Form informeller Steuerung, die einen starken öffentliche Akteur - einen „urban leader" - erfordert, nicht möglich: Die Struktur der Kommunalpolitik und der Verwaltungsspitzen war zu fragil, um langfristige privat-öffentliche Bündnisse zu etablieren.

Die Situation in Warschau kann folglich als zweigeteilt interpretiert werden: Einerseits existiert auf gesamtstädtischer Ebene ein starres stadtentwicklungspolitisches Instrumentarium, in dem die privaten Akteure reine Steuerungsobjekte sind und nicht an der Aufstellung bzw. an den Entscheidungen über Planinhalte beteiligt sind. Andererseits spielen Verhandlungen zwischen privaten und öffentlichen Akteuren auf der Projektebene eine große Rolle. Wie am Beispiel Miasteczko Wilanow (vgl. Kapitel 6.3.2) aufgezeigt wurde, beeinflussen die Vorstellungen des Projektentwicklers die Stadtentwicklungspolitik. Projekte werden umgesetzt, obwohl sie im Gegensatz zu den gesamtstädtischen Planinhalten stehen. Die in der Governance-Literatur erwähnten Steuerungsformen „Urban Regime" oder „Urban Leadership", in denen private und öffentliche Akteure informell die gesamtstädtischen Leitlinien und Projekte der Stadtentwicklungspolitik kooperativ verhandeln, existieren hingegen nicht. Die informellen Absprachen in Warschau sind kurzfristiger, auf die Projektebene fokussiert und bestehen aufgrund der ständigen kommunalpolitischen Veränderungen aus häufig wechselnden öffentlichen Akteuren.

Zusammenfassend kann festgehalten werden, dass die postsozialistische Transformation und die zugehörigen Probleme des Aufbaus effektiver Regelungen und Gesetze die Warschauer Stadtentwicklungspolitik stark beeinflussen, zusätzlich aber auch ein weiterer Aspekt großen Einfluss hat: Die Besonderheiten der lokalen Politikstruktur und das „schwierige" Verhältnis der politischen Akteure untereinander sowie die Verbindungen zwischen lokaler und nationaler

Ebene führten zu einer spezifischen Form der Stadtentwicklungspolitik. Neben der Transformation prägten die Besonderheiten der politischen Prozesse die Stadtentwicklungspolitik. Die Annahme, dass lokale Akteurskonstellationen entscheidend für die Politik der lokalen Ebene sind („politics matter"), findet demnach auch in Warschau ihre Bestätigung. Die Besonderheiten der lokalen Politikstruktur führten zu einer spezifischen „Warschauer" Form der Stadtpolitik, die durch fehlende Kontinuität stadtentwicklungspolitischer Ziele und die große Bedeutung informeller Praktiken charakterisiert werden kann.

Eine europäische Form der Stadtentwicklungspolitik?

Inwieweit tragen diese Erkenntnisse nun zur Beantwortung der Ausgangsfrage dieser Arbeit bei: Folgt die Warschauer Stadtentwicklungspolitik dem Modell der Europäischen Stadt oder sind andere Entwicklungswege zu erkennen? Wie bereits beschrieben, existiert mit der formellen und der informellen Ebene eine Dualität der Stadtentwicklung. Auf der formellen Ebene sind Ähnlichkeiten zum Modell der Europäischen Stadt erkennbar. Zunächst stellen die institutionellen Regelungen der städtischen Ebene Handlungsspielraum zur Verfügung. Die „capacity to act" ergibt sich durch die gesetzlich festgeschriebene städtische Kompetenz im Bereich der Stadtentwicklungspolitik und auch durch finanzielle Zuweisungen von nationalstaatlicher Ebene. Allerdings ist zu beachten, dass diese institutionelle Struktur vergleichsweise jung ist. Erst ab dem Jahr 2003 kann von städtischem Handlungsspielraum gesprochen werden, vorher waren die Stadtkommunen die entscheidenden Akteure. Ein weiterer Punkt, der dem Modell der Europäischen Stadt entspricht, ist die dominierende Position der Stadtverwaltung bei der Erstellung der Stadtentwicklungspläne. Auch die Inhalte der Stadtentwicklungspolitik ähneln denen des idealtypischen Modells der Europäischen Stadt: Es soll ein Ausgleich der Marktkräfte z.B. durch aktive kommunale Flächenpolitik oder die Etablierung marktferner Wohnungsbausegmente erreicht werden. Ein wesentlicher Punkt des Modells der Europäischen Stadt findet sich hingegen in der formellen Warschauer Stadtentwicklungspolitik nicht: Es ist kein *kollektiver Akteur*[34] identifizierbar. Akteure außerhalb der öffentlichen Verwaltung wie zivilgesellschaftliche Vereinigungen oder Wirtschaftsunternehmen werden nur in geringem Ausmaß beteiligt. Das von Max Weber und später von

---

[34] Kollektive Akteure können als organisierte Gruppe definiert werden, die unter anderem über ein System kollektiver Entscheidungsfindung verfügt, ferner über gemeinsame oder als gemeinsam wahrgenommene Interessen und Integrationsmechanismen, interne und externe Repräsentation des kollektiven Akteurs sowie die Fähigkeit, Innovationen zu generieren (vgl. Kapitel 2.1.2 sowie Le Galès 2002: 264ff.).

Bagnasco/Le Galès als wichtiges Merkmal der idealtypischen Europäischen Stadt bezeichnete Selbstverständnis der Bürgerschaft, Teil der Stadt bzw. Stadtpolitik zu sein, findet sich in Warschau nicht. Für die formelle Stadtentwicklungspolitik ist demnach festzuhalten, dass einige Eigenschaften des Modells der Europäischen Stadt zu finden sind. Der Aspekt der Formierung eines kollektiven Akteurs ist jedoch nicht erkennbar, vielmehr ist eine autoritäre postsozialistische Steuerungsform mit starker Government-Ausrichtung festzustellen. Wie bereits aufgezeigt, hat diese formelle Form der Stadtentwicklungspolitik in der Praxis nur eine nachrangige Bedeutung, wesentliche Aspekte werden durch informelle Praktiken und Verhandlungen gesteuert.

Die informellen Praktiken orientieren sich in keiner Weise am Idealtyp der Europäischen Stadt. Charakteristisch für sie sind die Durchsetzung von Einzelinteressen, intransparente Entscheidungsfindungsprozesse und ein projektorientiertes Vorgehen. Gesamtstädtische Aspekte oder die Konstituierung eines kollektiven Akteurs durch die Bürgerschaft, die lokalen Unternehmen und die Stadtverwaltung sind nicht erkennbar.

Dieser Dualismus zwischen formellen und informellen Regelungen lässt sich nur schwer mit dem Modell der Europäischen Stadt in Einklang bringen. Eine Annäherung an das Modell der Europäischen Stadt findet demnach nicht statt, im Gegenteil, wesentliche Aspekte der postsozialistischen Stadtentwicklung in Warschau widersprechen den idealtypischen Merkmalen: So werden verwaltungsexterne Akteure an der Aufstellung der Stadtentwicklungspläne nicht beteiligt. Gleichzeitig werden aufgrund der Bedeutung der informellen Praktiken und der damit verbundenen Durchsetzung von Einzelinteressen die auf einen Ausgleich der Marktkräfte zielenden Inhalte der formellen Stadtentwicklungspolitik nicht umgesetzt. Die Ursachen hierfür sind die postsozialistische Transformation sowie stadtspezifische Besonderheiten wie der häufige Bürgermeisterwechsel.

Erstaunlicherweise sind jedoch in einigen Aspekten Parallelen zwischen sozialistischer und postsozialistischer Stadtpolitik erkennbar, auch wenn die Rahmenbedingungen deutlich verschieden sind. Die Bedeutung privater Akteure und die stärkere Gestaltungsfreiheit der lokalen Ebene sind hierbei nur zwei Unterscheidungsmerkmale. Es existieren jedoch ebenfalls Ähnlichkeiten:

▪ Die Stadtpolitik im sozialistischen Warschau wurde durch komplexe Pläne bestimmt, die detailliert die künftige Entwicklung beschrieben. Auch die heutigen Pläne haben einen umfassenden Steuerungsanspruch und beinhalten weitreichende Aussagen im Bereich der Stadtentwicklung. Die dominierende (im Fall der sozialistischen Stadt: die alleinige) Stellung der öffentlichen Hand ist sowohl in den sozialistischen (hier war es die nationale Ebene) als auch in den neueren Planwerken (lokale Ebene) erkennbar. Der bedeutende Einfluss öffentlicher Akteure ergab sich in sozialistischer Zeit als Folge des politischen Systems, im postsozialistischen Warschau sieht das Planungsinstrumentarium eine exponierte Stellung der öffentlichen Hand vor. Die Beteiligung anderer Akteursgruppen ist in den heutigen Plänen fast von ebenso geringer Bedeutung wie zu sozialistischer Zeit.

- Auch die faktische Wirkungslosigkeit der Pläne ist sowohl in sozialistischer Zeit als auch nach 1989 festzustellen. Die komplexen und weit reichenden Ziele des Masterplans von 1961 wurden ebenso wie die der Stadtstrategie von 2004 nicht oder nur zu einem sehr geringen Grad umgesetzt. Grochowski (2005: 39) bezeichnet die Warschauer Stadtentwicklungspläne im Sozialismus als „Wunschliste", die aufzeigt, wie sich die Stadt verändern sollte. Von dieser Liste wurden dann allerdings nur einzelne Aspekte tatsächlich umgesetzt. Ein Wunschlisten-Charakter ist ebenfalls in den neueren postsozialistischen Stadtentwicklungsplänen erkennbar. Hier werden zahlreiche stadtentwicklungspolitische Ziele aufgeführt; wie diese Ziele jedoch realisiert werden sollen, wird nicht beschrieben.

- Die für die postsozialistische Stadtpolitik in Warschau typische Unterteilung in formelle Pläne und informelle Praktiken war auch eine Eigenschaft sozialistischer Stadtpolitik. Sagan (2008: 3) beschreibt informelle sozialistische Stadtentwicklung folgendermaßen: „The relations among particular players were informal, and the competition between them was hidden behind formal ideologically painted slogans of equality and common purpose as the common goal." Diese Koalitionen haben Ähnlichkeiten mit den von Clarence Stone (1989) beschriebenen urbanen Regimes, auch wenn die entscheidenden Akteure im Fall der sozialistischen Städte nicht die Business-Elite, sondern die Leiter der örtlichen Abteilung von Staatsbetrieben, der Wohnungsgenossenschaften und die lokalen Parteivertreter waren (Sagan 2008, Neckel 1992). Im sozialistischen Warschau waren diese Koalitionen besonders stark, da aufgrund der Hauptstadtfunktion eine Vielzahl der oben genannten Akteure in der Stadt zu finden war (Interview W7). Insofern kann die große Bedeutung informeller Praktiken (und der damit verbundene geringe Einfluss der formellen Stadtentwicklungspläne) für die sozialistische und die postsozialistische Warschauer Stadtpolitik festgestellt werden. Allerdings ist zu beachten, dass die Akteure der sozialistischen und postsozialistischen informellen Praktiken sich unterscheiden und bis auf wenige Ausnahmen vor allem im Bereich der Wohnungsgenossenschaften keine Kontinuität bei den Akteuren erkennbar ist (vgl. Czarniawska 2000). Die internationalen Developer, aber auch die politischen Vertreter, die heute die informellen Praktiken prägen, waren zu sozialistischer Zeit in aller Regel nicht in diesen Positionen. Es kann zusammengefasst werden, dass sich die Praktiken ähneln, die Akteure jedoch sich unterscheiden.

Insofern können Kontinuitäten zwischen sozialistischen und postsozialistischen Formen der Stadtentwicklungspolitik in Warschau gesehen werden. Es zeigt sich, dass die postsozialistische Stadtentwicklungspolitik in Warschau mehr Ähnlichkeiten zur sozialistischen Stadt hat als aufgrund der vollständig anderen Rahmenbedingungen anzunehmen war. Die Frage, wie europäisch die Warschauer Stadtentwicklungspolitik ist, kann ergänzt werden um die Frage, wie „sozialistisch" die Politik in dieser Stadt noch ist. Aufgrund der unterschiedlichen Facetten der Warschauer Stadtentwicklungspolitik greift eine Einordnung in stadtpolitische Raster wie „europäisch" oder „sozialistisch" nur bedingt. Offensichtlich nähert man sich der Warschauer Stadtentwicklungspolitik durch den Begriff der „osteuropäischen Stadtpolitik" am besten an. In dieser existieren Praktiken der sozialistischen Stadtpolitik, informelle, marktliberale Prozesse sowie vereinzelte Elemente des Modells der Europäischen Stadt, wie der in den Stadtentwicklungsplänen beschriebene Ausgleich der Marktkräfte, nebeneinander. Die bisherigen Ergebnisse beruhen jedoch nur auf den Untersuchungen in Warschau. Inwieweit die dort erkennbare Form der Stadtpolitik typisch für postsozialistische Städte ist oder nur ein in Warschau auftretendes Phänomen soll im folgenden Kapitel aufgezeigt werden.

7.2 Stadtentwicklungspolitik anderer postsozialistischer Städte

Im Rahmen dieser Arbeit wurde bislang die Fallstadt Warschau vertiefend untersucht und kein komparativer Analyseansatz, der mehrere Städte einbezieht, gewählt. Dennoch soll im folgenden Abschnitt ein kurzer Überblick zur Stadtentwicklungspolitik anderer osteuropäischer Städte erfolgen. Dabei werden bereits vorhandene Studien anderer Autoren zu ausgewählten polnischen Städten sowie zu Prag und Budapest untersucht. Zunächst wird die grundsätzliche institutionelle Einbettung osteuropäischer Kommunen dargestellt und dann die Situation in den einzelnen Städten beschrieben.

Handlungsspielräume und institutionelle Einbettung osteuropäischer Städte

In der Polity-Dimension existieren zwischen den Städten Osteuropas nur geringe Unterschiede. Ein Kennzeichen der postsozialistischen Transformation war die Dezentralisierung von Kompetenzen von der zentralstaatlichen auf die lokale

Ebene. Nicht nur in Polen, sondern auch in anderen postsozialistischen Ländern wie Tschechien, der Slowakei und Ungarn fanden in den 1990er Jahren Reformen statt, die der lokalen Ebene Handlungsspielraum gaben. Neben der großen Bedeutung der lokalen Ebene stellt das Fehlen bzw. die Schwäche einer regionalen Ebene ein gemeinsames Kennzeichen der osteuropäischen Staaten dar (Swianiewicz 2005b: 107).

Auch im Bereich der räumlichen Planung wurden den Kommunen im Rahmen der neu erlassenen Gesetze in den meisten osteuropäischen Staaten weit reichende Kompetenzen eingeräumt. Wesentliche Aspekte der Planungsgesetzgebung ähneln einander: Wie in Polen so stellen auch in Tschechien, Ungarn und der Slowakei Entwicklungspläne oder Flächennutzungspläne, die das gesamte Stadtgebiet umfassen, sowie detaillierte Regulierungspläne für einzelne Gebiete die wesentlichen Planungsinstrumente dar. Neben diesen Formen der Pläne, die sehr stark auf die physische Struktur bzw. deren Veränderung zielen, existieren auch strategische Pläne mit einem umfassenderen Ansatz (Cotella 2007: 16ff.). Der für Polen typische ständige Wandel der Planungsgesetzgebung ist auch in den anderen Ländern zu finden. Die jetzige Situation ist in den meisten Ländern Gegenstand intensiver Diskussion und künftige Reformen des Planungsrechts sind wahrscheinlich. Insbesondere die Frage, wie strategische Planung und eine stärkere Umsetzungsorientierung der Pläne erreicht werden kann, sowie die in den postsozialistischen Länden bisher weitestgehend vernachlässigten Aspekte der interkommunalen Zusammenarbeit und der Regionalplanung erfordern weitere gesetzliche Regelungen.

Es kann konstatiert werden, dass den osteuropäischen Städten in aller Regel Handlungsspielraum institutionell zugesichert wurde und sie über weit reichende Kompetenzen im Bereich der Stadtentwicklungspolitik verfügen. Nicht nur in anderen polnischen Städten, sondern auch in den meisten osteuropäischen Städten ist die Situation ähnlich wie in Warschau, nachdem dort 2003 die Gesamtstadt von den Stadtkommunen Kompetenzen übertragen bekam. Eine Ausnahme hiervon stellt Budapest dar. Die Stadt besteht aus einer zweigeteilten Struktur. Neben der gesamtstädtischen Politik und Verwaltung existieren auch auf Ebene der Stadtbezirke eigene politische und administrative Institutionen. Die Besonderheit besteht darin, dass den Institutionen der Gesamtstadt und denen der Stadtbezirke gleiche Rechte zugestanden werden, die Stadtbezirke somit der Gesamtstadt nicht hierarchisch untergeordnet sind (Djordjevic 2006b: 93). In der Praxis führt dies dazu, dass gesamtstädtische Zielstellungen nur schwer umsetzbar sind und die Verwaltung und Politik in Budapest fragmentiert sind. Die Situation in Budapest erinnert stark an Warschau im Zeitraum von 1990-2002: Auch hier führte die Zweiteilung in gesamtstädtische Institutionen und Institutionen auf Ebene der Stadtkommune zu zersplitterten politischen Strukturen und Steuerungsproblemen.

Steuerung und Inhalte der Stadtentwicklungspolitik

Während in der institutionellen Einbettung große Ähnlichkeiten zwischen den einzelnen Städten existieren (mit Ausnahme von Warschau vor dem Jahr 2003 und Budapest), ist die Situation in den Politics- und Policy-Dimensionen anders. Die Fragen „Wer steuert die Stadt?" und „Welche Inhalte verfolgt die Stadtentwicklungspolitik?" sind von Stadt zu Stadt unterschiedlich zu beantworten. Die wesentlichen Eigenschaften der Stadtentwicklungspolitik in Warschau - politische Instabilität, eine Vielzahl an unterschiedlichen Planwerken, große Bedeutung privatwirtschaftlicher Akteure, informelle Praktiken und die geringe Partizipation sind in anderen Städten nur teilweise zu finden.

Budapest: In Budapest (vgl. Djordjevic 2006b, Tosics 2005b) ist zwar die institutionelle Struktur ähnlich zersplittert wie früher in Warschau, allerdings ist dort keine politische Instabilität zu finden. Der Bürgermeister von Budapest, Gabor Demszky, ist seit 1990 im Amt und wurde 1994, 1998, 2002 und 2006 durch Direktwahl im Amt bestätigt. Die Kontinuität der politischen Führung auf gesamtstädtischer Ebene vereinfachte die Verhandlungen mit den gleichberechtigten Stadtbezirken und konnte das Problem der administrativen Zersplitterung entschärfen. Wie in Warschau ist eine enge Verbindung zwischen kommunaler und nationaler Politik erkennbar, da der Bürgermeister Budapests ein in ganz Ungarn bekannter Politiker ist. Allerdings verzichtete Gabor Demszky 2002 darauf, als Spitzenkandidat der oppositionellen Mitte-Links-Koalition bei den ungarischen Nationalwahlen zu kandidieren und legte im Jahr 2004 auch sein Amt als Mitglied des Europäischen Parlaments nieder, nachdem gerichtlich entschieden wurde, dass er nicht gleichzeitig Bürgermeister und Mitglied des Europäischen Parlaments sein konnte.

Im Bereich der Stadtentwicklungspolitik bestehen ebenfalls große Unterschiede zu Warschau. Zu Beginn der 1990er Jahre gab es eine Vielzahl von Plänen und Programmen, die von der Stadtverwaltung aufgestellt wurden und die in der Regel eine liberale, nicht-interventionistische Ausrichtung hatten. 1997 wurde beschlossen, eine längerfristige Strategie zu erarbeiten. Das *Budapest Urban Development Concept* wurde im Auftrag der Stadtverwaltung von externen Experten des Metropolitan Research Institutes erstellt und 2003 vom Stadtrat verabschiedet. Während dieser Zeit gab es mehrere Verzögerungen, insbesondere aufgrund der notwendigen, oftmals schwierigen Abstimmung mit den Stadtbezirken existierten insgesamt fünf Entwürfe des Konzepts. Dennoch kann der Planungsprozess allerdings als linear bezeichnet werden. Die politische Stabilität durch die Wiederwahl des Bürgermeisters in den Jahren 1998 und 2002 führte dazu, dass die wesentlichen Ziele in allen Entwürfen beibehalten und die Arbeit am Konzept weitergeführt wurden. Mit der im Jahr 2005 begonnenen Aufstellung des *Medium-Term Programms 2005-2013* sollten die Ziele des Konzepts konkretisiert und die Umsetzung sichergestellt werden. Neben der politischen Stabilität führte auch die wiederholte Beauftragung des Metropolitan Research Institutes für die Erstellung des Programms dazu, dass sich die wesentlichen Ziele der Stadtentwicklungspolitik seit 1997 nicht grundlegend veränderten.

Während zu Beginn der 1990er Jahre in Budapest eine laissez-faire Stadtentwicklungspolitik verfolgt wurde, gab es ab Mitte der 1990er Jahre mit der Aufstellung des *Budapest Urban Development Concepts* einen Wechsel hin zu einer pro-aktiven, auf einen Ausgleich der Marktkräfte zielenden Stadtpolitik. Zu den Zielen des Konzepts gehörten die Stadterneuerung, die Brachflächennutzung, die Beseitigung von Bildungsungleichheiten, und die Entwicklung eines *Social Welfare*-Modells.

Ähnlich wie in Warschau waren Partizipationsprozesse von privatwirtschaftlichen und zivilgesellschaftlichen Akteuren bei der Aufstellung von Stadtentwicklungsplänen nur in äußerst geringem Maß vorhanden. Die Ziele der Stadtentwicklung wurden von Verwaltung und Politik sowie den beauftragten externen Experten erstellt, andere Akteure hatten hingegen keinen Einfluss. Offen ist, inwiefern die weitgehenden Regelungen des *Budapest Urban Development Concepts* sowie des *Medium-Term Programms 2005-2013* in der Praxis realisiert wurden oder ob - wie in Warschau - informelle Prozesse die Stadtentwicklungspolitik prägten. Tasan-Kok (2004) kommt zu dem Schluss, dass die Flexibilität des ungarischen Planungssystems und die zweigeteilte Verwaltungsstruktur, in der die Stadtbezirke Baugenehmigungen ausstellen können und die gesamtstädtische Ebene sich nur bei bestimmten Projekten einmischen darf, zu informellen Praktiken führen:

> The flexibility in implementing rules and regulations allows informal relations to emerge within the system. Formally, it is a regulated market. Nonetheless, personal and informal relationships between the developers and municipal authorities can play an important role. For developers (...) oral agreements are crucial. According to the developers (...) arrangements may be made that are not formal but are not 'illegal' either. Due to the lack of rigid rules, projects can be undertaken as long as they remain within the possibilities offered by the law" (Tasan-Kok 2004: 26f.).

Wesentliche Aspekte wie die politische Stabilität und die Kontinuität in der Aufstellung des Stadtentwicklungskonzepts unterscheiden die Situation zwischen Budapest und Warschau. Die Bedeutung informeller Prozess auf Projektebene scheint aber in Budapest ebenso wie in Warschau eine große Bedeutung für die Stadtentwicklung zu haben.

Prag: Im postsozialistischen Prag gab es ebenso wie in Budapest im Vergleich zu Warschau nur wenige Bürgermeisterwechsel. Seit 1993 hatten diese Position drei Personen inne, die alle der gleichen Partei, der konservativen und marktliberalen ODS Občanská demokratická strana (Demokratische Bürgerpartei) angehörten. Die Stellung des Bürgermeisters in den tschechischen Städten ist allerdings im Vergleich zu Polen und Ungarn schwächer. Der Bürgermeister wird nicht direkt gewählt, sondern vom Stadtrat ernannt. Heinelt und Hlepas (2006: 31) bezeichnen die Form politischer Führung tschechischer Städte als „collective form", in der Stadtrat und Bürgermeister gemeinsam entscheiden.[35].

Die Stadtentwicklungspolitik in Prag (und in anderen tschechischen Städten) zu Beginn der 1990er Jahre war durch eine neo-liberale Stadtpolitik geprägt, in der Stadtplanung und Stadtentwicklungspolitik als Widerspruch zur Marktlogik gesehen wurden und kurzfristige Ad-hoc-Entscheidungen Vorrang vor langfristigen Planungen und Zielen hatten (Sykora 2005: 67). Ab Mitte der 1990er Jahre änderte sich diese Situation. Mit der Aufstellung des strategischen Stadtentwicklungsplans sollte eine Eindämmung spontaner Entwicklungen erreicht werden. Wie in Budapest und auch in Warschau wurden externe Experten mit der Planaufstellung beauftragt. Im Gegensatz zu den anderen beiden Städten wurden jedoch Workshops mit der Bevölkerung, Vertretern der Wirtschaft, Politikern und Planungsexperten veranstaltet. Die Ergebnisse dieser Workshops flossen in die Planaufstellung mit ein, weshalb der strategische Stadtentwicklungsplan als Übereinkunft zwischen den verschiedenen Akteuren der Stadt verstanden wurde (Sykora 2005: 63). Der Prager Stadtrat beschloss den Entwurf des Plans 1998, der gesamte strategische Stadtentwicklungsplan inklusive Maßnahmen zur Umsetzung der Ergebnisse wurde im Mai 2000 verabschiedet. Die Ziele des Plans beinhalten den Bereich der Ökonomie, der Lebensqualität sowie infrastrukturelle und administrative Aspekte. Bemerkenswerterweise wird der Aufbau einer Partnerschaft für Prag zwischen der öffentlichen Hand, Privatwirtschaft und Zivilgesellschaft als eine der strategischen Prioritäten des Plans genannt. Solch ein Governance-Ansatz findet sich hingegen in den Konzepten Budapests oder Warschaus nicht.

Die tatsächliche Wirksamkeit des Plans ist allerdings in Frage zu stellen. Das Konzept ist sehr detailliert und lässt nur wenig Handlungsspielraum, z.B. für Investorenwünsche zu. Als eine Konsequenz der geringen Flexibilität der Pläne

---

[35] Im Gegensatz dazu steht die „strong mayor form" in Polen und Ungarn (und auch in Deutschland mit Ausnahme des Bundeslands Hessen), in der der Bürgermeister über die Mehrheit des Stadtrats verfügt und Chef der Exekutive ist (Heinelt/Hlepas 2006: 31ff.).

können die zahlreichen Änderungen gesehen werden (vgl. Kupsch 2006 121): So wurden seit der Verabschiedung des Plans bis zum Jahr 2006 etwa 500 Änderungen vorgenommen. Selbst der Leiter des Prager Stadtentwicklungsamts sieht in der Vielzahl der Änderungen ein bisher nicht überwundenes Missverhältnis zwischen Regulationsanspruch der Stadtverwaltung und dem notwendigen Anpassungsdruck an wirtschaftliche Entwicklungen (Kupsch 2006: 121). Inwieweit zusätzlich zu den vielen Änderungen der formellen Stadtentwicklungspläne auch informelle Praktiken zwischen öffentlichen und privaten Akteuren die Stadtentwicklung beeinflussen ist nicht bekannt. Hinweise gibt Temelovas Analyse der Projektentwicklung „Golden Angel" in der Prager Innenstadt (Temelova 2007). Das Projekt wurde in Form einer privat-öffentlichen Partnerschaft realisiert. Der Developer ING erwarb das Grundstück im Stadtteil Smichov von der Stadt Prag und versprach im Gegenzug die Erarbeitung eines Quartiersentwicklungsplans des (damals) benachteiligten und erneuerungsbedürftigen Stadtteils. Durch private Investitionen konnte die Aufwertung und Erneuerung des Stadtteils erreicht werden. Die Rolle der öffentlichen Akteure in den Aufwertungsprozessen beschränkte sich jedoch auf die Unterstützung der privaten Entwickler, von einer Kooperation oder einer Public Private Partnership nach westlichem Vorbild kann hingegen angesichts der schwachen Position der öffentlichen Akteure nicht gesprochen werden. Informelle Prozesse, die gegen die offizielle Stadtentwicklungspolitik ablaufen, waren in diesem Projekt nicht zu finden. Vielmehr unterstützte die Stadtverwaltung im Rahmen ihrer (begrenzten) Möglichkeiten die privaten Investitionen. Ein anderes Beispiel, in dem die Stadt eine wesentlich aktivere Rolle spielte, war die Entwicklung des Myslbeck-Komplexes, der bereits Anfang der 1990er Jahre in Form eines joint-ventures zwischen dem französischen Developer und der Stadt Prag realisiert wurde (Sykora 2007: 120).

Im Vergleich zu Warschau fallen in Prag vor allem die vielen Änderungen des Stadtentwicklungskonzepts auf. Im Gegensatz zur polnischen Hauptstadt, in der die Pläne nicht berücksichtigt und durch informelle Praktiken ersetzt wurden, wurde in Prag versucht, im Nachgang die offiziellen Pläne „passend" zu machen. Die Beispiele „Golden Angel" und „Myslbeck-Komplex" verdeutlichen das Bestreben der Stadtverwaltung, private Investoren in die formelle Stadtentwicklung miteinzubeziehen.

Wroclaw, Poznan und Gdansk: Auffällig ist, dass in Prag und insbesondere in Budapest die Amtszeiten der Bürgermeister deutlich länger waren als in Warschau. Swianiewicz und Lackowska (2006: 10) sehen die kürzere Amtszeit des Bürgermeisters und ein damit verbundenes Fehlen einer starken politischen Führung als ein spezifisches Merkmal polnischer Städte. Allerdings existieren gerade zwischen den polnischen Großstädten eklatante Unterschiede. In Poznan gab es nur zwei Bürgermeister seit 1990. Der jetzige Amtsinhaber war vor seiner Wahl bereits Vize-Bürgermeister, was zusätzlich zur politischen Stabilität beitrug. Eine ähnlich stabile politische Führung findet sich auch in Wroclaw und in Gydina. In beiden Städten gab es nur wenige Wechsel der politischen Führung und die jetzigen Bürgermeister wurden mit hohen Zustimmungsquoten bei den letzten Kommunalwahlen wiedergewählt (Interview W7). Als Extrembeispiel für kommunalpolitische Instabilität im polnischen Vergleich nennen Swianiewicz/Lackowska (2006: 10) Warschau. Das bedeutet, dass die Stadt auch im Unterschied zu anderen polnischen Städten über eine hohe politische Instabilität verfügt. Ein weiterer Unterschied zwischen Warschau und anderen polnischen Städten ist die Rolle politischer Parteien. So ist es nicht ungewöhnlich, dass die Bürgermeister auch in den Großstädten nur lose mit ihren Parteien verbunden sind und teilweise gegen den Willen der Parteispitze kandidierten (Swianiewicz 2005a: 108). Die Position des Warschauer Bürgermeisters hingegen ist wie bereits aufgezeigt eng mit der nationalen Politik verbunden.

Auch im Bereich der Stadtentwicklungspolitik gibt es Unterschiede: In Wroclaw wurde die Stadtentwicklungspolitik in den strategischen Plänen „Wroclaw 2000 plus" und „Wroclaw 2020 plus" beschrieben. Die Pläne, 1998 bzw. 2005 erarbeitet, bauen aufeinander auf und wesentliche Aspekte aus dem früheren Plan wurden in den aktuellen Plan aus dem Jahr 2005 übernommen. Die Ziele beinhalten unterschiedlichste Themenbereiche z.B. Wirtschaft, Infrastruktur, Kultur etc. und ähneln denen in den Stadtentwicklungsstrategien anderer postsozialistischer Städte beschriebenen umfassenden Zielen. Bei der Erarbeitung der Strategie im Jahr 1998 sollten auch die für die Wroclawer Wirtschaft bedeutsamen ausländischen Unternehmen beteiligt werden. Allerdings stellte Hardy (2004: 312) fest: „The municipality was unable to get any large foreign investors interested in contributing to the Wroclaw 2000 plan because, as one interviewee suggested, 'They are too busy playing their own games'." Innerhalb Polens gilt Wroclaw als eine der am besten organisierten Städte. Die Attraktivität als Wirtschafts- und Universitätsstandort, aber auch die politische Stabilität und die Arbeit des Bürgermeisters können als Ursache dafür gesehen werden.

Die Situation in Poznan ist ähnlich: Kommunalpolitische Stabilität und Wirtschaftswachstum kennzeichnen die Stadt. Die Leitlinien der Stadtentwicklungspolitik wurden im Stadtentwicklungsplan von 2000 festgelegt. Ein Schwerpunkt darin ist die Revitalisierung der Innenstadt (Tölle 2007). Den Anstoß für diesen Schwerpunkt gab die Verwaltung gemeinsam mit lokalen Geschäftsleuten. Durch private Investitionen, die von der Stadtverwaltung gesteuert wurden und einem offiziellen Revitalisierungsplan folgten, wurde mittlerweile eine Aufwertung der zentralen Einkaufsstraße *Polwiejska* erreicht (Swianiewicz/Klimska/Mielczarek 2003: 10ff.). Der Einsatz privaten Kapitals, nicht als informelle Praktik den offiziellen Stadtentwicklungsplänen entgegen gesetzt, sondern mit den öffentlichen Akteuren als Instrument zur Umsetzung städtischer Ziele abgestimmt, bildet einen wesentlichen Unterschied zur Situation in Warschau. Kritisch anzumerken ist allerdings die geringe Beteiligung der lokalen Bevölkerung und der kleineren Geschäftstreibenden im Rahmen des Revitalisierungsprozesses.

Wesentlich problematischer verlief die Zusammenarbeit zwischen privaten und öffentlichen Akteuren in Gdansk. Dort sollte das Gebiet der Danziger Werft, die als „Wiege der Solidarnosc" gilt, nach den Vorgaben eines privaten Investorenkonsortiums zu einem nutzungsgemischten Stadtteil umgebaut werden (vgl. Tölle 2005). Die Initiative für die Realisierung des Projekts ging vom privaten Unternehmen Synergia 99 aus. Auf das Ansinnen des Unternehmens, gemeinsam mit der Stadtverwaltung eine öffentlich-private Entwicklungsgesellschaft zu gründen, die die Umsetzung des Projekts sicherstellen sollte, reagierte die Stadt zögerlich. Die Stadt wäre bei der für das Projekt anvisierten Partnerschaft ohne finanzielle Verpflichtungen oder Risikobeteiligung gewesen, hätte jedoch die kommunale Unterstützung des Projekts sichern und nach außen demonstrieren können. Die Stadt beteiligte sich aber dennoch nicht an der Projektkonzipierung und verhandelte auch nicht über die vorgeschlagene privat-öffentliche Kooperation. Die Rolle der Stadt ist als passiv einzuschätzen, bis auf die klassische Bauleitplanung (Erstellung eines Raumbewirtschaftungsplans) hat Gdansk das Projekt nicht unterstützt noch versucht, mit den privaten Akteuren zu kooperieren. Neue Governance-förmige Instrumente der Stadtsteuerung waren der Stadtverwaltung nicht bekannt und wurden deshalb nicht angewandt. Infolge dessen verläuft die Umsetzung des Projekts sehr langsam. „Es entsteht so der Eindruck, dass in Gdansk ein Projekt der 'postfordistischen' Epoche auf Strukturen trifft, die noch 'fordistisch' geprägt sind" (Tölle 2005: 351). Als Ursache hierfür werden die fehlende Erfahrung der Stadtverwaltung mit privat-öffentlichen Kooperationen sowie das fehlende Planungsinstrumentarium gesehen. Kommunalpolitische Auseinandersetzungen wie in Warschau sind hingegen nicht die Ursache der passiven Haltung der Stadtverwaltung. Der Bürgermeister ist bereits seit 1998 im Amt und das Thema der Umgestaltung der Danziger Werft spielte in den Wahlkämpfen (unverständlicherweise für ein Projekt mit dieser hohen symbolischen und stadtplanerischen Ausstrahlung!) keine Rolle.

Die Erfahrungen aus Polen zeigen, dass es zwischen den Städten große Unterschiede in der Stadtentwicklungspolitik gibt. Die politische Stabilität und die Kontinuität der Stadtentwicklung in Poznan und Wroclaw stehen im Gegensatz zur Situation in Warschau. Die zögerliche Rolle der Stadtverwaltung und die Probleme beim Umgang mit Großprojekten und privaten Investoren in Gdansk lassen sich durchaus mit der Situation beim Warschauer Großprojekt „Miasteczko Wilanow" vergleichen. Die für Warschau so entscheidenden informellen Prozesse wurden hingegen in den untersuchten Studien zu Wroclaw, Poznan und Gdansk nicht erwähnt.

Die Entwicklungen in den anderen postsozialistischen Städten verdeutlichen die Schwierigkeiten, einen spezifisch osteuropäischen Typ von Stadtentwicklungspolitik zu identifizieren. Festzustellen ist, dass die Rahmenbedingungen vergleichbar sind: Der politische Umbruch führte zu einer Transformation der Planungsgesetzgebung, zu einem Bedeutungsgewinn der lokalen Ebene und einer sehr stark gewachsenen Bedeutung privater Akteure aus dem In- und Ausland sowie zur Notwendigkeit, neue Formen der Stadtentwicklungspolitik einzuführen. Diese gleichen Rahmenbedingungen führten jedoch nicht durchgängig zu gleichen stadtentwicklungspolitischen Antworten. Zu Beginn der 1990er Jahre waren noch große Übereinstimmungen in der postsozialistischen Stadtentwicklungspolitik zu finden. Stadtentwicklungspolitik wurde in Budapest und Prag, ebenso wie in den polnischen Städten zunächst weitgehend vernachlässigt. Eine neo-liberale „anything goes" Einstellung in Bezug auf private Bauvorhaben und die Vernachlässigung nicht direkt ökonomischer Aspekte (z.B. sozial benachteiligte Gebiete) charakterisierte die lokale Politik in Osteuropa Anfang der 1990er Jahre (vgl. auch Stanilov 2007c: 347). Ab Mitte der 1990er Jahre begann sich die Situation zu verändern: Stadtentwicklungsprogramme wurden verfasst, Umsetzungsmöglichkeiten für stadtpolitische Ziele gesucht und neue Ansprüche an kommunale Steuerung entstanden. Einige Gemeinsamkeiten zwischen den postsozialistischen Städten lassen sich auch in der Phase ab Mitte der 1990er Jahre feststellen, die als typische Eigenschaften „osteuropäischer Stadtpolitik" bezeichnet werden können:

• Im Vergleich zu westeuropäischen Städten sind die institutionellen Rahmenbedingungen instabiler und werden häufiger verändert.

• Darüber hinaus weist das Planungsinstrumentarium ungeachtet dieser häufigen Veränderungen weiterhin Mängel auf, zu denen insbesondere das Fehlen von flexiblen, umsetzungsorientierten Planungsinstrumenten zählt. Die Städte entwickelten daraufhin unterschiedliche Strategien, wie mit den mangelhaften, zu starren Planungsinstrumenten umgegangen werden kann - beispielsweise in Prag eine häufige Modifikation der bestehenden Pläne, in Warschau hingegen die Etablierung informeller Praktiken.

• Eine weitere Übereinstimmung postsozialistischer Stadtentwicklung sind die Schwierigkeiten bei der Beteiligung verwaltungsexterner Akteure wie zivilgesellschaftliche Vereinigungen oder privatwirtschaftliche Unternehmen. In den meisten Städten waren diese unzureichend bzw. erfolgten gar nicht.

Diesen Gemeinsamkeiten stehen jedoch auch große Unterschiede gegenüber, die zum einen die spezifischen Aspekte der Warschauer Stadtentwicklung deutlich machen und zum anderen die Schwierigkeiten demonstrieren, ein Modell postsozialistischer Stadtentwicklung zu entwickeln.

- Der für die Warschauer Stadtentwicklungspolitik wichtige häufige Wechsel des Bürgermeisters ist in dieser Form in den anderen Städten nicht zu erkennen und kann - gerade im Vergleich zu Budapest oder Poznan nicht als Merkmal osteuropäischer Stadtentwicklungspolitik dienen.
- Damit hängt auch die fehlende Kontinuität stadtentwicklungspolitischer Ziele zusammen. In Warschau wurden die Ziele nach jedem kommunalpolitischen Wechsel modifiziert. Dies ist in den anderen Städten nicht zu erkennen, hier wurden die Ziele kontinuierlich weiterentwickelt (z.B. in Budapest oder in Wroclaw).
- Ein weiterer Unterschied besteht im Umgang mit privaten Akteuren. Während die Stadtverwaltung in Prag beispielsweise neue Formen von Public Private Partnerships anwandte, wurde in Gdansk und auch in Warschau versucht, die Stadtentwicklung vorwiegend durch klassische, Governmentbezogene Instrumente zu steuern.
- Die Ähnlichkeiten zur sozialistischen Stadtpolitik, wie sie in Warschau angesichts der großen Bedeutung informeller Praktiken zu finden sind, treten in anderen Städten nicht in diesem Ausmaß auf. Ähnliche Entwicklungen finden sich am ehesten in Budapest (Tasan-Kok 2004: 26f.). In Prag hingegen wurde ein anderer Weg gewählt. Durch häufige Modifikationen des Stadtentwicklungskonzepts wurde ein Spagat zwischen einem öffentlichen Steuerungsanspruch und einem flexiblen Umgang mit privaten Investitionen versucht.

Aufgrund dieser Unterschiede ist auch die Einschätzung schwierig, ob die osteuropäische Stadtentwicklung sich generell dem Modell der Europäischen Stadt annähert. Grundsätzlich sind die Rahmenbedingungen ähnlich, aber die Prozesse und Formen der Stadtentwicklungspolitik unterscheiden sich von Stadt zu Stadt doch erheblich. Insofern bleibt die - im Sinne einer generellen Aussage über die Entwicklung osteuropäischer Städte - etwas unbefriedigende Feststellung, dass im Einzelfall zu prüfen ist, ob und wenn ja inwieweit eine Annäherung an den Idealtypus „Europäische Stadt" erfolgt. Allerdings kann auch gerade diese Vielfältigkeit kommunalpolitischer Antworten auf die gleichen Herausforderungen der internen und externen Transformation als eine Erscheinungsform der Europäischen Stadt interpretiert werden. Es existiert kein deterministisch vorgezeichneter Weg, auf dem osteuropäische Städte sich immer mehr westeuropäischen Städten annähern. Vielmehr entwickelten sich in jeder Stadt eigene Ansätze, wie mit den politischen Rahmenbedingungen wie der Heterogenisierung der Akteure oder der Instabilität des gesetzlichen Planungsinstrumentariums umzugehen ist.

Die in Warschau erkennbaren Elemente sozialistischer Stadtpolitik wie die Wirkungslosigkeit von Planwerken und die informellen Praktiken sind in den anderen postsozialistischen Städten nicht zu finden. So wird im Gegensatz zu Warschau in Poznan und Wroclaw beispielsweise Stadtentwicklung durch den Bürgermeister als „strong leader" bestimmt, in Prag erfolgt die Realisierung der offiziellen Stadtentwicklungspolitik in stärkerem Maß als in Warschau durch die Einbindung privater Investitionen. Die unterschiedlichen Reaktionen von Städten auf veränderte Rahmenbedingungen, die in den postsozialistischen Städten erkennbar waren, sind jedoch kein ausschließlich osteuropäisches Phänomen. Studien wie von Healey et al. (1997), Glock (2006), Giersig (2008) zeigten, dass auch in westeuropäischen Städten auf ähnliche Rahmenbedingungen verschieden reagiert wurde und sich die Strategien von Stadt zu Stadt stark unterschieden. Wie in Kapitel 3.2 aufgezeigt, ist die idealtypische Steuerungsform der Europäischen Stadt ebenfalls in westeuropäischen Städten unter Druck und die Steuerung westeuropäischer Städte im Wandel begriffen. Insofern ist zu fragen, über welche Zukunftsfähigkeit das Modell der Europäischen Stadt als idealtypische Form städtischer Steuerung in ost- und in westeuropäischen Städten noch verfügt.

7.3 Zur Zukunftsfähigkeit des Modells der Europäischen Stadt

Neben der Analyse der Warschauer Stadtentwicklungspolitik und der Einschätzung, ob Elemente des idealtypischen Modells der Europäischen Stadt die Warschauer Stadtentwicklungspolitik prägen, ist Ziel dieser Arbeit, die Kompatibilität des Modells mit der neuen Steuerungsform Governance am Beispiel Warschaus zu prüfen. Stellt der Idealtyp „Europäische Stadt" nur noch ein erstrebenswertes, aber nicht mehr erreichbares normatives Ziel dar, das in der Praxis der Stadtentwicklung durch andere Entwicklungen wie Governance ausgehöhlt wird? Ein weiterer in diesem abschließenden Kapitel zu untersuchender Aspekt ist der Zusammenhang zwischen der osteuropäischen Stadtentwicklung und dem Modell der Europäischen Stadt. Welche Rückschlüsse lassen sich ausgehend von den Entwicklungen in Warschau für das Modell der Europäischen Stadt ziehen?

Wie aufgezeigt wurde, haben starre formelle Pläne mit umfassendem Steuerungsanspruch für die Praxis der Warschauer Stadtentwicklungspolitik nur geringe Bedeutung. Zur Umsetzung stadtentwicklungspolitischer Ziele scheinen deshalb neue Steuerungsansätze notwendig. Nicht mehr das hierarchische, auf eine klare Trennung zwischen Steuerungsobjekt und -subjekt zielende Vorgehen, sondern eine Vermischung von steuernden und zu steuernden Akteuren ist an-zuwenden, da die öffentlichen Akteure aufgrund finanzieller Engpässe und der Komplexität der Aufgaben auf die Kooperation mit externen Akteuren wie Unternehmen oder zivilgesellschaftlichen Akteuren angewiesen sind. Dies wurde für westeuropäische Städte von verschiedenen Autoren (Healey et al. 1997, John 2001) bereits aufgezeigt, trifft aber wie am Beispiel Warschau deutlich wurde, auch auf osteuropäische Städte zu.

Der Fall Warschau stellt dar, was passieren kann, wenn an der bisherigen Steuerungsform festgehalten wird: Neben der offiziellen Stadtentwicklungspolitik entstehen informelle Steuerungspraktiken. Dies führte dazu, dass die offizielle Stadtentwicklungspolitik an Bedeutung verlor und die erarbeiteten Planwerke keinen Einfluss auf die tatsächliche Stadtentwicklung haben. So ergab sich eine Form der Stadtentwicklungspolitik, die in Bezug auf die Rolle informeller Praktiken durchaus Ähnlichkeiten mit sozialistischer Stadtpolitik hat und sich vom Modell der Europäischen Stadt unterscheidet. Auch in anderen postsozialistischen Städten zeigen sich Steuerungsprobleme der Stadtentwicklungspolitik, die durch ein unzureichendes (d.h. zu starres, dem Government-Ansatz verpflichtetes) Planungsinstrumentarium entstehen. In Prag, wo die Stadtentwicklungspläne sehr häufig verändert werden mussten, um weiterhin wirksam zu sein und in Gdansk, wo die Stadtverwaltung aufgrund fehlender Kenntnis über Public Private Partnership-Instrumente keine Kooperation mit dem privaten Projektentwickler einging, sind diese Probleme besonders deutlich erkennbar.

Die Probleme bedeuten jedoch nicht, dass eine Form der Steuerung, die sich am Modell der Europäischen Stadt orientiert, generell in postsozialistischen Städten nicht verfolgt werden kann. Die Schwierigkeit besteht allerdings darin, das idealtypische Modell mit Aspekten von Urban Governance zu verbinden, die angesichts der veränderten Rahmenbedingungen und der fehlenden kommunalen Eigenmittel notwendig sind. Aus diesem Grund müssen einige Bedingungen erfüllt sein, damit das Modell der Europäischen Stadt als eine spezielle Form von Stadtentwicklungspolitik und als normatives Konzept - gerade im Gegensatz zu marktliberalen, „unternehmerischen" Formen - auch in Zukunft noch Bedeutung hat. Diese Bedingungen betreffen die drei Politik-Dimensionen Polity, Politics und Policy:

- Im Bereich *Polity* ist es notwendig, institutionelle Bedingungen zu schaffen, die neue Steuerungsformen zulassen. Am Beispiel Warschau wurde deutlich, dass durch das Fehlen von umsetzungsorientierten Instrumenten die Stadtentwicklungspolitik an Handlungsfähigkeit verliert. Existieren nur planerische Instrumente wie Raumbewirtschaftungsstudie und –plan, die die künftige Flächennutzung darstellen, aber keine Möglichkeiten zur Umsetzung aufzeigen, ergeben sich Probleme z.B. bei der Entwicklung von Großprojekten, die von privaten Investoren umgesetzt werden. Deshalb sind institutionelle Regelungen für solche öffentlich-privaten Kooperationen notwendig. Entscheidend ist, dass Aspekte wie die Übernahme des finanziellen Risikos und die Einflussmöglichkeiten der öffentlichen Akteure geregelt werden, so dass die Städte ihre Handlungskompetenzen nicht vollständig an private Investoren übergeben und auch im Fall des Scheiterns eines solchen Projekts über Steuerungsmöglichkeiten verfügen.

- Die Formierung eines kollektiven Akteurs und der damit verbundene Einbezug verwaltungsexterner Akteure in Prozesse der Stadtentwicklungspolitik ist ein idealtypisches Merkmal der Europäischen Stadt in der *Politics-Dimension*, das grundsätzlich in engem Zusammenhang mit Governance steht. Wichtig bei diesen Beteiligungsprozessen ist ein erweitertes Rollenverständnis der öffentlichen Akteure. Erstens - und dies steht in der Tradition der Europäischen Stadt - muss die Stadtverwaltung auch in den Beteiligungsprozessen eine dominierende Stellung einnehmen. Geschieht dies nicht, besteht die Gefahr, dass finanzstarke Akteure die Prozesse der Stadtentwicklung bestimmen und die Stadtverwaltung nur noch reagieren und nicht mehr agieren kann. Zweitens muss die Stadtverwaltung neue Aufgaben übernehmen. In Anlehnung an die von Pierre und Peters (2000) beschriebene veränderte Definition von starken und schwachen Staaten müssen sich auch die öffentlichen Akteure wandeln, wenn sie weiterhin starke Akteure der Stadtentwicklungspolitik sein wollen. Es kommt nicht mehr darauf an, Entscheidungen durchzusetzen und damit Macht über andere Akteure z.B. durch Ver- und Gebote auszuüben, vielmehr geht es um die Macht, bestimmte Prozesse anzustoßen. Diese „power to" anstelle von „power over" erfordert das Zusammenbringen unterschiedlicher Akteure und die Fähigkeit, Kooperationen einzugehen. In Warschau zeigte sich, dass die Stadtverwaltung keinen Versuch unternahm, unterschiedliche Akteure für Ziele der Stadtentwicklung zusammenzubringen und keine „power to" aufbaute. Die schwache Stellung der Stadtverwaltung im durch informelle Prozesse bestimmten Stadtentwicklungsprozess ist ein Resultat dieses Vorgehens.

- Auch um die Eigenschaften der Europäischen Stadt in der *Policy-Dimension* umzusetzen, ist ein verändertes Vorgehen notwendig. Der Ausgleich der Marktkräfte und damit der Schutz schwächerer Nutzungen sind als übergeordnete Ziele der Stadtentwicklungspolitik zwar durchaus realisierbar, allerdings ist ein anderer Ansatz notwendig. Die Auflistung von detaillierten Zielen und Maßnahmen, wie sie beispielsweise in den Warschauer Stadtentwicklungsstrategien erfolgte, ist wenig Ziel führend. So verfügen die Städte in der Regel nicht über ausreichend eigene Mittel, um umfassende Ziele auch umzusetzen und so ein autonomes Gegengewicht zu den Marktkräften zu bilden. Wie bereits beschrieben, sind deshalb Kooperationen mit anderen Akteuren notwendig. Gleichzeitig ist auch angesichts der Veränderung der Rahmenbedingungen wie Globalisierung, Postfordismus und Europäisierung die Definition langfristiger stadtentwicklungspolitischer Ziele schwieriger. Zwar vergrößert sich der Handlungsspielraum der Städte z.b. über die Möglichkeit, europäische Fördermittel zu beantragen oder internationale Investoren akquirieren zu können, die Prognostizierbarkeit von Stadtentwicklungszielen verringert sich jedoch durch diese externen Einflüsse und der Abhängigkeit von supralokalen Prozessen. Deshalb müssen die stadtpolitischen Ziele auf lokaler Ebene flexibler sein. Erfolgsversprechender scheint eine umsetzungsorientierte Stadtentwicklungspolitik durch Projekte, die den Anspruch haben, durch Planung auch schwächere Nutzungen zu schützen und Marktkräfte auszugleichen. Weniger zukunftsfähig dagegen ist die Formulierung umfassender Zielsysteme, deren Umsetzung dann letztlich scheitert. Besteht Stadtentwicklungspolitik nur noch aus der Formulierung von Wunschlisten, in denen eine quasi utopische „Wunsch-Stadt" beschrieben wird, verliert sie an Relevanz und ist für die tatsächliche Entwicklung der Stadt letztlich ohne Bedeutung - wie am Beispiel Warschau zu sehen war.

Diese Bedingungen in den drei Politik-Dimensionen gelten für ost- und westeuropäische Städte gleichermaßen. Die Entwicklungen in Osteuropa - der Umbruch des politischen Systems, die Etablierung neuer institutioneller Regelungen und gleichzeitig das Auftreten von Bodenrenten, privatem Kapital sowie einer Vielzahl neuer Akteure - veränderten die Stadtentwicklungspolitik vollständig. Zusätzlich zu dieser internen Transformation traten gleichzeitig auch Aspekte externer Transformation wie Globalisierung und Europäisierung auf. In Westeuropa kam es zwar nicht zu einem politischen Systemwechsel, die Auswirkungen der externen Transformation sind jedoch auch dort zu erkennen. Insofern ist die Orientierung am idealtypischen Modell der Europäischen Stadt in westeuropäischen Städten ebenfalls schwierig: Die Stadtverwaltungen dort können nicht mehr wie noch in den 1970er Jahren die alleinige Steuerung der Stadtentwicklung übernehmen. Die Städte sind nicht mehr länger „Verwalter und soziale Treuhänder des ökonomischen Wachstums" (Häußermann 2006: 124ff), sondern befinden sich in einem Konkurrenzkampf mit anderen Städten um Investitionen und Aufmerksamkeit. Gleichzeitig sind die finanziellen Ressourcen der Städte geschrumpft. Damit man in dieser Situation die Stadtentwicklung noch steuern und Elemente des idealtypischen Modells der Europäischen Stadt wie einen Ausgleich der Marktkräfte noch umsetzen kann, ist auch in westeuropäischen

Städten ein neues Vorgehen notwendig. Ebenso wie in osteuropäischen Städten kommt es darauf an, Partner für die Umsetzung von Stadtentwicklungspolitik zu finden und nicht nur als Regelungsinstanz Ge- und Verbote zur Stadtentwicklung aufzustellen – in anderen Worten, ein Übergang von „power over" zu „power to" ist notwendig und die oben genannten Bedingungen zur Umsetzung des Modells der Europäischen Stadt sind auch für die westeuropäischen Städte gültig.

Die Entwicklungen in Warschau haben einen Aspekt verdeutlicht, der bislang im Modell der Europäischen Stadt vernachlässigt wurde: Die Rolle informeller Praktiken und das Verhältnis zur offiziellen, formellen Stadtentwicklungspolitik. Als Folge der veränderten Rahmenbedingungen gewinnen Governance und damit auch informelle Prozesse an Bedeutung. So kann eine Bewertung von formell beschlossenen Dokumenten der Stadtentwicklung wie Stadtstrategien oder Stadtentwicklungspläne zu vollkommen anderen Ergebnissen führen als die Analyse informeller Prozesse und nicht-öffentlicher Entscheidungsfindungs- und Aushandlungsprozesse zwischen unterschiedlichen öffentlichen und privaten Akteuren. Die Steuerungsform und Inhalte der Stadtstrategien und Stadtentwicklungspläne können sich von den informellen Praktiken, wie in Warschau gezeigt, deutlich unterscheiden. Ob und wenn ja, in welchem Maß, die Stadtentwicklungspolitik unterschiedlicher Städte sich an das Modell der Europäischen Stadt annähert, ist demnach auch von den informellen Prozessen in einer Stadt abhängig. Die Zukunftsfähigkeit des Modells kann insofern nur dann sichergestellt werden, wenn sowohl formelle Stadtentwicklungspolitik als auch informelle Stadtentwicklungspraxis die Eigenschaften des Modells erfüllen.

Zentral, und dies gilt grundsätzlich für formelle wie für informelle Stadtentwicklungspolitik, ist die Beteiligung nicht-öffentlicher Akteure. Nur wenn es gelingt, zivilgesellschaftliche Institutionen und Akteure einzubeziehen und sich - im Gestrüpp partikularer Interessen - kollektive Interessen und ein kollektives System zum Treffen von Entscheidungen herausbilden, besteht die Möglichkeit, das Modell der Europäischen Stadt in der Polity-, Politics- und Policy-Dimension umzusetzen. Dass unter dem Begriff Urban Governance gerade die Beteiligung dieser nicht-öffentlichen Akteure als notwendige Veränderung der städtischen Steuerungsform angesichts veränderter Rahmenbedingungen und geringer kommunaler Finanzmittel diskutiert wird, zeigt die Aktualität des Modells. Allerdings bedeutet die zunehmende Beteiligung verwaltungsexterner Akteure nicht, dass sich Stadtverwaltungen aus der Steuerung der Stadt zurückziehen. Vielmehr kommt es für die öffentlichen Akteure darauf an, diese Beteiligungsprozesse zu initiieren, zu betreuen und zu steuern und somit aktive Stadtentwicklungspolitik betreiben zu können. Insofern kann das Modell der Europäischen Stadt auch als normative Handlungsempfehlungen für die inhaltliche Ausgestaltung von Urban Governance verstanden werden.

8 Literatur

Aglietta, Michel (2000): A theory of capitalist regulation. New York/London, Verso Classics

Albers, Gerd (1993): Über den Wandel im Planungsverständnis. In: Raumplanung 61, Juni 1993, S. 97-103

Albers, Gerd (2006): Zur Entwicklung des Planungsverständnisses: Kontinuität und Wandel. In: Selle, K. (Hrsg.): Planung neu denken - Band 1. Zur räumlichen Entwicklung beitragen. Dortmund, Rohn Verlag

Albers, Gerd (1997 [1969]): Über das Wesen der räumlichen Planung - Versuch einer Standortbestimmung. In: Stadtbauwelt 21, S. 10-14. Abgedruckt in: Ahrens, P.P.; Stierand, R.; Wegener, M.(Hrsg.): Raumplanungstheorie seit 1945. Dortmund, PlanerReader der Universität Dortmund

Aleksandrovic, Dariusz (1999): The socialist city and its transformation. Arbeitspapier des Franfurter Institut für Transformationsstudien No 10/99. Elektronische Ressource: http://fit.euv-frankfurt-o.de/Veroeffentlichungen/Discussion%20Papers/PDF-Format/99-10Aleksandrowicz.PDF, abgerufen am 14.8.2007

Alemann, Ulrich von; Münch, Claudia (2006): Europa als Erweiterung des kommunalen Handlungsspielraumes? In: Alemann, U. v.; Münch, C. (Hrsg.): Europafähigkeit der Kommunen. Die lokale Ebene der Europäischen Union. Wiesbaden, Verlag für Sozialwissenschaften

Altrock, Uwe; Güntner, Simon; Huning, Sandra; Peters, Deike (Hrsg. 2005): Zwischen Anpassung und Neuerfindung. Raumplanung und Stadtentwicklung in den Staaten der EU-Osterweiterung. Berlin, Planungsrundschau Nr. 11

Altvater, Elmar; Mahnkopf, Birgit (1999): Grenzen der Globalisierung. 4. Auflage. Münster, Westfälisches Dampfboot

Altvater, Elmar; Mahnkopf, Birgit (2002): Politische Ökonomie der Unsicherheit. Ein Gespräch mit Birgit Mahnkopf und Elmar Altvater. In: Sozialismus 11/22, S. 10-15

Amin, Ash (1994): Post-Fordism: Models, Fantasies and Phantoms of Transition. In Amin, A. (Hrsg): Post-Fordism. A reader. Oxford, Blackwell

Andrzejewski, Adam; Dangschat, Jens, Gorynski, Juliusz (1986): Polnische Wohnungswirtschaft und die Wohnungsversorgung in Warschau. In: Archiv für Kommunalwissenschaften AfK II/86, S. 219-239

ARL - Akademie für Raumforschung und Landesplanung (2001): Deutsch-Polnisches Handbuch der Planungsbegriffe. Hannover, Verlag der ARL

Atteslander, Peter (2000): Methoden der empirischen Sozialforschung. Berlin/New York, De Gruyter

Bagnasco, Arnaldo; Le Galès, Patrick (2000): Introduction: European cities: local societies and collective actors? In: Bagnasco, A.; Le Galès, P. (Hrsg.): Cities in Contemporary Europe. Cambridge, University Press

Bagnasco, Arnaldo; Le Galès, Patrick (Hrsg. 2000): Cities in Contemporary Europe. Cambridge, University Press

Bahn, Christopher; Potz, Petra; Rudolph, Hedwig (2003): Urbane Regime - Möglichkeiten und Grenzen des Ansatzes. Discussion Paper III 2003-201. Berlin, Wissenschaftszentrum Berlin für Sozialforschung

Balme, Richard; Le Galès, Patrick (1997): Stars and black holes: French regions and cities in the European galaxy. In: Goldsmith, M.; Klausen, K. (Hrsg.): European Integration and Local Government. Cheltenham, Edward Elgar

Bartoszczuk, Woitech (2005): Local spatial development plans. In: Gutry-Korycka, M. (Hrsg.): Urban Sprawl. Warsaw Agglomeration Case stuy. Warschau, Warsaw University Press

Basten, Ludger (1998): Die neue Mitte Oberhausen. Ein Großprojekt der Stadtentwicklung im Spannungsfeld von Politik und Planung. Basel/Boston/Berlin, Birkhäuser

Benevolo, Leonardo (1999): Die Stadt in der europäischen Geschichte. München, Verlag C.H. Beck

Benz, Arthur (2004): Governance - Modebegriff oder nützliches sozialwissenschaftliches Konzept? In: Benz, A. (Hrsg.): Governance - Regieren in komplexen Regelsystemen. Eine Einführung. Wiesbaden, Verlag für Sozialwissenschaften

Benz, Arthur (Hrsg. 2004): Governance - Regieren in komplexen Regelsystemen. Eine Einführung. Wiesbaden, Verlag für Sozialwissenschaften

Bertaud, Alain; Bertaud Marie Agnes (2000): The Spatial Development of Warsaw Metropolitan Area. Comments on „Warsaw Development Strategy until the Year 2010". Elektronische Ressource: http://alain-bertaud.com/images/AB_Warsaw_Dec_2000.pdf, abgerufen am 22.4.2008

Bertelsmann-Stiftung (2003): Bertelsmann Transformation Index 2003. Elektronische Ressource: http://www.bertelsmann-transformation-index.de/fileadmin/pdf/de/2003/ EasternCentralAndSoutheasternEurope/Polen.pdf, abgerufen am 13.9.2008

Betker, Frank (1998): „Ja wollen Sie denn den Weltfrieden gefährden?" Stadtplanung und Planerdenken in der DDR und seit der Wende.. In: Harlander, T. (Hrsg.): Stadt im Wandel – Planung im Umbruch. Stuttgart/Berlin/Köln, Kohlhammer

Betker, Frank (2005): „Einsicht in die Notwendigkeit". Kommunale Stadtplanung in der DDR und nach der Wende (1945-1994). Stuttgart, Franz Steiner Verlag

Beynon, John (2000): Introduction. In: Beynon, J.; Dunkerly, David (Hrsg.): Globalization. The reader. London, Athlone Press

Billert, Andreas (2004): Stadterneuerungsprobleme in Polen als Folge fehlender Marktstrukturen im Wohnungswesen und ungenügendem Planungsrecht - Praxisbericht und Ausblick. In: Internetmagazin www.schrumpfende-stadt.de Ausgabe 2/2004. Elektronische Ressource: http://www.schrumpfende-stadt.de/magazin/0402/6Polen.htm, abgerufen am 9.1.2007

Bischoff, Arianne; Selle, Klaus; Sinnig, Heidi (1996): Informieren, Beteiligen, Kooperieren: Kommunikation in Planungsprozessen. Eine Übersicht zu Formen, Verfahren, Methoden und Techniken. Dortmund, Dortmunder Vertrieb für Bau- und Planungsliteratur

Blasius, Jörg; Dangschat, Jens (1987): Social and Spatial Disparities in Warsaw in 1978: An application of correspondence Analysis to a socialist city. In: Urban Studies 24, S. 173-191

Blokker, Paul (2005): Post-Communist Modernization, Transition Studies, and Diversity in Europe. In: European Journal of Social Theory 8 (4), S. 503-525

Bogner, Alexander; Littig, Beate; Menz, Wolfgang (Hrsg. 2005): Das Experteninterview. Theorie, Methode, Anwendung. 2. Auflage. Wiesbaden, Verlag für Sozialwissenschaften

Bogner, Alexander; Menz, Wolfgang (2005a): Das theoriegenerierende Experteninterview. In: Bogner, A.; Littig, B.; Menz, W. (Hrsg.): Das Experteninterview. Theorie, Methode, Anwendung. 2. Auflage. Wiesbaden, Verlag für Sozialwissenschaften

Bogner, Alexander; Menz, Wolfgang (2005b): Expertenwissen und Forschungspraxis: Die modernisierungstheoretische und die methodische Debatte um die Experten. In: Bogner, A.; Littig, B.; Menz, W. (Hrsg.): Das Experteninterview. Theorie, Methode, Anwendung. 2. Auflage. Wiesbaden, Verlag für Sozialwissenschaften

Bos, Ellen; Segert, Dieter (2008): Osteuropa als Trendsetter? Parteiensysteme in repräsentativen Demokratien unter mehrfachen Druck. In: Bos, E.; Segert, D. (Hrsg): Osteuropäische Demokratien als Trendsetter? Opladen/Farmington Hills, Verlag Barbara Budrich

Boudon, Raymond; Bourricaud, Francois (1992): Soziologische Stichworte. Ein Handbuch. Opladen, Westdeutscher Verlag

Bourdeau-Lepage, Lise (2004): Metropolization in Central and Eastern Europe: Unequal chances. GaWC Research Bulletin 141. Elektronische Ressource: http://www.lboro.ac.uk/gawc/rb/rb141.html, abgerufen am 31.5.2005

Braybrooke, David; Lindblom, Charles E. (1997) [1963]: Zur Strategie der unkoordinierten kleinen Schritte (Disjointed Incrementalism). In: Fehl, G.; Fester, M.; Kuhnert, N. (Hrsg.): Planung und

Information. Gütersloh: Bertelsmann. Abgedruckt in: Ahrens, P.P.; Stierand, R.; Wegener, M. (Hrsg. 1997): Raumplanungstheorie seit 1945. Dortmund, PlanerReader der Universität Dortmund

Bremm, Heinz-Jürgen; Danielzyk, Rainer (1991): Vom Fordismus zum Post-Fordismus. Das Regulationskonzept als Leitlinie des planerischen Handels? In: Raumplanung 53, 1991, S. 121-127

Brenner, Neil (2004): Urban Governance and the production of new state spaces in western Europe, 1960-2000. In: Review of International Political Economy (11) 3, August 2004. S. 447-488

Bruhns, H. (2000): Webers „Stadt" und die Stadtsoziologie. In: Bruhns, H.; Nippel, W. (Hrsg.): Max Weber und die Stadt im Kulturvergleich. Göttingen, Vandenhoeck und Ruprecht

Buchowski, Michal (2001): Rethinking Transformation: An Anthropological Perspective on Postsocialism. Poznań, Humaniora

Castells, Manuel (2000): The space of flows. In: Castells, M.; Susser, I. (Hrsg.): The Castells reader on cities and social theory. Oxford, Blackwell

CB Richard Ellis (2005): Marktbericht CEE Investment. El Segundo

Ciborowski, Adolf (1958): Warschau. Warschau, Polonia-Verlag

Ciesla, Agnieszka; Koch, Florian (2007): Transformationsprozess und heterogene Raumentwicklung in Warschau. In: Raumplanung 132/3, Juni/August 2007, S. 161-166

Colliers (2006): Marktbericht Poland Real estate review 2005. Warsaw

Cotella, Giancarlo (2007): [R]evolution of Central and Eastern European Spatial Planning Systems: Trends towards divergence or uniformity? In: Alfa Spectra Planning Studies, Central European Journal of Architecture and Planning Volume 11, 2/2007, S. 11-19

Crome, Erhard (1994): Woher und wohin? Zur Analyse der osteuropäischen Transition. In: GSFP - Gesellschaft für sozialwissenschaftliche Forschung und Publizistik (Hrsg.): Realer Post-Sozialismus. Wandel der politischen Kultur. Welt Trends 3. Berlin, GSFP-Verlag

Cushman & Wakefield Healy & Baker (2005): Marktbericht Shopping Centre Development Poland. Warsaw

Czapiewski, Konrad (2008): Intraregional Borders of Economic Development - A case study of mazovia region in Poland. Paper: 2nd AESOP Young Academics Meeting. St. Petersburg, Russland, 6.-8.2.2008

Czarniawska, Barbara (2000): A city reframed. Managing Warsaw in the 1990s. Amsterdam, Harwood

Dahl, Robert (1961): Who governs? New Haven, Yale University Press

Dangschat, Jens (1985): Warschau. In: Friedrichs, J. (Hrsg.): Stadtentwicklungen in West- und Osteuropa. Berlin/New York, De Gruyter

Davies, Jonathan S. (2002): Urban Regime Theory: A normative-empirical critique. Journal of Urban Affairs Volume 24, Nr. 1, S. 1 - 17.

Davis, Diane E. (2005): Cities in Global context: A brief intellectual history. In: International Journal of Urban and regional research Volume 29, 1 2005, S. 92-109

Denters, Bas (2006): Urban Democracy in the Age of Governance. Vortrag auf der FUTURE Conference "Urban Governance".Universität Örebro, Schweden, 24.-26.11.2006

Denters, Bas; Rose, Lawrence E. (2005): Towards Local Governance? In: Denters, B.; Rose, L. E. (Hrsg.): Comparing Local Governance. Houndsmills/New York, Palgrave Macmillan

Dienel, Peter C. (2002): Die Planungszelle - Zur Praxis der Bürgerbeteiligung. Demokratie funkelt wieder (Bürgergesellschaft Nr. 22). Bonn, Papier des Arbeitskreises „Bürgergesellschaft" der Friedrich-Ebert-Stiftung

DiGaetano, Alan; Strom, Elisabeth (2003): Comparative Urban Governance. An integrated approach. In: Urban Affairs Review Volume 38, No. 3, S. 356 - 395

Dimitrowska Andrews, Kaliopa (2002): Mastering the post-socialist city: Impacts on planning and the built environment. Paper. International Conferences „A greater Europe". Rom, Italien, 22.-23.3.2002

Djordjevic, Masa (2006a): Politics of Urban Development Planning: Building Urban Governance in Post-Socialist Warsaw? Paper presented at the First Annual Doctoral Conference of the Department of Political Science at Central European University Budapest. Budapest, Ungarn, 13.-14.4.2006

Djordjevic, Masa (2006b): The effect of strategic planning on Urban Governing arrangements: The politics of Developmental Planning in Budapest and Warsaw. Dissertation am Department of Political Science. Budapest, Central European University

Djordjevic, Masa (2007): Citizen participation in strategic planning in large cities: The limited achievements of Budapest and Warsaw city governments since 1990. Paper: CINEFOGO Conference "Citizen Participation in Policy Making". Bristol, Großbritannien, 14.-15.2.2007

Dziekonski, Olgierd (1993): Strategic planning and development programme of Warsaw. In: Europäische Akademie für städtische Umwelt (Hrsg.): The Development of Strategies in the Central European Metropolises. Conference report. Berlin, Verlag der Europäischen Akademie für städtische Umwelt

Eckardt, Frank (2004): Soziologie der Stadt. Bielefeld, Transcript Verlag.

Eckardt, Frank (2005): Paths of Urban Transformation - Introduction. In: Eckardt, F. (Hrsg.): Paths of Urban Transformation. Frankfurt am Main, Verlag Peter Lang

Eckardt, Frank (2007): Diskursive Governancestrategien. Halle-Neustadt und die schrumpfenden Städte. In: Deutsches Jugendinstitut (Hrsg.): Governance-Strategien und lokale Sozialpolitik. Elektronische Ressource: http://www.dji.de/bibs/330_7054_Governance_DJI07_web.pdf, abgerufen am 13.9.2008

Eckardt, Frank; Hartz, Andrea (2007): Nicht-lineare Planung für post-fordistische Räume. In: Raum-Planung 124, Februar 2006, S. 17-22

Egger, Mirijam (2007): Die Auslandsarbeit der politischen Stiftungen zwischen Entwicklungs- und Transformationskontext. Eine Untersuchung der Tätigkeit der Friedrich-Ebert-Stiftung in Lateinamerika und Osteuropa - eine Studie zum organisationalen Lernen. Disseration an der Freien Universität Berlin, Elektronische Ressource: http://www.diss.fu-berlin.de/2007/98/, abgerufen am 5.3.2007

Einig, Klaus; Grabher, Gernot; Ibert, Oliver; Strubelt, Wendelin (2005): Urban Governance. In: Informationen zur Raumentwicklung, Heft 9/10, S. I-IX.

Enyedi, György (1996): Urbanisation under Socialism. In: Andrusz, G.; Harloe, M.; Szelenyi, I. (Hrsg.): Cities after socialism. Urban and Regional Change and Conflict in post-socialist societies. Oxford, Blackwell

EU (2006a): Annäherungen der europäischen Regionen. Elektronische Ressource: http://ec.europa.eu/regional_policy/interreg3/index_de.htm, abgerufen am 30.7.2006

EU (2006b): Europäische Kommission: Vorschlag für eine Entscheidung des Rates über strategische Kohäsionsleitlinien der Gemeinschaft. Elektronische Ressource: http://ec.europa.eu/regional_policy/sources/docoffic/2007/osc/com_2006_0386_de.pdf, abgerufen am 30.7.2006

EU (2006c): Financial Engineering. Elektronische Ressource: http://ec.europa.eu/regional_policy/funds/2007/jjj/jessica_en.htm, abgerufen am 1.9.2006

EU (2007): Leipzig Charta zur nachhaltigen europäischen Stadt. Elektronische Ressource: http://www.eu2007.de/de/News/download_docs/Mai/0524-N/075DokumentLeipzigCharta.pdf, abgerufen am 5.7.2007

EU (2008): Erweiterungen 2004 und 2007. Elektronische Ressource: http://europa.eu/scadplus/leg/de/s40016.htm, abgerufen am 3.9.2008

EU Amtsblatt (2006): Verordnung (EG) Nr. 1080/2006 des Europäischen Parlaments und des Rates vom 5. Juli 2006 über den Europäischen Fonds für regionale Entwicklung und zur Aufhebung der Verordnung (EG) Nr. 1783/1999. Straßburg 2006

Fabijanczuk, Magdalena (2005): Planning at a snail's pace. In: Eurobuild 2005 (6), S. 28-29

Fayeton, Philippe (2008): La stratégie urbaine de Varsovie pour 2020. In: Fayeton, P. (Hrsg.): Des Tic et des hommes. Technologies de l'information et de la communication, service public, aménagement durable de la société. Collection Cités, Technologies, prospectives nouvelles. Paris, L'Harmattan

Flick, Uwe (1995): Qualitative Forschung. Theorie, Methoden, Anwendung in Psychologie und Sozialwissenschaften. Reinbek bei Hamburg, Rowohlt

Florida, Richard (2004): The Rise of the Creative Class. New York, Basis Books

Frank, Susanne (2005): Eine kurze Geschichte der „europäischen Stadtpolitik" - erzählt in drei Sequenzen. In: Altrock, U.; Güntner, S.; Huning, S.; Peters, D. (Hrsg.): Zwischen Anpassung und Neuerfindung. Raumplanung und Stadtentwicklung in den Staaten der EU-Osterweiterung. Berlin, Planungsrundschau Nr. 11

Frank, Susanne; Holm Andrej; Kreinsen, Hannah; Birkholz, Tim (2006): The European URBAN Experience - Seen from the academic Perspective. Study report. Elektronische Ressource: http://urbact.eu/fileadmin/subsites/the_urban_experience/pdf/URBAN_Report_komplett_final_alle_Biblios.pdf, abgerufen am 7.3.2007

Franke, Thomas; Strauss, Wolf-Christian; Reimann, Bettina; Beckmann, Klaus J. (2007): Integrierte Stadtentwicklung als Erfolgsbedingungen einer nachhaltigen Stadt. Studie im Auftrag des Bundesministeriums für Verkehr, Bau und Stadtentwicklung. Elektronische Ressource: http://deposit.d-nb.de/ep/netpub/07/00/96/984960007/_data_stat/gg110959wu.pdf, abgerufen am 14.3.2008

Freeman, Christopher; Perez, Carlotta (1988): Structural crisis of adjustment, business cycles and investment behaviour. In: Dosi, G.; Freeman, C.; Nelson, R.; Silverberg, G.; Soete, L. (Hrsg.): Technical Change and Economic Theory. London, Frances Pinter.

Frey, Oliver; Hamedinger, Alexander; Dangschat, Jens S. (2007): Strategieorientierte Planung im kooperativen Staat - eine Einführung. In: Hamedinger, A.; Dangschat, J. S.; Frey, O.; Breitfuss, A. (Hrsg.): Strategieorientierte Planung im kooperativen Staat. Wiesbaden, Verlag für Sozialwissenschaften

Friedrichs, Jürgen (Hrsg. 1985): Stadtentwicklung in West- und Osteuropa. Berlin/New York, De Gruyter

Ganser, Karl; Siebel, Walter; Sieverts, Thomas (1993): Die Planungsstrategie der IBA Emscher Park. In: Raumplanung 61, Juni 1993, S. 112-118

Gawin, Izabella; Schulze, Dieter (1999): Warschau und Umgebung. Bremen, Temen

Gelauff, Lejour (2006): The new Lisbon Strategy. An estimation of the economic impact of reaching five Lisbon Targets. Industrial Policy and Economic Reforms Papers No. 1. Elektronische Ressource: http://ec.europa.eu/enterprise/enterprise_policy/competitiveness/doc/industrial_policy_and_economic_reforms_papers_1.pdf, abgerufen am 30.7.2006

Giddens, Anthony (2001): Entfesselte Welt. Wie die Globalisierung unser Leben verändert. Frankfurt am Main, Suhrkamp

Giddens; Anthony (1995): The consequences of modernity. Oxford, Blackwell

Giersig, Nicolas (2005): „Urban Governance" and the „European City": Illustrating the Interconnectedness of Two Contemporary Debates. RTN Urban Europe Working Paper, Università di Urbino. Elektronische Ressource: http://www.urban-europe.net/working/04_2005_Giersig.pdf , abgerufen am 11.6.07

Giersig, Nicolas (2008): Multilevel Urban Governance and the 'European City'. Discussing Metropolitan Reforms in Stockholm and Helsinki. Dissertation an der Philosophischen Fakultät III der Humboldt-Universität zu Berlin.

Giersig, Nicolas; Beaumont, Justin; Heins, Gerald (2006): Understanding European Cities: Advancing an integrated framework for analyzing and comparing modes of urban governance. Paper presented at the ENHR conference "Housing in an expanding Europe: theory, policy, participation and implementation". Ljubljana, Slovenien, 2.-5.7.2006

Gissendanner, Scott (2002): Urbane Regime in den USA und Deutschland: Eine Einführung. In: Planungsrundschau 2002, Heft 3-4, S. 173-187

Glock, Birgit (2006): Stadtpolitik in schrumpfenden Städten. Wiesbaden, Verlag für Sozialwissenschaften

Goldsmith, Mike (2005): A new Intergovernmentalism? In: Denters, B.; Rose, L. E. (Hrsg.): Comparing Local Governance. Houndsmills/New York, Palgrave Macmillan

Grochowski, Miroslaw (2005): Spatial development in the central planned economy. In: Gutry-Korycka, M. (Hrsg): Urban Sprawl Warsaw Agglomeration Case stuy. Warschau, Warsaw University Press

Gutry-Korycka, Magorzata (Hrsg. 2005): Urban Sprawl Warsaw Agglomeration Case stuy. Warschau, Warsaw University Press

Gzell, Slavomir (2001): Changes in the space of post-socialist cities after 1990 – the case of Berlin and Warsaw. In: European Spatial research and policy, Volume 8, Nr. 1, S. 29-42

Hadamik, Katharina (2003): Transformation und Entwicklungsprozess des Mediensystems in Polen von 1989 bis 2001. Dissertation an der Universität Dortmund. Elektronische Ressource: http://dspace.hrz.uni-dortmund.de:8080/bitstream/2003/2968/1/Hadamikunt.pdf, abgerufen am 20.7.2007

Hajer, Maarten (2003): Policy without polity? Policy analysis and the institutional void. In: Political Sciences, 2003 36, S. 175-195

Hamedinger, Alexander; Dangschat, Jens S.; Frey, Oliver; Breitfuss, Andrea (Hrsg. 2007): Strategie-orientierte Planung im kooperativen Staat. Wiesbaden, Verlag für Sozialwissenschaften

Hamilton, Ian; Dimitrovska Andrews, Kaliopa; Pichler-Milanovic, Natasa (Hrsg. 2005a): Transformation of Cities in Central and Eastern Europe: towards globalization. Tokyo/New York/Paris, United Nations University Press

Hamilton, Ian; Dimitrovska Andrews, Kaliopa; Pichler-Milanovic, Natasa (2005b): Introduction. In: Hamilton, I.; Dimitrovska Andrews, K.; Pichler-Milanovic, N. (Hrsg.): Transformation of Cities in Central and Eastern Europe: towards globalization. Tokyo/New York/Paris, United Nations University Press

Hamnett, Chris (2003): Unequal City. London in the global arena. London, Routledge

Hannemann, Christine (2000): Die Platte. Industrialisierter Wohnungsbau in der DDR. 2. Auflage. Berlin, Schelsky & Jeep

Harding, Alan (2005): Urban theories in retrospect and prospect. Mimeo for Urbino Summer School. In: University of Urbino (Hrsg.): Challenging Cities: Processes and people. Reader RTN Urban Europe Summer School. Urbino

Harding, Alan (1997): Urban Regimes in a Europe of the Cities? In: European Urban and Regional Studies, 4 (4), S. 291-314

Hardy, Jane (2004): Rebuilding Local Governance in post-communist economies. The case of Wroclaw, Poland. In: European Urban and Regional Studies 11 (4), S. 303-320

Hartmann, Jürgen (1995): Vergleichende Politikwissenschaft. Ein Lehrbuch. Frankfurt/New York, Campus Verlag

Harvey, David (1989): The Urban Experience. Oxford, Basil Blackwell and Johns Hopkins University Press

Harvey, David (1990): Flexible Akkumulation durch Urbanisierung. Reflektionen über den Postfordismus amerikanischer Städte. In: Borst, R.; Krätke, S.; Mayer, M. (Hrsg.): Das neue Gesicht der Städte. Basel/Boston, Birkhäuser

Haus, Michael; Heinelt, Hubert (2005): How to achieve governability at the local level? Theoretical considerations on a complementarity of urban leadership and community involvement. In: Haus, M.; Heinelt, H.; Stewart, M. (Hrsg.): Urban Governance and Democracy. Leadership and community involvement. London, Routledge

Häußermann Hartmut; Simons, Katja (2000): Die Politik der großen Projekte, eine Politik der großen Risiken? Zu neuen Formen der Stadtentwicklungspolitik am Beispiel des Entwicklungsgebiets Berlin-Adlershof. In: Archiv für Kommunalwissenschaften 39 (1), S. 56-71

Häußermann, Hartmut (1996): Von der Stadt im Sozialismus zur Stadt im Kapitalismus. In: Häußermann, H.; Neef, R. (Hrsg.): Stadtentwicklung in Ostdeutschland. Soziale und räumliche Tendenzen. Opladen, Westdeutscher Verlag

Häußermann, Hartmut (2001): Die europäische Stadt. In: Leviathan 29 2001, S. 237- 255

Häußermann, Hartmut (2005): The End of the European City? In: European Review, Vol. 13 2005 No. 2, S. 237-249

Häußermann, Hartmut (2006): Die Stadt als politisches Subjekt. Zum Wandel in der Steuerung der Stadtentwicklung. In: Fachkommission Stadtentwicklung der Heinrich-Böll-Stiftung (Hrsg.): Das neue Gesicht der Stadt. Berlin, Heinrich-Böll-Stiftung

Häußermann, Hartmut, Siebel, Walter (2000): Soziologie des Wohnens. 2. Auflage. Weinheim/München, Juventa

Häußermann, Hartmut; Haila, Anne (2005): The European City: A Conceptual Framework and Normative Project. In: Kazepov, Y. (Hrsg.): Cities of Europe. Changing Contexts, local arrangements and the challenge to Urban cohesion. Oxford, Blackwell Publishing

Häußermann, Hartmut; Läpple, Dieter; Siebel, Walter (2008): Stadtpolitik. Frankfurt am Main, Suhrkamp

Häußermann, Hartmut; Läzer, Kathrin-Luise; Wurtzbacher, Jens (2005): Das dichte Netz der dünnen Fäden. Zusammenfassung der Ergebnisse des Projektes ,Politische Integration und Repräsentation in der fragmentierten Stadt', gefördert vom Bundesministerium für Forschung und Technologie (2002-2005), Mai 2005, Humboldt-Universität zu Berlin.

Healey, Patsy (1997a): The revival of strategic spatial planning in Europe. In: Healey, P.; Khakee, A.; Motte, A.; Needham, B. (Hrsg.): Making strategic spatial plans. Innovation in Europe. London, UCL Press

Healey, Patsy (1997b): Collaborative Planning. Shaping Places in Fragmented societies. Houndmills/London, Macmillan Press

Healey, Patsy; Khakee, Abdul; Motte, Alain; Needham, Barrie (1997): Strategic plan-making and building institutional capacity. In: Healey, P.; Khakee, A.; Motte, A.; Needham, B. (Hrsg.): Making strategic spatial plans. Innovation in Europe. London, UCL Press

Heeg, Susanne (2001): Unternehmen Stadt zwischen neuen Governanceformen und Sicherheitspolitik. Vom Ende der Stadt als staatlicher Veranstaltung. In: spw 118 (2001) 2, S. 41-44

Heinelt, Hubert; Haus, Michael (2006): Governance und das Zusammenspiel von politischer Führung und Partizipation. In: vhw Forum Wohneigentum, Heft 1 Januar Februar 2006, S. 76-81

Heinelt, Hubert; Hlepas, Nikolaos-K. (2006): Typologies of local government Systems. In: Bäck, H.; Heinelt, H.; Magnier, A. (Hrsg.): The European Mayor. Wiesbaden, Verlag für Sozialwissenschaften

Heinelt, Hubert; Kübler, Daniel (2005): Conclusion. In: Heinelt, H.; Kübler, D. (Hrsg.): Metropolitan Governance. Capacity, democracy and the dynamics of place. London/New York, Routledge

Heinelt, Hubert; Niederhafner, Stefan (2005): Cities and Organized Interest Intermediation in the EU Multi-Level System. In: Dacle, W. v.d. (Hrsg.): Diskurs und Governance. Abschlußbericht der Forschungsabteilung Zivilgesellschaft und transnationale Netzwerke. Discussion Paper Nr. SP IV 2005-103, S. 76-88. Berlin, Wissenschaftszentrum Berlin für Sozialforschung

Heinz, Werner (2006): Öffentlich-private Kooperationsansätze (Public Private Partnerships) - Eine Strategie mit wiederkehrender Relvanz. In: Selle, K. (Hrsg.): Planung neu denken - Band 1. Zur räumlichen Entwicklung beitragen. Dortmund, Rohn Verlag

Heinze, Rolf G.; Voelzkow, Helmut (1999): Verbände und „Neokorporatismus". In: Wollmann, H.; Roth, R. (Hrsg.): Kommunalpolitik. Politisches Handeln in den Gemeinden. Opladen, Leske + Budrich

Helmke, Gretchen; Levitsky, Steven (2004): Informal Institutions and Comparative Politics: A research agenda. In: Perspectives on Politics, Vol. 2 No. 4, Dezember 2004, S. 725-740

Herzberg, Carsten; Koch, Florian (2007): Kommunen in der Globalisierung. Tagungsbericht. Elektronische Ressource: http://www.kommunale-info.de/index.html?/Infothek/3278.asp, abgerufen am 22.6.2007

Hesse, Joachim Jens; Sharpe, Laurence J. (1991): Local Government in International Perspective: Some comparative Observations. In: Hesse, J. J. (Hrsg.): Local Government and Urban Affairs in International Perspective. Baden-Baden, Nomos

Hirsch, Joachim (1990): Kapitalismus ohne Alternative. Hamburg, VSA-Verlag

Huber, Werner (2005): Warschau - Phönix aus der Asche. Köln/Weimar/Wien, Böhlau

Hunter, Floyd (1953): Community Power Structure: A study of decision makers. Chapel Hill, University of Carolina Press

Jäger-Dabek, Brigitte (2003): Polen. Eine Nachbarschaftskunde. Bonn/Berlin, Bundeszentrale für politische Bildung/Christoph Links Verlag

Jalowiecki, Bohdan (2006): Polish Cities and Metropolisation Processes. In: Regional and Local Studies, Special Issue 2006, S. 75-84

Jalowiecki, Bohdan (2007a): Warschau als polnische Metropole. In: Deutsches Polen-Institut (Hrsg.): Jahrbuch Polen 2007 Stadt. Wiesbaden, Harrassowitz Verlag

Jalowiecki, Bohdan (2007b): Warschau als polnische Metropole. In: Deutsches Polen-Institut, Bremer Forschungsstelle Osteuropa, Deutsche Gesellschaft für Osteuropakunde (Hrsg.): Polen-Analysen 13/07. Elektronische Ressource: www.polen-analysen.de, abgerufen am 4.5.2007

Jalowiecki, Bohdan (2008): Wspolne i odrebne plaszczyzny badan nad miastem. In: Jalowiecki, B. (Hrsg.): Miasto jako przedmiot badan naukowych w poczatkach XXI wieku. Warschau, Wydawnictwo Naukowe

Jalowiecki, Bohdan; Lukowski, Wojciech (2007): Gettoizacja polskiej przestrzeni miejskiej. Warschau, Wydawnictwo Naukowe

Jessop, Bob (1991): Thatcherism and flexibility: the white heat of a post-Fordist revolution. In: Jessop, B.; Kastendiek, H.; Nielsen, K.; Pedersen, O. (Hrsg.): The Politics of Flexibility. Aldershot, Edward Elgar

Jessop, Bob (1992a): Post-Fordism and flexible specialisation: incommmensurable, contradictory, complementary, or just plain different perspectives? In: Ernste, H.; Meier, V. (Hrsg.): Regional Development and Comtemporary Response: Extending Flexible Specialisation. London, Belhaven Press

Jessop, Bob (1992b): Regulation und Politik. In: Demirovic, A.; Krebs, H.-P.; Sablowski, T. (Hrsg.): Hegemonie und Staat. Kapitalistische Regulation als Projekt und Prozess. Münster, Westfälisches Dampfboot

John, Peter (2000): The Europeanisation of sub-national Governanc. In: Urban Studies Vol. 35, No. 5-6, S. 877-894

John, Peter (2001): Local Governance in Western Europe. London/Thousand Oaks/New Delhi, Sage

Jones Lang LaSalle (2005): Marktbericht Warsaw City Profile. Warschau

Jones Lang LaSalle (2007): Marktbericht Warsaw City Report September 2007. Warschau

Judge, Eamonn (1995): Warsaw. In: Berry, J.; MacGreal, S. (Hrsg.): European Cities, Planning Systems and Property Markets. London, E & FN Spon

Kaczynska, Elzbieta (1988): Bürgertum und städtische Eliten. Kongresspolen, Russland und Deutschland im Vergleich. In: Kocka, J. (Hrsg.): Bürgertum im 19. Jahrhundert. Deutschland im europäischen Vergleich. Band 3. München, Deutscher Taschenbuch Verlag

Kaelble, Hartmut (2001): Die Besonderheiten der europäischen Stadt im 20. Jahrhundert. In: Leviathan 29 (2001), S. 256- 274

Karger, Adolf (1978): Warschau. Vom Geist einer Stadt. In: Geographische Rundschau 30, H.12, S. 464-469

Karp, Hans-Jürgen (1991): Kirchen und Religionsgemeinschaften. In: Wöhlke, W. (Hrsg.): Länderbericht Polen. Bonn, Bundeszentrale für politische Bildung

Karwinska, Anna (2003): Social and Spatial Transformations in Polish Cities at the Beginning of the 21st Century. In: Eckardt, F.; Hassenpflug, D. (Hrsg.): Consumption and the post-industrial city. Frankfurt am Main, Verlag Peter Lang

Kazepov, Yuri (2005): Cities of Europe. Changing Contexts, local arrangements and the challenge to Urban cohesion. In: Kazepov, Y. (Hrsg.): Cities of Europe. Changing Contexts, local arrangements and the challenge to Urban cohesion. Oxford, Blackwell Publishing.

Keivani, Ramin; Parsa, Ali; McGreal, Stanley (2002): Institutions and Urban Change in a globalising world. The Case of Warsaw. In: Cities Vol. 19, No. 3, S. 183-193

Killian, Werner; Richter, Peter; Trapp, Jan Hendrik (Hrsg. 2006): Ausgliederung und Privatisierung in Kommunen. Empirische Befunde zur Struktur kommunaler Aufgabenwahrnehmung. Modernisierung des öffentlichen Sektors, Band 25. Berlin, edition sigma

Koch, Florian (2008a): Housing markets and urban regimes - The case of Warsaw. In: Eckardt, F.; Elander, I. (Hrsg.): Urban Governance in Europe. FUTURE Series 2. Berlin, Berliner Wissenschaftsverlag

Koch, Florian (2008b): The city and its limits: Trends of spatial development in the Metropolitan regions of Berlin and Warsaw. In: Regions - Regional Studies Association magazine: New thinking in regional planning. No. 270, Summer 2008, S. 16-18

Koch, Florian (2008c): Le marché de l'immobilier et le développement urbain à Varsovie. In: Fayeton, P. (Hrsg.): Des Tic et des hommes. Technologies de l'information et de la communication, service public, aménagement durable de la société. Collection Cités, Technologies, prospectives nouvelles. Paris, L'Harmattan

Koch, Florian (2009): Sonderfall Osteuropa? Rezension von Bos, E.; Segert, D. (Hrsg. 2008): Osteuropäische Demokratien als Trendsetter? Parteien und Parteiensysteme nach dem Ende des Übergangsjahrzehnts, Verlag Barbara Budrich, Opladen, Farmington Hills. In: Forschungsjournal Neue Soziale Bewegungen 1/2009, S. 132-134

Kohler-Koch, Beate (2000): Europäisierung: Plädoyer für eine Horizonterweiterung. In: Knodt, M.; Kohler-Koch, B. (Hrsg.): Deutschland zwischen Europäisierung und Selbstbehauptung. Frankfurt am Main, Campus

Kollmorgen, Raj (2007): Rückkehr der Theorie? Transformation, Postkommunismus und Sozialtheorie. In: Berliner Journal für Soziologie, Heft 2 2007, S. 253-261

Kooiman, Jan (2006): Governing as Governance. In: Schuppert, G. F. (Hrsg.): Governance-Forschung. Vergewisserung über Stand und Entwicklungslinien. Baden-Baden, Nomos

Korcelli-Olejniczak, Ewa (2007): Berlin and Warsaw: in search of a new role in the European urban system. In: Journal of Housing and Built Environement 22 2007, S. 51-68

Kostinskiy, Grigoriy. (2001): Post-Socialist Cities in Flux. In: Paddison, R. (Hrsg.): Handbook of Urban Studies. London, Sage

Kovacs, Zoltan (1999): Cities from state-socialism to global capitalism. In: GeoJournal Volume 49, Nr. 1, 1999, S. 1-6

Krätke, Stefan (1991): Strukturwandel der Städte. Städtesysteme und Grundstücksmarkt in der postfordistischen Ära. Frankfurt am Main, Campus

Krätke, Stefan (1996): Nach der „Blauen Banane". Europäische Raumstrukturen nach der „Öffnung des Ostens". In: Die alte Stadt 2-96, S. 156-175

Kreja, Karina (2004): Changes in Spatial Patterns of Urban Consumption in Post-Socialist Cities: New Large-Scale Retail Development in Warsaw. Paper presented at the conference "Winds of Societal Change: Remaking Post-Communist Cities, University of Illinois. Chicago, USA, 18.-19.6.2004

Krüger, Thomas (2007): Planung durch Projekte - Projektentwicklung als Element des Stadtmanagements. In: Sinning, H. (Hrsg.): Stadtmanagement. Strategien zur Modernisierung der Stadt-(Region). Dortmund, Rohn-Verlag

Kuklinski, Antoni; Mync, Agnieszka; Szul, Roman (1990): Warschau als eine Globalstadt: Entwicklungsperspektiven. In: Akademie für Raumforschung und Landesplanung ARL: Stadtforschung in Ost und West. ARL-Beiträge 116, Hannover, S. 35-56

Kunzmann, Klaus R. (2004): Braucht Europa eine Stadtpolitik „von oben"? In: RaumPlanung 116, Oktober 2004, S. 193-198

Kupsch, Falko (2006): Prag, Warschau und Dublin - Städte im Aufbruch. Zur Entwicklung der Büro- und Einzelhandelsmärkte und deren planerische Steuerung in Transformationsstädten. Arbeitsberichte des Fachbereichs Architektur, Stadtplanung, Landschaftsplanung, Heft 162. Kassel, Universitätsverlag

Läpple, Dieter (2006): Städtische Arbeitswelten im Umbruch - zwischen Wissensökonomie und Bildungsarmut. In: Heinrich-Böll-Stiftung (Hrsg.): Das neue Gesicht der Stadt. Strategien für die urbane Zukunft im 21. Jahrhundert. Berlin, Heinrich-Böll-Stiftung

Lauth, Hans-Joachim (2004a): Materialien zur Vorlesung „Vergleichende Politikwissenschaft". Elektronische Ressource: www.lauth.uni-hd.de/SS04/VL_Vergl/Folie_Methoden%5B1%5D.pdf, abgerufen am 14.9.2008.

Lauth, Hans-Joachim (2004b): Formal and Informal Institutions: On structuring their mutual co-existence. In: The Romanian Journal of Political science Issue 01/2004, S. 67-89

Lauth, Hans-Joachim; Wagner, Christoph (2006): Gegenstand, grundlegende Kategorien und Forschungsfragen der vergleichenden Regierungslehre. In: Lauth, H.-J. (Hrsg.): Vergleichende Regierungslehre. Wiesbaden, Verlag für Sozialwissenschaften.

Le Galès, Patrick (1998): Territorial Politics in Europe - A Zero-Sum Game? EUI Working Paper RSC No. 98/40. Badia Fiesolana, San Domenico.

Le Galès, Patrick (2000): Private-sector interests and urban governance. In: Bagnasco, A.; Le Galès, P. (Hrsg.): Cities in Contemporary Europe. Cambridge, University Press

Le Galès, Patrick (2002): European Cities. Social conflicts and Governance. Oxford, University Press

Le Galès, Patrick (2005): Elusive Urban Policies in Europe. In: Kazepov, Y. (Hrsg.): Cities of Europe. Changing Contexts, local arrangements and the challenge to Urban cohesion. Oxford, Blackwell Publishing.

Lenger, Friedrich; Schott, Dieter (2007): Die europäische und die amerikanische Stadt seit dem späten 19. Jahrhundert: Geschichtsbilder - Leitbilder - Trugbilder. In: Informationen zur modernen Stadtgeschichte 1/2007: Die europäische und die amerikanische Stadt. Berlin, Difu-Selbstverlag

Lever, William F. (2001): The Post-fordist City. In: Paddison, R. (Hrsg.): Handbook of Urban Studies. London, Sage.

Liepitz, Alain (1995): Der Regulationsansatz, die Krise des Kapitalismus und ein alternativer Kompromiss für die neunziger Jahre. In: Hitz; H.; Keil, R.; Ronneberger, K.; Schmid, C.; Wolff, R. (Hrsg.): Capitales Fatales: Urbanisierung und Politik in den Finanzmetropolen Frankfurt und Zürich. Zürich, Rotpunktverlag

Lijphart, Arend (1971): Comparative Politics and the comparative method. In: American Political Science Review, 65 (3), S. 682-693

Lisowski, Andrezej; Wilk, Waldemar (2002): The changing spatial distribution of services in Warsaw. In: Urban and Regional Studies 2002 9, S. 81-89

Lizieri, Colin; Kutsch, Nina (2006): Who owns the city 2006. Office ownership in the City of London. Reading, University of reading Business School Press

Loegler, Romuald (1993): Nowa Huta. Eine Arbeiterstadt gegen den „bürgerlichen Hochmut". In: Bauwelt 1993 Heft 4, S. 149-152

Lorens, Piotr (2005): Stadtentwicklung in Polen: Aktuelle Trends und Herausforderungen. In: Altrock, U.; Güntner, S.; Huning, S.; Peters, D. (Hrsg.): Zwischen Anpassung und Neuerfindung. Raumplanung und Stadtentwicklung in den Staaten der EU-Osterweiterung. Berlin, Planungsrundschau Nr. 11

Lüders, Klaus (1991): Kommunale Sozialpolitik in der Stadt als sozialer Gemeinschaft. In: Marcuse, P.; Staufenbiel, F. (Hrsg.): Wohnen und Stadtpolitik im Umbruch. Berlin, Akademie-Verlag

Madurowicz, Mikolaj (2003): The city in the times of integration. The Warsaw's case. In: Acta Universitatis carolinae 2003 Geographica, No. 1m, S. 231-245

Majer, Andrzej (2008): Urban Policy as viewed by Politicians from Four Polish Cities. In: Strubelt, W.; Gorzelak, G. (Hrsg.): City and region: Papers in honour of Jiri Musil. Opladen/Farmington Hills, Budrich UniPress

Mayer, Margit (1994): Post-Fordist City Politics. In: Amin, A. (Hrsg.): Post-Fordism. A reader. Oxford, Blackwell

Mayntz, Renate (2004): Governance Theory als fortentwickelte Steuerungstheorie? MPIfG Working Paper 04/I, März 2004. Elektronische Ressource: http://www.mpi-fg-koeln.mpg.de, abgerufen am 1.4.2007

Mayntz, Renate; Scharpf, Fritz W. (Hrsg. 1995): Gesellschaftliche Selbstregelung und politische Steuerung. Frankfurt am Main, Campus

Merkel, Wolfgang (1994): Struktur oder Akteur, System oder Handlung: Gibt es einen Königsweg in der sozialwissenschaftlichen Transformationsforschung? In: Merkel, W. (Hrsg.): Systemwechsel 1. Theorien, Ansätze und Konzeptionen. Opladen, Leske+Budrich

Merkel, Wolfgang (1999): Systemtransformation. Eine Einführung in die Theorie und Empirie der Transformationsforschung. Opladen, Leske + Budrich

Merkens, Hans (2004): Auswahlverfahren, Sampling, Fallkonstruktion. In: Flick, U.; Kardorff, E. v.; Steinke, I. (Hrsg.): Qualitative Forschung. Ein Handbuch. Reinbeck bei Hamburg, Rowohlt

Meuser, Michael; Nagel, Ulrike (1991): ExpertInneninterviews - vielfach erprobt, wenig bedacht. Ein Beitrag zur qualitativen Methodendiskussion. In: Garz, D.; Kraimer, K. (Hrsg.): Qualitativ-empirische Sozialforschung. Opladen, Westdeutscher Verlag

Miasteczko Wilanow (2008): Concept Masterplan. Elektronische Ressource: http://www.miasteczko-wilanow.pl/index.php?wersja=ang&ID=210&tab=N, abgerufen am 1.8.2006

Morrison, Doug (2006): Wilanow Mix takes the long view. In: Urban Land Europe, Summer 2006, S. 50-54

Mostowska, Magdalena (2006): "Warsaw's gated communities and the public debate on segregation". Paper presented at "Cities in City Regions" European Urban Research Association International Conference Warsaw, 11.-14.5.2006.

Motte, Alain (1997): The institutional relations of plan-making. In: Healey, P.; Khakee, A.; Motte, A.; Needham, B. (Hrsg.): Making strategic spatial plans. Innovation in Europe. London, UCL Press

Musil, Jiri (2005): City development in Central and Eastern Europe before 1990: Historical context and socialist legacies. In: Hamilton, I.; Dimitrovska Andrews, K.; Pichler-Milanovic, N. (Hrsg.): Transformation of Cities in Central and Eastern Europe: towards globalization. Tokyo/New York/Paris, United Nations University Press

Muziol-Weclawowicz, Alina (2000): Property development and the land market in Warsaw - A challenge for Urban planning. In: Böhme, K.; Lange, B.; Hansen, M. (Hrsg.): Property development and land-use planning around the baltic sea. Working Paper 2000 5. Stockholm, Nordregio

Neckel, Sieghard (1992): Das lokale Staatsorgan. Kommunale Herrschaft im Staatssozialismus der DDR. In: Zeitschrift für Soziologie, 1992 Nr. 4, S. 252-268.

Nicholls, Walter J. (2005): Between Growth and Exclusion in Technopolis: Managing Inequalities in Toulouse, France. In: City & Community 5: 3, September 2006, S. 319-345

Niemczyk, Maria (1998): City Profile Warsaw. In: Cities, Vol. 15, No. 4, S. 301-311

Nippel, Wilfried (2000): Webers "Stadt". Entstehung - Struktur der Argumentation - Rezeption. In: Bruhns, H.; Nippel, W. (Hrsg.): Max Weber und die Stadt im Kulturvergleich. Göttingen, Vandenhoeck und Ruprecht.

Nissen, Sylke (2002): Die regierbare Stadt. Metropolenpolitik als Konstruktion lösbarer Probleme. New York, London und Berlin im Vergleich. Wiesbaden, Westdeutscher Verlag

Nohlen, Dieter (1994): Vergleichende Methode. In: Kriz, J.; Nohlen, D.; Schultze, R.-O. (Hrsg): Lexikon der Politik, Band 2 Politikwissenschaftliche Methoden. München, Verlag C.H. Beck

North, Nathan (2006): 2006 and all VAT. Buyers finally start to believe developers' claims after 10-15 pct increases in the prices of homes. Eurobuild Poland 2006 (1)

Nuissl, Henning; Heinrichs, Dirk (2006): Zwischen Paradigma und heißer Luft : Der Begriff der Governance als Anregung für die räumliche Planung. In: Altrock, U.; Güntner, S.; Huning, S.; Kuder, T.; Nuissl, H.; Peters, D. (Hrsg.): Sparsamer Staat - Schwache Stadt. Berlin, Planungs-rundschau Nr. 13

Offe, Claus (1994): Der Tunnel am Ende des Lichts. Erkundungen der politischen Transformation im Neuen Osten. Frankfurt/New York, Campus

Olsen, Johan P. (2002): The Many Faces of Eurpeanisation. Arena Working Papers WB 01/2. Elekt-ronische Ressource: http://www.arena.uio.no/publications/wp02_2.htm, abgerufen am 5.7.2007

Parkinson, Michael (2005): Urban Policy in Europe - Where have we been and where are we going? in: Antalovsky, E.; Dangschat, J. S.; Parkinson, M. (Hrsg.): European Metropolitan Govern-ance, Cities in Europe - Europe in Cities. Wien/Liverpool, NODE

Parysek, Jerzy J. (2000): Physical planning in Poland in the new socio-political conditions. In: Cho-jnicki, Z.; Parysek, J. J. (Hrsg.): Polish geography. Problems, researches, applications. Poznan, Bogucki Wydawnictwo Naukowe

Peck, Jamie; Tickell, Adam (1994): Searching for a New Institutional Fix: the After-Fordist Crisis and the Global-Local Disorder. In: Amin, A. (Hrsg.): Post-Fordism. A reader. Oxford, Black-well

Perry, Guy (2001): Growing Capitalism in Central Europe. In: Urban Land Europe, March 2001, S. 34-41

Petrovic, Mina (2005): Cities after socialism as a Research Issue. Discussion Paper 34 South East Europe Series. London School of Economics. Elektronische Ressource: http://www.lse.ac.uk/Depts/global/Publications/ DiscussionPapers/DP34.pdf, abgerufen am 5.7.2007

Pichler-Milanovic, Natasa; Dimitrowska Andrews, Kaliopa (2005): Conclusion. In: Hamilton, I.; Dimitrovska Andrews, K.; Pichler-Milanovic, N. (Hrsg.): Transformation of Cities in Central and Eastern Europe: towards globalization. Tokyo/New York/Paris, United Nations University Press

Pickvance, Chris (1986): Comparative urban analysis and assumptions about causality. In: Interna-tional Journal of Urban and Regional Research Volume 10, 1986, S. 162-184.

Pickvance, Chris (2002): State Socialism, Post-socialism and their Urban Patterns: Theorizing the Central and Eastern European Experience. In: Eade, J.; Mele, C. (Hrsg.): Understanding the city. Contemporary and future perspectives. Oxford, Blackwell

Pierre, Jon (2005): Comparative Urban Governance. Uncovering complex causalities. In: Urban Affairs Review, Vol. 40, No. 4, March 2005, S. 446-462

Pierre, Jon; Peters, Guy (2000): Governance, Politics and the State. Houndmills/London, Macmillan

Porter, Michael E. (1998): On Competition. Harvard, Harvard Business School Press

Preteceille, Edmond (2000): Segregation, class and politics in large cities. In: Bagnasco, A.; Le Galès, P. (Hrsg.): Cities in Contemporary Europe. Cambridge, University Press

Pütz, Robert (2001): Money talks - Die Internationalisierung des Marktes für Büroimmobilien in Ostmitteleuropa. Das Beispiel Warschau. In: Erdkunde, Band 55, Heft 3, S. 211-227.

Reißig, Rolf (1997): Transformationsforschung: Gewinne, Desiderate und Perspektiven. Arbeitspa-pier Wissenschaftszentrum Berlin für Sozialforschung. Elektronische Ressource: http://skylla.wz-berlin.de/pdf/1997/p97-001.pdf, abgerufen am 3.10.2007

RESTATE (2003): Large housing estates in Poland. Overview of developments and problems in Warsaw. Restate report 2f. Faculty of Geosciences. Utrecht, Utrecht University Press

Rhodes, Roderick A. W. (1996): The New Governance: Governing without Goverment. In: Political Studies, 1996 XLIV, S. 652-667

Risse, Thomas; Lehmkuhl, Ursula (2006): Governance in Areas of Limited Statehood - New Modes of Governance? SFB-Governance Working Paper Series. No. 1. December 2006. Berlin. Elektronische Ressource: http://www.sfb-governance.de, abgerufen am 1.10.2007

Ritter, Ernst-Hasso (2006): Strategieentwicklung heute - Zum integrativen Management konzeptioneller Politik (am Beispiel der Stadtentwicklungsplanung). In: Selle, K. (Hrsg.): Planung neu denken - Band 1. Zur räumlichen Entwicklung beitragen. Dortmund, Rohn Verlag

Robertson, Roland (1998): Glokalisierung: Homogenität und Heterogenität in Raum und Zeit. In: Beck, U. (Hrsg.): Perspektiven der Weltgesellschaft. Frankfurt am Main, Suhrkamp

Roth, Roland (1999): Lokale Politik „von unten". Bürgerinitiativen, städtischer Protest, Bürgerbewegungen und neue soziale Bewegungen in der Kommunalpolitik. In: Wollmann, H.; Roth, R. (Hrsg.): Kommunalpolitik. Politisches Handeln in den Gemeinden. Opladen, Leske + Budrich

Rudolph, Hedwig; Potz, Petra; Bahn, Christopher (2005): Metropolen handeln. Einzelhandel zwischen Internationalisierung und lokaler Regulierung. Wiesbaden, Verlag für Sozialwissenschaften

Ruoppila, Sampo (2004): Processes of Residential Differentiation in Socialist Cities. Literature review on the cases of Budapest, Prague, Tallinn and Warsaw. In: European Journal of Spatial Development No. 9, Feb 2004, S. 3-24

Ruoppila, Sampo; Kährig, Anneli (2003): Socio-economic residential differentiation in post-socialist Tallin. In: Journal of Housing and the Built Environment 18, 2003, S. 49-73

Sachs, Jeffery (1994): Shock Therapy in Poland: Perspectives of five years. The tanner lectures on human values. Elektronische Resource: http://www.tannerlectures.utah.edu/ lectures/ sachs95.pdf, abgerufen am 14.8.2007

Sachverständigenrat zur Begutachtung der gesamtwirtschaftlichen Entwicklung (2005): Erfolge im Ausland - Herausforderungen im Inland. Jahresgutachten 2004/05. Wiesbaden, Statistisches Bundesamt

Sack, Detlev; Gissendanner, Scott (2007): Kein Geld, schwache Parteien, viele Netzwerke und ein Bürgermeister - Trends lokaler Steuerung in Deutschland. In: Brandl, A.; Brandstetter, B.; Lang, T.; Tenz, E.: Städte im Umbruch. Online Magazin www.schrumpfende-stadt.de, Ausgabe 4/2007, S. 29-35

Sagan, Iwona (2008): Urban policy, coalitions of power and urban regime theory. In: Sagan, I.; Herrschel, T. (Hrsg.): Enhancing Urban and Regional Governance. European Urban and Regional Studies Journal. Special Issue. Veröffentlichung in Kürze

Sailer-Fliege, Ulrike (1999): Characteristics of post-socialist urban transformation in East Central Europe. In: Geojournal 49, 1999, S. 7-16

Sassen, Saskia (1991): The global city: New York, London, Tokyo. Princeton, Princeton University Press

Sassen, Saskia (1996): Metropolen des Weltmarkts : die neue Rolle der Global Cities. Frankfurt am Main, Campus

Scharpf, Fritz W. (1991): Die Handlungsfähigkeit des Staates am Ende des zwanzigsten Jahrhunderts. In: Politische Vierteljahresschrift 32 4, 1991, S. 621-634

Schlögel, Karl (2002): Das Comeback der Städte. In: Schlögel, K. (Hrsg.): Die Mitte liegt ostwärts. München, Carl Hanser Verlag

Schmidt, Christiane (2000): Analyse von Leitfadeninterviews. In: Flick, U.; Kardorff, E. v.; Steinke, I. (Hrsg.): Qualitative Forschung. Ein Handbuch. Reinbeck bei Hamburg, Rowohlt

Schubert, Dirk (2006): „Metropole Hamburg - Wachsende Stadt" - Aufbruch zu neuen Ufern?. In: RaumPlanung 129, Dezember 2006, S. 237-242

Schuppert, Gunnar Folke (2006a): Governance im Spiegel der Wissenschaftsdisziplinen. In: Schuppert, G.F. (Hrsg.): Governance-Forschung. Vergewisserung über Stand und Entwicklungslinien. Baden-Baden, Nomos

Schuppert, Gunnar Folke (2006b): Metropolitan Governance - Regierbarkeitsprobleme von Großstädten am Beispiel Berlins. In: vhw Forum Wohneigentum, Heft 1 Januar Februar 2006, S. 59-75

Segert, Dieter (1996): Die Transformationsanalyse Osteuropas. Denkanstöße, theoretische Fortschritte und Defizite. In: Internationale Politik 8/1996, S. 29-35

Segert, Dieter (2007): Postsozialismus - Spätsozialismus - Staatssozialismus: Grundlinien und Grundbegriffe einer politikwissenschaftlichen Postsozialismus-Forschung. In: Segert, D. (Hrsg.): Postsozialismus. Hinterlassenschaften des Staatssozialismus und neue Kapitalismen in Europa. Wien, Braumüller

Segert, Dieter (2008): Parteien und Transformation in Europa nach dem Ende des Übergangsjahrzehnts. In: Bos, E.; Segert, D. (Hrsg): Osteuropäische Demokratien als Trendsetter? Parteien und Parteiensysteme nach dem Ende des Übergangsjahrzehnts. Opladen/Farmington Hills, Verlag Barbara Budrich

Selle, Klaus (1991): Mit den Bewohnern die Stadt erneuern. Der Beitrag intermediärer Organisationen zur Entwicklung städtischer Quartiere. Dortmund, Dortmunder Vertrieb für Bau- und Planungsliteratur/WOHNBUND-Verlag für wissenschaftliche Publikationen

Selle, Klaus (Hrsg. 2006): Planung neu denken - Band 1. Zur räumlichen Entwicklung beitragen. Dortmund, Rohn Verlag

Siebel, Walter (2000): Wesen und Zukunft der europäischen Stadt. In: DISP 141, S. 28-34

Siebel, Walter (2004): Einleitung: Die europäische Stadt. In: Siebel, W. (Hrsg.): Die europäische Stadt. Frankfurt am Main, Suhrkamp

Sinning, Heidi (2007): Stadtplanung - Stadtentwicklung - Stadtmanagement: Herausforderungen für eine nationale Stadtentwicklungspolitik. In: vhw Forum Wohneigentum, Heft 6 Dezember 2007, S. 303-308

Sinz, Manfred (2004): Europäische Stadt - Europäische Stadtpolitik? In: Siebel, W. (Hrsg.): Die europäische Stadt. Frankfurt am Main, Suhrkamp

Sklair, Leslie (2001): The Transnational Capitalist Class. Oxford: Blackwell

Smętkowski, Maciej (2005): Delimitacja obszarów metropolitalnych w Polsce: nowe spojrzenie, RCSS (Demarcation of metropolitan areas in Poland: new insight). Dissertation. Universität Warschau

Smętkowski, Maciej (2005): New Relationships between the Metropolis and the Region in Information Economy: Warsaw Metropolitan Region – A case study. In: Eckardt, F. (Hrsg.): Paths of Urban Transformation. Frankfurt am Main, Verlag Peter Lang

Smith, David M. (1996): The socialist city. In: Andrusz, G.; Harloe, M.; Szelenyi, I. (Hrsg.): Cities after socialism. Urban and Regional Change and Conflict in post-socialist societies. Oxford, Blackwell

Stadt Warschau (1999): Warsaw Development strategy until the year 2010. A synthesis. Warschau

Stadt Warschau (2005): Die neue Stadtentwicklungsstrategie Warschaus. Was haben wir erreicht. Was wollen wir machen. Elektronische Ressource: http://www.e-warsaw.pl/german/strategia.php, abgerufen am 14.4.2008

Stadt Warschau (2005a): Strategia rozwoju miasta stoleznego Warszawy do 2020 roku. Warschau

Stadt Warschau (2006): Studium Uwarunkowan i kierunkow zagospodarowania przetrzennego m.st. Warszawy. Warschau

Stanilov, Kiril (2007a): Taking stock of post-socialist urban development: A recapitulation. In: Stanilov, K. (Hrsg): The post-socialist city. Urban forms and space transformations in Central and Eastern Europe after socialism. Dordrecht, Springer

Stanilov, Kiril (Hrsg. 2007b): The post-socialist city. Urban forms and space transformations in Central and Eastern Europe after socialism. Dordrecht, Springer

Stanilov, Kiril (2007c): Urban development policies in Central and Eastern Europe during the transition period and their impact on urban form. In: Stanilov, K. (Hrsg): The post-socialist city. Urban forms and space transformations in Central and Eastern Europe after socialism. Dordrecht, Springer

Stephens, Richard (1999): Optimistic Office Market reports and Overviews highlight need to agree on criteria for figures. In: Eurobuild 1999 (9), S. 12-14

Stoker, Gerry (1995): Regime Theory and Urban Politics. In: Judge, D.; Stoker, G.; Wolman, H. (Hrsg.): Theories of urban politics. London, Sage

Stone, Clarence (1989): Regime politics: Governing Atlanta, 1946-1988. Lawrence, University Press of Kansas

Swianiewicz, Pawel (2005a). Poland: a time of transition. In: Denters, B.; Rose, L. E. (Hrsg.): Comparing Local Governance. Houndsmills/New York, Palgrave Macmillan

Swianiewicz, Pawel (2005b): Cities in transition. From statism to democracy. In: Haus, M.; Heinelt, H.; Stewart, M. (Hrsg.): Urban Governance and Democracy. Leadership and community involvement. London, Routledge

Swianiewicz, Pawel; Klimska, Urszula (2005): Polish Metropolitan Areas: Vanilla Cities, Sandwich Suburbs. In: Hoffmann-Martinot, V.; Sellers, J. (Hrsg.): Metropolitanization and Political Change. Wiesbaden, Verlag für Sozialwissenschaften

Swianiewicz, Pawel; Klimska, Urszula; Mielczarek, Ada (2003): Participation, Leadership and Urban Sustainability. Polish Case study. Warsaw University, Centre for European Regional and Local Studies. Elektronische Ressource: http://www.eura.org/plus-eura, abgerufen am 3.12.2007

Swianiewicz, Pawel; Lackowska, Marta (2006): From doing nothing to metropolitan Government institutions? Governing metropolitan areas in Poland. Workshop Paper des Internationalen Workshops: "Governance and spatial discontinuities: Reterritorialization or a new polarization of metropolitan spaces?". Montrèal, Kanada, 23.- 25.4.2006

Swyngedouw, Erik (1989): The heart of the place: The resurrection of locality in an age of hyperspace. In: Geografiska Annaler 71 B (1989), S. 31-42

Swyngedouw, Erik (2005): Governance Innovation and the Citizen: The Janus Face of Governance-beyond-the-State. In: Urban Studies 2005 42, S. 1991-2006

Sykora, Ludek (2000): The Geography of Post-communist cities: Research Agenda for 2000+. In: Acta Facultatis Rerum Naturalium Universitatis Comenianae. Geographica, Supplementum No. 2/II, 269-278

Sykora, Ludek (2005): Stadtentwicklung und Raumplanung in der Tschechischen Republik und in Prag. In: Altrock, U.; Güntner, S.; Huning, S.; Peters, D. (Hrsg.): Zwischen Anpassung und Neuerfindung. Raumplanung und Stadtentwicklung in den Staaten der EU-Osterweiterung. Berlin, Planungsrundschau Nr. 11

Sykora, Ludek (2007): Office development and post-communist city formation: The case of Prague. In: Stanilov, K. (Hrsg.): The post-socialist city. Urban forms and space transformations in Central and Eastern Europe after socialism. Dordrecht, Springer

Szelenyi, Ivan (1983): Urban Inequalities under state socialism. Oxford, Oxford University Press

Szelenyi, Ivan (1996): Cities under Socialism - and After. In: Andrusz, G.; Harloe, M.; Szelenyi, I. (Hrsg.): Cities after socialism. Urban and Regional Change and Conflict in post-socialist societies. Oxford, Blackwell

Szmytkowska, Magdalena (2007): Socio-spatial structures in Polish cities: planned socialist mosaic vs. spontaneous post-socialist homogeneity. Paper der First International Conference of Young researchers (FICY Urb). Lissabon, Portugal, 11.-12.7.2007

Szmytkowska, Magdalena (2008): Przestrzen spoleczna miasta w okresie transformacji. Przypadek Gdyni. Warschau, Wydawnictwo Naukowe

Tasan-Kok, Tuna (2001): Urban Spatial and Structural Change in Budapest, Istanbul and Warsaw in 1990s. Interim report on Warsaw Pilot Study. Elektronische Ressource: www.iser.essex.ac.uk/furs/funding/grants/awarded/reports/tasankok_Aug_2001.doc, abgerufen am 14.4.2008

Tasan-Kok, Tuna (2004): Budapest, Istanbul, and Warsaw. Institutional and spatial change. Delft, Eburon

Temelova, Jana (2007): Flagship Developments and the physical upgrading of the post-socialist inner city: The golden angel project in Prague. In: Geografiska Annaler, 89 B (2), S. 169-181

Tessin, Wulf (2003): Wolfsburgs Weg aus der Arbeits- in die Erlebnisgesellschaft. In: Planungsrundschau 8, Oktober 2003, S. 135 - 148

Timar, Judit; Barta, Györgyi; Fekete, Eva; Szörenyine, Iren Kurkorelli (Hrsg. 2005): Hungarian Spaces and Places. Patterns of transition. Pecs, Centre for Regional Studies Hungarian Academy of Sciences

Tölle, Alexander (2005): Quartiersentwicklung an innerstädtischen Uferzonen: die Beispiele Hamburg HafenCity, Lyon Confluence und Gdańsk Młode Miasto. Berlin, Leue

Tölle, Alexander (2007): Aktuelle Prozesse und Tendenzen in der polnischen Stadterneuerung am Beispiel der Stadt Posen. In: Institut für Stadt- und Regionalplanung Technische Universität Berlin (Hrsg.): Jahrbuch Stadterneuerung 2006/2007. Berlin, Technische Universität

Tömmel, Ingeborg (2003): Das politische System der EU. München, Oldenbourg

Tosics, Ivan (2004): Determinants and consequences of spatial restructuring in post-socialist cities. Paper präsentiert auf der ENHR-Konferenz Housing: Growth and Regeneration. Cambridge, Großbritannien, 2.-6.7.2004

Tosics, Ivan (2005a): City development in Central and Eastern Europe since 1990: The impacts of internal forces. In: Hamilton, I.; Dimitrovska Andrews, K.; Pichler-Milanovic, N. (Hrsg.): Transformation of Cities in Central and Eastern Europe: towards globalization. Tokyo/New York/Paris, United Nations University Press

Tosics, Ivan (2005b): Post-socialist Budapest: The invasion of market forces and the response of public leadership. In: Hamilton, I.; Dimitrovska Andrews, K.; Pichler-Milanovic, N. (Hrsg.): Transformation of Cities in Central and Eastern Europe: towards globalization. Tokyo/New York/Paris, United Nations University Press

Treib, Oliver; Bähr, Holger; Falkner, Gerda (2007): Modes of governance: towards a conceptual clarification. In: Journal of European Public Policy 14 (1), S. 1-20

Tsenkova, Sasha (2004): Managing Change in Post-Communist Cities. Conference paper: Winds of societal Change: Remaking Post-Communist Cities. Chicago, USA, 18.-19.6 2004

Tsenkova, Sasha; Nedović-Budić, Zorica (Hrsg. 2006). The urban mosaic of post-socialist Europe: space, institutions and policy. Heidelberg, Physica-Verlag

TUB (2003): President's report 2003. Elektronische Ressource: http://www.ceu-ectp.org/cmn/members/poland/poland03.pdf, abgerufen am 3.4.2008

Turok, Ivan; Mykhnenko, Vlad (2007): The trajectories of European cities, 1960-2005. In: Cities, Vol. 24, No. 3, S. 165-182

UN (2002): The Global campaign on urban governance. Concept paper 2nd Edition: March 2002. Nairobi, United Nations Human Settlement Programme UN-Habitat

Urban Logement (2006): Proposal of a European Charter for housing. Elektronische Ressource: http://www.iut.nu/Boardmeetings/2006%20Paris/Appendices/App%2010c_Charter_ENG_0604 06.doc, abgerufen am 1.9.2006

Van Kempen, Ronald; Vermeulen, Marcel; Baan, Ad (Hrsg. 2005) Urban Issues and Urban Policies in the New EU Countries. Aldershot, Ashgate

von Beyme, Klaus (1994): Ansätze zu einer Theorie der Transformation der ex-sozialistischen Länder Osteuropas. In: Merkel, W. (Hrsg.): Systemwechsel 1. Theorien, Ansätze und Konzeptionen. Opladen, Leske+Budrich

Wagener, Frido (1997) [1970]: Von der Raumplanung zur Entwicklungsplanung. In: Deutsches Verwaltungsblatt 3/1970, 13-98. Abgedruckt in: Ahrens, P.P.; Stierand, R.; Wegener, M. (Hrsg. 1997): Raumplanungstheorie seit 1945. Dortmund, PlanerReader der Universität Dortmund

Wagner, Bernd (2002): Kulturelle Globalisierung, in: APUZ, B 12/2002, S. 10-18

Walter, Mareille (2003): Einzelhandelsentwicklung in Polen. Probleme der planerischen Steuerung des Einzelhandels in Warschau. Berlin, Diplomarbeit am Institut für Stadt- und Regionalplanung, TU Berlin

Wanczura, Sylvia (2007): Das polnische Planungssystem im Wandel. In: IRPUD (Hrsg.): Räumliche Planung in Polen - Ein Exkursionsbericht. Dortmund, IRPUD-Verlag

Weber, Max (2000): Wirtschaft und Gesellschaft. Die Stadt. Studienausgabe der Max-Weber-Gesamtausgabe Band I/22-5. Tübingen, J.C.B. Mohr

Weclawowicz, Grzegorz (1993): Die sozialräumliche Struktur Warschaus. Ausgangslage und postkommunistische Umgestaltung. ISR-Forschungsberichte/Institut für Stadt- und Regionalforschung. Wien, Österreichische Akademie der Wissenschaften

Weclawowicz, Grzegorz (1996): Contemporary Poland. Space and society. London, UCL Press

Weclawowicz, Grzegorz (2002): From Egalitarian Cities in Theory to Non-egalitarian Cities in Practice: The changing Social and Spatial Patterns in Polish Cities. In: Marcuse, P.; Van Kempen, R. (Hrsg.): Of States and cities. Oxford, Blackwell

Weclawowicz, Grzegorz (2005): The Warsaw Metropolitan Area on the eve of Poland's integration into the European Union. In: Hamilton, I.; Dimitrovska Andrews, K.; Pichler-Milanovic, N. (Hrsg.): Transformation of Cities in Central and Eastern Europe: towards globalization. Tokyo/New York/Paris, United Nations University Press

Wehling, Hans-Georg (2006): Kommunen früher und heute. In: Informationen zur politischen Bildung, Nr. 242/2006: Kommunalpolitik, S. 7-27

Weizsäcker, Ulrich (1997): Grenzen des Wettbewerbs: die Globalisierung der Wirtschaft und die Zukunft der Menschheit. München, Luchterhand

Werth, Henrik (2005): Transformation zur geschlossenen Stadt? Geschlossene Wohnkomplexe in Polens Hauptstadt Warschau. In: Europa regional 13 Nr. 4, 2005, S. 155-161.

Wiesenthal, Helmut (1999): Erntezeit der Sozialwissenschaft? Die Transformationsprozesse in Osteuropa stellen ein politikwissenschaftliches Paradigma in Frage. In: Humboldt spectrum 6 (2), S. 44-50

Wiesenthal, Helmut (2004): Der theoretische Ertrag der Transformationsforschung für die Sozialwissenschaft. Vortrag im Rahmen des Interdisziplinären Doktoranden- und Postdoktorandenkolloquiums "Gemeinsame und getrennte Entwicklungspfade im (post-)sozialistischen Europa. Centre Marc Bloch, Berlin, 29.6-3.7.2004

Windhoff-Héritier, Adrienne (1987): Policy-Analyse. Eine Einführung. Frankfurt/New York, Campus

Wolfhardt, Alexander; Bartik, Herbert; Meegan, Richard; Dangschat, Jens S.; Hamedinger, Alexander (2005): The European engagement of cities. In: Antalovsky, E.; Dangschat, J. S.; Parkinson, M. (2005): European Metropolitan Governance, Cities in Europe - Europe in Cities. Wien/Liverpool, NODE

Wollmann, Hellmut (2008): Reformen in Kommunalpolitik und -verwaltung: England, Schweden, Frankreich und Deutschland im Vergleich. Wiesbaden, Verlag für Sozialwissenschaften

Yates, Douglas (1977): The Ungovernable City: The Politics of Urban Problems and Policy Making. Cambridge/London, The MIT Press

Zmudzinska-Nowak, Magdalena (2005): Polish cities at the time of transition - new actors and their roles in the process of space creation. Paper: International Conference for Integrating Urban Knowledge & Practice. Göteborg, Schweden, 29.5.- 3.6.2005

Zeitungsartikel

Zeitungsartikel Eurobuild (2004): Project on the Vistula river. Ecologists against constructing the Olympic Centre. April 2004, www.eurobuild.pl

Zeitungsartikel Eurobuild (2005): Poland's uncharted territory. May 2005, www.eurobuild.pl

Zeitungsartikel Eurobuild (2007a): Wola reaches skywards . October 2007, www.eurobuild.pl

Zeitungsartikel Eurobuild (2007b): No Mall in Miasteczko Wilanow. May 2007, www.eurobuild.pl

Zeitungsartikel Eurobuild (2008): Micro-cities: the way forward for urban planning? July 2008. www.eurobuild.pl

Zeitungsartikel Gazetta Wyborcza (2004): Berlińczyk bada warszawskie osiedla zamknięte. 11.2.2004, http://miasta.gazeta.pl/warszawa/1,34889,2370444.html

Zeitungsartikel Lokale Immobilia (2003): Horses, trams and (not too many) automobile. Januar 2003, www.miasteczko-wilanow.pl

Zeitungsartikel Polish Business News (2001): Prokom plans a new Wilanow. May 2001, www.miasteczko-wilanow.pl

Zeitungsartikel Warsaw Independent News (2006): Twins officially begin to rule Poland together. 11.7.06. www.paiz.gov.pl

Zeitungsartikel Warsaw Voice (2006a): Warsaw Development Plan. 21.6.2006, www.warsawvoice.pl

Zeitungsartikel Warsaw Voice (2006b): PO takes Warsaw. 29.11.2006, www.warsawvoice.pl

Zeitungsartikel Warsaw Voice (2006c): Urban Development Planning. 25.10.2006, www.warsawvoice.pl

Zeitungsartikel Warsaw Voice (2007a): Constitutional Tribunal rules that Gronkiewicz-Waltz is still Warsaw Mayor. 14.3.2007, www.warsawvoice.pl

Zeitungsartikel Warsaw Voice (2007b): Warsaw's Proposal for Investors. 7.3.2007, www.warsawvoice.pl

Zeitungsartikel Warsaw Voice (2008): Polish Law Investor friendly? 5.3.2008, www.warsawvoice.pl

Interviews

Code	Bereich	Datum	Gesprächspartner
W1	Wissenschaft	17.6.05	Assistenz-Professor, Fakultät Geographie und Regionalstudien, Universität Warschau
W2	Wissenschaft	27.6.05	Assistenz-Professor, Institut für Sozial-, Wirtschafts- und Regional-Geographie, Universität Warschau
W3	Wissenschaft	7.7.05	Professor, Institut für Sozial-, Wirtschafts- und Regional-Geographie, Universität Warschau
W4	Wissenschaft	10.7.06	Professor Stadterneuerung, Universität Poznan/Slubice
W5	Wissenschaft	17.7.06	Assistenz-Professor Stadtplanung, Universität Poznan
W6	Wissenschaft	9.8.06	Assistenz-Professor EUROREG, Universität Warschau
W7	Wissenschaft	13.12.06	Professor für städtische sozio-ökonomische Entwicklung, Universität Gdansk
J1	Immobilien-Journalismus	22.6.05	Commercial department Rednet Property, Eurobuild, CEPIF- Immobilienjournalist
J2	Immobilien-Journalismus	30.6.05	Chefredeakteurin Immobilienzeitung
V1	Verwaltung	14.3.07	Stadtverwaltung Warschau, Leiter des *public consultation and dialogue center OKIDS*
V2	Verwaltung	15.3.07	Leiter des UN Habitat office Warschau, Ehemaliger Mitarbeiter in der Stadtverwaltung Warschau
V3	Verwaltung	27.3.07	President/Management board des Biuro Planowanie Rozwoju Warszawy - Warsaw Development Planning Office, Mitarbeiter in der Stadtverwaltung Warschau
VB1	Verband	1.6.07	Projektleiterin der Initiative Wohnungswirtschaft Osteuropa IWO
U1	Unternehmen	30.10.06	Inhaber eines Stadtplanungsbüro mit Schwerpunkt Polen
U2	Unternehmen	15.3.07	Head of research, Rednet Property consulting
U3	Unternehmen	25.3.07	Partner REAS - Immobilienconsulting
	Weitere Unternehmen	11.-14.5.05	Informelle Gespräche mit Vertretern von Immobilienunternehmen auf der Immobilienmesse CEPIF in Warschau

.